SV

Max Frisch
Tagebuch 1966-1971

Suhrkamp

Erste Auflage dieser Ausgabe 1974
© Suhrkamp Verlag Frankfurt am Main 1972 · Alle Rechte vorbehalten
Druck: Welsermühl, Wels · Printed in Austria

Für Marianne

1966

1.

Sind Sie sicher, daß Sie die Erhaltung des Menschengeschlechts, wenn Sie und alle Ihre Bekannten nicht mehr sind, wirklich interessiert?

2.

Warum? Stichworte genügen.

3.

Wieviele Kinder von Ihnen sind nicht zur Welt gekommen durch Ihren Willen?

4.

Wem wären Sie lieber nie begegnet?

5.

Wissen Sie sich einer Person gegenüber, die nicht davon zu wissen braucht, Ihrerseits im Unrecht und hassen Sie eher sich selbst oder die Person dafür?

6.

Möchten Sie das absolute Gedächtnis?

7.

Wie heißt der Politiker, dessen Tod durch Krankheit, Verkehrsunfall usw. Sie mit Hoffnung erfüllen könnte? Oder halten Sie keinen für unersetzbar?

8.

Wen, der tot ist, möchten Sie wiedersehen?

9.

Wen hingegen nicht?

10.

Hätten Sie lieber einer andern Nation (Kultur) angehört und welcher?

11.

Wie alt möchten Sie werden?

12.

Wenn Sie Macht hätten zu befehlen, was Ihnen heute richtig scheint, würden Sie es befehlen gegen den Widerspruch der Mehrheit? Ja oder Nein.

13.

Warum nicht, wenn es Ihnen richtig scheint?

14.

Hassen Sie leichter ein Kollektiv oder eine bestimmte Person und hassen Sie lieber allein oder in einem Kollektiv?

15.

Wann haben Sie aufgehört zu meinen, daß Sie klüger werden, oder meinen Sie's noch? Angabe des Alters.

16.

Überzeugt Sie Ihre Selbstkritik?

17.

Was, meinen Sie, nimmt man Ihnen übel und was nehmen Sie sich selber übel, und wenn es nicht dieselbe Sache ist: wofür bitten Sie eher um Verzeihung?

18.

Wenn Sie sich beiläufig vorstellen, Sie wären nicht geboren worden: beunruhigt Sie diese Vorstellung?

19.

Wenn Sie an Verstorbene denken: wünschten Sie, daß der Verstorbene zu Ihnen spricht, oder möchten Sie lieber dem Verstorbenen noch etwas sagen?

20.

Lieben Sie jemand?

21.

Und woraus schließen Sie das?

22.

Gesetzt den Fall, Sie haben nie einen Menschen umgebracht: wie erklären Sie es sich, daß es dazu nie gekommen ist?

23.
Was fehlt Ihnen zum Glück?

24.
Wofür sind Sie dankbar?

25.
Möchten Sie lieber gestorben sein oder noch eine Zeit leben als
ein gesundes Tier? Und als welches?

Statistik

Die durchschnittliche Lebensdauer betrug um Christi Geburt
nur 22, zur Zeit von Martin Luther schon 33,5, um 1900 noch
49,2 und heute 68,7 Lebensjahre. Die Lebensverlängerung bedeutet zugleich eine Umschichtung der Altersklassen. Um
1900 stellten die Jugendlichen (bis zum zwanzigsten Lebensjahr) noch 46% der Bevölkerung, 1925 nur noch 36%, 1950
noch 31%, und für 1975 rechnet man mit 28% jugendlichen
Menschen. Entsprechend steigen die Altersklassen (nach dem
sechzigsten Jahr); um 1900 waren es noch 7% der Bevölkerung, um 1975 werden es 20% sein.

BODEGA GORGOT

Wenn seine Frau ihn nicht unterbricht, sieht jedermann, daß
sie nicht mehr zuhört; daß es ihr zu lang wird, wenn er spricht.
Er ist Goldschmied. Seine Arbeit wird geschätzt. Eine Fach-
auszeichnung (Landesausstellung 1939) nimmt er von der
Wand. Ein Lehrling und zwei Angestellte haben es gemerkt.
Was eigentlich? Das wissen sie nicht, aber sie haben es gemerkt: der Alte meint ihnen den Beweis zu schulden, daß er's
besser kann, und sie machen ihn fertig, auch wenn ihm dieser
Beweis gelingt. Jetzt sitzt er fast jeden Abend in der Bodega.
Die jungen Bärte, ihre Hosenmädchen mit offenem Haar
usw., es stört ihn nicht, daß sie nicht arbeiten um 5 Uhr nach-

mittags. Die Bodega ist auch tagsüber düster. Als junger Mann hat er gearbeitet; das ist ihm geblieben. Nachher geht er nochmals in seine Werkstatt. Einmal kommt sie in die Bodega; er hat schon getrunken und macht eine schlechte Figur. Sie hat es nicht anders erwartet; das weiß er. Sie legt ihre Hand auf seine Hand, bringt den Goldschmied nach Haus. Sein Vater war Volksschullehrer. In mancher Hinsicht, zum Beispiel politisch, weiß er einfach mehr als seine Frau, in andern Dingen weniger; das letztere genügt: wenn sie für seine politischen Kenntnisse oder Meinungen kein Interesse hat, wird er unsicher. Wenn sie behauptet, Trotzki sei erschossen worden, widerspricht er, aber es überzeugt sie nicht; sieht er später in einem Buch nach, so wird er wütend, daß sie ihn hat unsicher machen können. Wochenlang kommt er nicht mehr in die Bodega. Vielleicht hat er eine andere Pinte gefunden, die sie nicht kennt. Sie ist ausgebildete Kindergärtnerin, hat ihren Beruf damals wegen der eignen Kinder aufgegeben; sie macht die Buchhaltung für den Goldschmied, was nicht viel Arbeit ist; sie ist unersetzlich. Später wieder sitzt er am runden Tisch in der Bodega; er sieht sich die jungen Bärte an, trinkt, spricht mit niemand. Nimmt er eine Zeitung, so kommt ihm vor, als habe er alles schon gelesen. Vielleicht hat sie ihn verlassen. Was er macht, wenn er so da sitzt und schweigt: er rechtfertigt sich. Schließlich hat er einen Laden gegründet aus eigener Kraft, schließlich ist seine Arbeit unter Fachleuten anerkannt usw. Zwei Kinder, jetzt schon erwachsen und selbständig, merken, daß er ihre Achtung braucht; sein Eigenlob macht es ihnen nicht leicht. Sie hat ihn nicht verlassen; sie weiß, daß der Goldschmied sie braucht, und trägt ihr Kreuz mit Anstand. Sie ist Mitte 40. Es wird sich nichts mehr ändern. Eigentlich kann er sich ihr Leben nicht vorstellen. Sie kommt mit der Einkauftasche in die Bodega und trinkt auch einen Clarete. Vielleicht schon sehr früh, schon am ersten Abend hat

sie gemerkt, daß man ihn unsicher machen kann. Er galt als
Draufgänger; Erfolg bei Frauen usw. Er überredete sie zu
einer Bootfahrt, um als Ruderer seine Tüchtigkeit zu zeigen,
und empfand es als Versagen seinerseits, als es zu regnen begann. Sein Versagen jetzt ändert nichts an ihrer Beziehung
zu ihm, im Gegenteil, es bestätigt sie. Wie er in der Bodega
den gemeinsamen Wein bezahlt, ihre Einkaufstasche nimmt und
ihr dann den Mantel hält und wartet, wie er nicht zu sagen
wagt: Jetzt komm schon! und wie er sich verantwortlich
macht, wenn sie beinahe ihre Handschuhe vergessen hätte –

BERZONA

Das Dorf, wenige Kilometer von der Grenze
entfernt, hat 82 Einwohner, die Italienisch
sprechen; kein Ristorante, nicht einmal eine
Bar, da es nicht an der Talstraße liegt,
sondern abseits. Jeder Gast aus den Städten
sagt sofort: Diese Luft! dann etwas bänglich:
Und diese Stille! Das Gelände ist steil:
Terrassen mit den üblichen Trockenmauern,
Kastanien, ein Feigenbaum, der Mühe hat,
Dschungel mit Brombeeren, zwei große Nußbäume,
Disteln usw. Man soll sich hüten vor
Schlangen. Als Alfred Andersch, schon seit
Jahren hier wohnhaft, auf das kleine Anwesen
aufmerksam machte, war das Gebäude verlottert,
ein altes Bauernhaus mit dicken Mauern und
mit einem turmartigen Stall, der jetzt Studio
heißt, alles mit Granit gedeckt. Das Tal
(Val Onsernone) hat keine Sohle, sondern in
seiner Mitte eine tiefe und wilde Schlucht,
in die wir noch nie hinabgestiegen sind; seine
Hänge sind waldig, darüber felsig und mit den
Jahren wahrscheinlich langweilig. Im Winter
habe ich es lieber. Die einheimische Bevölkerung lebte früher von Strohflechterei, bis

auf dem Markt zu Mailand plötzlich die japanischen Körbe und Hüte und Taschen erschienen;
seither ein verarmendes Tal.

VORSATZ

Vieles fällt natürlich nach fünf Jahren im Ausland (Rom)
deutlicher auf, ohne deswegen nennenswert zu werden, wenn
es nicht zu neuen Einsichten führt, und das ist bisher nicht der
Fall gewesen. Daher der Vorsatz, über die Schweiz mindestens
öffentlich keine Äußerungen mehr zu machen.

. . .

Tatsächlich haben Ausländer, die in der Schweiz wohnen, oft
ein froheres Verhältnis zu diesem Land als unsereiner. Sie ent-
halten sich jeder fundamentalen Kritik; unsere eigene Kritik ist
ihnen eher peinlich, sie möchten diesbezüglich verschont bleiben. Was, außer dem schweizerischen Bankgeheimnis, zieht
sie an? Offenbar doch allerlei: Landschaftliches, die zentrale
Lage in Europa, die Sauberkeit, Stabilität der Währung, weniger der Menschenschlag (da verraten sie sich gelegentlich
durch pejorative Klischees), vorallem aber eine Art von Dis-
pens: es genügt hier, daß man Geld und Papiere in Ordnung
hat und auf keine Veränderung sinnt. Wenn nicht gerade die
Fremdenpolizei sie ärgert, so ist die Schweiz für den Ausländer in der Schweiz kein Thema. Was sie genießen: Geschichts-
losigkeit als Komfort.

. . .

Das Versprechen, über die Schweiz keinerlei Äußerungen mehr
zu machen, ist leider schon gebrochen. (»Ein kleines Herren-

volk sieht sich in Gefahr: man hat Arbeitskräfte gerufen, und es kommen Menschen«.) Vielleicht war die Heimkehr verfrüht.

CASA DA VENDERE

Das kommt vor: eine Villa steht schon seit längerer Zeit verlassen, von den Bewohnern keine Spur. Es scheint, daß die Leute einfach aufgestanden sind vom Tisch, ohne abzuräumen; Risotto in einer Schüssel verschimmelt, Wein in einer offenen Flasche, Reste von Brot steinhart. Nicht einmal ihre Kleider haben sie mitgenommen, ihre Schuhe, ihr persönliches Zeug. Erst nach Wochen blieb das elektrische Licht aus, weil niemand die Rechnung bezahlte; das fiel auf . . . Inzwischen wurde einiges gestohlen; die Haustüre war nicht geriegelt; ein Portal mit naivem Sgrafitto, darüber ein Balkon, dessen Geländer verrostet ist, die grünen Jalousien sind jetzt geschlossen, der Verputz (Yoghurt mit Himbeer) fladenweise abgebröckelt. Im Garten steht eine Tafel: CASA DA VENDERE, wie ich höre: schon seit Jahren.

DER GOLDSCHMIED

Er wird ein schlimmes Ende nehmen. Das weiß er, wenn er in der Bodega sitzt. Der spanische Kellner, wenn er den Dreier Clarete auf den Tisch stellt, blickt anderswohin, spricht schon zum nächsten Tisch. Sein Vater starb einfach an Herzschlag; im Bus. Kommt jemand in die Bodega, der den Goldschmied von früher kennt, so bleibt der Goldschmied nicht lang, legt sein Geld hin, sowie der alte Bekannte sich setzt. Er versteht's nicht, daß ein Lehrling ihn fertig macht. Als junger Mann, damals nach der Kunstgewerbeschule, arbeitete er im Ausland (Straßburg); 1939 kehrte er zurück. Er hat den Lehrling entlassen und einen andern genommen: auch der neue läßt den Wasserhahn tropfen. Vermutlich ist er ein Pedant nicht nur in seiner Werkstatt; 27 Jahre Arbeit mit der Lupe. Kommt er von seiner Arbeit nach Hause, hält er eine schmutzige Küche nicht aus. Zum Beispiel. Manchmal denkt er an Brandstiftung. Sie weiß es, daß er eine schmutzige Küche nicht aushält, und findet es nachgerade lächerlich, daß das sein Problem ist. Der spanische Kellner in der Bodega behandelt ihn freundlich, aber nachlässiger als alle andern Gäste. Er wagt nicht zu verlangen, daß sie die Küche in Ordnung hält. Sie hat es auch früher nie getan; offenbar ist er empfindlicher geworden, seit er als Mann ein Versager ist. Schon seine Bitte, sie möge das Geschirr nicht tagelang stehen lassen, weil es ihn einfach ekle, führt zu Spannungen. Schließlich ist sie diplomierte Kindergärtnerin und nicht seine Magd. Die Küchen-Spannungen enden jeweils damit, daß ihm seine Lächerlichkeit bewußt wird; wenn es soweit ist, wäscht sie wortlos das Geschirr, aber nicht vorher. Sein Laden mit Werkstatt liegt in einer Gasse der Altstadt, wo Brandstiftung viel ausrichten würde vorallem nach Mitternacht. Wenn der Goldschmied, allein zuhause, das Geschirr wäscht und trocknet und auch den Boden der Küche reinigt, weiß er, daß sie keinen Grund hat zu danken; es ist ein offener Vorwurf. Dann und wann tut er's trotzdem, weil ihn das ungewaschene Geschirr ekelt. Wieso nimmt sie keinen anderen Mann? Tut er's nicht und wartet er, bis sie das Geschirr wäscht, so muß er sich zusammen nehmen, daß er sich nicht bei ihr entschuldigt; sie ist ja wirklich nicht seine Magd. Einigermaßen wohl fühlt er sich nach dem ersten Zweier in der Bodega; er trinkt selten mehr. Aber der Zweier hält nicht lange an. Nachher geht er nochmals in die Werkstatt, wenn die Angestellten weg sind; er stellt den tropfenden Wasserhahn ab. Einmal ein schwerer Fehler in der Buchhaltung, den sie gemacht hat; er sagt ihr nichts davon. Er erwirbt sich keine Achtung, wenn er sie kränkt. Wenn sie eine Woche bei ihren Eltern ist, stört ihn das ungewaschene Geschirr in der Küche nicht; er spült es erst am letzten Abend, bevor sie zurückkommt. Sein Einkommen ist nicht groß, aber es reicht. Wäre es nicht das Geschirr in der Küche, so wäre es etwas anderes, was ihm zeigt, daß sie seine Wünsche zu erfüllen kein Bedürfnis hat. Das weiß er. Natürlich geht es nicht um das Geschirr. Das alles weiß er. Es ist lächerlich. Er tut ihr leid. Sie kommt nicht mehr in die Bodega, um ihn zu holen; er empfindet es als Entmündigung, wenn sie ihn holt. Er ist schwierig. Das war immer so: wenn er einmal krank ist, gibt sie sich rührende Mühe. Das bleibt. Früher hatte er Freunde; er ruft sie kaum noch an, scheut sich, weil es lächerlich ist, was ihn beschäftigt. Was man eheliche Auseinandersetzung nennt, kommt vor, aber er meidet solche Auseinandersetzungen; dann sagt er genau, was er nicht hat sagen wollen: die Sache mit dem ungewaschenen Geschirr. Zum Beispiel. Zeitweise gibt sie sich Mühe. Sein Interesse an öffentlichen Angelegenheiten (Sanierung der Altstadt) ist erloschen; zwar liest er den TAGESANZEIGER, wenn er in der Bodega sitzt. Verglichen mit allem, was in der Zeitung steht, ist es lächerlich, was ihn beschäftigt. Es ist unter seiner Würde. Wenn es je zu einer Brandstiftung kommt, so darum.

Früher brauchte er sich nichts gefallen zu lassen; ein Draufgänger, Erfolg bei Frauen usw. Noch vor kurzem brauchte er sich vieles nicht gefallen zu lassen, weil es gar nicht dazu kam. Zum Beispiel: sie hat das Foto von Straßburg einfach von der Wand genommen, verschwinden lassen. Seine Frau fürchtet jetzt immer, daß er sich lächerlich mache. Wenn jemand bei einem Fehlanruf einfach aufhängt, ohne sich zu entschuldigen, nimmt er's persönlich; er sagt nochmals: Huber! obschon der andere eben aufgehängt hat. Hinten in seinem Laden (vormittags) sitzt er bei Neon-Licht, die Lupe in die Augenhöhle geklemmt; seine Frau spricht mit den Kunden, er fast nicht mehr, oder wenn ein Kunde mit dem Goldschmied selbst sprechen will, beugt er sich über den Tisch, damit der Kunde nicht sein Gesicht sehe. Es gibt noch Leute, die seine Broschen kaufen. Meistens sagt er nichts, überhaupt nichts, wundert sich nur, was eigentlich los ist, daß er sich alles gefallen läßt. Vielleicht meint sie, daß der Goldschmied es nicht einmal merkt. Dann fragt sie jedesmal: »Hast du wirklich die Wohnung abgeschlossen?« Manchmal blickt der Goldschmied sie einfach an: als wäre er imstande sich aufzuhängen. Einer der Kellner, der junge Spanier, hat es auch gemerkt, wird freundlicher, seit der Goldschmied seinen Mantel nicht mehr auszieht; dazu trägt er die Baskenmütze, packt Fleischkäse aus einem knisternden Papier; offenbar geht er zum Abendessen nicht nachhaus. Wenn der Goldschmied mit jemand Streit hat, weiß er, daß sie auf der Seite der andern ist von vornherein; da braucht er gar nichts zu erzählen. Sie will immer sein Bestes und tut, als mache er nur noch Fehler. Manchmal will er Schluß machen. In der Bodega macht es ihm nichts aus, wenn die Aschenbecher schmutzig sind. Einmal muß sie's sagen: »Der ganze Schmutz kommt ja von dir.« Das kann man ihm beweisen. Es ist immer besser, wenn er nichts sagt. Eine Stunde nachdem er aus der Toilette gekommen ist, merkt der Goldschmied, daß seine Hose nicht zugeknöpft ist; vielleicht ist das schon öfter vorgekommen, und der Goldschmied hat's überhaupt nicht bemerkt. Im Mantel fühlt er sich sicherer. In der Bodega erinnert er sich an einen Fall, von dem er als Schüler gehört hat: ein Arbeiter, Mineur, der Speiseröhrenkrebs hatte, legte sich eine Zündkapsel in den Mund; sein Hirn verspritzte in den Arkaden beim Hechtplatz. Der wollte es gräßlich, wie der Goldschmied es eigentlich nicht will. Gegen 6 Uhr wird die Bodega voll, dann macht er Platz; er sitzt ja schon im Mantel, und es fällt nicht auf, wenn er geht. Das Geld legt er vorher auf den Tisch. Ein andrer Fall: als Kunstgewerbeschüler, als er in Wiedikon mit seiner Mutter wohnte, hörte er beim Zähneputzen im Badezimmer einen ungewöhnlichen Ton aus dem unteren Badezimmer, nicht sehr laut, ungefähr so wie wenn jemand mit einem kleinen Hammer den Spiegel zerschlagen hätte, nur ohne Klirren danach; ein Schuß; nach zwei Stunden trugen sie den Sarg aus dem Miethaus. Je älter man wird, umso schlichter möchte man's. Auf dem Albis kennt er Plätze genug, die sich eignen; es braucht ja nicht am Sonntag zu geschehen, wenn es viele Spaziergänger gibt, Familien mit Kindern. Manchmal denkt er: Ich häng mich auf! beispielsweise wenn sie sagt: »Rede nicht, sondern denke.« Er kommt immer regelmäßiger in die Bodega. Wenn er sich gesetzt hat, sieht er sich die Leute vorerst an; dann denkt er. Was eigentlich? Ein junger Bart mit Langhaar am runden Tisch sagt: Guten Appetit. Später hört er von einem Nebentisch das Wort: Schwanz. Der Goldschmied muß aufpassen, daß er nicht alles auf sich bezieht; überhaupt muß er immerfort aufpassen. (Nicht nur wenn er aus der Toilette kommt.) Ein Leben lang hat er sich bemüht, nicht widerlich zu werden, ein Leben lang hat er immer das Klo-Fenster geöffnet, in der Eisenbahn hat er immer den Mantel über sein Gesicht gezogen, wenn er schlafen wollte. Jetzt in der Bodega kennt man den Goldschmied nur noch im Mantel: ein Alter, zufrieden mit Fleischkäse und Clarete. Kein Trottel, wie sie zuhause meint, aber er muß aufpassen. Wenn er in der Bodega das Geld auf den Tisch legt, zählt er's zweimal, nach einer Weile sogar ein drittes Mal. Ein Sprung von einem Aussichtsturm wäre sicher, aber wenn er es sich ausdenkt: widerlich für die

Hinterlassenen, und ein Leben lang hat er sich bemüht, nicht widerlich zu werden. Der Goldschmied weiß, es müßte bald geschehen. Geboren bei Zürich (Adliswil) und aufgewachsen in Zürich, kennt er natürlich die Mühlebachstraße und die Mühlegasse; trotzdem hat er auf der Straße eben die verkehrte Auskunft gegeben. Zum Glück war sie nicht dabei. Wenn sie vor dem Fernsehen sitzen: seine Meinung überzeugt nie, er ist immer für Leute, die seine Frau nicht überzeugen, zum Beispiel für Willy Brandt. Einmal denkt er auch an Gashahn; nur gibt es in der Wohnung keinen Gashahn. Sie will immer sein Bestes: zum Beispiel, daß er unter Leute gehe. Nachher sagt seine Frau, daß wieder nur er die ganze Zeit geredet habe, daß er den andern nicht zuhöre usw., der Goldschmied weiß bloß, daß es niemand überzeugt, wenn der Goldschmied einmal auch etwas sagt. Sicher und für die Hinterbliebenen nicht widerlich ist einzig die Schlafmittel-Methode, die er unmännlich findet; immerhin hat er in den letzten Monaten angefangen, Schlaftabletten zu sammeln, versteckt sie in der Werkstatt. Aber auch dazu muß der Mensch aufgelegt sein; es genügt nicht, daß einer keine Angst hat. Man nimmt nicht dreißig Schlaftabletten einfach so, wirft sie aus der flachen Hand in den Mund, jeweils drei oder vier, die jedesmal mit Wasser hinunter zu spülen sind oder mit Chianti. Wenn der Goldschmied, um dazu aufgelegt zu sein, Streit anfängt wegen einer Lappalie (wieder hat sie den TAGESANZEIGER von heute weggeworfen), ist sie vernünftig. Sogar mütterlich; nachher kocht sie seine Lieblingsspeise, läßt ihn Fernsehen einschalten. Später entschuldigt er sich. Was schlimmer und schlimmer wird, liegt nicht an ihr: »Kindisch!« das sagt man eben so; sie hat es nicht so gemeint, wie er es hört. Vieles hat sie schon vor 10 oder 20 Jahren genau so gesagt, und es hat dem Goldschmied nichts ausgemacht, wenn sie gesagt hat: »Trottel«. Das meint sie nicht wörtlich, sonst hätte sie nicht ein Leben lang mit dem Goldschmied gelebt. Sie schlafen noch immer Bett an Bett. Es liegt nicht an ihr, daß sie vor Leuten sagen muß: »Das heißt nicht Karfunkel, du meinst Karbunkel.« Vollkommen sachlich; übrigens hat sie es ihm schon zuhause gesagt. Es ist furchtbar, wenn man überhaupt nichts mehr sagen kann. Einmal sagt sie: »Jetzt redest du wie ein Gaga«, aber dafür entschuldigt sie sich; sie hat es so gemeint – sie sagt das nie wieder.

Eigentlich braucht es gar keinen Entschluß mehr, wenn er auf einer Bank sitzt am Wald: es genügt der Blick auf die Stadt, Limmat, Türme, Gasometer bei Schlieren, ein Liebespaar, das in den Wald geht. Der Goldschmied hat jetzt die Schlafmittel in der Manteltasche. Er wird 64. Worauf wartet er? Wenn er in der Nacht ohnehin auf die Toilette muß: zehnmal je drei Tabletten je mit einem Schluck, das ist zu machen. Es muß nur sicher sein. In die Bodega kommt er nicht mehr (der Goldschmied wird nicht vermißt, aber er fehlt: der alte Eisenofen, das Ofenrohr durch den Raum usw., zwei oder drei Alte gehören eigentlich zum Inventar), plötzlich weiß er nicht, wozu in diese Bodega. Wenn er Papier mit seinem Briefkopf nachbestellen läßt oder wenn er sich nochmals eine neue Baskenmütze kauft, bedeutet es nicht, daß der Goldschmied warten will, bis zum ersten Hirnschlag. Dann ist es zu spät. Die Schwiegertochter in San Paolo schreibt, sie kommen im September nach Zürich; der Goldschmied wird sich nicht an ihren Kalender halten, so nett ihr Vorschlag gemeint ist: Familien-Ausfahrt an den Vierwaldstättersee, wo es die gebackenen Felchen in Bierteig gibt. Sie findet, der Goldschmied arbeite zu viel. Wenn er in der Nacht ohnehin auf die Toilette muß, ist es schon 4 Uhr morgens, und wenn er um 9 Uhr nicht zum Kaffee kommt, ruft sie um Hilfe, man wird von einer Ambulanz ausgepumpt. Es ist nur zu machen gegen Abend; nicht zu spät, damit die Ambulanz nicht zu früh kommt; nicht zu früh, damit er nicht schon vor dem Fernsehen einschläft. Schneetreiben am andern Tag; damit sein Vorsatz, gegen 10 Uhr abends die Schlafmittel zu nehmen, nicht auffällt, verbringt er den Tag wie üblich: vormittags in der Werkstatt, nachmittags in der Bodega (zum letzten Mal), er trinkt nicht mehr als üblich, liest den TAGESANZEIGER, um sich die Zeit zu vertreiben. Sie merkt bloß, daß er wieder in der Bodega gewesen ist: »Du vertrottelst noch in dieser Bodega.« Wenn man sich in der Hand hat, braucht man sich nichts gefallen zu lassen; da der Goldschmied sie nicht einmal anblickt, sondern im TAGESANZEIGER blättert, tut, als habe er es nicht gehört, wiederholt sie: »Du vertrottelst.« Dabei hat der Goldschmied sich in der Hand wie schon lang nicht mehr; er findet es nur schade, daß sie das gerade heute sagt. Am andern Morgen ein toter Goldschmied, das geht nicht; sie müßte sich Vorwürfe machen, daß sie das gesagt hat. Sie schlafen noch immer Bett an Bett. Um 10 Uhr, wenn jeweils die Nachrichten kommen, denkt der Goldschmied fast jedesmal daran. Der Goldschmied kennt jemand mit Hirnschlag. Scheinbar ist es nur das Lid, das streikt; es gibt Sonnenbrillen, um das zu verdecken; plötzlich sind alle Leute sehr lieb zu ihm, unsicher, ob er noch denken kann. Weiß so jemand, daß er lallt? Er wird sich nicht mehr davon erholen, aber es muß nicht sein, daß es zum zweiten Hirnschlag kommt. Noch hat der Goldschmied sich in der Hand, noch kann er denken. Ein andermal geht es wieder nicht: seine Frau muß morgen zum Arzt, sagt sie. Es kann sein, daß man schneiden muß, sagt der Arzt, kein Grund zur Sorge, eine Sache von 8 oder 10 Tagen... So lang muß er's verschieben.

Der Goldschmied lebt noch immer. Es kommt zu den gebackenen Felchen in Bierteig am Vierwaldstättersee im September mit dem Enkelchen aus San Paolo. Jajaja! Nur die Großmutter fühlt sich nicht zum besten; sie erzählt die Geschichte ihrer Operation im Frühjahr, während der Goldschmied findet, die gebackenen Felchen in Bierteig schmecken auch nicht mehr wie früher. Der Sohn aus San Paolo: Generalvertreter einer schweizerisch-amerikanischen Firma, schon fast ein Amerikaner, wenn er so von Latein-Amerika erzählt und dazu die einheimischen Schwäne füttert. Der Goldschmied hört, daß Geld überhaupt keine Rolle mehr spiele, auch wenn er 90 wird, überhaupt keine Rolle. Jajaja! sagt nicht er, sondern die Großmutter; sie sagt es nicht zu ihm, sondern zum Enkelchen.

Wie er in der Bodega sitzt (der Eisenofen ist noch immer da, nur die Kellner haben gewechselt) und wie er den Fleischkäse aus einem knisternden Papier packt, dann kaut – seine Frau ist gestorben, der Laden verkauft, er wohnt in einem städtischen Altersheim.

BERLIN

Zu sehen ist, was man schon weiß. Seither bin ich öfter in Berlin gewesen und habe auf Besichtigung der Mauer verzichtet. Uwe Johnson führt uns wie eine amtliche Person im Dienst, ohne Kommentar; da er sehr groß ist, beugt er sich höflich, wenn eine technische Information verlangt wird, und nimmt jedesmal seine Pfeife aus dem Mund, wie immer in schwarzer Lederjacke, Kopf kahlgeschoren. Er selber bezeichnet sich nicht als Flüchtling, kann aber nicht mehr auf die andere Seite. Ein Tag mit Sonne und mit kaltem Wind, viel heller nordischer Himmel über Stacheldraht. Wenn man die Mauer sieht, so gibt es nichts dazu zu sagen; allerdings läßt sich

bei diesem Anblick auch nichts anderes reden.
Erst später in einer Kneipe (sie liegt fast
noch im Niemandsland) kommt es zum persönlichen Gespräch, ohne daß er seine schwarze
Lederjacke etwa ablegt, die er auch im som-
merlichen Rom getragen hat. Ein Amtskleid?
Der Tabak-Beutel, den ich aus der Tasche
nehme, ist ein Geschenk von ihm, weil ich einmal gesagt haben soll — nicht in Rom, nein,
in Spoleto und nicht in der Bar, sondern beim
Kiosk . . . Ein homerisches Gedächtnis hat
dieser Mann; Mecklenburg wird sich darauf
verlassen dürfen.

ERINNERUNGEN AN BRECHT

Wie ich Brecht im November 1947, wenige Tage nach seinem
Eintreffen in Europa, zum ersten Mal gesehen habe: in der
kleinen bücherreichen Wohnung von Kurt Hirschfeld, Dra-
maturg des Zürcher Schauspielhauses, das drei Brecht-Stücke
in deutscher Sprache uraufgeführt hat. Brecht saß da, wie man
ihn von raren Fotos kannte, auf der Bank ganz in der Ecke:
grau, still, schmal, etwas verkrochen, ein Mann in der Fremde, die seine Sprache spricht. Er schien froh um die Wände an
seinen Schultern links und rechts. Ein Bericht über die »Hear-
ings«, die Brecht gerade hinter sich hatte, wurde abgebrochen,
als ich dazukam. Ich war damals 36, Architekt. Da er Zürich
nicht kannte, zeigte ich ihm den Weg hinunter zum Stadel-
hofen. Die Stadt, wo er sich auf unbestimmte Zeit niederzu-
lassen gedachte, beachtete er mit keinem Blick. Ich berichtete
ihm von Deutschland, soweit ich es von Reisen kannte, vom
zerstörten Berlin. Ich solle bald nach Herrliberg kommen, um
mehr zu berichten. »Vielleicht kommen Sie auch einmal in diese interessante Lage«, sagte Brecht auf dem Bahnsteig, »daß

Ihnen jemand von Ihrem Vaterland berichtet und Sie hören zu, als berichtete man Ihnen von einer Gegend in Afrika.«

Die Wohnung, zur Verfügung gestellt von dem jungen Ehepaar Mertens, war gratis; seine wirtschaftliche Lage, als Brecht in Zürich lebte, war miserabel: die Reise nach Europa wurde finanziert aus dem Verkauf von Haus und Möbeln in Amerika; die damaligen Einnahmen hätten kaum für einen Studenten gereicht; zwar begannen Verhandlungen mit Peter Suhrkamp, der aber damals auch kein Kapital hatte. Vielleicht täuschte mich sein einziger Luxus: die guten Zigarren. Und seine Gastlichkeit. Brecht, der seine wirtschaftliche Lage nie erwähnte, wirkte nicht mittelloser als später, später nicht wohlhabender als damals.

Empfanden wir Brecht als Deutschen? Als Bayern? Als Weltbürger? Das letztere hätte er sich als Marxist verbeten. In einer Hinsicht wirkte er, verglichen auch mit anderen Emigranten, sehr undeutsch: er analysierte auch den Krieg, den Hitler ausgelöst hatte, nie in nationalen Kategorien. (Später einmal in Weißensee, nach seiner Meinung über bestimmte SED-Funktionäre befragt, wurde er unwillig: »Vergessen Sie nicht, Frisch, es sind Deutsche!« – Dieser Ton war eine seltene Ausnahme.) Was Brecht aus seiner Emigration mitbrachte, war Immunität gegenüber dem »Ausland«; weder ließ er sich imponieren dadurch, daß andere Leute andere Bräuche haben, noch mußte er sich deswegen behaupten als Deutscher. Sein Zorn galt einem gesellschaftlichen System, seine Achtung einem andern; die Weltbürger-Allüre, die immer eine nationale Befangenheit kompensiert, erübrigt sich. Ein Augsburger mit Berlin als Arbeitsplatz, ein Sprachgebundener, Herkunft nicht als Wappen, aber als unvertauschbare Bedingtheit: die selbstverständliche Anerkennung dieser Bedingtheit; Dünkel wie Selbsthaß, national-kollektiv, erweisen sich dann als Relikte, nicht der Rede wert.

23. 4. 1948: erstes öffentliches Auftreten von Bertolt Brecht in Zürich, es blieb das einzige. In einem kleinen Keller, Antiquariat der Volkshaus-Buchhandlung, sitzen hundert oder hundertzwanzig Leute eingepfercht zwischen Bücherwänden; die Buchhändlerin veranstaltet ab und zu solche Lesungen. Brecht hört sich gehorsam meine kleine Begrüßung an, dankt mit höflichem Nicken, setzt sich an den kleinen Tisch, ohne sich auszubreiten, eher hilfsbedürftig, ohne die Zuhörer anzublicken, Brecht mit Brille und mit einem Blatt in der Hand. Ob der Titel, den er rasch genannt hat, in den hinteren Reihen verstanden worden ist, scheint fraglich. Bedrängt von der Nähe der Zuhörer – die vordersten könnten ihre Arme auf den kleinen Tisch legen, was sie natürlich nicht tun, sie sitzen mit verschränkten Armen – verliest er halblaut das Gedicht an die Nachgeborenen, erhebt sich dann flink, das Blatt in der Hand, nein, drei Blätter, und tritt zur Seite, wo es dunkel ist. Weg mit seiner Person! Es lesen Therese Giehse und Helene Weigel, die großen Könnerinnen, und man vergißt, daß Brecht zugegen ist. Nachher, oben in der Buchhandlung, gibt es wenig von Brecht; vieles ist noch ungedruckt. Einige von den Zuhörern, als sie ihre Mäntel nehmen, mustern den grauen Mann aus Distanz; Brecht wird nicht bedrängt. Später sitzt man als kleines Grüppchen bei einem Bier: Brecht, Weigel, Giehse, die dankbare Buchhändlerin, die für die Lesung nicht viel zahlen kann, das Übliche, hundert Franken; Brecht scheint ganz zufrieden.

Einmal als ich wieder nach Herrliberg kam, saßen zwei Brecht in der Diele, beide mit demselben Haarschnitt und in derselben grauen Leinenjacke, einer davon etwas hagerer und linkisch, kollegial-geniert, der andere war Paul Dessau. Caspar

Neher war öfter da. Dann war Brecht locker, beinahe gemütlich, anders als sonst; Brecht war vergnügt.

Brecht in Gesellschaft von Leuten, die er nicht näher kannte – meistens waren es jüngere Leute, und man traf sich in einer Wohnung, selten in einem Restaurant, wo Unbefugte hätten zuhören können – liebte es, einer der Stilleren zu sein, derjenige, der sich vorallem erkundigt: Schwerpunkt der kleinen Gesellschaft, aber nicht Mittelpunkt, ungefeiert, im Mittelpunkt war immer ein Thema. Ich erinnere mich kaum, daß Brecht erzählte. Er gab ungern Rohstoff. Er breitete nicht aus, verkürzte wennmöglich auf Anekdote hin, die, wenn auch leicht zum ersten Mal erzählt, immer etwas Fertiges hatte. Nur selten hatte er ein Bedürfnis zu schildern. Daß Brecht fabulierte, sich in Erfindungen gehen ließ, einen Einfall vergeudete aufs Geratewohl oder vor Ulk überbordete, habe ich nie erlebt; aber was die Fabulierer dann nicht können, das konnte er: zuhören auf eine aufmunternde, ungeizige Art, sofern etwas berichtet wurde; er brauchte nichts zu sagen oder fast nichts: seine Kritik an den Vorfällen übertrug sich auf den Erzählenden. Mehr als dem Debatteur erlag man dem Zuhörer Brecht.

Einmal besichtigten wir Siedlungen für die Arbeiterschaft, Krankenhäuser, Schulhäuser etc. Der Herr vom Bauamt, das ich um die offizielle Gefälligkeit gebeten hatte, ein Adjunkt, der uns mit einem amtlichen Wagen an alle Ränder der Stadt fuhr, verstand die Fragen des Gastes nicht, erläuterte von Siedlung zu Siedlung dasselbe, während Brecht, anfänglich verwundert über soviel Komfort für die Arbeiterschaft, sich mehr und mehr belästigt fühlte durch eben diesen Komfort, der Grundfragen nicht zu lösen gedenkt; plötzlich, in einem properen Neubau, fand er sämtliche Zimmer zu klein, viel zu klein, menschenunwürdig, und in einer Küche, wo nichts fehlte und alles glänzte, brach er ungeduldig die Besichtigungsfahrt ab, wollte mit der nächsten Bahn an die Arbeit, zornig, daß eine Arbeiterschaft auf diesen Schwindel hineinfällt; noch hoffte er, das sei nur in dieser Schweiz möglich, Sozialismus zu ersticken durch Komfort für alle.

Brecht muß ein manischer Aufschreiber gewesen sein, machte aber nie diesen Eindruck. Das Gefühl, als Besucher unterbreche man ihn, hatte ich nie; er machte einen Sessel frei, von Papieren oder Büchern, wechselte sofort vom Schreiber zum Zuhörer, zum Frager, wobei er sofort auch den Gegenstand seines Interesses wechselte. Kein Wort von seiner Arbeit; die war ausgeschaltet. Verließ man ihn nach zwei oder drei Stunden, wirkte er wach wie vorher; es kam nie zum Ausleiern eines Abends. Ob er danach arbeitete, weiß ich natürlich nicht; ich stelle ihn mir vor wie Galilei: nicht emsig, nur immer gegenwärtig, jederzeit anfällig für Entdeckungen. Eigentlich hätte zu ihm ein Stehpult gepaßt. Ich kann mir nicht denken, daß Brecht, ob er über dem Kleinen Organon oder über den Antigone-Versen sitzt, wie vor einem Mauseloch lauert; eher so: er pflückt, er erledigt, er merkt vor, er hält fest, er probiert, immer locker durch Wechsel. Anders wäre die Fülle seines Nachlasses kaum zu begreifen, die ihm übrigens, wie es scheint, nicht recht bewußt war: Peter Suhrkamp erzählte einmal, wie Brecht, als sie die Satzproben zu den Stück-Bänden besprachen, auf einen größeren Schriftgrad drängte, damit, wie Brecht meinte, sein Werk doch eine gewisse Ausdehnung bekäme, wenigstens fünf Bände sollten es schon sein.

Legende von der Entstehung des Buches Taoteking auf dem Weg des Laotse in die Emigration, ich las das Gedicht in den Kriegsjahren auf der Straße, wie man Tagesmeldungen liest, stehend; die Kohlepapierkopie fast unleserlich, man bekam sie mit dem Auftrag, weitere Kopien herzustellen und die Gedichte weiterzuleiten; in meinem Atelier (ich hatte zwei Zeichner, keine Sekretärin) tippte ich mit acht Durchschlägen:

»Denn man muß dem Weisen
seine Weisheit erst entreißen,
Drum sei der Zöllner auch bedankt:
Er hat sie ihm abverlangt.«

Es gehört zu den Erinnerungen, die man sich selber ungern glaubt: da saß ich in der Herrliberg-Wohnung mindestens einmal in der Woche, aber der Gedanke, Brecht etwas abzuverlangen, kam mir nicht, auch als Helene Weigel einmal verriet, was der Überseekoffer dort in der Ecke enthielte. Brecht war 51, der Meister, wie kollegial er sich auch verhielt, und dem Jüngeren fiel nicht ein, daß es ihn vielleicht freuen könnte, wenn man etwas verlangte aus dem Gepäck, das heute als Klassiker-Ausgabe ein ganzes Gestell füllt. Er arbeitete damals am KLEINEN ORGANON unter anderem. Auch das hätte ihm der Jüngere nicht abverlangt, wenn Brecht es nicht eines Tages von sich aus gegeben hätte: wie eine Hausaufgabe. Er möchte wissen, sagte er, ob das verständlich werde. Natürlich las ich es noch in der Nacht, aber meldete mich Tage lang nicht; als ich das Manuskript gelegentlich zurückbrachte, glaubte ich noch immer nicht recht, daß Brecht auf mein Urteil wartete, und legte das Manuskript auf den Tisch, dankend, von anderem redend, schamlos genug: ich überließ es Brecht, das Gespräch darauf zu bringen. Das war wieder einmal draußen auf dem Kiesklebedach; die Weigel kochte, Brecht fragte, während wir hin und her gingen auf der Terrasse, Brecht äußerst aufmerksam, unverdrossen-aufmerksam, interessiert noch an meinen Mißverständnissen, bereit zu prüfen, ob das am Leser liege oder am Text. Es blieb meine einzige Manuskript-Lektüre. Hingegen hielt es der Anfänger für selbstverständlich, daß der Meister abverlangte, auch selbstverständlich, daß er nicht das nächste Wiedersehen abwartete, sondern sich an die Schreibmaschine setzte und sofort antwortete.

Eine Zeit lang bedrängte mich Brecht, ich solle als Schweizer endlich ein Tell-Stück schreiben. Zu zeigen wäre, daß der Bauernaufstand der Vierwaldstätte zwar erfolgreich war, aber reaktionär gegenüber der Habsburg-Utopie, eine Verschwörung von Querköpfen. Aber das müsse schon ein Schweizer schreiben. Die These, die er vom Theatralischen her verlockend machte, ist der geschichtlichen Wahrheit zumindest näher als der Hymnus, den wir Friedrich Schiller mit dem Rütli-Denkmal gedankt haben, nur schien sie mir allzu beliebig verwendbar als Legitimation heutiger Vögte. Ich wußte nie, ob Brecht, wenn er pfiffig war, seine Pfiffigkeit für undurchschaubar hielt. Ein andermal: Henry Dunant, der Begründer des Roten Kreuzes, das wäre ein landsmännischer Stoff für mich, ein Schimpfer großen Stils, ein Wohltäter, der von allen Seiten bekämpft wird und siegt, und dann sein Werk mißbraucht sieht. Schließlich ein letzter Vorschlag: die CELESTINA von De Roja einzurichten für die Giehse, Brecht bot sich als Verfasser der Songs an, die ich da und dort brauchen würde. Ich saß in einem öffentlichen Park mit dem geliehenen Buch, das er bereits mit Zeichen gespickt hatte, mit Titeln für fällige Songs. Es war verlockend. Ich bekam es mit der Angst. Brecht, wenn man sich einließ, baute jeden um.

Etwas in der Denkart von Brecht, sowohl im Gespräch wie in den theoretischen Schriften, machte den Eindruck: Das ist nicht er, das ist seine Therapie. Drum sind Brechtianer gefährdet: sie perfektionieren die Therapie gegen ein Genie, das sie nicht haben.

Was er offenkundig nicht leiden konnte: wenn jemand meinte schmeicheln zu müssen. Ein Schauspieler, der es bei Tisch versuchte, bekam für den Rest des Abends keine Antwort und keine Frage mehr. Ein zu dummer Mensch. Brecht legte es nie darauf an, daß sich jemand als Brecht-Kenner ausweisen mußte; Lob machte ihn unwirsch, Lob als Ersatz für Einsicht.

Einmal am See, als ein Gewitter heraufzog, sah ich ihn sehr ängstlich; als ich den einheimischen Wetterkenner spielte und versicherte, daß wir rechtzeitig unter Dach kommen würden, zuckte er die Schulter: »Ich möchte nicht von einem Blitz getroffen werden«, sagte er, »das würde ich dem Papst nicht gönnen«. Er war wirklich nervös.

Die erste Brecht-Regie (zusammen mit Caspar Neher) hatte fast unter Ausschluß der Öffentlichkeit stattgefunden: in Chur, Februar 1948. In Zürich sahen wir die Antigone, gespielt von Helene Weigel, nur in einer Matinee, die einmalig war und nicht ausverkauft; Hauptsache für Brecht, daß er hatte probieren können. Er hatte keine come-back-Eile. Ob Chur oder Zürich, Brecht probierte für Berlin. Das Stück das er dem Zürcher Schauspielhaus zur Uraufführung überließ, war ein vergleichsweise harmloses, HERR PUNTILA UND SEIN KNECHT MATTI, geschrieben in Finnland vor langer Zeit, und daß er aus fremdenpolizeilichen Gründen nicht für die Regie zeichnen konnte, war ihm nicht unangenehm. Das alles waren Vorbereitungen, je unauffälliger um so lieber. Während der Proben blieb er im Hintergrund. Ab und zu ein Tip: Eine junge begabte Schauspielerin, Tochter aus reichem Haus, sollte da eine kleine Magd spielen mit einem Wäschebottich. Als Brecht kicherte, wußte sie nicht, was sie verkehrt machte. Sie trug ein Requisit, das kein Gewicht hat. Höflich, nicht ohne die begabte Bürgertochter im übrigen zu loben, verlangte er bloß, daß bei jeder folgenden Probe ein Klumpen nasser Wäsche in dem Bottich sei, nichts weiter. Nach drei Wochen sagte er: Sehen Sie! Ihre Hüften hatten kapiert... Brecht auf der Bühne: immer etwas geniert, als gehörte er da nicht hin; trotzdem sah man die besondere Geste, die er wünschte und die er nicht vormachen konnte, die er eher parodierte. Er konnte unschlüssig sein. Was heute nicht geht, vielleicht geht's morgen oder übermorgen, wenn man sich heute nicht abfindet, wenn man die Unbefriedigtheit aushält und nicht vorgibt zu wissen, wie und ob es jemals gehen wird. Er berief sich nicht auf Theorie, sondern schaute und reagierte; der Eindruck hatte den Vorrang; freilich wußte Brecht, was er abbilden wollte, und erlag nicht dem Beliebig-Eindrucksvollen. Er brauchte auf Proben (jedenfalls in Zürich, wo er großenteils mit »unpolitischen« Schauspielern zu tun hatte) nie eine politische Vokabel, um zu argumentieren; wenn Matti, der Knecht, sich die Landschaft ansehen muß unter der Begeisterung des Puntila, des Großgrundbesitzers, war die Geste und Mimik der Indifferenz, die den Knecht schweigen läßt, einfach »schöner«, »lustiger«, »natürlicher«, so wie es sofort viel »schöner« ist, wenn die Magd, mit dem Wäschebottich, trotz ihrer strammen Jugend nicht allzu aufrecht (wie eine Tennis-Spielerin etwa) einhergeht. Lauter Geschmacksfragen! Ich fand eine Szene ziemlich ordinär. Brecht: Nanu? Meine Begeisterung über anderes schob er beiseite: »Was finden Sie dann daran ordinär?« Nun wußte ich es nicht. »Wir treffen uns nachher«, sagte er, »überlegen Sie es sich!« Es zeigte sich, als man genau darüber redete, das Unbewußt-Politische meines Geschmackes; Brecht lachte: »Sie wollen, daß Puntila sich wie ein Herr benimmt, aber das tut er ja, gerade wenn er ordinär wird«. In den Proben waren Schauspieler oft verdutzt, daß da plötzlich einer hellauf lachte im hinteren Parkett: Brecht.

Plötzlich, bei einem nächsten Zusammentreffen, hatte er wieder das Häftlingsgesicht: die klein-runden Augen irgendwo im flachen Gesicht vogelhaft auf einem zu nackten Hals. Dabei konnte er grad sehr munter sein. Ein erschreckendes Gesicht: vielleicht abstoßend, wenn man Brecht nicht schon kannte. Die Mütze, die Joppe: wie von dem prallen Dessau entliehen; nur die Zigarre steckte authentisch. Ein Lagerinsasse mit Zigarre. Man hätte ihm ein dickes Halstuch schenken mögen. Sein Mund fast lippenlos. Er war sauber, nur unrasiert; kein Clochard: kein Villon. Nur grau. Sein Haarschnitt wirkte dann wie eine Maßnahme gegen Verlausung oder wie eine Schändung, die ihm angetan worden ist. Sein Gang: da fehlten Schultern. Sein Kopf erschien klein. Nichts von Kardinal, aber auch nichts von Arbeiter. Überhaupt sah Brecht nie wie ein Arbeiter aus, das wäre ein Mißverständnis seiner Tracht; eher so, wie Caspar Neher etwa einen Handwerker stilisieren würde, Tischler vielleicht: mit einem Kopf, daß die Römische Kirche nur in ihren Fundus hätte greifen müssen, um einen sehenswerten Kardinal zu haben. Jetzt aber, wie gesagt, war da nichts vom Kardinal, und man ging neben einem Brecht, der einen verlegen machte wie ein Beschädigter. Er klagte über nichts, im Gegenteil, er rühmte die Giehse. Wir saßen im Café Ost, das es heute nicht mehr gibt, gegenüber einem leeren Stammtisch mit studentischem Couleur-Firlefanz. Was macht einen Schauspieler aus? Man überlegte, als habe Brecht nie eine Zeile darüber geschrieben. Er hatte Zeit, Lust zu sprechen, im Gespräch war er wach und lebhaft, alles andere als ein Geschädigter, denklustig. Erst draußen auf der Straße ging er wieder wie einer, der unser Mitleid erweckt, wie ein

Geschundener, die graue Schirmmütze in die Stirne gezogen. Vorallem der Hals: so nackt. Er ging geschwind, aber die Arme machten nicht mit. Die graue Farmer-Jacke: als habe man ihn aus Beständen einer Anstalt eingekleidet, und nur das Bündel von Schreibstiften, die er immer in der oberen Tasche trug, war privat, die Zigarre unerläßlich, sonst wußte er nicht, wohin mit den Händen, und schob sie dann wie etwas Entblößtes flach in die Rocktaschen.

5. 6. 1948, PUNTILA-Uraufführung in Zürich: das Publikum jubelte nicht, Brecht hingegen war zufrieden. »Solche Stücke muß man immer und immer wieder spielen, bis sie sich dran gewöhnen«, sagte er, »wie sie sich an Schiller gewöhnt haben. Das braucht einige Jahre.« Infolgedessen redete er wie nach einer Probe.

Nur ein einziges Mal sah ich Brecht zusammen mit einem Vertreter der Bourgeoisie; der Stadtbaumeister ließ es sich nicht nehmen, zu einem kleinen Mittagessen einzuladen an einem Ort, wo man auf Zürich schaut – Brecht, statt das erwartete Lob auf Zürich auszusprechen, fragte mich, ob ich New York kenne. Ich müsse es sehen, es lohne sich, aber ich dürfe nicht zu lang warten, wer weiß, wie lang New York noch steht ... Der Stadtbaumeister machte keine Konversation mehr.

Die Ideologie-Diskussion, in der ersten Zeit unumgänglich, hörte nach und nach auf – nicht wegen meines Widerspruchs, sondern weil ich ihm zu ungeschult war, und Brecht hatte andere Aufgaben als mich zu schulen; er ließ sich lieber auf meine Baustelle führen und Konstruktionen erklären, Probleme der Architektur, auch schlichteres: die Organisation einer größeren Baustelle. Fachkenntnisse, vorallem wenn sie sich in Betätigung zeigten, erfüllten ihn mit Respekt. Ruth Berlau

war dabei, als Frau bald gelangweilt, während Brecht pflicht-
schuldig, wenn auch ängstlich, Gerüst um Gerüst erstieg,
schließlich sogar einen Zehnmeter-Sprungturm, wo man das
Areal am besten überblicken konnte; hier oben war er allerdings für Erläuterungen nicht zu haben, nur für Respekt: Alle
Achtung, Frisch, alle Achtung! und als Ruth Berlau, die Kamera vor dem Gesicht, auch noch wünschte, daß Brecht weiter
hinaustrete auf die Plattform, weigerte er sich; erst unten war
er für Statik-Unterricht empfänglich. »Sie haben einen ehr-
lichen Beruf.« Sein Gruß, wenn man sich verabschiedete, war
manchmal flüchtig, nie herablassend, aber kurz und leicht;
jetzt, nach der Besichtigung meiner Baustelle, war er sehr ausdrücklich: kollegial.

August 1948, als wir die Grenze bei Kreuzlingen-Konstanz
passierten, war Brecht fünfzehn Jahre nicht mehr auf deutschem Territorium gewesen. Es war auch nur ein Ausflug für
einen Abend. Der äußere Anlaß, für Brecht ein willkommener
Vorwand, war eine Aufführung bei Heinz Hilpert, Deutsches
Theater in Konstanz, von meinem ersten Stück, das ich lieber
nicht wiedergesehen hätte. (Im November desselben Jahres,
später also, reiste Brecht nach Berlin über Prag und kehrte
dann nochmals für einige Monate nach Zürich zurück, bevor
er sich 1949 endgültig in Ost-Berlin niederließ.) Ein Zürcher
Bühnenarbeiter, der einen alten Lancia besaß, fuhr uns bis
zum Schlagbaum. Brecht: »Gehen wir zufuß!« Die Kontrolle
der Pässe, damals noch immer als sanfte Sensation empfunden,
verlief reibungslos. Brecht betontermaßen unberührt. Wir gingen also zufuß in das Städtchen, ein schon sehr deutsches
Städtchen unzerstört mit Schildern »Speisewirtschaft« in
Fraktur. Nach hundert Metern, mitten in einem Gespräch
über irgendetwas, blieb Brecht stehen, um die Zigarre, die
offenbar ausgegangen war, wieder anzuzünden, Blick zum

Himmel: »Der Himmel ist hier nicht anders!«, dazu jene unwillkürliche Geste, die öfter vorkam: er schob den hageren Hals im weiten Kragen hin und her, ein Zucken, das ihn lockerte. Später die Begrüßung bei Heinz Hilpert und seinen Getreuen; Überschwang machte Brecht immer linkisch, er hielt sich an ein Bier, während ein junger Schauspieler (er hatte schon von der Dreigroschenoper gehört) das Unternehmen in Konstanz zu lobpreisen nicht ermüdete; Brecht staunte: über das Vokabular, das ihn stumm machte. Nach der Aufführung verbreitete sich Brecht über deutsches Bier, das nachwievor das beste Bier sei; kurz darauf: Gehen wir! Er schwieg sich aus, bis man wieder in Kreuzlingen war; eine Bemerkung von Wilfried Seifert, der uns begleitete, brachte ihn plötzlich zum Bersten. Er begann mit einem kalten Kichern, dann schrie er, bleich vor Wut; Seifert verstand nicht, was mit Brecht los war. Das Vokabular dieser Überlebenden, wie unbelastet sie auch sein mochten, ihr Gehaben auf der Bühne, ihre wohlgemute Ahnungslosigkeit, die Unverschämtheit, daß sie einfach weitermachten, als wären bloß ihre Häuser zerstört, ihre Kunstseligkeit, ihr voreiliger Friede mit dem eigenen Land, alldies war schlimmer als befürchtet; Brecht war konsterniert, seine Rede ein großer Fluch. Ich hatte ihn noch nie so gehört, so unmittelbar wie bei dieser Kampfansage in einer mitternächtlichen verschlafenen Wirtschaft nach seinem ersten Besuch auf deutschem Boden. Plötzlich drängte er zur Rückfahrt, als habe er Eile: »Hier muß man ja wieder ganz von vorne anfangen.«

»Nehmen Sie dieses Foto nach Polen mit«, sagte er, »wahrscheinlich treffen Sie auch Leute von der Regierung, fragen Sie, ob das stimmt.« Er gab mir eine Illustrierte, die nicht eigentlich berichtete, immerhin Bilder zeigte, so daß man vermuten mußte: Mißhandlungen in Schlesien, KZ-Zustände.

»Fragen Sie überall, ob das stimmt!« verlangte Brecht, und ich
konnte mir nicht vorstellen, daß Leute von der Regierung beispielsweise bei einem Bankett sich einlassen auf diese Illu-
strierten-Anklage; Brecht: »Fragen kann man immer.« Es
war sein Ernst. »Wenn es in Polen diese Zustände gibt«, sagte
Brecht, »so muß etwas unternommen werden.« Als ich von
Polen zurückkam, war er begierig zu hören, rief an, sobald
er von meiner Rückkehr wußte. Ich radelte also nach Herrliberg mit viel Stoff: Breslau, heute Wroclav, Congrès International des Intellectuels pour la Paix, Warschau. Ich erwartete ein schwieriges Gespräch. Was ich zu berichten wußte, war
zwiespältig, Brecht voll Erwartung. Grüße von Anna Seghers.
Allein mit Brecht, der die Ostblock-Länder noch nicht aus
eigner Anschauung kannte, erzählte ich einfach drauflos.
Fragwürdiges, Erfreuliches, Bedrückendes, Undurchsichtiges.
Ich lieferte das Konkrete. Eindrücke von einer Fahrt durch
Schlesien; Gespräch mit einem polnischen Bauern, der tadellos
Deutsch redete: Knecht in Ostpreußen, wo er lernte und soviel ersparte, daß er zu einem eigenen Hof in Ostpolen kam,
Krieg, von den Russen aus seiner Heimat vertrieben, jetzt
angesiedelt auf schlesischem Boden; eine Lebensgeschichte.
Brecht war ein offener Zuhörer, was die Berichterstattung er-
leichterte; ich sah ihn bestürzt oder erfreut jenachdem, alles
in allem eher bekümmert. Die Art, wie Fadejew und der bril-
lante Ehrenburg manövrierten, verdroß ihn: »Wenn man
schon einen Kongreß macht, dürfte das nicht vorkommen.« Ab
und zu rief er die Weigel, aber wir blieben allein, Brecht auf-
gewuhlt, oft stumm, unverhohlen-betroffen, weit davon entfernt, das Mißliche zu bestreiten. Einmal sein Vorwurf, daß
ich beim Staatsempfang, wo hunderte von Intellektuellen sich
um ein Buffet sammelten, nicht rundheraus gewisse Fragen
gestellt habe. Was ich an beginnendem Aufbau und Planung
in Warschau (das Projekt wurde nach dem Sturz von Gomul-

ka annulliert) gesehen hatte oder was man in Kellerkneipen unter Ruinen, abseits vom offiziellen Optimismus, an lebensfrohen und unmittelbaren und glücklichen Menschen erleben konnte, berichtete ich gern; Brecht nahm es als Beweis, daß ich nicht polemisierte, und verbuchte das Negative, das auch in seiner Ansicht negativ war, umso ernster. »So geht das ja nicht«, sagte er mehrmals, »das muß geändert werden.« Später setzte sich Helene Weigel dazu, ich sollte weiter berichten, teilweise wiederholen; es ging nicht mehr. Nicht nur die Weigel hatte auf alles, was der Augenzeuge meldete, die gebrauchsfertige Auslegung in maßregelndem Ton; auch Brecht war wie verwandelt jetzt, plötzlich ungehalten nicht über Fadejew, sondern über mich. Ich saß in einer Prüfung, um durchzufallen. Unterrichtet darüber, was in Polen vorging, nahm ich mein Fahrrad.

Sicher ist Herzlichkeit nicht das erste, was auffiel an diesem Mann, der Rohstoff ungern preisgab, und Gefühle sind Rohstoff. Wärme in Worten, das war in seiner Gegenwart auch dem Partner nicht möglich; daß Brecht im persönlichen Umgang sich eines nahezu gleichen Vokabulars bediente für Duldung oder Achtung oder Zuneigung, gab ihm vorerst etwas Instanzhaftes. Seine Gestik (ich komme immer wieder auf seine Gestik: dabei war sie sehr knapp, manchmal fast mechanisch-stereotyp) leistete vor allem Parodie. Was mußte da immer wieder parodiert werden? Brecht muß die Sentimentalität sehr gekannt haben, und was nur von ferne hätte ein Gefälle dahin haben können, verbannte er. Seine Höflichkeit, die sich nicht in Floskeln ausdrückte, sondern im Verhalten bei der Begrüßung oder bei Tisch, eine graziöse Höflichkeit war das einzige, was er als Ausdruck der Zuneigung zuließ. Gemütlichkeit torpedierte er sofort, und wenn nötig, ziemlich grob. Er fühlte sich sichtlich nicht wohl. Nur im Gedicht, also unter artistischer Kontrolle, war gestattet, was Brecht sonst durch Witz und Gestik isolierte: Gefühle. Brecht war schamhaft. Waren Frauen zugegen, zeigte Brecht, im Gegensatz zu den meisten Männern, keinerlei Veränderung, keine Imponier-Geste; Frauen in Gesellschaft waren Genossen, somit neutralisiert, oder sie waren Gänse, die, als solche erkannt und behandelt, das Gespräch nicht lange störten. Dann zeigte Brecht mehr als sonst und so, daß man sich wunderte, Herzlichkeit gegenüber Männern.

Frühling 1950, Berlin: DER HOFMEISTER, Tragikomödie von Lenz in der Bearbeitung des Berliner Ensembles, zum ersten Mal der Vorhang mit der weißen Picasso-Taube, nachher Brecht draußen auf dem Platz vor dem Deutschen Theater, ohne Aura. Es freute ihn offensichtlich, daß man nach Berlin kam, um die Arbeit des Ensembles zu sehen. Kein berühmter Schauspieler, ein paar Bekannte aus Zürich: Hans Gaugler, Regina Lutz, Benno Besson. Es war wie ein Schock: zum ersten Mal sehe ich, was Theater ist. Bestätigung seiner Theorie? Man vergaß sie, indem ihr Versprechen eingelöst wurde – wahrscheinlich sehr unvollkommen, verglichen mit den späteren Produktionen des Berliner Ensembles oder des Piccolo Teatro in Mailand, die heute in Gefahr sind steril zu werden... Brecht wirkte jünger als sonst. Er schlug vor, daß ich in Weißensee schlafe, er wollte Diskussion; nur war da noch eine gesellige Mai-Feier im Theater, eine Anstandspflicht. Keine Kundgebung; diese hatte tagsüber in den Straßen stattgefunden. Jetzt wurde getanzt, Geselligkeit mit betontem Verzicht auf Kravatte; alle zeigten etwas Entschlossen-Wohlgelauntes, Stimmung mit Gutscheinen, die man an einem Buffet einlösen konnte. Die Frage: Wie gefällt's Ihnen hier? machte mich etwas verlegen. Wolfgang Langhoff, auch ein alter Bekannter aus Zürich, grüßte mißtrauisch; ich sah mich, ob ich wollte oder nicht, in der Rolle eines Westlers, der die Ost-Zone beschnüffelt mit der verstohlenen Gier, Unfreiheit und Armut und Trostlosigkeit festzustellen. Ich fühlte mich nicht wohl. Brecht war anwesend, wie es sich gehörte, im übrigen unauffällig. Begeistert von der Aufführung, die ich eben gesehen hatte, verfiel ich doch einem öden Unbehagen an dieser Feier; selbst das Buffet (ich hatte Hunger) schien unterrichten zu wollen, wie hier gelebt wird, und wie alles einander grüßte: Welche Kameradschaft! Alles hatte eine leichte Nötigung, und wenn man sich ihr verweigerte, spürte man das krasse Mißverständnis, das die Nötigung verschärfte, alles positiv zu sehen; schon Schweigen wirkte feindselig. Helene Weigel, festlich-liebenswürdig, holte den Außenseiter zu einem Tanz; ich war schon nicht mehr zu retten: alles erschien mir jetzt demonstrativ, also verdächtig. Draußen über schwarzen Ruinen fand ein Feuerwerk statt; jetzt stellte Brecht sich wie alle an ein Fenster, wartete auf das knallende Schluß-Bukett, rauchend, kurz darauf kam er: »Wir können gehen, Frisch, oder möchten Sie noch bleiben?« Nach unauffälligem Abgang, jetzt wieder draußen auf der finsteren Straße, redete er über Fachliches. Die Ruinen waren nicht aktuell, nichts Nebensächlicheres als Ruinen. Brecht war in bester Verfassung: elastisch, leicht.

Das Gerücht, daß Brecht, von den Russen in einen Palast gesetzt, wie ein Großfürst hause inmitten der Armut von Ost-Berlin und daß die Weigel kostbare Antiquitäten aus der armen Zone käuflich erbeutet habe, fand ich, wie erwartet, nicht bestätigt. Eine Villa wie tausend andere in Berlin: unzerstört, nur etwas vernachlässigt in einem verlotterten Garten, geräumig und, wenn ich mich richtig erinnere, fast teppichlos. Ein schöner alter Schrank, ein paar Möbel bäuerlichen Stils, alles in allem wenig, Provisorisches wie immer um Brecht. Ich schlief in einer Dachkammer, ehedem Dienstmädchenzimmer; Wände voll marxistischer Klassiker. Am anderen Morgen: Brecht schon an der Arbeit, aber er hat Zeit; fünf Minuten steht er mit dem Gast, der den Weißensee noch nie gesehen hat, unten am Weißensee, dann lieber im Arbeitszimmer als unter dem Mai-Grün einer Weide. Selbstkastration des Hofmeisters: als dramaturgisches Problem. Mein Eindruck, daß man in Weißensee etwas anders redete als in Herrliberg, wäre kaum zu belegen; trotzdem hatte ich damals diesen Eindruck. »Es müssen jetzt Stücke geschrieben werden von Leuten, die die Sorgen dieses Staates aus Erfahrung kennen«, sagte Brecht, »das kann einer nicht von drüben.« Es gab, wenn auch noch ohne Mauer, ein Hier und ein Drüben. Zugleich lag ihm sehr daran, daß kein Boykott entstehe; ich sollte mit Barlog sprechen wegen eines Schauspielers, der, da er bei Brecht spielte, drüben Schwierigkeiten bekam. Im übrigen erinnere ich mich nicht mehr an das lange Gespräch, aber daran: wie Brecht den hochbürgerlichen Grundriß dieser Villa umfunktionierte, ohne sie etwa umzubauen, mühelos; er brauchte sich nicht im mindesten zu wehren gegen die Architektur, Brecht war stärker, und es wirkte nicht wie Beschlagnahme, nicht einmal wie Besitzwechsel; die Frage, wem die Villa gehörte, stellte sich nicht, Brecht benutzte sie, wie der Lebende immer Bauten der Ausgestorbenen benutzt, Lauf der Geschichte. Später fuhr man ins Theater; Brecht mit Schirmmütze und Zigarre am Steuer eines alten offenen Wagens, Spruchbänder der gestrigen Mai-Feier in verkehrslosen Straßen, ringsum Ruinen unter dem dünnen Berlin-Himmel, Brecht heiter: »Wann kommen Sie hieher?«

Ein andermal in Weißensee: »Man hat Ihnen Formalismus vorgeworfen. Was verstehen die Leute, die diese Anklage erheben, unter Formalismus?« Brecht versuchte es mit der leichten Schulter: »Nichts.« Es verdrießt ihn, daß ich genauer frage; er lehnt sich in seinen Arbeitssessel, raucht, gibt sich sorglos-belustigt: »Formalismus heißt, ich gefalle gewissen Leuten nicht.« Was ihn verdrießt, verrät der ungehaltene Nachsatz: »Im Westen hätten sie wahrscheinlich ein anderes Wort dafür.« Dann spricht man über anderes, und später erst, als ich dazu nichts mehr erwartete, in einem anderen Zusammenhang, kommt die eigentliche Antwort leichthin: »Daß wir für die Schublade arbeiten, sehen Sie, das lernte man in der Emigration. Vielleicht kommt eine Zeit, wo man unsere Arbeit ausgräbt und brauchen kann.«

Ich bin nur wenigen Menschen begegnet, die man als große Menschen erkennt, und befragt, wie sich die Größe von Brecht nun eigentlich mitgeteilt habe, wäre ich verlegen: eigentlich war es jedesmal dasselbe: kaum hatte man ihn verlassen, wurde Brecht umso gegenwärtiger, seine Größe wirkte hinterher, immer etwas verspätet wie ein Echo, und man mußte ihn wiedersehen, um sie auszuhalten, dann nämlich half er durch Unscheinbarkeit.

Über das Verhalten von Brecht während des 17. Juni 1953 befragte ich später zwei Ensemble-Leute, Egon Monk und Benno Besson. Hat Brecht am Vormittag, als die ersten Meldungen von der Stalin-Allee kamen, eine Rede gehalten vor seinen Mitarbeitern? Was feststeht: die Proben (DER ZERBROCHENE KRUG und DON JUAN) wurden abgebrochen. Wohin hat Brecht sich im Lauf des Tages begeben? Wie hat er die Ereignisse, so weit sie ihm zur Kenntnis kamen, beurteilt: als Kundgebung der Arbeiterschaft, deren Unzufriedenheit er für berechtigt hielt, oder als Meuterei? Welche Informationen hatte Brecht? Argwöhnte er, daß der Westen sich den Volksaufstand, der ohne Führung war, zu Nutzen machen könnte und daß es zum Krieg kommt? Hatte er eine Möglichkeit einzugreifen? Welche? War Brecht hin und her gerissen? gleichmütig? kopflos? untätig? Verlangte er von seinen Mitarbeitern, wie sie sich zu verhalten haben? War Brecht (wie das Gerede es schon damals darstellte) feige, ein Verräter gegenüber der Arbeiterschaft? Oder war er verzweifelt, daß die Arbeiterschaft sich durch romantisches Vorgehen selbst gefährdete? War Brecht empört über das Eingreifen der sowjetischen Tanks oder hielt er es für unerläßlich, um den Westen vor Übergriffen zu warnen? – auch die beiden Ensemble-Leute, die ich befragte, lieferten mehr Auslegungen als Belege; ihre Auslegungen waren unvereinbar. Peter Suhrkamp verschickte Kopien des Brecht-Briefes an Ulbricht: die vollständige Fassung.

Mein letzter Besuch vor seinem Tod, September 1955, war ein kurzer und sogar etwas steifer Besuch an der Chaussee-Straße. Wohnung mit Blick auf den Friedhof. Ich war befangen; Benno Besson war gerade da, den ich persönlicher kannte als andere Ensemble-Leute, und es bestand damals ein Mißtrauen zwischen uns, das zu politischer Borniertheit führte. Wir hatten in letzter Zeit regelmäßig miteinander gestritten, Besson und ich, waren damals noch ganz und gar unversöhnt, und unsere Begrüßung, als ich bei Brecht eintrat, war entsprechend: auf Gegenseitigkeit blicklos. Ob Brecht davon wußte? Ich störte ein Arbeitsgespräch, man stand noch einige Minuten, Höflichkeit nötigte Brecht, daß er Besson, obschon Dringliches zu klären war, entließ mit einer Geste des Abbrechens. Allein mit Brecht, den ich lange nicht gesprochen hatte, blieb es etwas offiziell. Brecht: das Ensemble sei nun etabliert, sodaß er es andern werde überlassen können. Es drängte ihn, so tönte es, zu schreiben. Er sah krank aus, grau, seine Bewegungen blieben sparsam. Ich kam von Proben in West-Berlin;

Hanne Hiob, seine Tochter, spielte eine Hauptrolle, und Caspar Neher machte das Bühnenbild. Beim Mittagessen: Wie denkt man im Westen über die Kriegsgefahr? Man kam jetzt, wenn man aus dem Westen kam, von weither. Die übliche Frage: Und was arbeiten Sie? blieb aus. Helene Weigel war dabei; sie befragte mich darüber, wie ich mich denn zur Verfolgung von Konrad Farner in der Schweiz verhielte. Zeitweise aß man ziemlich wortlos. Keine Witze. Ich blieb befangen. Ein unoffenes Gespräch, eigentlich überhaupt keines; das Gefühl, daß ich das Unoffene verschuldete, war peinigend, nicht zu tilgen durch Berichte, wie es Suhrkamp ging, nämlich schlecht. Wiedervereinigung? Dazu Brecht: »Wiedervereinigung heißt noch einmal Emigration.«

Es bleibt rätselhaft, daß Brecht sich einen Stahlsarg verordnet hat. Wovor soll der Stahlsarg schützen: vor den Machthabern? vor der Auferstehung? vor dem »Aas mit vielem Aas«?

Es gibt einen Satz, der Brecht gerecht wird, obschon er nicht auf ihn geschrieben worden ist: »Trotz der Einseitigkeit seiner Lehre ist dieser märchenhafte Mensch unendlich vielseitig«, ein Satz von Maxim Gorki über Leo Tolstoj.

ZÜRICH

Mutter im Sterben. Zeitweise meint sie, daß wir zusammen in Rußland sind. Sie ist 90. Ob sich in Odessa viel verändert habe seit 1901.

44

In nächtlichem Zimmer zeigt jemand ein Papier, ein Formular mit russischer Schrift, ein graues und mürbes Blatt: auf der Rückseite bekritzelt von Rand zu Rand mit einer winzigen Handschrift, die nur mit der Lupe zu lesen sein dürfte. Eine Genossin wurde deportiert, sie erfuhr nie, warum. Nach einem Jahr im Lager bat sie um Einzelzelle, was schlimmer ist; Ratten. Ihre zweite Bitte: Papier. Beides wurde ihr schließlich gewährt. Sie bekam solche Formulare der Lager-Verwaltung und verbrachte drei Jahre in Einzelhaft. Sie übersetzte aus dem Gedächtnis: DON JUAN von Lord Byron. Als sie damit zu Ende war, bat sie um Entlassung aus der Einzelhaft. Jetzt wieder im Sammellager und bei der Landarbeit trug sie das Manuskript am Leib versteckt. Nach insgesamt 8 Jahren (wenn ich richtig berichte) wurde sie als unschuldig entlassen. Ihre Übersetzung von Lord Byron wird jetzt, 1966, gedruckt und soll in einem großen Theater vorgetragen werden.

. . . .

Ich habe Rubel, Honorar für den Abdruck eines Romans in der Zeitschrift INOSTRANJA LITTERATURA, 900 Rubel. So viel verdient ein Arbeiter in einem halben Jahr. Ich kann nichts damit anfangen: Hotel und Flugreisen sind mit Dollar zu bezahlen. Und ausführen darf ich die Rubel auch nicht. So bleibt uns nur, Champansky zu trinken, Kaviar zu essen. In Odessa gibt es keinen. Ein Flug auf die Krim ist nicht möglich: erstens nicht mit meinen Rubel, zweitens haben wir keine Dollar mehr, drittens brauchten wir nochmals ein Visum aus Moskau. So vertreiben wir die Zeit (die schöne Potjomkin-Treppe kennen wir inzwischen; die Liebknecht-Kolchose, in einem bunten Prospekt als Vorbild angepriesen, ist nur mit Dollar-Taxi zu erreichen, und als dafür unsere Dollar gerade noch reichen, ist sie nicht zu besuchen wegen Klauenseuche, »einer Krankheit, die es auch im Westen gibt«) – so vertreiben wir uns die Zeit auf einem Fußballplatz, Karten durch INTOURIST, numeriert. Zufällig sitzt gerade neben uns ein junger Mann, der Deutsch spricht, ein Freund der Literatur; er kennt Heinrich Böll, Erich Maria Remarque; dann zieht er aus seiner Mappe die bekannte Zeitschrift mit einem deutschen Roman, den er eben lese – so ein Wunder: daß ich der Verfasser bin, jawohl, gerade ich. Von Fußball versteht unser Freund weniger. Abend mit Champansky. Gespräch über Gott und die Astronauten. Boris ist Lektor, 80 Rubel im Monat, er wohnt in einem Zimmer mit seiner Frau, die ihre Doktorarbeit schreibt, ihr Diplom, ich weiß nicht: jedenfalls steht Boris zur Verfügung, wenn wir etwas wissen möchten. Zweiter Abend mit Champansky, aber ich habe immer noch 630 Rubel am Abend vor unsrer Abreise. Was tun? Am andern Morgen, drei Stunden vor Abflug, meldet sich Boris mit sonderbarer Stimme, er müsse mich sprechen. Sofort. In der Hotelhalle (dabei habe ich den Eindruck, daß das Personal ihn kennt, aber man soll's nicht merken) geht es nicht. Draußen in der Allee über dem Hafen: er könne das Geld, das ich ihm in die Zeitschrift gesteckt habe, nicht annehmen. Unmöglich. Ich erkläre ihm meine Situation. Soll ich meine Rubel hier auf die Mauer legen? Kein Sowjetmensch, sagt er, würde sie nehmen. Geld als Lohn für Arbeit, aber nicht so. Soll ich mich für diese Rubel, die ich in Moskau verdient habe, an der Zollschranke verhaften lassen? Ich sage: Boris, hören Sie! mit Blick auf die Uhr, in der andern Hand dieses Notenbündel. Es war die teuerste Reise, die ich je gemacht habe. Rubel gleich Dollar. Wenn ich nicht zur Staatsbank will (was Boris enttäuscht), ich könne ja etwas kaufen. Zwei Pelzmützen, schon in Moskau gekauft, genügen mir; die Schallplatten sind billig. Was kostet 630 Rubel, frage ich, was denn? Ein Motorrad. Oder was leichter mitzunehmen wäre: ein Foto-Apparat. Aber ich fotografiere nicht, meine Gefährtin auch nicht, meine Kinder haben schon einen. Aber es ist der beste Foto-Apparat, den es in der Sowjetunion gibt. Also ich muß. Boris bringt mich hin. Daß ich unterwegs nochmals nach dem Haus von Isaak Babel frage, mußte es sein? Im Warenhaus, wo Boris mich hinführt, wäre ich ohne Boris verloren; er hat einen Ausweis, der das Fräulein endlich zur Bedienung nötigt, die trotzdem mürrisch bleibt. Was der Herr aus dem Westen da kauft, zieht einige Leute an; ich verstehe nichts von Foto-Apparaten, das Fräulein noch weniger; aber Boris versichert, daß es funktioniert. Ich zweifle nicht daran, nur müßte es mir jemand erklären. Boris erklärt mir etwas anderes: sie ist sehr glücklich, wissen Sie, jetzt hat sie ihr Tagessoll erfüllt, sogar mehr. Ich glaub's, auch wenn das Fräulein nicht grüßt; Boris bringt die Rubel zur Kasse. Erledigt. Die letzten paar Rubel versaufen wir schon noch am Flughafen ... In Warschau, als ich von der Begegnung auf dem Fußballplatz von Odessa erzähle, komme ich nicht weit; sie lachen: die heißen meistens Boris. Mag sein. Unser Boris war sympathisch.

WARSCHAU

Es wäre wenig zu haben, wenn man danach verlangen würde, und trotzdem der Eindruck: sie leben besser als die Russen. Sie haben Selbstironie. Was sie ins Schaufenster stellen: Geschmack ohne Ware, Fantasie, Grazie. Das wirkt fast wie Übermut.

Wo 1948 nur Trümmer und Schutt zu sehen waren – ich erinnere mich an Wiska, die uns damals führte, und an unsere

Auseinandersetzung, ob es denn sinnvoll sei, die historischen Fassaden wieder herzustellen; heute gebe ich ihr recht: auch die Attrappe setzt Patina an. Ich sitze auf dem öffentlichen Platz in einem Biedermeier-Fauteuil, nämlich es werden hier gerade Möbel verladen, und das junge Foto-Mädchen hat mich in diesen Fauteuil gesetzt; sie hat recht: 20 Jahre seit meinem letzten Besuch – man kommt sich schon historisch vor.

Er ist nicht einverstanden nach Art der Parteigenossen, Erbe eines königlichen Namens, geboren als Größtgrundbesitzer, damals verschrien als Der Rote Prinz, unter Hitler jahrelang im KZ. Beim Mittagessen im Schriftstellerverband (er übersetzt aus dem Deutschen, zurzeit gerade Musil) erzählt er, daß er die Bauern seines ehemaligen Großgrundbesitzes öfter besucht: sie leben nicht gut, nein, aber besser als je zuvor. Er ist Katholik. Einigen gehe es schlechter als früher, aber er ist dafür, daß es 90 Prozent der Leute besser geht.

Chinesen am Flughafen, eine Delegation in Mao-Jacke. Sind wir für sie ebenso undurchsichtig wie sie für uns? Ein Bekannter aus der Schweiz, Professor, der hier einen wissenschaftlichen Kongress besucht hat, spricht mich an, findet Warschau arm, dreckig, trostlos usw.

ZÜRICH

In einer kleinen Wirtschaft (Wolfbächli)
bringe ich den jüngeren Mann gegenüber, der
Spiegeleier ißt, langsam ins Gespräch. Maler-
meister mit sechs Angestellten, Aufträge genug, heute Nachtarbeit. Über allerlei Umwege
(Tarife für Nachtarbeit, Sport, die Herren
Architekten, Spritzverfahren, die Fremdarbei-

ter usw.) endlich zum Punkt: Welche Arbeit
macht Ihnen am meisten Lust? Ich würde lieber
eine Wand malen als Fensterrahmen, lieber
bunt als das fade Ton-in-Ton. Wie ist das?
Er versteht die Frage nicht. Renovationen oder
Neubauten, was macht er lieber? Man macht
eben beides, heute nacht eben eine Reno-
vation. Graust ihm vor Nachtarbeit? Das muß
eben sein. Da er der Boß ist und somit wählen kann, was er selber macht, frage ich:
Welchen Teil der Arbeit wählen Sie? Grun-
dieren denke ich mir langweilig, das Ablaugen
alter Farbe noch langweiliger. Was macht mehr
Lust, Streichen mit Pinsel oder Spritzverfahren? Seine Spezialität, sagt er, ist Hartlack; dabei komme er auf seine Rechnung. Also
zurück zu den heutigen Tarifen; nach und nach
erfahre ich seinen Jahresumsatz, sogar sein
eignes Einkommen im Durchschnitt, nachdem ich
geschworen habe, daß ich kein Steuerspitzel
bin. Sein Einkommen ist nicht großartig, aber
anständig; er hat seine festen Kunden; aber
Arbeiter zu finden, die eine saubere Arbeit
liefern, ist heutzutage schwer, und dann haut
einer wieder ab oder macht einen blauen Montag, alles nicht leicht, die Termine, die
Preise fürs Material, wenn gepfuscht wird usw.
Zurück zu meiner Frage: Was in Ihrem Beruf
macht Ihnen manchmal Lust? Seine Auskunft:
Spritzverfahren ist einträglicher, Renovationen bringen wenig, Tarife für Fenster sind
einfach zu niedrig, dagegen mit Hartlack
kommt er auf seine Rechnung, schließlich hat
er auch eine Familie, Nachtarbeit ist ein-
träglich. Meine Frage nebenbei: Verdrießt es
Sie nicht, wenn Farben gegen Ihren persönlichen Geschmack verlangt werden? Natürlich
arbeitet er, um sein Leben zu verdienen, das
verstehe ich; trotzdem meine Frage: Hätten

Sie nicht manchmal Lust, eine andere Farbe zu
wählen? Man legt doch Muster an und kann verdutzt sein, wenn dann das ganze Treppenhaus
gestrichen ist; ich meine: Sind Sie gespannt,
wie es zum Schluß aussieht? Er weiß nicht,
was ich mit dieser Fragerei eigentlich will;
sein Einkommen hat er mir gesagt. Hätten Sie
manchmal Lust auf einen andern Beruf? Das ist
klar: wenn eine Arbeit sich nicht auszahlt,
weil die Tarife teilweise einfach zu niedrig
sind, ausgenommen bei Hartlack, der seine
Spezialität ist, kann sich das Einkommen ver-
ringern. Also Hartlack macht Lust? Das kann
er nicht sagen; Hartlack ist ein Verfahren,
das nicht alle können, daher sind die Tarife
etwas günstiger . . . Zum Schluß (eigentlich
müßte er gehen, damit seine Arbeiter nicht
lungern, aber ich bestelle gerade noch zwei
Bier) frage ich, ob er glaube, daß die
Arbeiter weniger lungern würden, wenn es ihr
eigner Laden wäre, d. h. wenn sie am Gewinn
und an seinen verständlichen Sorgen beteiligt
wären, d. h. ob er glaube, daß ein sozialisierter Betrieb auch funktionieren könnte,
und wenn nicht, warum nicht. Was das wäre,
fragt er, ein sozialisierter Betrieb? Kurze
Erklärung, die ihm vorallem zeigt, daß ich
von Flachmalerei nichts verstehe: einer muß
doch die Aufträge beschaffen, einer muß doch
die Buchhaltung führen, und davon verstehen
die Arbeiter überhaupt nichts, es kümmert sie
gar nicht, einer muß doch die Termine halten,
damit man nicht die Kunden verliert, und
darauf achten, daß trotzdem nicht gepfuscht
wird, denn sobald der Unternehmer nicht auf-
paßt, wird ja gepfuscht. So ist das eben.
Und deswegen muß er jetzt gehen, ohne die Hand
zu geben, unlustig —

Es gibt nichts zu sagen ... Aber nicht einmal das sagt er. Seine Frau unternimmt alles, um ihn zum Reden zu bringen, neuerdings auch Streit, bis sie weint: weil er nicht widerspricht. Er am Fenster, Hände in den Hosentaschen, als überlege er eine Antwort. Stumm. Wenn er sich endlich umdreht, fragt er, ob der Hund schon gefüttert sei.

. . .

Es wird schlimmer von Jahr zu Jahr.

. . .

Gäste, alle reden, es fällt nicht auf, daß er, als Gastgeber stets beschäftigt, nicht redet. Meistens finden die Gäste: Ein netter Abend. Nur seine Frau ist betrübt: nachher sagt sie: »Früher hattest du noch Meinungen.« Was er nicht bestreitet. »Hast du denn nichts zu sagen?« Natürlich kann er, wenn er sich zwingt, irgendetwas sagen; nur kommt es ihm vor, als habe er schon alles einmal gesagt; es interessiert bestenfalls noch die andern.

. . .

Er ist Mitte vierzig, also nicht alt.

. . .

Zuerst bezieht seine Frau es auf ihre Ehe. Das gibt es ja, Paare, die einander einfach nichts mehr zu sagen haben. Sie geht auf Reisen usw., damit es wieder besser werde in ihrer Ehe.

Am Bahnhof oder am Flughafen, wenn sie nach drei oder vier Wochen zurückkommt, steht er und winkt, nimmt ihr sofort die Taschen ab, küßt sie – aber es gibt nichts zu sagen.

. . .

Wörter, die er nie ausspricht – er weiß, was sie heißen, wenn er sie von den Leuten hört; wenn er sie selber ausspricht, heißen sie nichts, dieselben Wörter.

. . .

Dabei ist er Rechtsanwalt, Leiter einer Treuhand-Gesellschaft, Vorsitzender des Hauseigentümer-Verbandes. Es gibt viel zu tun, viel Langweiliges, aber nicht einmal darüber klagt er. Es gibt viele Leute, die er täglich trifft, Geschichten aller Art. »Warum erzählst du nichts?« Dann schaltet er das Fernsehen an. »Du mit deinem Fußball!«

. . .

Als Kind im Zoo meinte er einmal, die Fische können nicht sprechen, weil sie unter Wasser sind; sonst möchten sie schon –

. . .

Leute mögen ihn. Seine stille Art. Es gibt immer genug andere, die etwas zu sagen haben; meistens genügt es, daß man zuhört. Als Gast gehört er zu der Sorte, die sitzen bleibt, die nicht merkt, daß es jetzt Zeit wäre, und in aller Stille einfach sitzen bleibt . . . Wenn er allein ist, fällt ihm auch nichts ein.

Wenn sie sagt: »Du mußt doch etwas denken!«, steht er auf, als habe man ein Gespräch zu Ende geführt, geht hinaus und füttert den Hund, der nur wedelt und frißt, der ihn nicht zum Reden bringen will.

. . .

Kunden wissen es zu schätzen, daß er nicht sagt, was er denkt; es genügt ihnen, daß er ihre Interessen wahrnimmt.

. . .

Sein Hobby: Schach. Kein Partner käme auf die Idee zu fragen: Was denken Sie jetzt? Es genügt, daß er nach einer Weile seinen nächsten Zug macht, stumm wie die Figuren. Seine Geduld, wenn der andere jetzt überlegt, seine Gelassenheit usw., er fühlt sich nicht bedrängt, wenn der andere plötzlich sagt: Schach! Darauf gibt es nichts zu sagen. Er ist dankbar für jede Partie, auch wenn er nach zwei Stunden verliert; Stunden ohne Konversation.

. . .

Im Auto stellt er sofort das Radio an.

. . .

Meinungen über Nasser und Israel, über Herzverpflanzung, über Ulbricht, über Franz Josef Strauß, über Saridon, über den SPIEGEL, über Frauenstimmrecht in der Schweiz, über gemeinsame Bekannte, über die Verjährung von Kriegsverbrechen – jedermann hat Meinungen, es geht nicht ohne; daher sagt seine Frau: »Heiner ist auch dieser Meinung!«, während er die Flasche entkorkt.

. . .

Der Hund wird immer wichtiger. Er wandert stundenlang mit dem Hund. Seine Frau erträgt es nicht, stundenlang neben oder vor oder hinter einem Mann zu gehen, der sich Mühe geben muß, um einmal zu sagen: Ein Hase! Und wenn sie ihrerseits redet, hört er zu, bis er antworten muß; dann bleibt er plötzlich stehen: Natur-Erlebnis als Ausrede ... Wenn er mit dem Hund allein geht, merkt er's nicht, daß er stundenlang nicht sagt, was er denkt, und wenn er nichts denkt, merkt es der Hund nicht.

. . .

Was er schätzt: Filme. Spricht man aber von Filmen, die ganz verschiedene Meinungen auslösen, so versäumt er sie regelmäßig. Er bevorzugt Western.

. . .

Nur Personen, die ihn nicht kennen, stellen noch die übliche Frage: Was meinen denn Sie? Dann sagt er irgendetwas, er könnte auch das Gegenteil sagen, dann ist er verwirrt – wie einst in der Schule, wenn der Lehrer sagte: Sehr richtig!

. . .

Wenn er getrunken hat, dann ja – dann redet er, ohne sich zu fragen, ob er etwas zu sagen hat. Am andern Tag erinnert er sich nicht, und das peinigt ihn; er weiß nicht, was er von neun Uhr abends bis vier Uhr morgens hätte reden können.

. . .

Seine Tochter hat jetzt auch gemerkt, daß er nichts zu sagen hat. Er ist nur väterlich. Manches weiß er, wenn sie ihn fragt, aber es fällt ihm nichts dazu ein, er weiß nur, was Idiosynkrasie heißt (laut Lexikon), und dann tut er wieder, als sei er beschäftigt. Er schiebt den Rasenmäher. Wenn die Tochter sich zuhause langweilt, überlegt er sich, was sie bekümmern könnte; er erkundigt sich. Er erlaubt ihr fast alles. Er liest Mao, um sie zu verstehen – dann spielt er Ping-Pong mit ihr.

. . .

Der Arzt hat ihm das Rauchen verboten. Er kann's nicht lassen, nicht unter Leuten, die darauf warten, daß er etwas sage.

. . .

Einmal liegt er im Spital. Operation. Er genießt diese drei Wochen; er braucht nur zu sagen, daß er fast keine Schmerzen mehr hat, während der Besucher berichtet vom Wetter draußen, von der Hitze in der Stadt, von einer Ehescheidung im Bekanntenkreis usw.

. . .

Eines Tages geht's auch mit dem Hund nicht mehr. Der Hund läuft nicht, wenn er einen Tannzapfen wirft. Der Hund kommt nicht, wenn er ruft. Der Hund unterhält sich allein.

Einmal, anläßlich einer öffentlichen Einweihung, muß er im Namen des Verwaltungsrates sprechen. Das macht er ausgezeichnet, nicht ohne Humor zu zwei Kameras. Als er sich im Fernsehen sieht, findet er selbst, daß er es ausgezeichnet macht. So geht's ohne weiteres: wenn er nicht sagen soll, was er denkt.

. . .

Wenn er allein zuhause ist, kommt es vor, daß er sich plötzlich zwei Spiegeleier brät, obschon er keinen Hunger hat. Sobald man nichts tut, droht die Gefahr, daß man irgendetwas meint.

. . .

Früher hatte er noch Meinungen, das stimmt. Er erinnert sich. Zum Beispiel war er (mehr als Doris) der Meinung, sie sollten heiraten. Heute hat er auch dazu keine Meinung mehr.

. . .

Manchmal im Traum hat er etwas zu sagen, aber dann erwacht er daran, daß er es hat sagen wollen –

. . .

Es hat nichts mit Doris zu tun.

. . .

Daß Leute, kaum sind sie zusammen in einem Zimmer, sofort wissen, was reden, oder am Telephon oder auf der Straße, kaum hat man sich begrüßt, sofort wissen sie, was reden.

Er meidet jetzt jede Situation, wo er sein Schweigen hört. Er bleibt stehen vor Baustellen: Lärm von Preßluftbohrern, Lärm von einem Bagger usw., aber jeder Lärm hört wieder auf.

. . .

Eine Zeit lang, früher, redete er wahrscheinlich zu sich selbst, während er schwieg; er wußte noch, was er im Augenblick verschwieg – wörtlich.

. . .

Man sieht ihm nichts an.

. . .

Ein Selbstmordplan, der daran scheitert, daß er in einem Brief, den er seiner Frau meint schuldig zu sein, nichts zu sagen hat –

. . .

Begräbnisse waren nie schlimm für ihn, selbst wenn er den Verstorbenen geschätzt hat. Alle in Schwarz, manche erschüttert, alle geben zu, daß sie nicht wissen, was man dazu sagen soll; Händedruck: Es gibt einfach nichts zu sagen.

. . .

Später tut er's ohne Brief.

BERZONA, Juni 1966

Anruf aus Moskau, LITERATURNAJA GAZETA bittet
um Kundgebung zu den Bombenangriffen auf
Nord-Vietnam. Sofort. Sie wollen morgen um
diese Zeit, 12.00, wieder anrufen.
„Sie fragen, was die westlichen Schriftsteller
zu den amerikanischen Bombenangriffen auf
Nord-Vietnam zu sagen haben. Sie setzen voraus, daß wir unsere Meinung ungestraft aussprechen können. Das ist weitgehend der Fall.
Wenn Sie westlichen Schriftstellern versprechen können, daß Sie unsern Protest auch
veröffentlichen, wenn er sich nicht gegen
die USA richtet, sondern beispielsweise gegen
die Verurteilung sowjetischer Schriftsteller,
so bin ich Ihnen für die Veröffentlichung der
folgenden Stellungnahme zu den amerikanischen
Bombenangriffen auf Nord-Vietnam dankbar."
Der vereinbarte Anruf um 12.10. Die Person,
die das Diktat abnimmt, spricht Deutsch ohne
Schwierigkeit, versauert aber bei der Erwähnung sowjetischer Schriftsteller. Ich verlange Zusage: ganzer Text oder nichts. Zehn
Tage später Anruf aus Moskau: man habe auf
den Beitrag verzichtet. Stimme sehr freundlich. Grund: ich habe mich nicht an die Frage
gehalten.

FRAGEBOGEN

1.
Ist die Ehe für Sie noch ein Problem?
2.
Wann überzeugt Sie die Ehe als Einrichtung mehr: wenn Sie
diese bei andern sehen oder in Ihrem eignen Fall?

3.
Was haben Sie andern öfter geraten:

a. daß sie sich trennen?

b. daß sie sich nicht trennen?

4.
Kennen Sie auch Versöhnungen, die keine Narben hinterlassen auf der einen oder auf der andern oder auf beiden Seiten?

5.
Welche Probleme löst die gute Ehe?

6.
Wie lange leben Sie durchschnittlich mit einem Partner zusammen, bis die Aufrichtigkeit vor sich selbst schwindet, d. h. daß Sie auch im Stillen nicht mehr zu denken wagen, was den Partner erschrecken könnte?

7.
Wie erklären Sie es sich, daß Sie bei sich selbst oder beim Partner nach einer Schuld suchen, wenn Sie an Trennung denken?

8.
Hätten Sie von sich aus die Ehe erfunden?

9.
Fühlen Sie sich identisch mit den gemeinsamen Gewohnheiten in Ihrer derzeitigen Ehe? Und wenn nicht: glauben Sie, daß Ihr ehelicher Partner sich identisch fühlt mit diesen Gewohnheiten, und woraus schließen Sie das?

10.
Wann macht Sie die Ehe eher nervös:

a. im Alltag?

b. auf Reisen?

c. wenn Sie allein sind?

d. in Gesellschaft mit vielen?

e. unter vier Augen?

f. abends?

g. morgens?

11.

Entwickelt sich in der Ehe ein gemeinsamer Geschmack (wie die Möblierung ehelicher Wohnung vermuten läßt) oder findet für Sie beim Kauf einer Lampe, eines Teppichs, einer Vase usw. jeweils eine stille Kapitulation statt?

12.

Wenn Kinder vorhanden sind: fühlen Sie sich den Kindern gegenüber schuldig, wenn es zur Trennung kommt, d. h. glauben Sie, daß Kinder ein Anrecht haben auf unglückliche Eltern? Und wenn ja: bis zu welchem Lebensalter der Kinder?

13.

Was hat Sie zum Eheversprechen bewogen:

a. Bedürfnis nach Sicherheit?

b. ein Kind?

c. die gesellschaftlichen Nachteile eines unehelichen Zustandes, Umständlichkeiten in Hotels, Belästigung durch Klatsch, Taktlosigkeiten, Komplikationen mit Behörden oder Nachbarn usw.?

d. das Brauchtum?

e. Vereinfachung des Haushalts?

f. Rücksicht auf die Familien?

g. die Erfahrung, daß die uneheliche Verbindung gleichermaßen zur Gewöhnung führt, zur Ermattung, zur Alltäglichkeit usw.?

h. Aussicht auf eine Erbschaft?

i. Hoffnung auf Wunder?

k. die Meinung, es handle sich lediglich um eine Formalität?

14.

Hätten Sie der standesamtlichen oder der kirchlichen Formel für das Eheversprechen irgendetwas beizufügen:

a. als Frau?

b. als Mann?

(Bitte um genauen Text)

15.

Falls Sie sich schon mehrere Male verehelicht haben: worin sind Ihre Ehen sich ähnlicher gewesen, in ihrem Anfang oder in ihrem Ende?

16.

Wenn Sie vernehmen, daß ein Partner nach der Trennung nicht aufhört Sie zu beschuldigen: schließen Sie daraus, daß Sie mehr geliebt worden sind, als Sie damals ahnten, oder erleichtert Sie das?

17.

Was pflegen Sie zu sagen, wenn es in Ihrem Freundeskreis wieder zu einer Scheidung kommt, und warum haben Sie's bisher den Beteiligten verschwiegen?

18.

Können Sie zu beiden Seiten eines Ehepaares gleichermaßen offen sein, wenn sie es unter sich nicht sind?

19.

Wenn Ihre derzeitige Ehe als glücklich zu bezeichnen ist: worauf führen Sie das zurück?
(Stichworte genügen)

20.

Wenn Sie die Wahl hätten zwischen einer Ehe, die als glücklich zu bezeichnen ist, und einer Inspiration, einer Intelligenz, einer Berufung usw., die das eheliche Glück möglicherweise gefährdet: was wäre Ihnen wichtiger:

a. als Mann?
b. als Frau?

21.

Warum?

22.

Meinen Sie erraten zu können, wie Ihr derzeitiger Partner diesen Fragebogen beantwortet? und wenn nicht:

23.
Möchten Sie seine Antworten wissen?

24.
Möchten Sie umgekehrt, daß der Partner weiß, wie Sie diesen
Fragebogen beantwortet haben?

25.
Halten Sie Geheimnislosigkeit für ein Gebot der Ehe oder
finden Sie, daß gerade das Geheimnis, das zwei Menschen vor-
einander haben, sie verbindet?

ZÜRICH, Dezember 1966

Morgenfeier im Schauspielhaus, es spricht der
Gefeierte — ein Bekenntnis, das mit Ehrfurcht
angehört wird, dann mit Beifall bestätigt.
Endlich darf man es wieder sagen, daß es eine
entartete Literatur gibt. Welche Schriftsteller gemeint sind, wird nicht gesagt; der
Germanist von Zürich, würdevoll im Bewußtsein
seines Mutes und nicht unbesonnen, sondern
gediegen-entschlossen, heute und hier einmal
die schlichte Wahrheit zu sagen in der
Sprache Eckermanns, fragt sich: In welchen
Kreisen verkehren sie? die Schriftsteller
nämlich . . . Wir duzen einander seit langer
Zeit, ich verdanke ihm freundlichen Zuspruch
zu frühen Arbeiten, wir sammelten Pilze zusammen und rauchten zusammen Zigarren; er wird
schwerlich verstehen, daß ich heute als sein
öffentlicher Gegner auftrete.

»Man gehe die Gegenstände der neueren Romane und Büh-
nenstücke durch. Sie wimmeln von Psychopathen, von gemein-
gefährlichen Existenzen, von Scheußlichkeiten großen Stils

und ausgeklügelten Perfidien. Sie spielen in lichtscheuen Räumen und beweisen in allem, was niederträchtig ist, blühende Einbildungskraft. Doch wenn man uns einzureden versucht, dergleichen zeuge in tiefer Empörung, Beklommenheit oder von einem doch irgendwie um das Ganze bekümmerten Ernst, so melden wir – nicht immer, aber oft – begründete Zweifel an.«

»Und heute? Wir begegnen dem Schlagwort Littérature engagée. Dabei wird aber niemand wohl, der die Dichtung wirklich als Dichtung liebt. Sie verliert ihre Freiheit, sie verliert die echte, überzeugende, den Wandel der Zeit überdauernde Sprache, wo sie allzu unmittelbar-beflissen zum Anwalt vorgegebener humanitärer, sozialer, politischer Ideen wird. So sehen wir denn in der Littérature engagée nur eine Entartung jenes Willens zur Gemeinschaft, der Dichter vergangener Tage beseelte.«

»– diese heute über die ganze westliche Welt verbreitete Legion von Dichtern, deren Lebensberuf es ist, im Scheußlichen und Gemeinen zu wühlen –«

»Wenn solche Dichter behaupten, die Kloake sei ein Bild der wahren Welt, Zuhälter, Dirnen und Säufer Repräsentanten der wahren, ungeschminkten Welt, so frage ich: In welchen Kreisen verkehren sie?«

»Ziehen wir den schlichten und gediegenen Grundriß wieder nach, auf dem das Gebäude jeder großen Kultur errichtet worden ist.«

»Kehren wir zu Mozart zurück!«

Emil Staiger anläßlich der Verleihung des Literatur-Preises der Stadt Zürich am 17. 12. 1966.

EHE NACH DEM TOD

Eine jüngere Witwe, die drei Jahre nach dem Tod ihres Mannes plötzlich erschüttert ist: seine Persönlichkeit, heute noch in öffentlichem Ansehen, hat es nicht gegeben. Was er in seinem Beruf geleistet hat, ist in der Stadt und darüber hinaus bekannt; das hat es gegeben, seine öffentliche Leistung, daran rüttelt denn auch fast niemand. Die Nachrufe waren übertrieben wie meistens; das wußte sie trotz Trauer; aber sie hätten ihn gefreut. Übrigens sagt die Witwe es niemand. Wann immer es sich um Marcel handelt (was allerdings immer seltener vorkommt), zeigt sie sich als eine beispielhafte Witwe; man kann mit ihr durchaus verhandeln, sie bleibt verständig und tut nicht, als bleibe der Tote sozusagen der Vorgesetzte über seine Nachfolger im Amt; es genügt ihr der Respekt vor ihrem Mann, wie er ihn bis zu seinem Tod genossen hat. Sie hat seine frühen Briefe gelesen; das scheint es aber nicht gewesen zu sein. Es sind schöne Briefe, auch lustige. Auch ist nach seinem Tod nichts zum Vorschein gekommen, was sie hätte erschüttern können, kein Tatbestand, der ihn plötzlich als eine andere Persönlichkeit erscheinen ließ. Eine kurze Liebesgeschichte, die ihr vielleicht damals nicht gleichgültig gewesen wäre wie heute, paßt ohne weiteres zu der lebhaften Persönlichkeit, die er dargestellt hat. Sie lebt noch in der gleichen Wohnung; seine Sammlung von Kristallen, die mit dem Staubwedel auf Glanz gehalten werden, die zuvielen Fotos von Regatten (in der Freizeit segelte er) und Indisches, das an eine gemeinsame Reise erinnert, alldies ist noch da, auch das gleiche Dienstmädchen, das den Toten weiterhin Herrn Doktor nennt. Es kommt wie aus der Luft, je weniger sie an Marcel denkt, plötzlich ein alltäglicher Satz von ihm, der sie verwundert. Eigentlich hat er sich immer belogen, nicht auffällig, aber immer zu einem gewissen Grad, ohne es selber zu wissen. Seine Freunde, so scheint es, glauben ihm noch heute aufs Wort, und das verbindet sie mit der Witwe, so meinen sie. Einmal oder zweimal, als sie plötzlich weint, tröstet man sie mit Sätzen, die von Marcel sein könnten. Das erschreckt sie. Acht Jahre lang Ehe, eine gute Ehe im großen ganzen; er ist in den Bergen abgestürzt; jetzt gehen die Kinder zur Schule. Sicher wäre es

durchaus in seinem Sinn, daß sie sich wieder verheiratet; sie
hört es wörtlich, wie er dazu redet. Nur glaubt sie ihm nicht
mehr, je länger er tot ist. Es bleibt eine Ehe. Eigentlich glaubt
sie ihm nur noch seinen Tod –

1967

Text für Brunnen Rosenhof

HIER RUHT   1967 NIEMAND
kein großer   zeitGENOSSE
ZÜRCHER   patriot
denker und   REFORMATOR
STAATSMANN   DER SCHWEIZ
oder REBELL   im XX. jahrhundert
weitsichtiger   BEGRÜNDER
PLANER   der ZUKUNFT
der freiheit   die trotzdem kommt
usw.   1967
kein berühmter flüchtling
wohnte hier oder starb ungefähr hier zum ruhm unserer
vaterstadt. kein ketzer wurde
hier verbrannt. hier kam es
zu keinem Sieg. keine sage,
die uns ehrt, erfordert hier
ein denkmal aus stein. hier
gedenke unserer taten heute
dies denkmal ist frei

hier ruht kein kalter krieger
dieser stein, der stumm ist,
wurde errichtet zur zeit des
krieges in VIETNAM
                         1967

PRAG, Februar 1967

Volkseigentum scheint noch nicht zur Pflege anzuspornen. Ich erkundige mich, warum die Zufahrtstraße zu der Siedlung, die schätzungsweise fünfhundert Wohnungen enthält, nach zwei Jahren noch nicht ausgebaut ist. Ein paar Bagger wühlen im Gelände. Wenn's regnet, stapfen die Einwohner durch Morast. Zwei Ämter, heißt es, können sich nicht koordinieren.

Reklamieren die Einwohner nicht? Sie werden sich hüten; zuviele warten auf solche Wohnungen. Es wird viel geschwiegen.

Besichtigung eines großen Krankenhauses: Auch hier ist die letzte Zufahrtstraße so, daß es den Krankenwagen schüttelt. Die Ärzteschaft reklamiert seit Jahren vergeblich. Der uns führt: ein Chirurg, freundlich, ungeschwätzig zu sachlicher Auskunft bereit, ein loyaler Staatsbürger. Ein neues Großkrankenhaus ist im Bau. Das alte, von den Deutschen erstellt, erinnert an Lazarett, Notbehelf zwanzig Jahre nach dem Krieg, vieles ist veraltet und ungenügend. Man muß den Kranken helfen, sagt der Chirurg, mit den Mitteln, die da sind. Medikamente? Sie bekommen alles, was es gibt, auch aus dem Westen. Er möchte einmal an einen Fach-Kongreß auch im Westen, aber dafür bekommt er die Erlaubnis nicht. Fachliteratur? Die gibt es, aber nicht im Krankenhaus, sondern in der Bibliothek in der Stadt; die Behörde spart Devisen und ist nicht zu überzeugen, daß es für die Ärzte, die ohnehin überlastet sind, unerläßlich wäre, Fachzeitschriften zur Hand zu haben für jede freie Stunde. Sie sollen in die Stadt fahren, wann immer sie sich auf dem neuesten Stand der Wissenschaft halten wollen. Warum haben die Behörden, trotz jahrelanger Petitionen der Ärzteschaft, kein Einsehen? Das sind Funktionäre, sie dienen der Partei, und daß sie auf ihrem Posten sitzen, verdanken sie nicht ihrer Eignung, sondern der Partei. Das Zimmer, wo der Chirurg sich vorbereitet oder auch schläft, schätze ich auf sechs bis sieben Quadratmeter. Ich besuche Krankensäle. Das ist traurig ... Ja, sagt der Chirurg, wir hoffen alle, daß es einmal besser wird!

Meine Betreuerin, jederzeit beflissen, nur Informationen zu geben, die nach ihrem Ermessen einen guten Eindruck machen, daher ängstlich, daß man an falsche Leute geraten könnte, wundert sich sehr, daß ich, Gast des Tschechoslovakischen Schriftstellerverbandes, ein Eishockey-Spiel besuchen will. Hat man mich dazu nach Prag eingeladen? Aber bitte sehr, der Gast soll sich ja frei fühlen, vollkommen frei. Daß im Hotel, das die Gastgeber mir zugewiesen haben, Mikrophone sind, habe ich nicht festgestellt; es kümmert mich auch nicht; ich denke nicht laut. Ein namhafter, aber unliebsamer Mann, den meine Betreuerin mir nicht anbietet, erhält zwei Tage lang die Auskunft im Hotel, ich sei abgereist; er widerspricht dem Concierge, versichert, daß er mit mir verabredet sei; der Concierge bleibt dabei: Abgereist! während ich im Zimmer oben warte. Als wir uns dann zufällig in der Halle treffen, glücklich über den Zufall, braucht der Concierge sich nicht zu entschuldigen; der Irrtum gehört zu seinen Pflichten. Einmal ein Ausflug aufs Land; ich lerne einen jungen Schriftsteller kennen, eine große Hoffnung, zusammen mit andern Künstlern. Ein menschlicher Tag. Freunde unter sich: kein subversives Wort, der Staat ist einfach nicht da, umso mehr die Landschaft, die Menschen dieser Landschaft, ihre Arbeit. Es geht um Poesie. Poesie als Resistance? Eines Abends, als ich einen andern in seiner Wohnung besuche, wird es spät; die Menschen sind froh um Menschen aus der Fremde. Der Mann holt mir ein Taxi zufuß, Mitternachtstille in der Vorstadt ohne Menschen, ohne Verkehr, aber als mein Taxi losfährt, bemerke ich einen andern Wagen, der, in Sichtweite parkiert, ebenfalls Licht macht und von jetzt an denselben Weg hat in die Stadt hinein, auch dasselbe Tempo. Erst kurz vor meinem Hotel biegt er ab das kann Zufall sein . . .

Im Hotel wohnt Ilja Ehrenburg. Meine Betreuerin, nach einer Woche schon ziemlich vergrämt, daß der Gast von selber Leute kennenlernt oder schon von früher kennt, darunter solche, die mich am Flugplatz abholen wollten und nicht durften, aber auch andere, Parteigenossen, die eine unvermeidliche Begegnung mit ihr so kurz wie möglich halten – sie tut mir leid – meine Betreuerin ist plötzlich wie verwandelt, seit sie mir eine Karte von Ilja Ehrenburg überreicht hat, plötzlich fast ohne Mißtrauen und weniger diplomatisch-freundlich, krampfloser, charmant wie gegenüber einem Rehabilitierten. Ich habe Scheu vor dieser Begegnung mit Ehrenburg. (Ein alter Bekannter, damals ein junger Anhänger von Gottwald, lächelt kurz: Hören Sie ihn an! Und: Er schreibt jetzt seine Erinnerungen, aber die andern erinnern sich auch–.) Ich erinnere mich an Ehrenburg vor 21 Jahren an einem Kongreß in Breslau, ich war empört über Ehrenburg wie Fadejew, der als Stalinist später Selbstmord begangen hat. Ehrenburg jetzt ein Greis. Wir sitzen in der Hotelhalle, ausgestellt, ab und zu zuckt ein Blitzlicht auf Ilja Ehrenburg. Er kennt einen Roman in russischer Übersetzung, ein aufgeführtes Stück, er kennt Enzensberger und Böll. Sie waren in Moskau vor einem Jahr? Stimmt. In Moskau traf ich Leute vom Theater, keine namhaften Schriftsteller; die waren grad am Schwarzen Meer. Ehrenburg: Wen haben Sie in Moskau getroffen? Das Gespräch hat (in der Erinnerung) drei Phasen, eine Dauer von zwei Stunden.

Erste Phase: Bewunderung für Isaak Babel, Ehrenburg erzählt von seiner Freundschaft mit dem Zeitgenossen, den er als den größten sowjetischen Dichter bezeichnet, der aber (so sagt Ehrenburg) nicht als solcher anerkannt ist, weil er Jude war. Ist das so? frage ich. Ehrenburg erzählt, und Isaak Babel wird gegenwärtiger als alles, was durch die Hotelhalle geht.

Zweite Phase: da von Isaak Babel, dem Toten, die Rede war, ergibt es sich zwanglos, daß Ehrenburg von Stalin-Opfern spricht, die überlebt haben, er berichtet das Geschick eines Mannes, das ich kenne: von diesem selbst. Ich höre zu. Ehrenburg: Haben Sie ihn nicht getroffen in Moskau? Moskau ist eine

Riesenstadt, und ich war nur eine Woche dort, es wundert mich, daß die Rede grad auf diesen einen kommt. Aber Ehrenburg spricht von einem zweiten, den ich in Moskau getroffen habe und den er als seinen guten Freund bezeichnet. Wie klein die Welt ist! Der Mann, weiß ich, ist unter Stalin auch zehn Jahre im Kerker gewesen, jetzt wieder in der Partei, rehabilitiert, neuerdings wieder in Schwierigkeiten, da er einen Protest (im Ton einer Petition) unterzeichnet hat. Ehrenburg hat recht: Ein Mensch, ein großartiger Mensch. Wie kommen wir grad auf ihn? Da Ehrenburg offensichtlich weiß, daß ich den Mann getroffen habe im Kreis des sowjetischen Schriftstellerverbandes und des Gorki-Institutes, aber auch allein, bestelle ich Grüße. (Ein Vierteljahr später dankt er in einem Brief für die Grüße, die ihm Ehrenburg überbracht habe.) Ich frage Ehrenburg, was mit Daniel und Siniawsky geschehe? Er hoffe auf Amnestie zum Jahrestag der Oktober-Revolution. Also Einigkeit: Ein Mensch, ein wunderbarer Mensch, hilfsbereit und treu, also ein tapferer Mensch –

Dritte Phase: Auf die Frage, wie ich zurzeit das Leben in Prag finde, berichte ich vom Theater, von der besichtigten Siedlung, vom Krankenhaus, vom Versagen der Funktionär-Bürokratie. Ehrenburg: Wem sagen Sie das! Gerade die Partei, die sich als Volksherrschaft versteht, müßte doch daran interessiert sein, so meine ich und bringe den Satz nicht zu Ende, Ehrenburg: Wem sagen Sie das! Ich nehme an, daß hier kein Mikrophon ist; Ehrenburg spricht, wie kein Tscheche es sich leisten kann. Mein Eindruck von der Jugend in diesem Land? Nach einer Woche kann ich kein verläßliches Urteil abgeben, aber er will doch meine Eindrücke hören, der Patriarch. Ein Eindruck unter andern: Apathie in politischer Hinsicht. Ehrenburg: Das ist bei uns nicht anders. Wie erklärt sich das, was er bedauert? Die Jugend, meint Ehrenburg, habe die Zustände vor der Revolution nicht erlebt, die Revolution nicht und den Krieg nicht. Aber bald gibt er zu, daß diese Erklärung zu dürftig ist; es sei komplizierter. Und da Ehrenburg sich einen Tee (wenn ich nicht irre: Tee) bestellt, offenbar also Zeit hat, frage ich weiter. Ehrenburg: Es ist so. Aber warum? Ehrenburg macht der Jugend keinen Vorwurf; die Schuld, meint er, liege nicht bei der Jugend. Ich weiß nicht, wieweit das Gespräch offen ist; es gibt ja auch eine taktische Schein-Offenheit. Vielleicht irrt man sich, ich weiß es nicht, daraus entsteht die Vorsicht, die hier, wie in Moskau, jedermann gelernt hat wie Orthographie. Ehrenburg fragt, wen ich in Prag getroffen habe? Ich erwähne Professor Goldstücker, der gegen das Verbot von Kafka angetreten ist mit Erfolg, und bringe das Gespräch auf das Kafka-Grab, das ich heute besucht habe. Ehrenburg wird wieder in der Halle ausgerufen. Er bleibt sitzen. Wir müssen die Jugend verstehen, meint er, als der Kellner gegangen ist; wörtlich: »Die Jugend fragt uns natürlich, wie die Stalin-Zeit möglich gewesen ist, ob wir damals Verbrecher oder Idioten gewesen sind, und darauf ist schwierig zu antworten –«

DIAVOLEZZA

Die Gefährten sind bereits bei der Abfahrt,
da sie die Piste dreimal genießen möchten;
man wird sich später auf dem Bernina-Paß
treffen. Beim Anschnallen der Skier schon ein
kurioses Gefühl; nicht Sorge, denn die Abfahrt
ist nicht schwierig, der Schnee wie gewünscht. Es geht denn auch ohne Sturz, trotzdem bleibt das kuriose Gefühl. Was ist anders
als früher? Vielleicht macht es die Brille;
also halte ich auf der Strecke an und putze
sie. Es bleibt das kuriose Gefühl, bis ich am

Ziel bin und die Skier losschnalle, dabei
entdecke: ich fuhr die ganze Strecke mit der
Pfeife im Mund. Das war vor einem Jahr. Um
über das Altern zu schreiben, genügte es für
Michel de Montaigne, daß er einen Zahn verlor;
er schrieb: „So löse ich mich auf und komme
mir abhanden."

VERHÖR I.

A. Wie stehst du zur Gewalt als Mittel im politischen Kampf?
Es gibt Brillenträger wie dich, die persönlich schon einem
Handgemenge ausweichen, aber die Anwendung von Ge-
walt im politischen Kampf bejahen.

B. – theoretisch.

A. Hältst du eine gesellschaftliche Veränderung für möglich
ohne Anwendung von Gewalt oder verurteilst du die Anwendung von Gewalt grundsätzlich – wie Tolstoj, den du
gerade liest.

B. Ich bin Demokrat.

A. Ich sehe, was du bei der Lektüre angestrichen hast. Zum
Beispiel: »Die nach Ansicht der herrschenden Klassen
schädlichsten Leute sind aufgehängt oder befinden sich in
Sibirien, in den Festungen und Gefängnissen ... Man
könnte meinen, was braucht man noch mehr? Indessen der
Zusammenbruch der bestehenden Lebensordnung schreitet
dennoch fort, gerade jetzt und bei uns in Rußland.«

B. Geschrieben 1908.

A. Da du dich als Demokrat bezeichnest, nehme ich an, daß
dir die Gewalt der herrschenden Klasse im zaristischen
Rußland verwerflich erscheint.

B. Ja.

A. Würdest du solchen Zuständen gegenüber die Anwendung von Gewalt, also Gegengewalt, gerechtfertigt finden?

B. Tolstoj war dagegen.

A. Ich frage dich.

B. Wir haben keine solchen Zustände. Können wir überhaupt noch von herrschenden Klassen sprechen, wie Tolstoj, und somit von Leuten, die nach Ansicht der herrschenden Klassen schädlich sind und verfolgt werden mit Gewalt, die Gegengewalt hervorruft? Heute und bei uns geht es glimpflich zu, verglichen mit dem zaristischen Rußland, auch verglichen mit Spanien oder Portugal oder Griechenland, auch verglichen mit der UdSSR. Die nach Ansicht der Mehrheit schädlichen Leute werden nicht gehängt, kaum ins Gefängnis gesteckt, es sei denn, daß sie sich gegen das Gesetz vergehen; aber nicht wegen ihrer Denkart. Was einer wegen seiner Denkart zu gewärtigen hat, sind Unannehmlichkeiten, aber nicht mehr; Erschwerung der Karriere, aber keine Verschickung nach Sibirien oder Jaros, keine Entrechtung. Vielleicht verliert einer seine Lehrer-Stelle; Entlassung, aber kein Berufsverbot. Verunglimpfung in der staatserhaltenden Presse, infolgedessen Verurteilung an Stammtischen, aber kein Strafvollzug durch staatliche Organe. Die Meinungsfreiheit, wie die Verfassung sie garantiert, bleibt gewahrt. Ebenso das Streikrecht; die Arbeiter können ihre Forderungen vortragen, man verhandelt mit ihnen, sie sind ja keine Leibeigene. Wenn einer überhaupt nicht arbeiten will, kann er auch gammeln; keine Zwangsarbeit. Wer trotzdem eine Veränderung will, kann es sagen in aller Öffentlichkeit; man wird ihn nicht an die Hochschule berufen, auch nicht ans Fernsehen, vielleicht wird sein Telephon überwacht, aber er kann sagen, was er will. Es wird ihm nicht einmal der Paß entzogen. Wie gesagt: keine Entrechtung. Wo der Staat als Gönner auftritt, kommen solche Leute natürlich nicht in Betracht; das ist Pech, aber nicht Gewalt; es geschieht ihnen nichts, wenn sie über die Straße gehen. Die nach Ansicht der herrschenden Mehrheit schädlichen Leute behalten sogar das Stimmrecht; die Mehrheit entscheidet. Und vor dem Gesetz sind alle gleich, die Machtlosen und die Mächtigen. Hofft einer von diesen Leuten, daß er Richter wird, so irrt er sich, aber er wird deswegen nicht verhaftet, nicht verfolgt usw., kurzum: die Repressalien bleiben durchaus im Rahmen des Rechtsstaates.

A. Bist du für den Rechtsstaat?

B. Ich bin für den Rechtsstaat.

A. Was verstehst du darunter?

B. Daß niemand der Willkür und Gewalt des jeweils Stärkeren ausgesetzt ist, Recht für alle, eine Ordnung, die garantiert, daß gesellschaftliche Konflikte ausgetragen werden ohne Gewalttätigkeit.

A. Du sprichst aber von Repressalien –

B. Es gibt natürlich Gewalt ohne Gewalttätigkeit, ein Zustand, der dem Rechtsstaat sehr ähnlich sehen kann. Gewissermaßen ein friedlicher Zustand: indem nämlich um der Gewaltlosigkeit willen Konflikte geleugnet und die fälligen Auseinandersetzungen verhindert werden. Gewalttätigkeit seitens der herrschenden Klasse, wie Tolstoj sie in seinen Flugschriften brandmarkt, liegt nicht vor. Das garantiert der Rechtsstaat: Schutz vor Gewalttätigkeit. Deswegen bin ich für den Rechtsstaat.

A. Das sagtest du schon.

B. Man kann es nicht genug sagen.

A. Was heißt Repressalie?

B. Die betrifft nicht das Gesetz, sondern lediglich die Betroffenen; also nicht den Rechtsstaat als solchen. Hingegen die Gewalttätigkeit verstößt gegen das Gesetz, Körperverletzung, Beschädigung von fremdem Eigentum usw. Daher kann die Polizei, die den Rechtsstaat schützt, erst einschreiten bei Gewalttätigkeit, nicht bei Repressalien – was dann den Eindruck erweckt, die Polizei schütze nur die herrschenden Klassen. Das stimmt nicht. Sie schützt jedermann vor Gewalttätigkeit. Der falsche Eindruck entsteht nur dadurch, daß die herrschenden Klassen eben nicht gewalttätig sind. Es genügt ihnen das Recht, das ihre Herrschaft garantiert, sie brauchen keine Gewalttätigkeit.

A. Warum liest du gerade Tolstoj?

B. Weil er mich gerade interessiert.

A. Hier hast du angestrichen: »Ich kann und will es nicht, erstens weil für diese Leute, die ihr Verbrechen nicht sehen, die Entlarvung notwendig ist ... zweitens kann und will ich nicht länger dagegen ankämpfen, weil (ich gestehe es offen) ich hoffe, daß ich für meine Entlarvung dieser Leute auf irgendeine Weise aus der Gesellschaft ausgestoßen werde, in deren Mitte ich lebe und in welcher ich mich unmöglich nicht als mitschuldig an den Verbrechen, die um mich her begangen werden, fühlen könnte.«

B. Gemeint sind die Hinrichtungen –

A. Was es bei uns nicht gibt.

B. – und Kriege.

A. »Und wie sonderbar es auch klingen mag, daß all dieses für mich geschieht und daß ich Mitbeteiligter an diesen Taten bin, ich kann dennoch das Gefühl nicht überwinden, daß eine unzweifelhafte Abhängigkeit meines geräumigen Zimmers, meines Mittagsmahls, meiner Kleidung, meiner Bequemlichkeit von diesen schrecklichen Verbrechen besteht, die begangen werden, um jene unschädlich zu machen, die mir nehmen möchten, was mir gehört.«

B. Hier sprach der Graf.

A. »Deswegen schreibe ich dieses und werde es, soweit ich

kann, sowohl in Rußland wie im Auslande verbreiten, damit eines von beiden: entweder diese unmenschlichen Taten aufhören, oder daß man meine Verbindung mit diesen Dingen aufhebt, indem man mich entweder ins Gefängnis sperrt, wo es mir klar zum Bewußtsein kommen mag, daß diese Schrecken schon nicht mehr meinetwillen begangen werden, oder, was noch besser wäre (so gut, daß ich von solchem Glück nicht zu träumen wage), daß man mich wie jene zwanzig oder zwölf Bauern in ein Totenhemd steckt und unter meinen Füßen die Bank vorstößt, damit ich durch mein eigenes Gewicht auf meiner alten Kehle die eingeseifte Schlinge ziehe.« Warum hast du das angestrichen?

B. Ich fand es sehr kühn.

A. Nun gibt es aber in unserem Land, wie du selber gesagt hast, keine Verbrechen dieser Art. Ein Satz wie dieser: »daß eine unzweifelhafte Abhängigkeit meines geräumigen Zimmers, meines Mittagsmahls, meiner Kleidung, meiner Bequemlichkeit von diesen schrecklichen Verbrechen besteht«, das könnte sich heute allenfalls auf gewisse Vorkommnisse in der Dritten Welt beziehen.

B. Ja.

A. Hast du daran gedacht?

B. Vielleicht hätte Tolstoj daran gedacht.

A. Hier eine andere Stelle: »Die gewaltsame Revolution hat sich überlebt. Alles, was sie den Menschen geben kann, hat sie ihnen schon gegeben –«

B. Das habe ich nicht verstanden. Geschrieben 1905, angesichts der Verhältnisse, die Tolstoj eben geschildert hat, eine Behauptung, die ich nicht verstanden habe.

A. Wenn ich sehe, was du angestrichen hast, so fällt auf: erstens beschäftigt dich offenbar das Phänomen der Gewalt –

B. Und der Gegengewalt.

A. Tolstoj verwirft beides.

B. Und zweitens?

A. »Jede Revolution beginnt in einem Augenblick, wo die Gesellschaft der Weltanschauung entwachsen ist, auf die sich die bestehenden Formen des gesellschaftlichen Lebens gründen, wo der Widerspruch zwischen dem Leben, wie es ist, und dem Leben, wie es sein sollte und könnte, der Mehrzahl der Menschen so klar wird, daß es ihnen unmöglich erscheint, ihr Leben unter den bisherigen Bedingungen fortzusetzen.«

B. Das ist ein guter Satz.

A. Glaubst du an Revolution?

B. Wo?

A. Hier eine andere Stelle, die du angestrichen hast: »Der Sinn der Revolution, die jetzt in Rußland beginnt und in der ganzen Welt bevorsteht, liegt nicht in der Trennung der Kirche vom Staat oder der Erwerbung gesellschaftlicher Unternehmungen durch den Staat, nicht in der Organisation der Wahlen oder der scheinbaren Beteiligung des Volkes an der Macht, nicht in der Errichtung der allerdemokratischsten, meinetwegen sogar sozialistischen Republik mit allgemeinem Stimmrecht, sondern – in der wirklichen Freiheit.«

B. Was ist das?

A. »Eine nicht nur scheinbare, sondern wirkliche Freiheit wird nicht durch Barrikaden erreicht, nicht durch Mord, nicht durch was für immer mit Gewalt eingeführte Einrichtungen, sondern nur dadurch, daß man aufhört, irgendeiner menschlichen Gewalt, möge sie heißen, wie sie wolle, Gehorsam zu leisten.«

B. Ich glaube nicht an die Anarchie.

A. Dann wärest du also nicht einverstanden mit dieser Stelle, die du auch angestrichen hast: »Zu der Befreiung der Men-

schen von dem furchtbaren Übel der Rüstungen und Kriege, unter dem sie gegenwärtig zu leiden haben und das immer mehr und mehr wächst, sind nicht Kongresse, nicht
Konferenzen, nicht Traktate und Schiedsgerichte nötig,
sondern die Vernichtung jener Gewalt, die sich Regierung
nennt und von der die größten Leiden der Menschheit her-
rühren.«

B. Sätze wie diesen, und davon gibt es ja bei Tolstoj viele, habe
ich angestrichen, weil sie mir zum Bewußtsein bringen, wie
brav ich bin, wie staatsgläubig.

A. Immerhin sinnst du auf Veränderung.

B. Der Rechtsstaat, so würde ich meinen, schließt nicht aus, daß
das Recht, dem seine Maßnahmen dienen, zu ändern ist,
wenn die geschichtliche Entwicklung das verlangt. Das bestehende Recht beispielsweise schützt das Eigentum. Wer
mehr Eigentum hat als alle andern, hat nicht mehr Rechte,
aber Macht durch Recht. Wieso lieben diesen Rechtsstaat
gerade die Starken? Die Notwendigkeit, Recht zu ändern,
ist immer zuerst eine Notwendigkeit für die Schwächeren
und nicht für die andern, denen das Recht ermöglicht,
scheinbar ohne Gewalt zu herrschen, indem ihre Macht
durch Eigentum ja eine rechtmäßige ist.

A. Du sagst: scheinbar ohne Gewalt.

B. In der Tat geht es heute und hier vollkommen friedlich zu.
Das ist wahr. Die Macht, die sich auf unseren Gehorsam
stützen kann, ist nie oder fast nie gewalttätig, und solange
das Recht, das den einen die Macht über die andern verleiht, nicht in Frage gestellt wird, leben die Schwächeren
vollkommen unbehelligt.

A. Was verstehst du unter Macht?

B. Kapital.

A. Du bezeichnest dich als Demokrat. Das heißt, du aner-
kennst, daß der Wille der Mehrheit den Ausschlag gibt.

Wie die Wahlen und Abstimmungen zeigen, will aber die Mehrheit keine Veränderung.

B. Die Mehrheit sind eben die Schwächeren, und das verwundert mich nicht: die Schwächeren wollen unbehelligt sein. Sie wissen schließlich, daß sie die Schwächeren sind, sobald die Macht sich herausgefordert oder gar bedroht fühlt, also gewaltsam wird. Die Macht verfügt über Militär. Wenn die Schwächeren, obschon sie die Mehrheit sind, einer Minderheit ihre Macht bestätigen, so heißt das: die Mehrheit ist abhängig von dieser Minderheit.

A. Das verstehst du unter Demokratie?

B. Nein.

A. Hier eine andere Stelle bei Tolstoj: »Das Wesen des Irrtums aller nur möglichen politischen Lehren (der konservativsten wie der fortschrittlichsten), welche die Menschen in diese elende Lage gebracht haben, ist stets dasselbe – es besteht darin, daß die Menschen dieser Welt es für möglich hielten und noch halten, die Menschen so durch Gewalt zu vereinigen, daß sie sich ohne Widerspruch einer und derselben Lebensordnung und den aus derselben entspringenden Gesetzen der Lebensführung fügen.« Und weiter: »Es ist verständlich, wenn Menschen, ihrer Leidenschaft folgend, andere Leute, die nicht mit ihnen einverstanden sind, durch Gewalt dazu zwingen, ihren Willen zu tun ...«

B. Was willst du mich fragen?

A. Bejahst du die Gegengewalt?

B. Gegengewalt in welcher Situation? Ein Attentat auf Hitler, wenn es gelungen wäre, hätte ich nicht als gemeinen Mord verurteilt. Zum Beispiel.

A. Ich meine: Gegengewalt in der Demokratie.

B. Liest man von Gewalt, so denke ich vorerst nicht an Staatsgewalt, auch nicht an die Gewalt des Kapitals, nicht an Krieg, sondern an Pflastersteine, Schüsse auf die Polizei,

Brände usw., also an Gewalttätigkeit, die mich erschreckt. Liest man gleichzeitig von Knüppeln und Tränengas und Wasserwerfern und Schüssen nicht aus der Menge, sondern in die Menge, so erschreckt es mich auch, obschon das nicht Gewalttätigkeit ist, sondern Anwendung der Staatsgewalt zwecks Ruhe und Ordnung. Es ist natürlich schon ein Unterschied: Gewalt ohne Recht, Gewalt mit Recht. In andern Sprachen ist es klarer: »violence«, »power«. Martin Luther King predigt »Non-violence«, aber nicht »Nonpower«, wenn er für die Bürgerrechte der Neger kämpft; was mit Bittschriften nicht in Jahrzehnten zu erreichen ist, das erreicht ein Bus-Streik in Alabama – ohne Gewalttätigkeit, aber durch eine Demonstration möglicher Gewalt.

A. Und diese bejahst du?

B. Sicher.

A. Und die Gewalttätigkeit?

B. Schon auf Fotos oder in der Tagesschau entsetzt mich jeder Akt der Gewalttätigkeit. Daher liebe ich die These, Gewalttätigkeit verändere nichts. Wer zum Schwert greift usw.

A. Hier hast du die folgende Stelle angestrichen: »Sie mögen sich und andere so viel sie wollen zu überreden versuchen, daß die entsetzlichen Verbrechen gegen die göttlichen und menschlichen Gesetze, die sie ununterbrochen begehen, aus irgendwelchen höheren Erwägungen vollbringen, sie können das Verbrecherische, Sündhafte, Niedrige ihres Tuns weder vor sich noch vor andern verbergen ... das wissen auch alle Zaren, alle Minister und Generäle, wie sehr sie sich auch hinter irgendwelchen erklügelten höheren Erwägungen zu verschanzen suchen.« Absatz: »Dasselbe bezieht sich auf die Revolutionäre, ohne Unterschied der Parteien, wenn sie den Mord als zulässig für die Erreichung ihrer Ziele betrachten.

B. Tolstoj war Christ.

A. Wenn du eine gesellschaftliche Veränderung für unumgänglich hältst und offenbar zu der Meinung kommst, daß Personen, deren Macht sich hinter Rechtsstaatlichkeit verschanzt, jede Veränderung auf rechtsstaatlichem Weg verhindern – bist du dann für Anwendung von Gewalt?

B. Was wäre die Alternative?

A. Verzicht auf Veränderung.

B. Das ist nicht die Alternative. Was die Geschichte lehrt: sie bleibt nie stehen. Oder nicht lange. Das darf man sagen, glaube ich, auch wenn das Telefon abgehört wird ... Ich habe Angst vor der Gewalt, daher liebe ich die These, die Vernunft könne verändern.

A. Deine Parole wäre also: Reform.

B. Dabei sehe ich mich in seltsamer Gesellschaft; daß mit Gewalt nichts zu verändern sei, das sagen auch die Inhaber der Macht, die jede Reform verhindert. Man kann ihren Ärger verstehen, wenn es zu Unruhen kommt; zwar werden sie damit fertig, aber die gewaltlose Unterdrückung, Repressalie in Ruhe und Ordnung, ist ungefährlicher auch für sie, denn die Anwendung von Staatsgewalt hat immer etwas Aufreizendes, etwas Lehrreiches, sie bringt zum Bewußtsein, daß die Botschaft von der Gewaltlosigkeit immer an die Unterdrückten adressiert ist.

A. Rechtfertigst du damit die Gegengewalt?

B. Mein Entsetzen vor der Gewalttätigkeit ist dadurch nicht geringer, daß ich sie unter Umständen verstehen muß – zum Beispiel die zunehmende Gewalttätigkeit der Neger; ihre Lage ist schätzungsweise die Lage der russischen Bauern und Soldaten und Arbeiter zur Zeit von Tolstoj, der ihnen so gern geholfen hätte, aber Tolstoj hat den Zar nicht überzeugen können; sie mußten sich selber helfen.

A. Erwartest du also eine Revolution?

B. Wahrscheinlich hätte ich vor jeder Revolution, die je stattgefunden hat, dasselbe gesagt: Ich sehe keine realistische Chance. Das heißt wohl, daß ich kein Revolutionär bin.

A. Glaubst du nicht, daß durch Verbreitung von Wohlstand sich jede Revolution überhaupt erübrigt?

B. Das erschwert sie.

A. Bedauerst du das?

B. Wenn ich gerade Tolstoj lese, frage ich mich zum Beispiel, was geschehen wäre, wenn die Zaren damals durch Verbreitung eines gewissen Wohlstandes dafür gesorgt hätten, daß die Revolution sich erübrigt. Wir hätten heute noch das Zarentum.

A. Aber ein anderes.

B. Aber Zarentum.

A. Du meinst nicht, daß die Drohungen mit Gegengewalt auch ein verhinderndes Element sein kann, indem sie zwangsläufig die Haltung der derzeitigen Inhaber der Macht versteift?

B. Wenn Fidel Castro, statt kubanische Dörfer zu erobern und die fremden Inhaber zu enteignen, in die amerikanischen Lobbies gegangen wäre, so wäre Washington zweifellos weniger steif (was das Experiment möglicherweise zum Scheitern bringt) und die amerikanischen Ausbeuter säßen noch immer in Kuba.

A. Bleiben wir in unserer Gegend.

B. Die Fragen sind dieselben.

A. Du bist also für Veränderung –

B. Ja.

A. Du meinst aber, daß die Inhaber der Macht sich jeder Veränderung des Rechts widersetzen und zwar mit Gewalt, wenn es anders nicht geht, im Namen des Rechtsstaates.

B. Das ist natürlich.

A. Du meidest den Satz: Es geht nur mit Gegengewalt. Meidest du den Satz, weil du, wie du sagst, Angst hast vor jedem Akt der Gewalt oder weil du immer noch hoffst, eine gesellschaftliche Veränderung sei möglich ohne die Androhung von Gegengewalt?

Ende April 1967

Militär-Putsch zur Verhinderung demokratischer Wahlen in Griechenland. König Konstantin, aus dem Bett geholt zur unterschriftlichen Genehmigung des Umsturzes, soll gezögert haben, bis die Königinmutter, die deutschstämmige, dem jungen Monarchen dann Beine gemacht hat. Papandreou und andere Politiker verhaftet, Deportationen, Liquidation des Rechtsstaates mit der Begründung: Kommunistische Gefahr. Alles wie gehabt, Militär-Junta zwecks Ruhe und Ordnung, die gewählten Parteien verboten zwecks Vaterland. Volk läuft nach Piräus und hofft auf die 6. amerikanische Flotte im Mittelmeer, die in Sicht vor Anker liegt: keine militärische Einmischung in die inneren Angelegenheiten eines Landes mit amerikanischen Investitionen. (Unsere NEUE ZÜRCHER ZEITUNG, ebenfalls ohne sich einzumischen in die inneren Angelegenheiten eines Landes mit schweizerischen Investitionen, gibt zu bedenken, daß die Wahlen, demnächst fällig, tatsächlich eine Mehrheit der sozialistischen Parteien hätten bringen können; man muß die Offiziere schon auch verstehen.) Ergebnis: eine faschistische Diktatur als NATO-Mitglied. Fotos: Griechisches Volk ohnmächtig vor NATO-Tanks unter griechischer Flagge.

Die Fabel, die den Eindruck zu erwecken sucht, daß sie nur so und nicht anders habe verlaufen können, hat zwar immer etwas Befriedigendes, aber sie bleibt unwahr: sie befriedigt lediglich eine Dramaturgie, die uns als klassisches Erbe belastet: Eine Dramaturgie der Fügung, eine Dramaturgie der Peripethie. Was dieses große Erbe anrichtet nicht nur im literarischen Urteil, sondern sogar im Lebensgefühl: im Grunde erwartet man immer, es komme einmal die klassische Situation, wo meine Entscheidung schlichterdings in Schicksal mündet, und sie kommt nicht. Es gibt große Auftritte, mag sein, aber keine Peripethie. Tatsächlich sehen wir, wo immer Leben sich abspielt, etwas viel Aufregenderes: es summiert sich aus Handlungen, die zufällig bleiben, es hätte immer auch anders sein können, und es gibt keine Handlung und keine Unterlassung, die für die Zukunft nicht Varianten zuließe. Der einzige Vorfall, der keine Variante mehr zuläßt, ist der Tod. Wird eine Geschichte dadurch exemplarisch, daß ihre Zufälligkeit geleugnet wird? Es geschieht etwas, es kann verschiedene Folgen haben oder keine, und etwas, was ebenso möglich wäre, geschieht nicht; eine Gesetzmäßigkeit, die sich erkennen läßt für die große Zahl, hat Wahrscheinlichkeitswert, aber nicht mehr, und was geschieht, bedeutet nicht, daß mit den gleichen Figuren nicht auch ein anderer Spielverlauf hätte stattfinden können, eine andere Partie als diese, die Geschichte geworden ist, Biografie oder Weltgeschichte. Es wäre unsinnig zu glauben, daß der 20. Juli nicht auch hatte gelingen können. Kein Stückschreiber heute könnte als Notwendigkeit verkaufen, daß jene Bombe, richtig gelegt, dann zufälligerweise um einige Meter verschoben, vergeblich krepierte. So war es halt. Und dasselbe gilt für irgendeine Geschichte. Jeder Versuch, ihren Ablauf als den einzigmöglichen darzustellen und sie von daher glaubhaft zu machen, ist belletristisch; es sei denn, man glaube an die Vorsehung und somit (unter anderem) auch an Hitler. Das tue ich aber nicht. So bleibt, damit eine Geschichte trotz ihrer Zufälligkeit überzeugt, nur eine Dramaturgie, die eben die Zufälligkeit akzentuiert –

5. 6. 1967
Nachbarn, die zum Einkaufen unten in Locarno
gewesen sind, bringen die Nachricht: Krieg
in Israel. Radio bestätigt. Angst um Freunde,
alles Arbeiten sinnlos, Ohnmacht. Die Meldungen im Lauf des Vormittags sind vage, aber
es bleibt: KRIEG. Unfähig zu einem Urteil.
Die bekannten Drohungen von Nasser, dann die
Sperrung des Golfs von Akaba, dann der Aufmarsch auf Sinai. Wer ist Aggressor? In der
Zeitung: das zahlenmäßige Verhältnis der
beiden Armeen.

10. 6.
Warten auf Waffenstillstand. Die Gefahr, daß
die Weltmächte eingreifen, vor allem die
Sowjetunion, die auf der arabischen Seite in-
vestiert hat; die Länder der Öl-Scheichs als
sozialistische Länder. Es stimmt alles nicht.
Front-Berichte, Front-Karten, Fotos, die
erschrecken: alles so selbstverständlich. Die
im Sand liegen, sind tot; die ihre Hände
hochhalten, sind gefangen; die Bewacher,
Gewehr umgehängt, sind keine Berserker, nur
junge Menschen mit Helm. Der Anblick zer-
störter Tanks befriedigt mich immer. Israel
dringt weiter nach Jordanien und Syrien.
Die prekäre Grenze. Erinnerungen an die
Höhenzüge dort –

16. 6.
Diskussionen. Denkt Israel jetzt an territo-
riale Expansion? Jubel aus der Bundesrepublik

von halbrechts: Lösung durch Blitzkrieg. Auch
hier gibt es Leute, die jetzt die Sache für
gelöst halten.

25. 6.
Brief aus dem Kibbuz Hazorea. Es fragt sich,
wieviele Stimmen dieser Art es gibt; immerhin gibt es sie: Wir leben, auch unser Sohn,
der im Sinai ist, aber bitte denken Sie
nicht, daß wir hier feiern.

26. 6.
Metamorphose des Antisemitismus? – in der
einhelligen Parteinahme für Israel; dafür
versetzt man die Araber in die Kategorie von
Untermenschen.

ZUM STÜCK

Die einzige Realität auf der Bühne besteht darin, daß auf der
Bühne gespielt wird. Spiel gestattet, was das Leben nicht gestattet. Was zum Beispiel das Leben nicht gestattet: daß wir
die Kontinuität der Zeit aufheben; daß wir gleichzeitig an
verschiedenen Orten sein können; daß sich eine Handlung unterbrechen läßt (Song, Chor, Kommentar usw.) und erst wei-
terläuft, wenn wir ihre Ursache und ihre möglichen Folgen begriffen haben; daß wir eliminieren, was nur Repetition ist
usw. In der Realität können wir einen Fehler, der stattgefunden hat, zwar wiedergutmachen durch eine spätere Tat, aber
wir können ihn nicht tilgen, nicht ungeschehen machen; wir
können für ein vergangenes Datum kein anderes Verhalten
wählen. Leben ist geschichtlich, in jedem Augenblick definitiv,
es duldet keine Variante. Das Spiel gestattet sie. Flucht aus
der Realität? – das Theater reflektiert sie; es imitiert sie nicht.
Nichts widersinniger als Imitation von Realität, nichts über-

flüssiger; Realität gibt's genug. Das Imitier-Theater (die Etikette stammt meines Wissens von Martin Walser) mißversteht das Theater; es gibt Regisseure, die es meisterhaft pflegen: Theater, das den Zuschauer in die Position des Voyeurs versetzt und in dieser Position betrügt; ich muß, um in die Position des Voyeurs zu kommen, mein Bewußtsein ausschalten und vergessen, daß da vorne ja gespielt wird, und wenn mir das nicht gelingt, ist es doppelt peinlich. Das ursprüngliche Theater (mit Kothurn, Maske, Vers usw.) war natürlich kein Imitier-Theater; der antike Zuschauer blieb sich bewußt, daß im Ensemble keine Götter engagiert sind ... Brecht kultivierte gegen das Imitier-Theater die gezielte Verfremdungs-Geste des Darstellers, das bekannte Inventar mit Songs und Beschriftung usw. Friedrich Dürrenmatt setzt die Groteske dagegen, Samuel Beckett die radikale Reduktion, Martin Walser spricht dringlich von einem Bewußtseins-Theater, und das heißt: Darstellung nicht der Welt, sondern unseres Bewußtseins von ihr. Wie immer die Etikette jeweils lautet: gesucht und auf verschiedene Weise auch gefunden ist Theater, das nicht Realität abzubilden vorgibt (das tut nur eine gewisse Art von Schauspieler-Kunst; Sache der Stückeschreiber ist es, ein Imitier-Theater schon dramaturgisch auszuschließen) –

VULPERA-TARASP

Alle mit dem numerierten Glas in der Hand,
SANKT BONIFACIUS, hilf uns, daß wir nicht
altern, SANKT LUCIUS, vergib uns unsere Jahre.
Eine halbe Stunde später, nach einem beson-
nenen Spaziergang zum Kurhaus zurück, erfolgt
bei allen Stuhlgang, dann Frühstück, Diät
je nach Fall. Im Lauf des Tages eine Massage,
Blick auf die Waage, nachmittags Spaziergang
auf säuberlichen Wegen durch Wald, Ozon, bis

es wieder Zeit ist für die Trinkhalle,
SANKT BONIFACIUS, sieh unsere Askese, SANKT
LUCIUS, laß uns nicht verkalken. Abends in
der großen Halle: Reeder aus Hamburg, Diplomaten in Urlaub, Direktoren, Fabrikanten,
Professoren, alle noch im Einsatz. Die Kapelle
spielt zum Tanz, Kellner verkürzen ihren Weg
über die leere Tanzfläche. Herren kommen in
die Halle mit einem Buch in der Hand, Memoiren
von Konrad Adenauer. Jung sind nur die
italienischen Kellner. Krank sieht eigentlich
niemand aus; Gesundheit scheint käuflich zu
sein. Alle von der Sonne gebräunt. Im Bridge-
Salon ist man allein. Alle Herren in dunklen
Anzügen, Damen mit Juwelen; wartend vor dem
Lift studieren sie den Diät-Zettel für morgen.

Im Kurhaus wissen sie natürlich nicht, was für ein Club das
ist, der aufs Wochenende hundert Betten bestellt hat. Die Di-
rektion, zuvorkommend wie immer und besonders zuvorkommend gegen Ende der Saison (in der Höhe hat es schon ge-
schneit), entschuldigt sich nochmals, daß nur noch ein einziger
Masseur am Platz ist –
Treffpunkt: Bridge-Salon.
Heute vormittags in der Trinkhalle habe ich versucht, weitere
Mitglieder zu werben. Dabei muß man natürlich vorsichtig
sein; sonst erschrecken die Leute. Eine Vereinigung, so sage
ich, zur Verjüngung der abendländischen Gesellschaft. Darüber läßt sich reden mit ihnen. Verjüngung; dann meint jedermann, daß er verjüngt werde. Alt-Regierungsrat Huber, zum
elften Mal hier in der Kur, wird an der Konferenz teilnehmen; er ist nicht mehr im Amt, aber immer bereit für Konferenzen, bekannt als zäher Vermittler. Ein andrer, den ich in
der Trinkhalle angesprochen habe, ein berühmter Pianist, hat
abgesagt wegen ärztlich verordneter Liegekur. Ich mache mir

keine Illusionen: nicht alle, die zur Konferenz kommen, werden sich als Mitglieder eintragen, wenn sie am Nachmittag hören, wie die Verjüngung der abendländischen Gesellschaft gemeint ist. Das wissen im Augenblick erst der Vorsitzende und ich.

Bis zum Mittagessen sind erst 6 Herren erschienen. Sie unterscheiden sich nicht von den andern Kurgästen. 4 etwas fettleibig, 3 mit Glatze, 5 scheinbar ohne Prothese; niemand würde sagen oder auch nur denken: Greise. Nur einer von ihnen hält sich, wenn er die Treppe herunter kommt, am Geländer.
Denke ich an das Manuskript in meiner Tasche, so werde ich unsicher, ob die Prämisse (»Wir alle, meine Herren, kennen die Symptome der Vergreisung an uns selbst.«) richtig ist. Wenn ich die Herren so in der Halle sehe: gesetzt, vielleicht von der Reise etwas ermattet, gelassen, einer etwas schwermütig, aber nicht unwitzig, alle keine Jünglinge, sie sitzen mit gespreizten Beinen und tragen vermutlich Hosenträger unter der Weste, Männer mit Erinnerungen (»damals während der Grenzbesetzung«) und mit Erfahrungen (»seit vierzig Jahren rauche ich Pfeife«), aber alle noch auf dem Laufenden (»haben Sie heute im Morgenblatt gelesen?«) ... es wird schwierig zu sagen: Meine Herren, es geht ohne uns!

M., ehedem ein geschätzter Maler, kommt mit seiner letzten Braut, und ich habe ihm zu sagen, daß das nicht geht. (Warum nicht, das wird noch zu begründen sein; im Augenblick weiß ich bloß: Frauen sind von der Vereinigung auszuschließen auch als Mitwisser.) Der Hotel-Concierge bemüht sich, zeigt ihr auf einer Karte die bequemen Ausflüge, Seilbahn nach Naluns; zum Glück hat sie in ihrem Leben noch nie ein Murmeltier gesehen und verspricht sich etwas davon.

Verlegenheit der immer noch kleinen Schar, die sich im Bridge-Salon zusammenfindet; man setzt sich nicht, hofft, daß die andern Herren sich verirrt haben könnten in diesem grandiosen Kurhaus. Anfrage beim Concierge, ob vielleicht zwei Bridge-Salons. (Um pünktliches Erscheinen wurde schriftlich gebeten.) Auskunft vom Concierge: nur ein einziger Bridge-Salon. Ich schlage eine andere Hoffnung vor: vielleicht Verwechslung von Kurhaus und Waldhaus, man müßte drüben im Waldhaus anrufen. Ich meine: drüben im Kurhaus. Jetzt verwechsle ich auch schon ... Vielleicht war unsere Einladung nicht glücklich formuliert. Vielleicht zu undeutlich, um Interesse zu wecken, oder zu deutlich; eine offene Einladung zum Freitod war es indessen nicht. Daß so viele, die ausbleiben, nicht einmal abgesagt haben, ist bedauerlich; unsere Schar bekommt dadurch das Gefühl, von der Welt nicht ganz ernstgenommen zu werden. Ob man nicht trotzdem anfangen sollte? Ich wäre dafür. Der Vorsitzende, übrigens mein Zahnarzt und der eigentliche Anreger (»Wenn ich eines Tages merke, daß ich senil werde usw.«) möchte unbedingt einen nächsten Bus abwarten. Inzwischen Auskunft vom Kurhaus oder Waldhaus: Niemand im Bridge-Salon dort. Ich bin dafür, daß wir uns setzen.

16.00, draußen beginnt die Kurkapelle.

Die Hoffnung auf den nächsten Bus, der vom Bahnhof zu den Kurhäusern fährt, ist gering; es kommt um diese Zeit kein Zug an. Ich verstehe meinen Zahnarzt nicht; hofft er auf einen Sonderzug? Alt-Regierungsrat Huber wiederholt (wir haben es schon vormittags in der Trinkhalle gehört) seine Anpreisung der Unterwasser-Massage, man fühle sich wie neugeboren, jedesmal wie neugeboren. Ein strammer Siebziger.

Die kleinen Bridge-Tische mit grünem Filz sind aufgereiht zu einem Langen Tisch, Stühle für hundert Teilnehmer; es haben

Platz genommen: 11 Herren. Man hat nicht mit einem Ostermarsch gerechnet, immerhin eine gewisse Enttäuschung ist nicht zu verhehlen, auch wenn man sich sagt, daß geschichtliche Umwälzungen oft von kleinen Gruppen ausgegangen sind ... Meine Herren, sagt der Vorsitzende, ich eröffne – mit Bedauern stelle ich fest – trotzdem muß etwas geschehen: denn die Überalterung unsrer heutigen Gesellschaft –
Ein Kellner unterbricht.
Als einer nach dem andern nur Mineralwasser bestellt, als wären wir eine Diät-Sekte, bestelle ich Veltliner. Drei bestellen Kaffee, davon zwei Kaffee Hag. Nur Alt-Regierungsrat Huber, sonst nicht immer mein Freund, bestellt ebenfalls Veltliner.
Also: –
aber der Vorsitzende wartet, bis der junge Kellner endlich die Türe geschlossen hat. Daß draußen die Kurkapelle spielt, ist nicht zu ändern. Gegenüber wird Tennis gespielt. Ich zünde eine Zigarre an, Monte Cristo, um locker zu sein, wenn mir das Wort erteilt wird.
Die Idee: –
aber zuerst verlese ich die Statistik, gefaßt auf Einwände gegen Statistik überhaupt: die Säuglingssterblichkeit zur Zeit um Christi Geburt ... Nach einigem Palaver, das der Vorsitzende leider zuläßt, einigt man sich, daß eine gewisse (ich habe gesagt: eine katastrophale) Überalterung unsrer Gesellschaft nicht ohne weiteres in Zahlen auszudrücken, aber Tatsache ist. Ich sage: Schauen Sie hinaus in diesen Kurpark! (Nicht ohne Absicht haben wir für die Konferenz gerade diesen Ort gewählt.) Schauen Sie in diesen Kurpark, meine Herren, und Sie werden verstehen –
Unterbrechung:
der junge Kellner bringt die bestellten Getränke, Schweigen am Tisch, aber da er's nicht mit einem einzigen Tablett erle-

digen kann, also nochmals gehen und nochmals kommen muß, nochmals Palaver über die Fragwürdigkeit von Statistik allgemein, bis der junge Kellner, Italiener, sodaß es auch noch Verständigungsschwierigkeiten gibt, endlich die drei Kaffee, davon zwei Hag, und die Mineralwasser, vier Henniez und zwei Passugger, richtig plaziert hat. Wieder muß der Vorsitzende bitten, daß er die Türe schließt.

Die Idee: –

angesichts der Tatsache, daß die Zahl der Menschen, die zu lange leben, in katastrophaler Weise zugenommen hat und weiterhin zunimmt – Frage: müssen wir so alt werden, wie die heutige Medizin es ermöglicht? . . . Tod, der ein Leben in der Fülle abreißt, wird zur Rarität; Angst vor dem Tod hat sich verlagert in Angst vor dem Altern, d. h. vor dem Verblöden . . . wir regeln den Eintritt ins Leben, es wird Zeit, daß wir auch den Austritt regeln . . . Meine Herren! . . . ohne jetzt schon auf die theologische Frage einzugehen, Heiligkeit des Lebens und so weiter, wobei allerdings in erster Linie, wie Sie wissen, das Leben der weißen Rasse gemeint ist, nicht unbedingt das Leben in Afrika oder Asien, insbesondere das Leben einer bestimmten Klasse, nicht unbedingt das Leben in den Slums . . . was ich sagen will: da wir heute, wie die Statistik zeigt, die durchschnittliche Lebensdauer der Menschen verlängern können, sodaß heute, im Unterschied zu früheren Epochen, die Mehrheit mit dem Altern zu rechnen hat, ist Altern ein gesellschaftliches Problem geworden wie noch nie – es geht nicht um die Planung von Altersheimen, die bestenfalls die Überalterung unsrer Gesellschaft humanisieren, aber nichts beitragen zur Verjüngung dieser Gesellschaft . . . auch ein individuelles Problem: ein Problem der Persönlichkeit, die sich nicht der Chirurgie und Pharmacie überlassen kann, sondern in Zukunft, meine ich, ihr Ende selber zu bestimmen hat – Meine Herren! . . . Wenn die Vereinigung, die zu gründen wir

entschlossen sind, das Ziel hat, Freitod zu einem gesellschaft-
lich-sittlichen Postulat zu machen, so ist uns bewußt erstens: –
Usw.

Er danke für diese einleitenden Worte, sagt der Vorsitzende,
und eröffne die Diskussion, wobei die Herren vorerst um
grundsätzliche Meinungen gebeten werden; die Statuten der
Vereinigung stehen heute noch nicht zur Diskussion.

Schweigen.

Sie trinken.

Kurkapelle draußen.

Da geschwiegen wird – nur der alte Hanselmann, Senior der
bekannten Import-Firma HANSELMANN & SOEHNE, möchte
wissen, wie die Vereinigung sich nennen soll; ich schlage vor:
VEREINIGUNG FREITOD (der Gegenvorschlag des Malers, der
sich für witzig hält, seit ihn niemand mehr ernst nimmt,
findet keine Zustimmung: HARAKIRI-CLUB, es erinnert an
ROTARY-CLUB.) – da also zur Sache selbst geschwiegen wird,
erläutert der Vorsitzende, wie der Antrag zu verstehen ist:
—die Vereinigung soll zur Verjüngung der abendländischen Gesellschaft beitragen, indem sie die neu Idee, Freitod als Pflicht,
nicht nur durch Worte vertritt, sondern durch Vorbild, d. h.
daß die Mitglieder sich verpflichten, ihrerseits das Postulat zu
erfüllen zu gegebener Zeit.

Schweigen.

Wem, fragt der Vorsitzende, darf ich das Wort geben – oder
möchten die Herren eine kleine Pause machen?

Nachtrag meinerseits:

die Vereinigung wäre international, offen für jedermann über
50, politisch wie konfessionell nicht gebunden; die Mitglieder
treffen sich ein bis zwei Mal im Jahr, um einander auf ihre
Alterserscheinungen aufmerksam zu machen; ein Mitglied, das
sich der Überalterung schuldig macht, wird ausgeschlossen; dazu dient jeweils die Jahresversammlung, die mit einer Reihe

von Prüfungen verbunden ist, Gedächtnis-Test usw.; die Jahresversammlung ehrt jeweils die Mitglieder, die im Lauf des vergangenen Jahres aus eignem Entschluß auf ein weiteres Altern verzichtet haben usw.

UNTERWEGS

Wenn es keine Kioske gäbe, wo man täglich den großen Überblick kaufen kann, ich weiß es wirklich nicht, wie unsereiner sich diese Welt vorstellen würde. Unsereiner sieht kaum um die nächste Ecke, hört um zwei oder drei Ecken und ist schon betroffen, verwirrt, bestürzt oder auch gleichmütig, vorallem aber ohne Überblick. Die Lektüre erstklassiger Zeitungen erleichtert mich immer. Sie wissen einfach mehr. Mag es noch so entsetzlich sein, was die Fernschreiber wieder melden: es erleichtert mich, was die Editoren dazu schreiben, ihre gekonnte Besonnenheit, die jeden Einzelfall, sofern er überhaupt hat erwähnt werden müssen, in den großen Zusammenhang stellt. Wie naiv war wieder meine Anteilnahme, meine Zuversicht oder meine Sorge, mein Zorn, meine Ratlosigkeit. Meistens überschätze ich die Vorkommnisse. Sie denken weiter als unsereiner, das spürt man, je frischer das Papier ist. Wer liest schon vergilbte Zeitungen? Etliches ist langweilig, und man überschlägt es; aber es zeigt: die erstklassigen Zeitungen gehen nicht auf Sensationen; sie melden, was ist, wie es ist, ob langweilig oder nicht. Sie sind gewissenhaft. Man ist immer ein wenig beschämt, wie zufällig sich unsereiner um die Welt kümmert. Vorallem aber: unsereiner verfällt immer in Meinungen, die persönlich bleiben. Zum Beispiel beim Staatsstreich da-

mals in Athen meinte ich sofort, die USA
habe ihre Hände im Spiel, und konnte es nicht
belegen. Die erstklassigen Zeitungen hingegen,
die diesen Namen verdienen, bleiben objektiv.
Sie sind nicht nur durch Fernschreiber besser
unterrichtet, sondern verfügen über ein Denken, das über den bloßen Meinungen steht oder
schwebt. Etwas Überpersönliches, ob mit Namen
unterzeichnet oder nicht, kommt auf uns zu;
etwas wie Weltgeist, der sich durch die Fakten
vom Tage, sofern sie stimmen, Tag für Tag
bestätigt findet. Trifft man zufällig (zum
Beispiel in einem T.E.E.) den Mann, der das
und das geschrieben hat, so ist man nicht
enttäuscht; er weiß noch mehr, als er geschrieben hat, sogar sehr viel mehr. Meistens
ist er auch persönlich davon überzeugt, d.h.
er spricht unter vier Augen nicht sehr viel
anders. Nur hat er jetzt eine Physiognomie,
meinetwegen eine gute; er kann nichts dafür,
daß ich, Leser erstklassiger Zeitungen,
beinahe etwas Unsinniges geglaubt habe: ihre
Sicht, im Gegensatz zu der unsern, sei unabhängig von aller Person. Ich gebe zu, daß ich
nicht so unabhängig denke, so unabhängig
sehe. Sonst ginge unsereiner nicht immer
wieder an die Kioske. Sie können sich verlassen auf unsere Neugier, unser lebhaftes
Vergessen, unsere Anteilnahme nach ihrem
Ermessen.

VEREINIGUNG FREITOD

Natürlich kann der Freitod eines Mitglieds nicht verlangt
werden. Die Jahresversammlung kann lediglich feststellen,
wer, wenn er weiterlebt, gegen die Satzungen verstößt. Zweidrittelmehrheit in geheimer Abstimmung. Ein Mitglied, das

trotzdem weiterlebt, ist aus der Mitgliedschaft entlassen; die Vereinigung spricht ihr Mitleid aus. Sollte ein Mitglied sich durch die Zweidrittelmehrheit ungerecht beurteilt fühlen, so kommt es zum Einspruchverfahren: das Mitglied hat sich einer zusätzlichen Prüfung zu unterziehen, beispielsweise eine Rede zu halten, Thema nach eigner Wahl, wobei es nicht auf Redner-Fertigkeit ankommt, die gerade bei Greisen oft vorhanden ist, sondern auf Fähigkeit oder Unfähigkeit, ein Problem anders zu sehen als gestern, die eignen Antworten von gestern in Frage zu stellen. Ein Marxist, zum Beispiel, kann noch so sattelfest sein im klassischen Marxismus-Leninismus: wenn in seiner Rede auch nicht ansatzweise ein Gedanke auftaucht, den er bisher für undenkbar gehalten hat, gilt er als Greis.

Jahresversammlung:

vorgesehen sind Wanderungen, ferner Saufgelage, wichtig für die Bewertung vorallem ist der Zustand am andern Tag, der wiederum mit kürzeren Wanderungen beginnt, anschließend Diskussion, Prüfung der Schlagfertigkeit usw., ferner eine schriftliche Prüfung, um festzustellen, ob die Mitglieder noch imstand sind sich in der jeweils heutigen Sprache auszudrükken. (Ein Katalog der Vokabeln, die als überholt zu bezeichnen sind, wird von Jahr zu Jahr nachgeführt werden müssen; auch Vokabeln wie: Lernprozeß, transportieren, Konsensus, polarisieren, denunzieren, Modell, manipulieren, Effizienz, ritualisieren, elitär, Relevanz usw. können eines Tages in diesen Katalog gehören.) Abends geselliges Zusammensein, das auf Tonband aufgenommen wird: wer mehr als dreimal dieselbe Jugenderinnerung erzählt, wird vorgemerkt.

Antrag:

daß neben Vollmitgliedern (Leute über 50) Anwärter aufgenommen werden sollen, Leute unter 50, die noch keine Prüfungen zu bestehen haben, aber an den Diskussionen teilnehmen und zu den Abstimmungen herangezogen werden; dadurch soll verhindert werden, daß die Vollmitglieder, ohne es selber zu bemerken, von Jahr zu Jahr, indem sie eben älter werden, immer mildere Maßstäbe anwenden.

Antrag gebilligt.

Gebisse sowie gefärbtes Haar sind erlaubt, sogar künstliches Haar. Die äußere Erscheinung (»Sie sehen ja fabelhaft aus!«) hat auf die Bewertung keinen Einfluß. Kommt ein Mitglied plötzlich mit einer Krücke, so wird es deswegen nicht vorgemerkt; Bandscheiben-Leiden sind zugelassen, sie besagen nichts über die geistig-seelische Vitalität eines Mitglieds, so wenig wie eine Glatze. Auch eine Trinker-Nase wird in der Wertung nicht berücksichtigt. Anderseits läßt sich die Jahresversammlung, wie erwähnt, von einem gesunden Aussehen nicht täuschen, das durch Kur-Aufenthalte oder durch Arbeit im Garten zu erreichen ist; auch ein vergleichsweise schlankes und sonnengebräuntes Mitglied in Ski-Dreß oder Tennis-Dreß (»Sport-Gaga«) hat sich den Prüfungen zu unterziehen. Maßgebend für die Wertung: Bestand oder Schwund der kombinatorischen Fähigkeit, Ansprechbarkeit, Fähigkeit zu neuen Erfahrungen, Bereitschaft zur Diskussion ohne Berufung auf vergangene Leistungen, vorallem aber Spontaneität, die jeweils durch Happenings auf die Probe gestellt wird.

Antrag:

daß jedes Mitglied in der Jahresversammlung berichten soll, was es im Lauf des Jahres noch beruflich zustande gebracht hat: Erweiterung des Betriebes, Umstellung auf Automation, Gründung von Filialen, in intellektuellen oder künstlerischen Berufen: Übernahme eines Rektorats, Übernahme einer Intendanz usw.

Der Antrag ist abgelehnt.

(Es bestünde die Gefahr eines falschen Ansporns für die Mitglieder; Emsigkeit, die sich als Jugendlichkeit ausgibt. Ziel der

Vereinigung kann es aber nicht sein, die Emsigkeit der alten Herren zu steigern; gerade diese führt ja zur Vergreisung unsrer Gesellschaft. Man denke an Wirtschaft, Hochschulen, Staatsführung, Vatikan sowie Generalstäbe.)

PS.

Da ich unter den sieben Vollmitgliedern der einzige Berufsschreiber bin, habe ich den Auftrag erhalten, ein Verzeichnis von Alterserscheinungen anzulegen zuhanden der ersten Jahresversammlung, ein Verzeichnis nicht von körperlichen Beschwerden, denen man medizinisch beikommt, sondern von intellektuellen und emotionalen Symptomen der Senilität. Eine Art Handbuch, das nicht in den Buchhandel kommt, nur für Mitglieder.

        25. 10. 1967
        Unfall auf der Strecke zwischen Cadenazzo und
        Giubiasco. Wenn die beiden Wagen neben der
        Straße liegen und beide Fahrer noch leben:
        Glück, aber so öffentlich —

VEREINIGUNG FREITOD

Laut Statistik ist die Überalterung größer bei Reichen als bei Armen. Die Gründe liegen auf der Hand. Folge dieses Tatbestandes: Vergreisung vorallem in den Positionen der Macht. Der Einwand gegen unsere Vereinigung, daß sie hauptsächlich aus wohlhabenden Leuten besteht, ist daher nicht stichhaltig. Ein alter Handlanger, angewiesen auf die Altersversicherung, hat nicht die Macht, der Gesellschaft sein verkalktes Denken aufzuzwingen; ein verkalkter Verwaltungsrat oder Richter ist schädlicher. Ich begrüße es, daß unsere Mitglieder (inzwischen 8) der wohlhabenden Schicht angehören; diese ist der Versuchung, in einem widernatürlichen Grad sich zu erhalten,

mehr ausgesetzt als der Arbeiter, nicht nur weil sie die wirt-
schaftlichen Mittel hat, Altersbeschwerden lang zu mildern
(Ferien nach Bedarf, Bedienung nach Bedarf, Seebäder, Be-
handlung durch medizinische Kapazitäten, Arbeit nach eigner
Wahl, Komfort im Wohnen, Unterwasser-Massage, Diät ohne
Rücksicht auf Kosten), sondern vorallem: sie halten die
Macht, die der Reichtum ihnen verleiht, für einen Beweis, daß
die Gesellschaft sie brauche. Ein alter Kellner, der entlassen
wird, weil er zittert beim Bedienen, kann diesem Irrtum kaum
verfallen.

Erfahrungen aus der ersten Jahresversammlung.
1.
Das Prüfungsverfahren muß geändert werden. Ein unerwar-
tetes Phänomen: Greisen-Schlagfertigkeit. Wer einmal über
60 ist, hat es gelernt, Fragen zu beantworten mit treffenden
Antworten auf Fragen, die nicht gestellt sind; so entsteht der
Eindruck geistiger Regsamkeit.
2.
Die Mitglieder befreunden sich. Wie läßt sich das verhindern?
Der Export-Senior und der Kristall-Sammler und mein Zahnarzt, dessen Patent in unserem Kreis ohne Konkurrenz ist, haben keinerlei Anlaß, einander nicht zu schätzen; zudem stellt
sich heraus, daß alle unsere Mitglieder (außer mir) Offiziere
gewesen sind, Unterschiede nur nach Grad und Waffengat-
tung, was zu Kontroversen nicht ausreicht, im Gegenteil, es
fördert die Stammtisch-Plauderei eidgenössischer Prägung.
Sobald wir einander schätzen lernen, weil es eben zu keinen
Interesse-Konflikten kommt, lügen wir auf Gegenseitigkeit.
3.
Mitglieder, die ohne ihre Frauen erscheinen, sind im Vorteil.
(Zwar sind Frauen zu den Sitzungen nicht zugelassen, aber zu

Spaziergängen und Mahlzeiten.) Junggesellen oder Witwer werden nicht auf Schritt und Tritt betreut: Hast du dein Halstuch? und wenn ihnen wieder Asche auf den Bauch fällt, putzt sie niemand; sie wirken dadurch selbständig, lebenstüchtig. Die andern hingegen, die mit ihren Frauen kommen, fühlen sich immer durchschaut, sobald sie jünger auftreten, als sie sind. Anderseits sieht man, wie sehr die Betreuerinnen natürlich ihre Männer brauchen. Es entsteht Mitleid mit den Frauen oder auch die Versuchung, Männer vor ihren Gattinnen in Schutz zu nehmen. Beides erschwert ein sachliches Urteil. Ohne Frauen wäre es besser.

4.
Mahlzeiten lösen Disziplin auf.

5.
Betreffend Handbuch der Senilität: ich bitte erneut um schriftliche Beiträge, aber alle tun, als hätten sie aus eigner Erfahrung nichts zu berichten.

ZÜRICH

In der großen Bibliothek von Konrad Farner
hängt die Totenmaske von Brecht. Die zu
schiefe Nase; man kann ihn nur unter einem
einzigen Gesichtswinkel wieder erkennen. Vom
Profil her könnte man, einen Augenblick lang,
auf Friedrich Schiller raten. Sein irritierendes Lächeln im Tod, nicht Grinsen, ein scharfes Lächeln mit einem generösen Spott ohne
Adresse. Die Augen geschlossen in seinen tiefen Augenhöhlen; auch als sie offen waren,
lagen sie wie in einem Versteck hart unter der
Stirn weit hinten ... Unser Gespräch in Mänteln (die Bibliothek ist nicht zu heizen)
würde die Bundespolizei langweilen.

Wieder Lust am Theater! — solange sie probieren in irgendeinem Lokal, diesmal in einem Amtsgebäude; im unteren Stock geht es um Aufenthaltsbewilligungen, Eheverkündungen, Stimmrechtsausweise usw., beim Eingang hängen Steckbriefe der Polizei; die Schauspieler tragen ihre Privat-Pullover, Privat-Frisur, wenn sie in die fingierte Situation eintreten, ihre Rolle noch in der Hand, um notfalls daraus abzulesen. Theater ohne Illusion: wobei die fingierte Situation unversehens alles Vorhandene (Amtsmobiliar) an Präsenz übertrifft. Frage an den Autor: Was meint Antoinette, wenn sie das sagt? So fragt der Regisseur; hingegen die Schauspielerin fragt schon in der Ich-Form: Liebe ich ihn eigentlich an diesem Morgen oder nicht? Schwer zu sagen, bevor Antoinette entstanden ist; sie entsteht in dem Augenblick, da Stimme und Geste uns glauben lassen, daß sie den Kürmann liebt oder daß sie ihn nicht liebt. Später einmal, nach der Aufführung, fragt dann die Schauspielerin: Haben Sie sich denn Antoinette so vorgestellt? Das wäre gelogen; ich kannte sie ja nicht, ich schreibe Dialoge als Steckbrief, und eines Tages sitzt sie da, Wort für Wort laut Steckbrief, also lerne ich sie kennen — von Bühne zu Bühne: jedesmal eine andere.

1968

Aufrufe immer mit einer Liste möglichst
bekannter Namen, Nobelpreisträger besonders
erwünscht, dabei ist nicht zu vermeiden,
daß wieder einmal dieselben Namen erscheinen,
von Mal zu Mal wertloser; die Öffentlichkeit
weiß jetzt schon: Der ist ja auch gegen die
USA-Invasion in Vietnam, gegen die Militär-
Junta in Athen, gegen Folterungen wo auch
immer, für Amnestie in Portugal und in Spanien und so, kein Wunder, daß der wieder
etwas hat gegen die DOW-CHEMICAL in Zürich,
weil sie Napalm herstellt für Vietnam und
dafür Stipendien an Künstler gibt, schließlich kennt man diese Aufrufer: — Wir, die
unterzeichneten Wissenschaftler und Künstler
und Schriftsteller, verurteilen das und das,
wir fordern . . . Was verspricht man sich von
solchem Ernst? Immer das Naive daran: als
wäre Moral ein Faktor in der Politik. Effekt?
Macht reagiert nur auf Macht, die eben die
Unterzeichneten nicht haben; ihr Aufruf manifestiert es. Nachher immer ein fades Gefühl
von Wichtigtuerei. Ich beschließe (nicht zum
ersten Mal) keinen Aufruf mehr zu unter-
zeichnen.

Vereinigung Freitod

10 Jahre nach der Gründung: — alle sieben Gründer sind noch
immer am Leben. Ein einziges Mal hat die Jahresversammlung gegenüber einem Gründer (— es war nicht Hanselmann,
dem wir ja das Haus zwischen Vulpera und Tarasp verdanken) durch Zweidrittelmehrheit zu verstehen gegeben, daß es
an der Zeit wäre. (Ich gab meine Stimme ebenfalls in diesem
Sinn, kann aber nicht verschweigen, daß meines Erachtens der

alte Hanselmann dann auch an der Reihe wäre.) Als das Ergebnis unsrer geheimen Abstimmung verlesen wurde, herrschte Stille im Raum. Schließlich geschah es, wie gesagt, zum ersten Mal, daß die vereinbarte Formel verlesen werden mußte: Die Vereinigung ist nach sorgsamer Prüfung zu dem Schluß gekommen usw., im Sinn unsrer Statuten usw., steht es im Ermessen des genannten Mitglieds usw., erinnert die Vereinigung an das unterschriftliche Versprechen aller Mitglieder usw., und dankt dem genannten Mitglied heute schon. Natürlich blickte zuerst niemand auf das genannte Mitglied; einige saßen mit verschränkten Armen, Blick hinauf zu der schönen Holzdecke (Arve) oder sonstwohin, andere blätterten im Jahresbericht. Auf die vorschriftsgemäße Frage: Nimmt unser Mitglied diesen Mehrheitsbeschluß an? weiterhin Stille. Der Genannte, ich saß neben ihm, knipste sich gerade eine Zigarre; er hatte seinen Namen nicht gehört. Als ich ihn, nicht ohne ihm zugleich Feuer für die Zigarre zu geben, aufmerksam machte, daß der Vorsitzende noch auf seine Antwort warte, zeigte er sich nicht erschreckt, grinste mit seinen wässerigen Äuglein aus einem immerroten Gesicht: Paß du nur selber auf! und rauchte endlich an seiner Zigarre, die naß war wie ein Lutscher. Es wurde ihm schriftlich beigebracht. Als es zum Rekurs kam, somit zur erweiterten Prüfung am andern Tag, waren es vorallem die jüngeren Vollmitglieder, Anfangfünfziger, die durch milde Wertung auffielen. Warum gerade sie? Ich weiß es nicht. Der Rekurs hatte Erfolg. Vielleicht weil es sich um einen Gründer handelte. Eins ist klar: bei der ersten Abstimmung, deren Ausgang niemand wissen kann, stimmen sie sachlicher; beim Rekurs siegt das Humane. Wie ein Anwärter, der mir den Mantel hielt, richtig bemerkte: Schließlich immer noch ein Mensch! Das war übrigens unsere erste Jahresversammlung im neuen Haus, also auch schon vor Jahren.

Gestern also das Jubiläum.

Wenn einer der Gründer sagt: Auch Picasso hat noch mit 80, auch Theodor Fontane, wie wir einmal gehört haben – und dazu Baltensperger: Denken wir nur an Tizian! – ich sage: Meine Herren! ich erhebe mich: Unsere Vereinigung steht in Gefahr, meine Herren, ein Jahrgänger-Verein zu werden. (Die Jüngeren, die Anfangfünfziger, protestieren heiter.) Ich bin jetzt 67, jawohl, aber ich glaube sagen zu dürfen – (Zwischenruf: Zur Sache!) – und wenn nicht ein Jahrgänger-Verein, meine Herren, so doch ein Club Methusalem. (Kein Widerspruch, daher verliere ich den Faden, was mich aggressiv macht:) Export und Import in Ehren, Hanselmann, aber wenn Sie, Hanselmann, sich auf Theodor Fontane hinausreden, und wenn Sie, Baltensperger, sich auf Tizian hinausreden, ich muß schon sagen. (Zwischenruf: Bertrand Russell!) Sie sagen es, (rufe ich in den hinteren Saal:) haben Sie denn Bertrand Russel in letzter Zeit gesehen? (Zwischenruf vorne: Was wäre Frankreich ohne General de Gaulle?) Meine Herren, (sage ich ruhig, aber wieder Zwischenruf: Und Albert Einstein? ein ganzer Chor: Einstein, Albert Einstein! ich sage noch ruhiger:) Sie sind Anfang 50, Sie sehen unter uns Älteren keinen Einstein und nicht einmal einen Bertrand Russel, ich finde es widerlich, wenn wir uns mit berühmten Sonderfällen zu trösten anfangen. Ist das der Sinn unsrer Vereinigung? (Schweigen.) Sie alle kennen die Satzungen, noch keiner hat ihnen Folge geleistet, meine Herren, noch keiner von Ihnen. (Zwischenruf: Und Sie?) Meine Herren. (Zwischenruf: Und Sie?) Ich habe sagen wollen: noch keiner von uns. Wenn das so weitergeht, meine Herren, sitzen wir aber noch als Neunzigjährige zusammen und versprechen Verjüngung der abendländischen Gesellschaft. (Kichern bei den Anfangfünfzigern.) Meine Herren, ich finde es nicht zum Kichern – auch nicht zum Kopfschütteln, Herr Alt-Regierungsrat Huber, obschon

Sie heute noch wie ein Sechziger aussehen. (Zustimmung.) Darum geht es aber nicht. (Zwischenruf von Alt-Regierungsrat Huber: Sondern?) Ich weiß, meine Herren, wir sind soweit und nicht nur in dieser kleinen Versammlung, wir sind überhaupt soweit: man hält es einem 75-jährigen zugut, daß er tatsächlich wie ein 60-jähriger aussieht, und wenn eine 90-jähriger aussieht wie ein 75-jähriger, so tun wir, als wäre das Problem wieder einmal gelöst – nebenbei bemerkt, meine Herren, ich halte diesen gestrigen Lichtbilder-Vortrag für verfehlt: Wenn die Georgier sogar 110 und 120 werden, so ist das ihre Sache! Es ist nicht damit getan, (sage ich wieder sachlich:) daß sich die Zahl unsrer Vollmitglieder vermehrt. Übrigens kann ich Ihnen mitteilen, daß es heute nicht 43 sind, wie im Jahresbericht steht, sondern 45, nachdem sich heute Vormittag in der Trinkhalle zwei weitere Herren eingeschrieben haben als Vollmitglieder: Sir Ralph Emerson, ehemals Konsul in Bombay, ich begrüße ihn als ersten Ausländer in unsrer Vereinigung, die immer schon als eine internationale gedacht war. (Der Brite erhebt sich.) Herr Peider Caflisch, ehemaliger Tennis-Lehrer, jetzt Ausschenker in der Trinkhalle, wie Sie wissen. (Es erhebt sich niemand.) Herr Caflisch läßt sich entschuldigen, da er um diese Zeit in der Trinkhalle tätig ist. Ich begrüße aber auch Herrn Caflisch im Namen der Vereinigung Freitod. (Beifall durch Nicken.) Was ich habe sagen wollen: Es ist nicht damit getan, meine Herren, daß wir dasitzen und Churchill-Zigarren rauchen, um einander zu beweisen, was wir noch vertragen, oder daß andere sich schonen. Sie werden trotzdem älter von Jahr zu Jahr. Ziel unsrer Vereinigung ist und bleibt aber die Verjüngung der abendländischen Gesellschaft –

Usw.

Usw.

Usw.

8. 2. 1968
Stück aufgeführt, BIOGRAFIE EIN SPIEL, mit
vierfachem Sieg der Bühne (Zürich, München,
Frankfurt, Düsseldorf) über den Autor; er
bestreitet die Fatalität, die Bühne bestätigt
sie — spielend.

FREUDE

Die frohe Nachricht, daß es sich nachweislich nicht um Krebs
handelt, gibt jemand nebenbei; sie betrifft nur ihn. Hingegen
die Nachricht, daß jemand an Krebs gestorben ist oder in den
nächsten Monaten sterben wird, scheint uns alle anzugehen,
auch wenn wir gerade einen Anlaß zur Freude haben. Oft genügt schon eine Wetterlage, das Klima einer Stadt (Berlin zum
Beispiel) oder das körperliche Wohlbefinden irgendwo, ein Bewußtsein von eigner Gegenwart, eine Speise, eine Begegnung
auf der Straße, ein Brief usw., es gibt zahllose Anlässe zur
privaten Freude. Warum notiere ich sie nicht? Die Freudenge-
sänge, die uns überliefert sind, bezogen sich immer auf einen
Anlaß zur außerpersönlichen Freude; solcher Anlaß scheint
uns zu fehlen. Die Landung auf dem Mond oder Mars wird
ihn nicht liefern. Die Revolutionäre versprechen Gerechtigkeit, nicht Freude. Nur die Drogen-Gläubigen sprechen von
Freude; gemeint ist die Ekstase auf der Flucht aus einer Welt
ohne frohe Botschaft.

FEBRUAR 1968

Enteignung und Entmachtung der wenigen, deren
Freiheit auf Kosten des arbeitenden Volkes
geht, kann ja nicht das Ziel sein, wenn sich
daraus nicht Freiheit für das arbeitende Volk

ergibt. Die neuen Männer in Prag sprechen
nüchtern, aber ihr Versuch ist kühn, Sozialismus zu entwickeln in der Richtung seines
Versprechens. Ob ihnen das Gelingen gegönnt
wird? Zu vermuten, daß dieser Versuch nichts
anderes bedeute als eine reuige Rückkehr in
den Kapitalismus, wäre ein Irrtum, jede Zustimmung in diesem Sinn zudem ein schlechter
Dienst, nämlich genau die Auslegung, die die
Feinde der Demokratisierung haben möchten, um
sie unterdrücken zu können. Noch mehr von
diesem falschen Beifall für Dubček (hier und
in der Bundesrepublik) ist Denunziation —
aber nicht ahnungslos; „ein Sozialismus mit
menschlichem Gesicht", das können sich unsere
Macht-Inhaber nicht wünschen.

UM AUF CHAPLIN ZURÜCKZUKOMMEN

»Jeder Rezensent tut jetzt, als verdurste er auf der Strecke,
wenn ihm nicht Schritt für Schritt die gesellschaftliche Relevanz an die Lippen gereicht wird«, sagt einer. »Um auf Chaplin zurückzukommen«, sagt der andere. »Millionen und Millionen haben seine Filme gesehen, Clownerie aus Klassenbe-
wußtsein, und was, meinen Sie, hat Chaplin erreicht?« sagt
ein Dritter. »Sie halten sich für einen politischen Menschen,
weil Sie nach dem politischen Effekt der Literatur fragen«,
sagt jener, aber eigentlich ist alles schon besprochen. »Politik
als literarische Mode«, sagt jemand. »Um auf Chaplin zurückzukommen«, sagt wieder der eine. »Oder auf Brecht«, sagt jemand. »Wenn Literatur sich darauf einläßt, daß sie sich durch
gesellschaftliche Relevanz rechtfertigen soll, so hat sie schon
verspielt; ihr Beitrag an die Gesellschaft ist die Irritation, daß
es sie trotzdem gibt«, sagt der erste. »L'art pour l'art?«, fragt

der andere. »Sie kommen jetzt mit dem bekannten Ausspruch von Jean-Paul Sartre, daß angesichts eines Hungerkindes und so weiter«, sagt jener. »Womit Sartre recht hat«, sagt dieser. »Gesetzt den Fall, Chaplin habe überhaupt nichts erreicht, obschon noch immer Millionen und Millionen vor seinen Filmen lachen«, sagt wieder der eine. »Ich halte mich für einen politischen Menschen, Sie haben recht, gerade deswegen wehre ich mich ja gegen Politik als literarische Mode«, sagt dieser. »Ich lese gerade Neruda«, sagt jemand. »Philosophie um der Philosophie willen, also das würden Sie verurteilen?« fragt dieser. »Ich frage ja Sie«, sagt jener. »Nur hat Sartre vergessen zu sagen, daß angesichts eines Hungerkindes oder eines Napalm-Opfers schon eine schlichte Mahlzeit obszön wird«, sagt jemand. »Chaplin war groß, solange er stumm blieb«, das weiß aber jeder. »Jede Literatur, die diesen Namen verdient, ist im Grund subversiv«, sagt jemand. »Proust zum Beispiel?« fragt jemand. »Und warum gehen Sie denn nicht in die praktische Politik, wenn Sie, wie Sie meinen, ein politischer Mensch sind?«, fragt jemand. »Wir werden schon noch handeln«, sagt einer. »Wann?« lacht jener. »Stimmt für Sie die Nachricht, daß die Literatur tot ist?«, fragt jemand. »Was mich betrifft, so handle ich ja seit Jahren«, sagt der andere. »Ich kenne die Personen, die diese Nachricht vom Tod der Literatur verbreiten; einer schreibt Gedichte, die er vorderhand nicht veröffentlicht, und der andere läßt immerhin Samuel Beckett gelten«, sagt jemand. »Um jetzt aber wirklich auf Chaplin zurückzukommen«, sagt wieder der eine. »Der Ruhm habe die Dichtung verlassen, er gebühre den Wissenschaftlern und den Akrobaten; es ist Apollinaire, der das gesagt hat«, sagt jemand. »Müßte man, wenn Sie von Peter Weiß und Jean-Paul Sartre sprechen, nicht unterscheiden (sagen wir) zwischen einem Schriftsteller, der Ideologie hervorbringt, und einem Schriftsteller, der eine vorhandene Ideologie literarisiert?« fragt jemand. »Und was machen denn Sie selber?« fragt ein Student. »War Chaplin, meinen Sie, ein gelernter Marxist oder Marxist par génie?« fragt einer, der bisher geschwiegen hat. »Wie meinst du das?« fragt seine Gefährtin. »Erlaubt ist, was gelingt«, sagt einer, »es ist wenig genug.« Es ist wieder Mitternacht. »Ich habe wirklich nur über Chaplin reden wollen«, sage ich draußen auf der Straße, »ich habe heute wieder einmal CIRCUS gesehen –«

BERZONA, März 1968

Gespräch mit zwei SDS-Leuten in Canero. Sie heißen Wetzel und Amendt; einer sehr schick und fröhlich, der andere mit blondem Ernst, aber auch weltmännisch. Zum Glück habe ich in letzter Zeit einiges in dieser Sache gelesen. Spät genug, aber grad noch zur Zeit – sonst hätten sich die beiden nicht entfalten können. Ihre kanalisierte Intelligenz. Jemand am Tisch hält sich bei Frage oder Widerspruch nicht an die Terminologie, er scheidet aus. Das richtige Bewußtsein hat jetzt sein Vokabular. Die revolutionäre Masse, die Arbeiterschaft, wird viel zu lernen haben, um zu begreifen, daß ihre Erlösung gemeint ist und daß sie für ihre Erlösung unentbehrlich sein wird. Zum Establishment sehr offen: Zur Zeit können Sie uns noch nützen, später natürlich nicht mehr. Abends langes Spaghetti-Essen mit Chianti und Feuer im Kamin. Aufklärer mit Bereitschaft zur Gewalt, dabei die Zauberformel: Gewalt gegen Sachen, nicht gegen Personen. Und wenn die Sachen bewacht werden von Personen? Es wird Tote geben.

»So löse ich mich auf und komme mir abhanden.«
Michel de Montaigne

Niemand will wissen, was ihm im Alter bevorsteht. Wir sehen es zwar aus nächster Nähe täglich, aber um uns selbst zu schonen, machen wir aus dem Altern ein Tabu: der Gezeichnete selber soll verschweigen, wie widerlich das Alter ist. Dieses Tabu, nur scheinbar im Interesse der Alternden, verhindert sein Eingeständnis vor sich selbst und verzögert den Freitod so lange, bis die Kraft auch dazu fehlt.

Das Gebot, das Alter zu ehren, stammt aus Epochen, als hohes Alter eine Ausnahme darstellte. (Siehe Statistik) Wird heute ein alter Mensch gepriesen, so immer durch Attest, daß er verhältnismäßig noch jung sei, geradezu noch jugendlich. Unser Respekt beruht immer auf einem NOCH. (»noch unermüdlich«, »noch heute eine Erscheinung«, »durchaus noch beweglich in seinem Geist«, »noch immer imstande« usw.) Unser Respekt gilt in Wahrheit nie dem Alter, sondern ausdrücklich dem Gegenteil: daß jemand trotz seiner Jahre noch nicht senil sei.

Eine zeitlang ist Selbsttäuschung möglich. Merken die andern nach und nach den Zerfall einer Person, so zeigen sie es der Person meistens nicht, im Gegenteil: sie ermuntern zur Selbsttäuschung auf alle Arten (Reden zum Geburtstag, Wahl zum Ehren-Präsidenten usw.) teils aus Mitleid, teils weil der Umgang mit einem Gezeichneten bequemer ist, solange er seine Vergreisung zu verhehlen genötigt ist. Kommt er eines Tages nicht mehr um das Geständnis herum, daß er ein alter Mann werde – was er schon seit Jahren ist – so wird er entdecken,

daß sein Geständnis niemand überrascht; es berührt nur pein-
lich.

Der Gezeichnete beginnt Sätze zu bilden: »Schließlich haben
wir schon einmal erlebt, daß / Auch unsereiner hat einmal /
Wenn Sie einmal erfahren haben, was es heißt / Zu meiner
Zeit / Zu unsrer Zeit / Heutzutage meint jeder / In Ihrem
Alter, wissen Sie, hätte ich mich geschämt / Nach meiner Er-
fahrung gibt es nur eins / Man muß den Jungen eine Chance
geben / usw.

Der Gezeichnete erkennt sich daran, daß ihn niemand benei-
det, auch wenn er Ansehen genießt oder Vermögen besitzt,
also Möglichkeiten hat, die sie, die Jüngeren, nicht haben;
trotzdem möchte niemand mit ihm tauschen.

Wenn von jemand die Rede ist, der etwas Außerordentliches
geleistet hat oder demnächst zu leisten verspricht, erkundigt
sich der Gezeichnete sofort nach dem Alter der betreffenden
Person. (Sehr frühes Stadium.) Der Gezeichnete beginnt Zeit-
genossen immer weniger um ihre Leistung zu beneiden als um
ihren Jahrgang: um ihren Vorrat an Zukunft.

Die sichtbare Veränderung, die ihn am meisten irritiert, ist
nicht die Veränderung seiner Haarfarbe – das weiß er nun
schon: das Haar wird grau, auch sein Haar. Nur beim Coif-
feur ist es noch ein kleiner Schock: sein Haar auf dem Linol,
wo sie es später zusammenwischen, ist grauer als am Kopf;
eigentlich sind's Büschel von schmutzigem Weiß, keine Spur
von Blond oder Braun, er glaubt's kaum, aber was auf dem
Linol liegt, kann nur sein Haar sein, und wenn der Coiffeur
den Handspiegel bringt und hält, damit der Kunde sich von
hinten sehe (so wie die andern ihn sehen) und sich bedanke

für den Ansatz von Glatze (was der Rasierspiegel zuhause nicht zeigt), erhebt er sich, als habe er Eile ... Die sichtbare Veränderung, die am meisten irritiert: wo er hinkommt durch Beruf oder der Geselligkeit halber, ist die Mehrzahl der Zeitgenossen jünger als er; nicht alle sind jünger als er, aber vorallem jene Zeitgenossen, die ihn interessieren.

Sein Bedürfnis, Ratschläge zu geben.

Sucht des Gezeichneten, Aktuelles sofort unter historischen Vergleich zu stellen; ob der Vergleich ergiebig sei oder nicht, das Damals muß erwähnt werden: damit der Gezeichnete im Gespräch auf der Höhe ist.

Der Gezeichnete erkennt sich an einer neuen Art von Langweile. Hat er sich früher manchmal gelangweilt, so meistens infolge der Umstände: in der Schule, im Büro, beim Militär usw. Eigentlich konnte er sich in jedem Augenblick (früher) eine Situation denken, wo er sich gar nicht langweilen würde. Was neu ist: es beginnt ihn auch die Verwirklichung seiner Wünsche zu langweilen.

Kommt er in Gesellschaft, so zeigt er, um sich nicht zu langweilen, oft eine übertriebene Munterkeit; der Gezeichnete verkauft Witzigkeit als geistige Frische.

Es langweilt ihn nicht nur die Verwirklichung seiner Wünsche; der Gezeichnete weiß, welche seiner Wünsche nicht zu verwirklichen sind. Das nennt er seine Erfahrung. Was ihn langweilt: die Bestätigung seiner Erfahrung —

Schwund der Neugierde.

Der Gezeichnete wird teilnahmsvoll. (Mittleres Stadium.) Er erkundigt sich bei jeder Gelegenheit, was die andern, die Jüngeren, grad machen. Was er gemacht hat, weiß man schon. Es ist an ihm zu fragen. Es ist rührend, wie er sofort Anteil nimmt oder sich mindestens bemüht. Dabei neigt der Gezeichnete, obschon noch bei kritischem Verstand, zusehends zum Lob. Nämlich durch ernsthaftes Loben kommt er noch an die Jüngeren heran. So meint er. (Es ist bekannt, daß Greise ungern anerkennen, was nach ihnen kommt; also gilt es zu zeigen, daß er kein Greis ist: indem er lobt.) Gelegentlich wagt er auch Kritik, aber nur Kritik, die Hoffnung macht. Was der Gezeichnete sich in keinem Fall leistet: die offene Gleichgültigkeit gegenüber Jüngeren.

Handelt es sich um Meinungen, so kann es dem Gezeichneten nicht entgehen, daß ihm immer weniger widersprochen wird. Das gibt ihm das Gefühl, eine Autorität zu sein – während die andern, die Jüngeren, in den Aschenbecher blicken oder unter dem Tisch einen Hund streicheln, solange er redet. Meinungen interessieren in dem Grad, als die Person, die sie vertritt, eine Zukunft hat. Da er merkt, daß er sich neue Freunde nicht mehr machen wird, und da er keinesfalls Mitleid erregen will, erzählt der Gezeichnete gern von seiner Freundschaft mit einem Toten, die er ins Sagenhafte überhöht; der Tote widerspricht nicht (außer wenn ihr Briefwechsel veröffentlicht wird) und die Jüngeren können nur staunen, daß es so großartige und wirkliche Freundschaften wie damals (»Bauhaus« usw.) heutzutage kaum noch gibt.

Hat er Anlaß zur Freude, so weiß der Gezeichnete, wie er sich bei solchem Anlaß früher gefreut hätte.

Familiensinn und Senilität. Zumindest läßt sich kaum bestreiten, daß der Familiensinn wächst mit der Senilität. Ebenso der Heimatsinn. (*Rückkehr aus dem Ausland in späteren Jahren.*) Der Gezeichnete in seiner Angst vor Vereinsamung betont jede Art von Zugehörigkeit, die er nicht herstellen muß, sondern die schon da ist.

— Bedürfnis nach Tradition.

— Angst davor, daß man eines Tages auf Hilfe angewiesen sein wird, meldet sich auf widersprüchliche Art: Sucht des Gezeichneten, seine Nächsten jetzt schon durch Güte zu verpflichten – anderseits neigt der Gezeichnete dazu, alles selber zu bestimmen und die Leute, deren Hilfe er demnächst braucht, solange wie möglich zu entmündigen.

Der Gezeichnete klagt gern über sein schlechtes Gedächtnis – in Fällen, wo es erstaunlich wäre, wenn überhaupt ein menschliches Hirn, auch ein siebzehnjähriges, nicht versagen würde. (*Koketterie überhaupt in den frühen Stadien der Senilität.*) Das Gedächtnis läßt nicht nach; nur ist es besetzt. Der Gezeichnete erinnert sich wortgenau an ein Gespräch im Zweiten Weltkrieg, hingegen schon schlechter an ein Gespräch von gestern Abend.

Einsturz des natürlichen Selbstvertrauens in den Wechseljahren des Mannes kann auch dann, wenn er seine Familie ernährt, die Familie verleiten zu den ersten Versuchen der Entmündigung. Er versucht sie vorerst nicht zu bemerken. Daß er aus lebenslanger Erfahrung weiß, wie man einen Büchsenöffner anzusetzen hat, hindert sie nicht zu sagen: Komm, laß lieber mich!

— Daß er an einem Donnerstag meint, es sei Mittwoch, ist schon immer einmal vorgekommen; jetzt aber erschrickt er, wenn es vorkommt.

Der Gezeichnete verbirgt immer eine Angst. Wenn seine Serviette unter den Tisch gefallen ist, empfindet er es als Entblößung.

Weiß der Gezeichnete beispielsweise, wann Chruschtschow gestürzt worden ist, so bezweifeln seine Lieben, ob das Datum wirklich stimmt. Zeigt es sich anhand eines Lexikons, daß er tatsächlich im Recht ist, so lassen sie das Datum gelten: Der Gezeichnete hat Glück gehabt. Daß es ihm so wichtig gewesen ist, Recht zu behalten, verrät ihn trotzdem.

Der Gezeichnete versteift sich jetzt auf Marotten, um sich als Persönlichkeit zu manifestieren wenigstens vor sich selbst; was seine Umwelt nicht überzeugt, tut er grad zum Trotz. (Spätes Stadium.) Alterseigensinn.

Der Gezeichnete erwacht immer öfter schon vor Tagesanbruch – zur Stunde der Hinrichtungen – er erwacht daran, daß er überhaupt nicht müde ist. Er wird Frühaufsteher – wozu?

Der Gezeichnete, obschon er in seinem Leben viel gereist ist, wird vor dem Zoll nervös. Dabei hat er das Schmuggeln längst gelassen. Kommt es trotzdem zu Stichproben, so kann er rabiat werden: seit 40 Jahren dieselbe Frage, und man glaubt ihm seine Antwort noch immer nicht.

Da er weiß, wie oft er sich mit Leuten, die sich infam verhalten haben, später wieder versöhnt hat, neigt der Gezeichnete bei Anlässen, wo er früher in Zorn explodierte, eher zur Verachtung.

Der Gezeichnete hat ein erstaunliches Gedächtnis. So scheint es. Tatsächlich findet kaum ein Erinnern statt. Der Gezeichnete reproduziert Anekdoten, die er sich gemacht hat. *Seine Gattin merkt es am ehesten: er wiederholt wortwörtlich. Hin und wieder kommt etwas hinzu, was sie noch nie gehört hat, aber selten. Sein Repertoire ist groß genug, um ihn noch gesellschaftsfähig zu erhalten; er überrascht die Zuhörer immer wieder, aber sich selbst fast nie. Er verfügt über ein Album präziser Souvenirs: Tapete im Elternhaus; das Gebiß eines tobenden Lehrers auf dem öligen Boden des Klassenzimmers; Details aus der Kriegsgefangenschaft oder von einem Lawinenunglück; die hahnebüchenen Aussprüche seines ersten Arbeitgebers; das Wetter am Vormittag seiner Ehescheidung usw., man staunt, wie genau er berichten kann. Vorallem sein Gedächtnis für Pointen, die ihm einmal gelungen sind, ist erstaunlich ... Der Gezeichnete erkennt sich daran, daß er sich eigentlich nicht an das Gebiß seines Lehrers auf dem öligen Boden des Klassenzimmers oder an das arkadische Wetter am Vormittag seiner Ehescheidung erinnert, sondern er erinnert sich an seine Erinnerung daran.*

Der Gezeichnete ist verwundert, wie wenig Energie die Jungen haben. Sobald sie zu etwas keine Lust haben, ist von jungen Leuten wenig zu erwarten; zum vollen Einsatz bringt sie immer nur die Erwartung von Lust. Meint der Gezeichnete, daß er an Energie die meisten Jungen übertreffe, so täuscht er sich nicht. Mehr und mehr Dinge, die einfach getan werden müssen, damit man lebt, tut der Gezeichnete nicht nur ohne Lust, sondern auch ohne Erwartung von Lust; dadurch wird ihm seine Energie bewußt (die er für Vitalität hält).

Wie könnt Ihr, denkt er mit Vorwurf, tagelang so herumlungern! Das könnte der Gezeichnete nicht: nur dem Genuß nachgehen – dazu reicht seine Genußfähigkeit nicht mehr.

Wohlstand beschleunigt die Senilität.

Wohlstand tarnt sie länger.

Der Gezeichnete sieht sich immer öfter angewiesen auf Nachsicht; dabei kommen noch lange nicht alle Fehler und Irrtümer, die ihm unterlaufen, an den Tag. Hat er wirklich, wie er behauptet, die Wohnungstüre geschlossen? – er kann sich nicht mehr auf sich verlassen.

Macht er Geschenke, so kommt es immer öfter vor, daß sie umgetauscht werden; sein Geschmack ist überholt. Was den Gezeichneten allenfalls rettet: Großzügigkeit in bar.

Würde: der Schlupfwinkel des Gezeichneten.

Was einem Menschen, wenn die Fähigkeit zur spontanen Kommunikation schwindet, unentbehrlich wird: Gesinnung. Sie bringt auf einen gemeinsamen Nenner ohne persönliche Kommunikation. Der Gezeichnete verrät sich nicht durch diese oder jene Gesinnung (links oder rechts), aber durch seinen zunehmenden Bedarf an Gesinnung.

Der Gezeichnete hat immer wieder einmal (vorallem im Morgengrauen) sehr helle Augenblicke; dann denkt er wie in seinen besten Jahren – er erkennt es daran, daß er plötzlich, ohne ersichtlichen Anlaß, seine Zukunft nur mit Entsetzen sieht.

Angst vor dem Hirnschlag.

Kann er's nicht lassen oder hält er's für seine Pflicht, immer noch in Gesellschaften zu erscheinen, so erkennt der Gezeich-

nete sich nicht nur daran, daß man ihm mehr Platz macht, als einer braucht — es entgeht ihm vielleicht, daß die Leute, die mit ihm sprechen, einander wie von einem Dienst ablösen, aber er ertappt sich, daß er eigentlich niemand vermißt.

Oft, wenn wir einen Alten schließlich im Sarg sehen, empfinden wir Beschämung; das Toten-Gesicht zeigt fast immer, daß dieser Mensch einmal mehr gewesen sein muß als in seinen letzten Jahrzehnten.

Als erstes empfinden wir natürlich Erleichterung: es werden seit heute in Nord-Vietnam keine Bauern auf ihren Feldern getötet und keine Kinder in den Schulen . . . Daß Völkermord, wenn er nicht rentiert, eines Tages abgebrochen wird, ist aber noch kein Wunder. Es rentiert eben nicht, weder militärisch noch politisch. Auch läßt sich ausrechnen, daß der tägliche Prestigeverlust in der ganzen Welt, seit sie informiert ist, die Zerstörung vietnamesischer Dörfer zu kostspielig macht. Man hat sich verrechnet und zieht die Konsequenz, das ist alles. Saigon wartet auf den nächsten Angriff; im Dschungel mehren sich die verlorenen Posten, auf denen uns die amerikanischen Soldaten leid tun; der Entschluß von Präsident Johnson ist patriotisch: die Teilkapitulation, die sich als Friedensangebot gibt, erfolgt zur Erhaltung der imperialistischen Macht, die anderswo, z. B. in Lateinamerika, ohne allzu offenen Krieg wirtschaftet. Bombenstopp gegen den Norden als amerikanisches Entgegenkommen, das verdankt sein will: dafür soll die amerikanische Okkupation im Süden unbehelligt bleiben. Das vietnamesische Volk wird sich aber weiterhin in seine eigenen Angelegenheiten einmischen. Somit wird kein Friede sein, bevor die Invasionsarmee sich einschifft.

Wer wird übrigens dieses Vietnam, das sich für die USA nicht rentiert hat, wieder aufbauen? Da die amerikanische Invasion in Vietnam nicht ein persönlicher Fehler von Kennedy oder Johnson gewesen ist, sondern die Konsequenz eines Herrschafts-Systems, das die Unterdrückung anderer Völker braucht, um zu bestehen, ändert der Rücktritt von Johnson

wenig; ein System hat sich entlarvt, und die Revolutionen
gegen dieses System werden wachsen.

»C'est pire qu'un crime, c'est une faute«, sagte Talleyrand
und meinte vermutlich: ein Fehler rächt sich, ein Verbrechen
nicht unbedingt. Die Nachricht von heute zeigt an, daß der
Krieg in Vietnam ein Fehler gewesen ist, die Eskalation eines
System-immanenten Fehlers ... Unsere Erleichterung ist
flüchtig.

In einer Rundfrage der WELTWOCHE vom 5. 4. 1968

PARIS

Paris hat immer etwas von einer früheren Geliebten; richtiger gesagt: es hätte eine
Geliebte werden können, doch hat man sich
seinerzeit verpaßt. Es war schon die Aller-
weltsgeliebte und voll Literatur. Man nickt
ihr zu, als kenne man sich, und es ist gar
nicht wahr. Sie hat sich nie mit Barbaren ein-
gelassen, und wer kein sehr richtiges Französisch spricht, bleibt ein Barbar. Das zeigt
uns jeder Kellner schon nach drei Worten. Man
macht sich lächerlich mit seinem stillen Anspruch wie gegenüber einer Dame, die nicht
wissen kann, daß man von ihr geträumt hat.
Was sollen meine Blicke! Man tut besser dran,
nicht zu nicken, sondern eine fremde Zeitung
auszuspannen, FRANKFURTER ALLGEMEINE, wie eine
weiße Fahne. Auch wenn man die Namen ihrer
Boulevards kennt, die Denkmäler der Dame,
ihre Seine zu allen Jahreszeiten, das eine
oder andere Restaurant, ihre Galerien, die
schwärzlichen Fassaden mit den Trikolore-
Garben, ihre Metro usw., diese Stadt weiß einfach, daß sie nie etwas mit dir gehabt hat.
Ich kann mich noch so lange hinsetzen, sogar
Erinnerung hervorholen: dieser Quatorze
Juillet kurz nach dem Krieg, dieser linkische

Parfum-Kauf bei der Vendôme, Proben im Theater, die Begegnung mit Samuel Beckett, eine
Nacht in den Hallen, als Paar zwischen mor-
gendlichen Metzgern mit Schürzen voll Blut,
alldies geht Paris nichts an, diese Stadt mit
jungen Gesichtern, die müde ist von Erinnerung
an ihre Größe. Übrigens bin ich in dieser
Stadt meistens froh gewesen; meine Sache. Es
bleibt ihre Place des Vosges, ihr Jardin Luxem-
bourg, ihre Seine, ihr Arc de Triomphe, ihr
Goya im Louvre, ihr Café Flore usw., ihre
Weltmitte.

POLITIK DURCH MORD

Der große Mann der gewaltlosen Opposition, Kämpfer gegen
die Armut im reichsten Land der Welt und für die Bürgerrechte der amerikanischen Neger, wird von einem Weißen erschossen. Es wäre leichtfertig zu sagen oder auch nur zu vermuten,
daß die Staatsmacht der USA diesen Mord veranstaltet habe.
Erstens sieht es anders aus, wenn die Staatsmacht mordet;
zweitens kann es der Staatsmacht alles andere als erwünscht
sein, daß gerade dieser Mann, Prophet der Gewaltlosigkeit,
ermordet worden ist; man ist gerade jetzt angewiesen auf die
Gewaltlosigkeit der Unterdrückten im eignen Land; man
weiß, was der Vietnam-Krieg kostet, und die Armen im eigenen Land werden gerade jetzt, wie schon immer, Geduld haben müssen. Der Marsch gegen die Armut, den Martin Luther
King in diesem Frühjahr hat führen wollen, sollte friedlich
sein wie alle seine Reden und Taten zuvor. Sein Tod kann die
Armut der amerikanischen Neger nicht abschaffen, möglicherweise aber ihre Geduld, ihre Hoffnung auf einen friedlichen
Einzug in das Gelobte Land, wie der unerschrocken-sanfte
Dr. Martin Luther King ihn predigte. Was sollen die Neger

tun? Sie sollen nicht die Nerven verlieren, weil ein Weißer geschossen hat, ein Einzelner. Der schon mehrmals ein Attentat gegen Martin Luther King versucht hat: der die Steine geworfen hat in Chicago: der die Drohungen verbreitet in diesem weiten Land, so daß jeder Pilot, wenn dieser Priester in der Maschine sitzt, befürchten muß, diesmal sei die Zeitbombe dabei: der die andern Führer der Bürgerrechtsbewegung telephonisch wissen läßt, sie werden auch drankommen: das ist immer dieser Einzelne von Memphis gewesen? – der so schwer zu finden ist in diesem Land, das bei Rassenkrawallen über ein immer wieder imposantes Polizeikorps verfügt. Das Gewehr, das man gefunden hat, kann nur von einem Einzelnen bedient werden; die Darstellung aber, Martin Luther King sei von einem Einzelnen ermordet worden, wäre trotzdem eine Lüge. Man wußte in Memphis von den Drohungen. 40 Mann dieses Polizeikorps, bewährt im Einsatz gegen renitente Neger, bewachen in Memphis das Motel des bedrohten Priesters, offenbar nicht das Haus gegenüber; der Schuß ist zu hören, der Zielfernrohr-Schütze in 70 Metern Entfernung nicht zu ergreifen: nämlich die Hinterausgänge sind nicht bewacht. Ein günstiges Land für Mörder. Das Weiße Haus mahnt die Nation: mit Gewalt könne nichts erreicht werden. Es ist erreicht: Martin Luther King ist still.

Die NEUE ZÜRCHER ZEITUNG schreibt:

»Nach vergeblichem Warten auf die Durchführung der bahnbrechenden Entscheidung des Obersten Bundesgerichts über die Aufhebung der Rassentrennung in den Schulen, die, wenn überhaupt, an allzuvielen Orten nur symbolisch befolgt wurde, organisierte der damals als Pfarrer tätige King in den späten fünfziger Jahren in Montgomery im Staat Alabama den Autobus-Boykott der Neger. Es ging um ihr Recht, im öffentlichen Autobus der Stadt jeden

freien Platz einzunehmen. Bis dahin war es im ganzen Sü-
den Vorschrift, daß Neger nur die hintersten Plätze beset-
zen durften, selbst wenn die vorderen Plätze frei waren.«

Das sind Fortschritte. In einer Gesellschaft, hier in Zürich, hörte
ich einmal eine Dame sagen: kaum gibt man ihnen den kleinen
Finger, wollen sie die ganze Hand. Da ist etwas dran. Auch
Martin Luther King, scheint es, wollte zu viel, als er sich, statt
in Atlanta zu predigen, einmischte in das Problem der nördlichen Gettos: Harlem, Chicago, Baltimore, Los Angeles ...

Die NEUE ZÜRCHER ZEITUNG schreibt:

»– das Problem der nördlichen Gettos, das viel schwerer zu
lösen ist, weil es ein wirtschaftliches und soziales Problem
ist, das sich in der Form eines Rassenproblems präsentiert.
(...) Mehr und mehr blieben die Erfolge (von Martin
Luther King) aus. Und mehr und mehr gewannen die ra-
dikaleren Negerführer Gehör, die die schwelende Not der
Gettos auszubeuten begannen.«

Womit gesagt ist, wer in diesen Gettos die Ausbeuter sind,
nicht jene, die die Arbeitskraft der Neger ausbeuten in einer
Weise, daß es zur schwelenden Not der Gettos kommt, sondern die Negerführer, die diese Not abschaffen wollen.

»In Memphis streiken die Kehrichtabfuhrleute – alles
Schwarze – seit langem, und zwar nicht nur, weil sie von
der Stadt eine Lohnerhöhung wollen, sondern auch weil sie
sich gewerkschaftlich zu organisieren wünschen.«

Der Bericht gibt zu:

»Am nächsten Montag sollte ein zweiter Protestmarsch
durchgeführt werden, obschon ein lokales Gericht dagegen
eine sogenannte ›injunction‹ eingelegt hatte. Der Weg al-
ler amerikanischer Sozialreformbewegungen, vor allem
auch der Gewerkschaften, ist mit solchen ›injunctions‹ ge-
pflastert. Sie sind immer wieder mißachtet worden.«

Memphis ist also kein Sonderfall, sondern Muster: man unterdrückt Recht, und da die Unterdrückten, aufgeklärt von Pfarrer King, die Mißachtung ihres Rechts mißachten, herrscht Erbitterung bei den Unterdrückern.

>*In der heutigen im Lande verbreiteten Stimmung tiefen Unbehagens, ja des Hasses und der Bitterkeit, führte Kings Herausforderung des weißen ›Establishments‹ von Memphis nun zu seiner Ermordung.*«

Unser Gewährsmann in Washington, der einer links-tendenziösen Darstellung kaum zu verdächtigen ist, schreibt über die Gewerkschafts-Bewegung in den USA allgemein:

>*Es war ein opferreicher Weg. Er bedeutete Gefängnis und oft Schlimmeres, allzu oft den Tod für die, die sich an diesen Aktionen beteiligten.*«

Das betrifft nicht die Neger allein. In den zwanziger Jahren wurden zwei italienische Einwanderer, Sacco und Vanzetti, verhaftet unter dem Verdacht, Angestellte mit Lohngeldern ermordet zu haben. Während des Prozesses in Boston, der 63 Tage dauerte, meldeten sich zahlreiche Augenzeugen: sie hatten Vanzetti mit seinem Fischkarren gesehen, 32 Meilen vom Tatort entfernt. Das Todesurteil wurde trotzdem gefällt. Sacco und Vanzetti gehörten einer politischen Opposition an, einer Arbeiter-Bewegung. Ein Protest ging durch die zivilisierte Welt. Sacco und Vanzetti kamen trotzdem auf den elektrischen Stuhl. Politik durch Mord und Politik durch Justizmord ist keine Spezialität der amerikanischen Herrschaftsform; der Stalinismus zeigte diese Methode in Perfektion. Der Justizmord ist immer ein Test; er zeigt auf eklatante Art, was einer herrschenden Schicht besonders gefährlich erscheint, also vernichtet werden muß: in den USA ist es von jeher der Sozialreformer, der Anwalt der Arbeiter. Joe Hill, eigentlich Hillström, kam 1907 aus Schweden in die USA und wurde bald zum populären Sänger der amerikanischen Gewerkschaftsbewegung, INDUSTRIAL WORKERS OF THE WORLD. Im Januar 1914 verhaftete man Hill im Staate Utah, wo sich die großen Kupferminen befinden, heute noch sehenswert für jeden Touristen, und verurteilte Hill wegen eines Mordes, den er nicht begangen hatte, zum Tode. Nach einer Haft von 22 Monaten, während ein weltweiter Protest stattfand, wurde das Urteil, das die Kupferminen-Besitzer forderten, vollstreckt am 19. November 1915. Es gibt verschiedene Verfahren. Am 24. April 1963 befand sich der Briefträger William Moore auf dem US-Highway 11. Moore, geboren in Mississippi, war unterwegs, um dem Gouverneur Ross Barnett eine persönliche Bittschrift zur Anerkennung der Bürgerrechte der Neger zu überreichen. Moore war Weißer. Er wurde von hinten erschossen, Täter unbekannt.

> *Oh, Bill Moore walked the lonesome Highway,*
> *He dared to walk there by himself,*
> *None one of us here were walking with him,*
> *He walked the highway by himself.*
> *Yes, he walked to Alabama,*
> *He walked the road for you and me,*
> *In his life there was the purpose:*
> *That Black and White might both be free.*
> *They shot him down in cold blood murder,*
> *Two bullet holes were in his head,*
> *His body lay upon the road-way,*
> *Where lynchers left him cold and dead.*

In Talladega, Alabama, marschierten 200 College-Studenten zum Rathaus: sie protestierten wider die Ausschreitungen gegen die Anhänger der Bürgerrechts-Bewegung und wider die Brutalität der Polizei gegenüber den Anhängern der Bürgerrechtsbewegung. Der friedliche Marsch wurde von 40 Staatspolizisten gestoppt, die mit Tränengas schossen; die Studenten blieben stehen und sangen:

We shall not, we shall not be moved.
We shall not, we shall not be moved,
Just like a tree, planted by the water,
We shall not be moved.
We are fighting for our freedom,
We shall not be moved,
We are black and white together,
We shall not be moved,
We shall stand and fight together,
We shall not be moved.

Songs ohne eigentliche Kampfansage, sogar ohne Anklage; der Protest besteht allein in der singenden Hoffnung aus Gläubigkeit; es ist legitim, daß die Melodie oft aus Spirituals übernommen wird. Anläßlich eines Streiks in Charleston, 1945, NEGRO FOOD AND TOBACCO UNION WORKERS, entsteht ein Song für Jahrzehnte, seine Tonart: with quiet determination:

We shall overcome, we shall overcome,
We shall overcome someday.
Oh, deep in my heart, I know that,
I do believe, oh, we shall overcome someday.

Was folgt auf die Ermordung von Martin Luther King? Präsident Johnson, um die Welt zu beruhigen, hat sofort seinen Justiz-Minister, Ramsey Clark, nach Memphis geschickt zwecks Untersuchung des Mordes. Unser Glaube wird zögernd sein. Nicht nur weil man den Warren-Bericht kennt; nicht nur weil der Polizei-Bericht zu den schweren Krawallen 1966 in Watts, dem Neger-Getto von Los Angeles, dem Bericht von Augenzeugen widerspricht – sondern weil sogar der Bericht der amerikanischen Rassen-Kommission, eingesetzt von Präsident Johnson, nach der Vernehmung von 1200 Zeugen zu dem Schluß kommt:

»Unser Volk zerfällt in zwei Teile, in zwei verschiedene Gesellschaften: die eine schwarz, die andere weiß. Was die weißen Amerikaner nie begriffen haben, können die Neger niemals vergessen: daß die weiße Gesellschaft entscheidend zur Bildung des Gettos beigetragen hat. Weiße Institutionen haben es geschaffen, weiße Institutionen erhalten es aufrecht, eine weiße Gesellschaft billigt es.«

Im Jahr 1966 sind in amerikanischen Slums, laut offizieller Untersuchung, 14 000 Babies und Kleinkinder von Ratten gebissen worden. Ein Entwurf, der zur Rattenbekämpfung in den Slums einen Bundeszuschuß von 40 Millionen Dollar vorsah, wird gestrichen. Ein Kriegstag in Vietnam kostet 79,795 Millionen Dollar. 1964 beschließt der Kongreß in Washington ein bedeutendes Bürgerrechtsgesetz: es verbürgt den Negern gleiches Recht an den Wahlurnen. Die Praxis im Süden sieht so aus: um seine Stimme abgeben zu können, muß der Neger 30 Dollar zahlen; oder er muß eine Prüfung bestehen, und die seinen Bildungsgrad prüfen sind Weiße; drittens braucht er vielleicht einen Autobus, um an die Urne zu gelangen, und die über den öffentlichen Autobus-Verkehr entscheiden, sind Weiße. Aber es steht dem Neger natürlich frei, einen Tag lang zu Fuß zu gehen, wenn er wählen will. Wie steht es mit dem Bildungsgrad? 1966, zwölf Jahre nach einem Grundsatzurteil des Obersten Gerichtshofs in Washington, sind es von drei Millionen Negerkindern erst 10 Prozent, die eine integrierte Schule besuchen. 1965, anläßlich der Unterzeichnung der Voting Right Bill, sagt Präsident Johnson:

»Heute zählt ein Triumph der Freiheit so viel wie alle Siege auf dem Schlachtfeld der Vergangenheit ... Heute brechen wir die letzte große Fessel bedrohlicher und altertümlicher Versklavung.«

Was auf diese feierliche Unterzeichnung folgt: im Lauf eines Jahres werden in den Südstaaten zahlreiche farbige und weiße

Anhänger der Bürgerrechts-Bewegung ermordet; die Prozesse gegen die Mörder, sofern sie gefunden werden, enden meist nach kurzem Verfahren mit Freispruch.

(Auch der Kriminalobermeister Kurras, der in Berlin den Studenten Ohnesorg niedergeschossen hat, ist freigesprochen worden.)

Worauf soll der Neger hoffen?

SAN BERNARDINO

Siebenmal im Jahr fahren wir diese Strecke, und es tritt jedesmal ein: Daseinslust am Steuer. Das ist eine große Landschaft. Vorallem in den Kurven: der Körper erfaßt Landschaft durch Fahrt, Einstimmung wie beim Tanzen.

NOTIZEN ZU EINEM HANDBUCH FÜR ANWÄRTER

Wenn einer in Gesellschaft es darauf anlegt, daß wir schätzen, wie alt er sei, und scheinbar vergnüglich auf unsere Schätzungen wartet – ich schätze: So Ende 30. Sein Lächeln zeigt leichte Enttäuschung; offenbar hat er auf einen krasseren Irrtum gehofft. Jemand liefert ihn höflich: 35. Der Mann treibt's wie bei einer Auktion: 35 zum letzten? Schließlich könnte man es ausrechnen, aber so groß ist unsere Neugierde nicht, und der Mehrheit würde es genügen: So Ende 30. Er trägt eine Hornbrille, das macht ihn vielleicht etwas älter; er nimmt die Hornbrille ab. Eine reifere Frau bietet schmeichelhaft: 39. Jetzt wird's Zeit, sonst steigert noch jemand; jetzt muß er mit dem

Geständnis heraus: 40! Er sagt es mit Ausrufzeichen ... Der Vor-Gezeichnete genießt es, wenn man ihn jünger schätzt, und sei's auch nur um ein Jahr, und er genießt es auch wieder nicht. Er ist nämlich trotzdem 40.

Der Vor-Gezeichnete verrät sich dadurch, daß er öfter als bisher von diesem oder jenem Zeitgenossen sagt: Der ist ja senil! Umgang mit Greisen wird ihm lästiger als bisher; er kann sie nicht mehr komisch finden –

Treibt er Sport (beispielsweise Ski), so ertappt sich der Vor-Gezeichnete dabei, daß er, wenn Junge zugegen sind, schneller fährt, als er eigentlich Lust hat –

Es freut ihn nicht, Leute seines Jahrgangs begrüßen zu müssen, ehemalige Mitschüler mit Bauch und Glatze; er ist bei solchen Anlässen etwas verlegen, vorallem wenn ihn eine Freundin begleitet, eigentlich auch sonst.

Sicheres Symptom: Alkoholismus –

Intellektuelle machen die Erfahrung, daß ihre ersten Reaktionen auf eignes Altern primitiver sind als ihre sonstige Verhaltensweise: plötzlich gefällt sich ein Intellektueller darin, daß er auf öffentlichen Treppen leichthin zwei Tritte wie einen einzigen nimmt.

Die jüngeren und jüngsten Zeitgenossen gelten zu lassen, wenn sie in seinem Fach auftreten, fällt dem Vor-Gezeichneten schwerer als dem Gezeichneten. Er ertappt sich dabei, daß er alles, was von Jüngeren kommt, als bloße Mode bezeichnet – wobei dieser Begriff für ihn genau dort beginnt, wo er trotz versuchter Anpassung nicht mehr Schritt hält.

133

PS.
Der Gezeichnete neigt wieder zum Gegenteil: er wittert in manchem, was nur Mode ist, sofort das Epoche-Machende und gefällt sich als Vorkämpfer.

Früh-Senilität bei ehemaligen Wunderkindern.

Neigung zur Hypochondrie: der Vor-Gezeichnete hofft noch allen Ernstes, daß dieses oder jenes Zeichen von Senilität, das ihn erschreckt, bloß ein Zeichen von Krankheit sei – heilbar oder unheilbar, jedenfalls bloß körperlich.

Da er von der Umwelt vorderhand nicht auf sein Altern aufmerksam gemacht wird (nicht wie später, wenn jeder Kellner, sobald es ans Zahlen geht, keinen Hehl daraus macht, wer da am Tisch der Alte ist), hält der Vor-Gezeichnete es für ein topsecret, daß er altert – Ausreden für seine Depression: es deprimieren ihn die politischen Verhältnisse, die Kultur-Industrie, die Ohnmacht der Intelligenz in einer verwalteten Gesellschaft usw.

Ein 40-jähriger, der überall die exquisite Küche sucht (sofern er es sich leisten kann) und beim Speisen unentwegt über Speisen redet: ein Feinschmecker – ein Vor-Gezeichneter.

Seine Angst, keine Einfälle mehr zu haben – dabei hat er Einfälle wie eh und je, nur ergibt er sich ihnen nicht ohne weiteres: der Vor-Gezeichnete kennt schon die Art seiner Einfälle.

Er läßt es keinesfalls zu, daß man ihm den Mantel hält. Wo es bei einer gemütlichen Zusammenkunft einmal an Sesseln fehlt, gehört er zu jenen, die sich auf den Boden hocken. Er benutzt keinesfalls die Leiter ins Schwimmbecken, sondern springt.

Wenn man Smoking tragen muß, zeigt er eine burschikose Haltung, Hände in den Hosentaschen. Beim Wandern mit Jüngeren trägt er den Rucksack usw. — zugleich macht er auf seine ersten grauen oder weißen Haare aufmerksam: als sei das Natürliche in seinem Fall sozusagen eine Kuriosität.

Das Verhältnis zwischen Gezeichneten und Vor-Gezeichneten ist für den Gezeichneten leichter als für den Vor-Gezeichneten, der auf jede Anbiederung von Geronten, selbst von verdienstvollen, allergisch ist — der Vor-Gezeichnete betont dann gerne die Distanz, indem er sich bescheiden gibt.

Er kann Altherren-Witze nicht leiden. Das ist nicht neu. Nun fallen sie ihm bereits selber ein.

Schaut er sich nach Jahr und Tag wieder einmal einen Stierkampf an, so vergißt er sich im Augenblick: der Matador ist gestürzt, Schrei der Arena-Menge — der Vor-Gezeichnete ist aufgesprungen wie alle andern, aber indem man sich wieder setzt, sagt er: Einmal, in Bilbao, habe ich einen Matador gesehen usw.

Sein Stimulans: Aktivität.

Zukunft ... Für den jungen Menschen: eine Summe vager Möglichkeiten (irgendwann einmal wird er heiraten, später einmal, vielleicht auch nie, vielleicht wird er einmal ein Star, vielleicht auch nicht, vielleicht wird er irgendwohin auswandern.) ... Für den Vor-Gezeichneten ist die Zukunft ebenfalls ungewiß, aber schon eine absehbare Zeit, keinesfalls hoffnungslos, eine Summe abschätzbarer Möglichkeiten (er kann noch Bundesrat werden, aber dann müßte es bald geschehen) ... Für den Gezeichneten ist die Zukunft alles, wofür er nicht mehr in Frage kommt, eine Summe definitiver Unmöglichkeit (er wird nicht mehr Segelflieger werden, er wird die Landung auf dem Mars nicht mehr sehen, nicht einmal den neuen Hauptbahnhof in Zürich usw.) ... Der Vor-Gezeichnete spricht am meisten von der Zukunft, von seinen Plänen.

Er verrät sich zuweilen durch Taktlosigkeit; gegenüber Leuten, die um Jahrzehnte älter sind, betont der Vor-Gezeichnete, daß er nicht mehr der Jüngste sei – wogegen er gegenüber Jungen gerne betont, was er schon geleistet hat. Der Vor-Gezeichnete bringt immer die Altersfrage hinein.

Blick für die Alters-Veränderungen bei andern. Bisher konnte er sich einen Greis immer nur als Greis vorstellen; neuerdings meint er, wenn er einen Greis anschaut, ungefähr zu erraten, wie dieses Gesicht vor 30 Jahren ausgesehen hat ... Er sieht sich selbst ungern in einem Album: als Student, als Lehrling, als Rekrut usw.

Lange bevor von Senilität die Rede sein kann, erkennt sich der Vor-Gezeichnete an seinem Interesse dafür, wie er im Gedächtnis bleiben wird. Bisher war es ihm wursch, was man später einmal über ihn sagen mag. Der Künstler, der bei der Arbeit bereits seinen Nachruhm berücksichtigt: – ein Vor-Gezeichneter.

In seinem Beruf kann er mehr als früher, weiß mehr und hat Möglichkeiten, die er früher nicht hatte; er wird befördert. Zugleich erkennt er sich daran, daß er von Jüngeren zu lernen hat. Darauf war er nicht gefaßt; bisher lernte er stets von Älteren, was leichter fällt ... Der Vor-Gezeichnete widersetzt sich dem Neuen nicht; nur kommt es nicht von ihm.

Hat er einen schweren Unfall überstanden (Totalschaden, aber wie durch ein Wunder überlebt er) so berichtet er wieder und wieder den genauen Hergang seines Beinahe-Todes; der Vor-Gezeichnete weiß: in einigen Jahren ist es nicht mehr dasselbe – unsere Chance, einen tragischen Tod zu haben, ist befristet.

Vor-Senilität erweist sich in den meisten Lebensläufen als die Epoche der besten Leistungen im Beruf. (»Reife«, »Beherrschung seiner Mittel«, »Meisterschaft«, »Souveränität« usw.)

Er macht eine Entdeckung – beim Gespräch auf einer Straße oder in Gesellschaft, wenn später getanzt wird, oder beim Eintreffen einer schlechten Nachricht, erinnert er sich plötzlich an den alten O., der längst verstorben ist: wie der alte O. beim Eintreffen einer schlechten Nachricht überhaupt kein Wort dazu sagte, sondern sogleich das Gespräch fortsetzte (was ihm, dem Jüngeren, damals imponierte); wie der alte O. in Gesellschaft, wenn getanzt wurde, durch besondere Anteilnahme jemand fesselte, um nicht allein sitzen zu bleiben, und dabei seine volle Hilfe anbot (was ihm, dem Jüngeren, damals großzügig erschien); wie der alte O. beim Gespräch auf der Straße öfter stehen blieb, um so das Wort an sich zu reißen . . . Die Entdeckung: daß es Merkmale eines Alters sind, was er für Merkmale einer Person gehalten hat. Er selber macht es genau so.

Als Vater weiß der Vor-Gezeichnete, daß seine Kinder durchaus Erwachsene sind, sozusagen Zeitgenossen – er erwartet infolgedessen, daß sie auch ihn als Zeitgenossen betrachten, und gibt sich (was bleibt ihm andres übrig) nicht mehr als Erzieher und Besserwisser, sondern als Kamerad, bis er merkt, daß sie ihn nicht als Zeitgenossen betrachten, sondern als ihren Vater.

Da die Gattin ebenfalls altert (was ihm zuhause nicht auf-
fällt, aber in Gesellschaft), schätzt es der Vor-Gezeichnete, al-
lein in Gesellschaft zu sein – er fühlt sich dann freier, alters-
frei ... Zwar färbt sie ihr Haar, was er nicht tut, und ist in
der Konversation muntrer als er, aber sie erwähnt jedesmal
den Schwiegersohn oder wie man sich damals (im Zweiten
Weltkrieg) getroffen hat oder wann man auch in Kairo ge-
wesen ist usw., das tut sie vorallem, wenn jüngere Frauen zu-
gegen sind, mag sein: unbewußt.

Kommt es zum 50. Geburtstag, den er seit Jahren gefürchtet
hat, so ist er erstaunt: er hat immer gemeint, einer mit 50 sei
ein älterer Mann. So fühlt er sich gar nicht. Es ist ein Witz,
wie alle seine Bekannten auf diese Zahl hereinfallen. HAPPY
BIRTHDAY TO YOU, dabei zeigt er's, daß er selber nichts
daran findet. Vielleicht war es früher einmal so, daß man mit
50 ein älterer Mann war. Noch hat er sich in der Hand (nicht
wie Michel de Montaigne: »So löse ich mich auf und komme
mir abhanden«.), darauf läßt sich anstoßen ... Ein bewußtes
Verhältnis zum Altern hat er trotz allen heimlichen Ängsten
noch immer nicht; er widersetzt sich nur jeder Resignation.

BERZONA

Eine Ehefrau sagt beim Boccia-Spiel zu ihrem
Mann: Du bist schwach wie immer. Er sagt
später: Jetzt gibt's nur eins, jetzt knalle
ich meine Frau einfach weg. Er meint natürlich
nur ihre Kugel in der Bahn. Alles in vergnüglichem Ton. Als er es versucht hat, lacht
sie: Können muß man! . . . Es gibt zwei
Möglichkeiten: das Paar spielt zusammen als
Partei oder wir mischen, sodaß Mann und
Frau, spielhalber mit einem andern Partner

vereint, gegeneinander antreten. Als Gastgeber lasse ich die Wahl. Die meisten Paare,
ob verheiratet oder nicht, möchten lieber
nicht eine Partei bilden, vorallem Paare, die
sich schon einmal im Spiel erfahren haben.
Tatsächlich sind sie dann weniger vergnügt;
da hilft auch kein Wein dazwischen. Dann sagt
er: Jetzt tu doch endlich einmal, was ich dir
sage. Oder: Entschuldige, das ist mir aus-
gerutscht. Und da sie nichts sagt, wiederholt
er: Entschuldige. Da wir erwachsene und
gebildete Leute sind, geht es natürlich nicht
ums Gewinnen. Sie sagt: Schau, wie er das
macht! Sie meint den Mann in der Gegenpartei.
Er sagt: Du hast eben eine Flasche geheiratet.
Es kommt vor, daß das Paar, eben noch in
bester Laune, lange nicht miteinander spricht,
bis sie sagt: Du bist an der Reihe, aber
spiele nicht wieder wie ein Idiot. Alles in
vergnüglichem Ton. Das Spiel läßt kein ernstes
Gespräch zu. Er will es nämlich gut machen.
Sie sagt: Gut, sehr gut! worauf er sagt: Aber
jetzt mach du nicht wieder alles kaputt. Fast
hat man den Eindruck, sie verlieren lieber,
zumindest macht der Sieg keine gemeinsame
Freude . . . Spielen sie gegen einander, vereint mit einem andern Partner, so wird es
leichter, lustiger. Sie sagt zum fremden
Partner: Wir gewinnen! Er sagt zu seiner
fremden Partnerin: Fabelhaft! oder wenn es
daneben gegangen ist: Das war der Boden.
Aber sie reden auch als Mann und Frau zuein-
ander, jetzt von Partei zu Partei; er sagt:
Gib's auf, Helene, da ist nichts mehr zu
machen. Alles im vergnüglichen Ton. Sie sagt
zu ihrem fremden Partner: Hauen Sie ihn einfach weg! und schon ist es geschehen, aber
es kränkt niemand, es ist ein Spiel. Sie
necken sich nur. Sie sagt: Siehst du! oder sie

sagt jetzt gar nichts, ihre Kugel liegt
genau, wo sie liegen sollte; er fragt: Hast
du geworfen? Natürlich hat sie diese Kugel
geworfen; er fragt ja nur. Ihr fremder Partner
macht ihr Mut, wenn er ihr die Kugel reicht
(schon das tut ihr Mann nicht): Und jetzt
machen Sie noch einen Punkt! Ihr Mann sagt:
So ein Glück! Es geht wirklich nicht ums
Gewinnen. Sie sagt allgemein: Leo kann es
nicht vertragen, wenn er verliert. Darauf
geht er nicht ein, sondern sagt zu seiner
fremden Partnerin: Ihr Mann ist unschlagbar.
Zwischenhinein läßt sich auch über Kinder
sprechen, über die Straßenverhältnisse, über
das Zürcher Schauspielhaus usw., schon nicht
über Hochschulfragen; er sagt oder sie sagt:
Spiel jetzt! . . . Also eine Partei hat tatsächlich gewonnen, was sogleich unwichtig ist,
ein schöner Abend, dann wieder Gespräch;
später einmal gehen sie, wie sie gekommen
sind: ein glückliches Paar, eine gute Ehe.

VERHÖR II

A. Du hast die Tagesschau gesehen.

B. Die brennenden Autos, die Phalanx der Studenten, der
Rauch über dem Boulevard usw., natürlich sind es Bilder,
die mich aufregen, aber ich gestehe, daß sie mich nicht erschrecken.

A. – als Fernseher in der Stube.

B. Ich bin nicht am Ort gewesen, das ist richtig, aber wenn
ich Bilder von den ordentlichen Kriegsschauplätzen sehe,
so bin ich trotzdem erschreckt: als Fernseher in der Stube.

A. Wie erklärst du den Unterschied?

B. Was zurzeit in Paris geschieht, ist Unordnung und Unruhe, Gewalttätigkeit in einer Revolte. Die Bilder von den Kriegsschauplätzen, ob aus Vietnam oder Nah-Ost, haben dagegen etwas Übliches. A la guerre comme à la guerre. Bomben-Ruinen, da und dort Leichen, Gefangene im Verhör mit gefesselten Armen und barfuß zwischen Uniformen und Helmen und Maschinenpistolen, das hält sich an die Regel, die man kennt.

A. Lassen wir den Krieg beiseite –

B. Warum?

A. Studenten und andere, die auf gesetzlichem Weg nicht erreichen, was sie fordern, verüben Gewalt gegen den Staat, besetzen die Sorbonne, zerstören, was ihnen im Weg steht, nötigen die Polizei zur Gewalt. Wenn du eine solche Straßenschlacht siehst, wessen Partei ergreifst du?

B. Viel macht natürlich die Uniform. Ich kann mich mit dem Einzelnen leichter identifizieren als mit einer Kompanie, obschon die ja auch aus Einzelnen besteht, aber eigentlich erst, wenn sie verwundet sind ... Ich weiß nicht, wie ich mich an Ort und Stelle verhalten hätte.

A. Identifizierst du dich mit den Studenten?

B. Dafür bin ich zu alt.

A. Auch in deinem Alter nimmt man Partei. Ich nehme an, du hast dich nicht in den Reihen der Polizei gesehen.

B. Ich bin Zivilist.

A. Wie hast du dir den Ausgang gewünscht?

B. Ich gestehe, daß sich diese Frage nicht gestellt hat, als ich die Wasserwerfer sah, dann diesen Hagel von Pflastersteinen, die Knüppel, die Tragbahren; der Ausgang war von vornherein klar – auch den Demonstranten, glaube ich – Sie haben demonstriert, daß es nichts zu wünschen gibt.

A. Bezeichnest du die Polizei als brutal?

B. Ihr Verhalten hat etwas Berufliches. Etwas Geübtes. Übrigens sind sie heute nicht zu Pferd gekommen, was viel ausmacht; wenn sie zu Pferd kommen, ist der Zivilist schon degradiert ... Vielleicht habe ich gelacht, weil die Polizei mit ihren runden Schilden mich an Shakespeare-Inszenierungen erinnert, wo die Schlacht komisch wird: so dekorativ. Natürlich gibt es nichts zum Lachen. Ich habe Angst vor der Gewalt.

A. Schildere deinen Eindruck.

B. Plötzlich ein Boulevard voll Studenten –

A. Als sie plötzlich zum Angriff übergingen, die Studenten, dachtest du an die Bastille oder hattest du zeitweise den Eindruck: So fängt Faschismus an?

B. Bei wem?

A. Bei den Studenten.

B. Darauf kam ich nicht. Faschisten machen es besser; sie machen es mit dem Militär und nicht gegen das Militär. Das ist kein Vorwurf an die Studenten, das liegt am Militär.

A. Tatsache ist: Studenten oder was immer das Boulevard gefüllt hat mit dem Anspruch, das fortschrittliche Volk zu sein, haben angefangen mit Verkehrsstörung, Besetzung der Sorbonne, Hissen von Emblemen, als wäre da schon ein Sieg zu feiern, Aggression gegen Hüter der Verfassung, also Gewalttätigkeit. Verurteilst du das oder nicht?

B. Es ist mir aufgefallen, daß es angefangen hat mit einer gewissen Fröhlichkeit, Jugend singend Arm in Arm, Plausch mit Parolen, Enthusiasmus ohne Taktik usw., jedenfalls mit einer gewissen Fröhlichkeit: anders als ein Bataillon vor dem Einsatz im Mekong-Delta. Man hat nicht den Eindruck, diese Leute müssen töten.

A. Immerhin werfen sie dann Pflastersteine.

B. Die meisten sehen sehr jung aus, zugleich müde, man hat den Eindruck, sie wissen nicht, wohin mit ihrer Jugend in dieser Gesellschaft.

A. Sie haben so ziemlich alles.

B. – was ihren Vätern kostbar scheint.

A. Was fehlt ihnen?

B. Zum Beispiel dieser eine mit der Lederjacke, der gegen die Wasserwerfer lief, ich weiß nicht, was er sich verspricht außer Lustgewinn. Einmal habe ich mich gefragt, was sich eigentlich ereignen würde, wenn es keine Polizei gäbe.

A. Wie reagierst du auf Sachschaden?

B. Wie schon gesagt: anders als auf die ordentlichen Kriegsspuren. Der Sachschaden, den man gesehen hat, ist beträchtlich, zugleich hat er eine gewisse Ironie: Warum soll man Menschenwerk grad im eignen Land nicht zerstören dürfen? Der Sachschaden entsetzte mich weniger, offen gestanden, als auf den täglichen Kriegsbildern. Überhaupt hat alles, auch wenn Blut geflossen ist, ein Element von Ulk: wie wenn ich mir vorstelle, daß ich einmal in einen Kristall-Leuchter schieße oder mit einer Dampfwalze durchs Warenhaus fahre. Eigentlich seriös und dadurch komisch, weil sie mit Maschinengewehr und Flammenwerfer sofort Herr der Lage sein könnte, wirkt nur die Polizei, erbitterter als die schwächeren Manifestanten und frustriert. Offensichtlich hat sie die Order, als Staatsgewalt so lang wie möglich sich nicht gewalttätig zu zeigen. Sie stellt sich als Beschützer auf, wobei der Beschützte unsichtbar bleibt. Plötzlich sperrt sie ein Boulevard ab. Warum eigentlich? Um deutlich zu machen, wo der Staat beginnt: da wo jetzt die Polizei steht in Hundertschaften. Es könnte auch anderswo sein, es kommt auf zwei oder drei Kilometer nicht an; vorher sah man nur Jugend singend Arm in Arm, aber irgendwo muß der Staat beginnen. Um losschlagen zu können, braucht es Ungehorsam, und dieser ist zu haben, indem man ein Boulevard sperrt. Dabei wirkt die Polizei selbst konsterniert. Jede Aktion, die sie erfolgreich durchführt, kostet sie die Gloriole des Beschützers. Es zeigt sich, daß Fallschirmtruppen nicht nur besser geschult sind in der Anwendung von Gewalt, besser ausgerüstet als die Studenten und was sonst das Boulevard füllt; jeder einzelne, so hatte ich den Eindruck, ist einer ganzen Studentenschaft überlegen: er handelt auf Befehl. Das gibt ein unbefangenes Verhältnis zur Gewalttätigkeit; er prügelt oder schießt ja nicht als Person, und der Staat wird mit der Gewissensfrage immer fertig.

A. Du nimmst also Partei?

B. Theoretiker der Revolution sagen, es fehlt die Massen-Basis usw., also ist es ein falsches Unternehmen; so macht man keine Revolution.

A. Offenbar haben sie recht.

B. Vielleicht ist das Unternehmen trotzdem wichtig für die Gesellschaft, die an der Macht ist; sie sieht, daß sie sich nur halten kann durch Gewalt – was der Bürger gern vergißt.

ROM, Juni 1968

Der Mann am Kiosk, PIAZZA DI SPAGNA, kennt einen nicht mehr. Die Kellner sofort: Come sta? Die verrotzte alte Bettlerin mit Zigarette im Mund noch immer da. VIA GIULIA. Wie bei jedem Wiedersehen mit einem früheren Wohnsitz: man wird sich unglaublich. In der VIA CORONARI polstern und polieren sie immer noch Antiquitäten, Settecento-Sessel, Truhen aus den Abruzzen, Tische aus der Toscana. VIA MARGUTTA: jetzt mit beat-shops. VIA DELLA CROCE, die sich nicht verändert hat: Obst, Eier, Gemüse, Weine, Pasta, Blumen. Ein römischer Freund hat immer noch seinen Uhu. Ein andrer, Sizilianer, ist immer noch Professor. SPERLONGA: es ist ja nicht zu erwarten, daß das Meer sich verändert hat, trotzdem eine leichte Verblüffung, daß es sich tatsächlich nicht verändert hat. Die gleichen Wellen. Wir setzen uns auf die gleichen Sessel, wir essen denselben Fisch: Dentice al forno. CERVETERI: die Etrusker sind noch genauso tot. PIAZZA VENEZIA: nur die Polizisten werden jünger, der Verkehr noch toller. GIANICOLO, Blick auf die Stadt: man bleibt überall zu lange . . .

Fragebogen

1.
Tun Ihnen die Frauen leid?

2.
Warum? (Warum nicht?)

3.
Wenn in den Händen und Augen und Lippen einer Frau sich Erregung ausdrückt, Begierde usw., weil Sie sie berühren: beziehen Sie das auf sich persönlich?

4.
Wie stehen Sie zu Männern:
a. wenn Sie der Nachfolger sind?
b. wenn Sie der Vorgänger sind?
c. wenn Sie dieselbe Frau gleichzeitig lieben?

5.
Haben Sie Ihre Lebensgefährtin gewählt?

6.
Kommt es nach Jahr und Tag zum freundlichen Wiedersehen mit früheren Gefährtinnen: überzeugt Sie dann Ihre einstige Paarschaft oder verwundert es Sie, d. h. haben Sie dann den Eindruck, daß Ihre berufliche Arbeit und Ihre politischen An-

sichten sie wirklich interessiert haben, oder scheint es Ihnen heute, daß man sich alle diesbezüglichen Gespräche hätte sparen können?

7.

Befremdet Sie eine kluge Lesbierin?

8.

Meinen Sie zu wissen, wodurch Sie die Liebe einer Frau gewinnen, und wenn es sich eines Tages herausstellt, wodurch Sie die Liebe einer Frau tatsächlich gewonnen haben: zweifeln Sie an ihrer Liebe?

9.

Was bezeichnen Sie als männlich?

10.

Haben Sie hinreichende Beweise dafür, daß sich die Frauen für bestimmte Arbeiten, die der Mann für sich als unwürdig empfindet, besonders eignen?

11.

Was hat Sie am häufigsten verführt:

a. Mütterlichkeit?

b. daß Sie sich bewundert wähnen?

c. Alkohol?

d. die Angst, kein Mann zu sein?

e. Schönheit?

f. die voreilige Gewißheit, daß Sie der überlegene Teil sein werden und sei es als liebevoller Beschützer?

12.

Wer hat den Kastrationskomplex erfunden?

13.

In welchem der beiden Fälle sprechen Sie liebevoller von einer vergangenen Paarschaft: wenn Sie eine Frau verlassen haben oder wenn Sie verlassen worden sind?

14.

Lernen Sie von einer Liebesbeziehung für die nächste?

15.
Wenn Sie mit Frauen immer wieder dieselbe Erfahrung machen: denken Sie, daß es an den Frauen liegt, d. h. halten Sie
sich infolgedessen für einen Frauenkenner?

16.
Möchten Sie Ihre Frau sein?

17.
Woher wissen Sie mehr über die intimen Beziehungen zwischen den Gechlechtern: aus dem Gespräch mit andern Männern oder aus dem Gespräch mit Frauen? Oder erfahren Sie
das meiste ohne Gespräch: aus den Reaktionen der Frauen,
d. h. indem Sie merken, was Frauen gewohnt sind und was
nicht, was sie von einem Mann erwarten, befürchten usw.?

18.
Wenn Sie das Gespräch mit einer Frau anregt: wielange gelingt es Ihnen, ein solches Gespräch zu führen, ohne beiläufig
auf Gedanken zu kommen, die Sie verschweigen, weil sie
nicht zum Thema gehören?

19.
Können Sie sich eine Frauenwelt vorstellen?

20.
Was trauen Sie der Frau nicht zu:
a. Philosophie?
b. Organisation?
c. Kunst?
d. Technologie?
e. Politik?
und bezeichnen Sie daher eine Frau, die sich nicht an Ihr
männliches Vorurteil hält, als unfraulich?

21.
Was bewundern Sie an Frauen?

22.
Möchten Sie von einer Frau ausgehalten werden:

a. durch ihre Erbschaft?

b. durch ihre Berufsarbeit?

23.

Und warum nicht?

24.

Glauben Sie an Biologie, d. h. daß das derzeitige Verhältnis zwischen Mann und Frau unabänderlich ist, oder halten Sie es beispielsweise für ein Resultat der jahrtausendelangen Geschichte, daß die Frauen für ihre Denkweise keine eigene Grammatik haben, sondern auf die männliche Sprachregelung angewiesen sind und infolgedessen unterlegen?

25.

Warum müssen wir die Frauen nicht verstehen?

MOSKAU, 17. 6.

Bummel um den Roten Platz allein. Sommernacht. Viel Volk, das sich ergeht in einer Weltstadt; Landvolk. Hochhäuser jetzt wie im Westen. Mädchen in nicht allzu kurzen Röcken, aber kürzer als vor zwei Jahren; Männer tragen weiße Hemden ohne Jacke. Sonntag. Ich finde kein einziges Café im Freien. Man kann nur schlendern. Dann und wann ein Liebespaar auf einer öffentlichen Bank; sie halten einander schweigsam die Hand. Keine Licht-Reklame, aber die Straßen sind hell; es ist schade, daß ich Durst habe. Einmal ein Faß auf zwei Rädern mit einem Esel davor, Leute stehen Schlange, Ausschank von Quas. Die schicke Uniform junger Soldaten mit asiatischem Gesicht; sie sind hier auch nicht zuhause.

18. 6.

L. ist aus der Partei ausgestoßen, weil er gegen die Schriftsteller-Prozesse protestiert hat, und seines Lehramtes enthoben, vom Sowjetischen Schriftstellerverband gerügt. Ebenso K. Wieder Verschärfung: als Reflex auf Prag? Wir speisen öffentlich in einem Restaurant, wo man die beiden Gerügten kennt, und sprechen deutsch.

Hotel ROSSIJA:
Blick auf den Kreml. HILTON-Komfort; nur daß die Spannteppiche sich wellen. Frühstück: ich setze mich an einen Tisch, ich bin keine Delegation, Kellner geben keine Auskunft, was einer machen soll, wenn er keine Delegation ist. Ich ärgere mich nicht. Schließlich bin ich nicht in Moskau, um zu frühstücken.

Sofija:
Ihr Deutsch ist tadellos, sie erledigt alles; ich sehe, was der Ausweis vom Schriftstellerverband vermag: wir müssen nicht Schlange stehen. Was Sofija auch nicht zustande bringt: daß die an den Schaltern hilfsbereit wären, nicht untertänig, nur vielleicht höflich oder wenigstens nicht grämlich. Sofija scheint es nicht anders gewöhnt zu sein. Sie fragt nicht, wen ich gestern in Moskau getroffen habe. Natürlich bin ich vollkommen frei. Wir trinken – als wir es schließlich bekommen – ein Bier; ich lobe das russische Bier. Was nicht zu besprechen ist: Paris, die Lage nach den Straßenschlachten und dem großen Streik. Sobald vom Ausland die Rede ist, fällt ein Vorhang. Also erkundige ich mich, wie es in der Sowjetunion mit dem Trinkgeld ist. Sofija bestätigt: Keine Trinkgelder, man lebt hier nicht von Almosen nach herrenhafter Laune. Eine Stunde später, als mein Freund mit dem Taxi-Fahrer einen Streit hat, erfahre ich: der Taxi-Fahrer war mit dem Trinkgeld nicht zufrieden. Abendessen in der Küche: Was genügt, um aus der Partei ausgestoßen zu werden? Diesmal ohne Kerker; insofern spricht er von Fortschritt. Wenig Bitterkeit. Geduld.

Adresse der schweizerischen Botschaft in russischer Schrift, ich zeige den Zettel, aber der Taxi-Fahrer: Njet. Er weiß nicht. Der zweite: Njet. Der dritte: Njet. Erst der Vierte bequemt sich, wie ein Dulder, in einem Straßenverzeichnis nachzusehen.

Hotelhalle:
Das könnte auch in Mailand sein, in Hamburg, in Genf, dieselbe Architektur, aber es sind nicht Herren, die aus dem Lift kommen, sondern Arbeiter. Es ist ihnen selbstverständlich, daß sie auf Marmor gehen. Der bürgerliche Prunk als Vorbild: Das können wir genauso! Kein eigener Stil in der Architektur –

Einschiffung nach Gorki:
Ein Schiff voller Schriftsteller, aber: ein Schiff ist immer etwas Schönes, und das ist meine erste Schiffahrt auf einem Strom. Heißer Sommerabend. Ich kenne niemand an Bord außer Günther Weisenborn. Ich begrüße Christa Wolf (DDR) und spüre Mißtrauen. Der Lautsprecher liefert Musik aus einem französischen Film. Möwen. Wir gleiten –

WOLGA, 19./20. 6.

Kabine zusammen mit einem finnischen Schriftsteller, der russisch spricht; keine gemeinsame Sprache. Er weckt mich und zeigt mit dem Finger nach oben, dann in den offenen Mund: Frühstück.
Wolga –
Schriftsteller aus aller Welt, aber kein bekannter Name außer Alberti. Leider gibt es keine Liste. Man fragt sich langsam herum. Niemand aus Frankreich. Ein Gorki-Übersetzer aus

Italien; kein Moravia, kein Pasolini, kein Sanguinetti. Ein altes Faktotum aus den USA, ein anderes aus Norwegen. Keine Jungen. Niemand aus England; ein Dichter aus Island, der schweigt. Kein Schriftsteller aus der Tschechoslovakei; eine frohe Gorki-Übersetzerin und ein alter Herr aus Prag, Kritiker, glaube ich. Inder in ihrer schönen Tracht; ihre Würde, der Ernst ihrer dunklen Augen. Ein Schriftsteller aus Australien, der sich anschließt, da ich Englisch verstehe. Einer aus Uruguay; eine kleine Gruppe, die spanisch spricht, bleibt unter sich und scheint sehr lebhaft. Ungarn laden nach Ungarn ein, Bulgaren nach Bulgarien. Mitteilungen durch den Lautsprecher nur russisch. Sofija sorgt für Kontakt mit sowjetischen Schriftstellern; es sind Funktionäre. Die sowjetischen Schriftsteller, deren Namen uns geläufig sind, fehlen alle. . . . Betriebsausflug; die Firma bittet um Begegnung von Mensch zu Mensch. Aber dazu fehlt's an gemeinsamer Sprache, es rotten sich Sprachgruppen zusammen. Der Vorsitzende des Schriftstellerverbandes von Weimar, der nur deutsch spricht, ist trotzdem glücklich, daß er dabei ist; er gibt seine Kamera, damit jemand ihn fotografiert, wie er zwischen Indern sitzt, ich muß mich dazusetzen: Schriftsteller aus aller Welt.

Wodka-Nacht.
Die Wolga ist braun und langsam und breit, ihr Ufer kaum besiedelt, Felder, Ebene, Wälder, dann und wann eine Gruppe von Holzhäusern, ich genieße die Weite. Einmal ein Stausee, stundenlang sieht man kein Ufer; dann eine Schleuse, dann wieder Ufer, die menschenleer erscheinen, die flache Einsamkeit mit Kirchen von Sonnenaufgang bis Sonnenuntergang, viel Kirchen außer Betrieb, Land unter Himmel, das beinahe lautlose Gleiten auf dem braunen Wasser, Möwen, es ist nicht langweilig, wenn man auf Deck sitzt und schaut.

Gespräch:

Mihalkov (Gesamtauflage 75 Millionen) erklärt mir, wie der sowjetische Schriftsteller bezahlt wird. Ich verstehe: die sowjetische Literatur wird nicht von kapitalistischem Profit-Denken manipuliert; nicht die Nachfrage, sondern die Behörden bestimmen die Auflage. Im Westen, sagt er, ist der Schriftsteller immer abhängig vom Publikum; hier nicht. Mihalkov ist ein leutseliger Mann. Kein sowjetisches Kind wächst ohne seine Kinderbücher auf. Mihalkov schreibt auch für die Bühne und das Fernsehen. Und dazu noch ein Amt innezuhaben, wie er es innehat, ist natürlich eine Belastung, der sich der sowjetische Schriftsteller aber unterzieht; Dienst an der Gesellschaft. Mihalkov spricht deutsch. Das Papier ist immer noch zu knapp, um jedes Buch in großer Auflage herauszubringen. Der sowjetische Schriftsteller wird nach der Auflage bezahlt, die, wie gesagt, die Behörde bestimmt und zwar im voraus; es schadet ihm nicht, wenn das Publikum ein anderes Buch vorziehen würde. Ich verstehe. Mihalkov ist Vorsitzender des Schriftsteller-Verbandes von Moskau. Ich nicke viel ... Es hat keinen Sinn, daß man widerspricht. Ich habe es versucht. Ich lobe nur Löbliches; das gibt es ja auch. Ich gebe keine Antworten, die ich nicht anderswo auch geben würde. Die Lüge beginnt im Verschweigen. Natürlich kann ich als Ausländer ohne weiteres sagen, was ich will; langsam gibt man es auf. Das Richtige ist das Offiziöse. Da es jeweils bekannt ist, gibt es nichts zu diskutieren. Am besten ist es, wenn man sich in Rußland einfach wohlfühlt. Ich lobe die Breite der Wolga; ich hüte mich, Erinnerungen an den Mississippi auszusprechen; Vergleiche verdrießen sie. Am Mittagstisch, als Gast zwischen Funktionäre gesetzt, lobe ich den grusinischen Wein, der sehr gut ist; ich zeige unablässig, daß ich mich wohlfühle. Ich werde nicht gefragt: Wie sehen Sie die Unruhen in Berlin, die Lage in Paris, die Zwischenfälle in Rom? Man ist nicht neugierig auf Information. Ich lobe die sowjetischen Gurken. Man kann auch die alten Ikonen loben. Wenn man ihnen nicht zuvorkommt, loben sie ihre Gurken selbst, und das ist auch mühsam. Natürlich verschweige ich, was ich vermisse; ich bin ja nicht gekommen, um zu kränken. Meine arme Sofija: sie verkürzt meine Fragen schon in der Übersetzung, um das Ungehörige zu mildern, und leidet vor ihren Vorgesetzten wie eine Mutter mit einem tolpatschigen Kind. Wer dann auf meine Frage antwortet, spielt kaum eine Rolle; sie widersprechen einander nie. Sie kennen Kritik nur als Kritik am Westen, diese ist hemmungslos und einfach, unbekümmert um Tatsachen; Kritik an sowjetischen Verhältnissen steht niemand zu – sie üben sie selbst nicht, die Funktionäre jedenfalls nicht.

PLENUM auf Deck:
Man sitzt mit Kopfhörern; Möwen; jeder Redner sagt dasselbe über Maxim Gorki, die Übersetzung aus dreizehn Sprachen erübrigt sich, Maxim Gorki als proletarischer Schriftsteller, Meister des sozialistischen Realismus, nach und nach verstehe ich's (ohne Kopfhörer) auf Spanisch, Rumänisch, Portugiesisch, Finnisch, sogar wenn ich nicht einmal errate, welche Sprache. Maxim Gorki und sein Konflikt mit Lenin, sein Exil nach der Revolution, Maxim Gorki und Stalin, Schriftsteller und Staatsmacht, davon kein Wort. Als ich weggehe aufs vordere Deck, bin ich nicht der einzige, der das Plenum schwänzt; auch Funktionäre finden's langweilig, aber die Firma verlangt das.

Abends wieder Wodka.
Gespräch mit Christa Wolf und ihrem Mann bis vier Uhr morgens, draußen die helle Nacht über Wolga und Land. Labsal: daß man Widerspruch gelten lassen kann. Lange Zeit saß ein sowjetischer Genosse dabei, der zuhörte, aber mich nicht

störte. Er scheint berichtet zu haben: heute wissen meine Funktionäre, daß es ein sehr interessantes Gespräch gewesen sein soll, das wir geführt haben.

Empfang in Gorki:
auf der Mole stehen Kinder mit Blumen, Frohsinn in festlichem Weiß mit roten Schleifen, jeder progressive Schriftsteller aus aller Welt bekommt einen Strauß, ich bekomme auch einen, Pfingstrosen, dazu Angina.

GORKI, 20. 6.

Gestern bei der Ankunft wartet eine russische Studentin, die mündlich-persönlichen Rat sucht für ihr Examen; ein kindliches, etwas zu großes Gesicht mit kugelrunden und sehr hellen Augen. Sie ist von Moskau hierher gekommen. Aufwand ihrer Reise voll Erwartung; ich stehe mit Schüttelfrost und Pfingstrosen. Warum habe ich ihr nicht wenigstens die Pfingstrosen gegeben? Sofija hat sie nach Moskau verwiesen; das Mädchen gehört nicht ins Programm.

21. 6.
Ich habe jetzt drei russische Mütter: das dicke Zimmermädchen und eine Krankenschwester, die zum Hotel gehört, und dann die Ärztin, die sich aufs Bett setzt und mich beklopft, alle aus Besorgnis zärtlich, ein Zimmer voll molliger Mütter. Keine gemeinsame Sprache. Man wäscht mir den Nacken, und ich brauche nur das Bein zu strecken, um eine Fußwaschung zu haben. Später bringt das Zimmermädchen ein Geschenk: drei russische Puppen. Der Sowjetische Schriftsteller-Verband wird ebenfalls mütterlich; mein Funktionär: Sie verpassen nichts, wenn Sie das Plenum verpassen. Auch Sofija kommt

öfter und bringt Grüße. Die lange Geschichte, die das mollige Zimmermädchen erzählt, und ich verstehe kein Wort, aber es verdrießt sie nicht. Herr Wolf bringt Lektüre, SINN UND FORM, ich lese Prosa von Christa Wolf. Ein sowjetischer Kritiker (der bei jenem Nachtgespräch mit Christa Wolf zugehört hat) besucht mich mit einer Frau: beide sehr informiert über die Literatur der kapitalistischen Welt. Plötzlich ein offeneres Gespräch. Ich sollte, so meint er, Novosibirsk sehen, die Stadt der Wissenschaftler, das fortschrittliche Rußland. Er spricht deutsch, sie dagegen spricht englisch; dabei tut er, als verstehe er nicht englisch, sie tut, als verstehe sie nicht deutsch; so spricht sie und so spricht er sozusagen unter vier Augen: nicht offiziös. Sie bleiben lang, ich habe den Eindruck, sie sind froh um diese Stunde abseits des Verbandes. Als Sofija kommt, wird das Gespräch wieder offiziös; ich kann nicht leugnen, daß ich Schluckweh habe, leider.

22. 6.
Stadtrundfahrt mit dem Oberbaumeister der Stadt Gorki. Es wird viel gebaut, aber ich hätte Fragen. Stattdessen wird dasselbe und nochmals dasselbe gezeigt und nochmals. Ich sehe: Wohnblock neben Wohnblock wie Kisten für Bienen, alles fünfstöckig, eine gigantische Öde. Ich frage: Wie sind Ihre Erfahrungen mit Hochhäusern? Aber ja, aber sicher, aber natürlich: Hochhäuser sehr gut. Warum sehe ich keins? Als Entgegenkommen gestehe ich, daß ich in einem Hochhaus wohne und darin nicht glücklich bin; es bleibt der Verdacht, daß ich, Gast aus dem kapitalistischen Westen, dem Sozialismus wohl keine Hochhäuser zutraue. Also: viele Hochhäuser in der Sowjetunion, aber ja, Hochhäuser sehr viel. Dazwischen ein Werk unseres Oberbaumeisters: eine Schule; er hat's noch immer mit Pilastern und Baalbek-Säulen. Weitere Belehrung: Hochhäuser bieten Vorteil, nämlich mehr freie Sicht bei glei-

cher Wohndichte. Das weiß ich, das ist im Westen auch so, aber ich sage nichts. Wozu! Ein schöner Blick auf die Wolga, während schon am vierten Beispiel erläutert wird, was man seit Jahrzehnten begriffen hat: Vorfabrikation der Elemente. Es ist ärgerlich. Beim ersten Beispiel habe ich genickt, um dem Mann nicht die Freude zu nehmen; beim zweiten Beispiel mit der unveränderten Erläuterung habe ich genickt, um ihm eine dritte Erläuterung zu sparen; beim dritten Beispiel lasse ich durch den Übersetzer daran erinnern, daß ich einmal Architektur studiert habe. Übrigens sind es keine Varianten der bekannten Bauweise, sondern genaue Wiederholungen, was der Oberbaumeister zeigt: als Errungenschaft des Sozialismus. Beim vierten Beispiel schaue ich nach der andern Seite: zur Wolga. Ich nicke, ich nicke. Ich bin nicht erpicht auf alte Kirchen, aber da ist eine, und sie wird gezeigt auch von innen; man ist stolz auf die schönen alten russischen Kirchen. Zu Recht. Wir fahren weiter: Siedlungen wie gehabt, Siedlungen im Bau, ich schaue und schaue, wie es sich gehört, und schweige und sollte gelegentlich wieder etwas sagen. Ich schwitze. Was ich sehe, ist leider nicht zu loben: stur und scheußlich und ohne Einfall, ungenügend für eine Diplom-Arbeit, aber ausgeführt. Ich lobe die Bäume an der Straße und vernehme, sie wurden gepflanzt, alle gepflanzt. Einmal eine große Fabrik: hier werden also die Wolga-Autos hergestellt. Man zeigt auf ein Gebäude: Laboratorium! und da ich nicht verwundert bin, noch einmal: Laboratorium! Ich erfahre, daß die sowjetischen Ingenieure, bevor ein Auto in der Serie hergestellt wird, viele Versuche machen und Berechnungen und so. Als sie auf der Rückfahrt wieder sagen: Laboratorium! bin ich verlegen; Schweigen wird als Mißtrauen empfunden, wenn nicht als verstockter Neid. Ich frage, was ein Wolga-Auto kostet. 5200 Rubel. Da man Verblüffung erwartet, wieviel billiger die Wagen sind als im kapitalistischen Westen, beginne ich zu rechnen. Nach dem schwarzen Kurs: 6000 Franken, also ein Volkswagen. Aber dieser Kurs, ich weiß, kommt nicht in Frage. Nach dem offiziellen Kurs: 22 000 Franken, also ein Porsche; aber ich kenne den Wolga-Wagen, wir fahren in einem Wolga-Wagen, ich gestehe meine Verblüffung, wie teuer er ist, wenn ich die Löhne bedenke: 100 bis 170 Rubel im Monat. Aber dafür, so höre ich, ist das Benzin viermal billiger als im Westen –

Versuch einer Diskussion:

Das Wohnen im Grünen ist seit Anfang dieses Jahrhunderts als Ideal verkündet und in aller Welt schon mehrmals verwirklicht; ist es richtig oder führt es zu einem Zerfall der Stadt? Lebendigkeit der früheren Städte: Wohnplatz – Arbeitsplatz – Feierabendplatz als örtliche Einheit; dagegen heute die örtliche Trennung von Wohn-Stadt und Kultur-Stadt. Wie stellen sich die sowjetischen Soziologen dazu? Die Satelliten-Stadt, wenn auch versehen mit Kino und Schule und so weiter, wird nie ein gesellschaftlicher Brennpunkt; die City anderseits, nicht mehr bewohnt und nur noch besucht, verliert notwendigerweise an Intensität. Das ist die Erfahrung, daher die Frage: ist in der Industrie-Gesellschaft, wo der Arbeitsplatz nicht mehr in der City sein kann und auch der Wohnplatz nicht mehr am Arbeitsplatz, überhaupt die Stadt noch möglich? Und wenn nicht, womit ersetzen wir die Stadt als gesellschaftlichen Brennpunkt? Ich frage. Keine Diskussion. Hier gibt es nur Lösungen; was einmal ausgeführt wird, ist die Lösung.

Abends großes Bankett an langen Tischen, Flaschen in Griffnähe überall, Trinksprüche, die trotz Lautsprecher niemand hört, alle trinken sofort, die Stadt Gorki und der Schriftsteller-Verband der Stadt Gorki begrüßen die Schriftsteller aus aller Welt, Hitze im Saal, man zieht die Jacken aus, Kaviar, Sulze zerfließt, schätzungsweise fünfhundert Leute in Turner-Frohsinn, ich sitze bei den Deutschen, die stiller sind, Georgier dröhnen vor Leben, Umarmungen, ein beflissener Rumäne erinnert durch den Lautsprecher nochmals daran, daß Maxim Gorki ein proletarischer Schriftsteller war und ist und bleibt, der alte Herr aus Prag versichert dasselbe, ein Inder bestätigt es, Selbstbedienung, eine Kapelle spielt Wien um die Jahrhundertwende, mein Funktionär hebt sein Glas auf meine Genesung, Beifall für den Inder, viele gehen umher, um anzustoßen, der Weimarer will auch ans Mikrophon, Grüße an die Brudervölker, aber er muß warten, zuerst das Faktotum aus den USA, Gesang der Georgier unter sich, ein Ungar setzt sich neben mich, aber man versteht kein Wort, also stoßen wir an, der Weimarer kommt ans Mikrophon, Grüße an die Brudervölker, man versteht kein Wort, aber er kommt zufrieden an den Tisch zurück, er hat in der Geburtstadt von Gorki gesprochen, meine Betreuerin trinkt, Weisenborn ersetzt Wodka insgeheim durch Wasser, ich beobachte Christa Wolf, manchmal versinkt sie, dann gibt sie sich wieder Mühe, wir heben das Glas auf Distanz, ohne es zu leeren, ein Kinderfest, aber es sind nicht Kinder, sondern Bären, Trinkspruch auf Trinkspruch, Wodka gut, der Mensch auf Urlaub vom Staat, Du ein Mensch, ich ein Mensch, es ist nicht Suff, aber Feierabend vom Katechismus, lauter gute Menschen, plötzlich die Frage: Was ist ein anständiger Mensch? Ich schlage vor: Ein anständiger Mensch ist ein tapfrer Mensch, einer, der sich und andern die Treue hält, das ist hierzuland ein tapfrer Mensch. Einverständnis, wir kippen das Glas, und ein Funktionär füllt sofort nach, kommt um den Tisch herum, während die andern weiterreden, und nennt den Namen eines Menschen, ja, wir kennen ihn beide; der Funktionär sagt: Ein anständiger Mensch! wir trinken auf einen, der in Ungnade ist, weil er sich für Daniel und Siniawsky eingesetzt hat, ausgestoßen aus der Partei und aus seinem Lehramt entlassen und von dem Schriftsteller-Verband, der hier feiert, schwerstens gerügt; der Funktionär: Ihr Freund auch mein Freund! . . . Es ist unheimlich. Ich reise vorzeitig nach Moskau zurück, um eine Aufführung zu sehen. Sofija hängt ihren Arm ein. Eine ältere Genossin, die im selben Nachtzug reist, betreut meine Betreuerin; sie nimmt die Beschwipste in ihr Abteil und füllt sie vollends mit Wodka.

MOSKAU, 23./26. 6.

Gerücht: ein sowjetischer Physiker habe an den Kreml geschrieben, Kritik am status quo, Warnung vor Neo-Stalinismus, Notwendigkeit einer Zusammenarbeit von Ost und West, Behinderung der Wissenschaft und überhaupt des Geisteslebens durch Funktionär-Bürokratie, Wahnsinn der atomaren Aufrüstung usw., Notwendigkeit von Reform.

Aufführung im Satirischen Theater, DON JUAN ODER DIE LIEBE ZUR GEOMETRIE, ohne grobes Mißverständnis. Mirinov ist ein Schauspieler ersten Ranges. 35 Grad im vollen Saal; vorwiegend junge Zuschauer. Nachher zusammen mit Regisseur und drei Hauptdarstellern; diese Leute, im Gegensatz zu den Funktionären, sind begierig auf Informationen. Die Aufführung, seit anderthalb Jahren im Spielplan, ist von offiziöser Seite mißbilligt.

Wahlen in Frankreich, aber man erfährt nichts. Kioske mit ausländischen Zeitungen gibt es nur in den drei oder vier großen Hotels; ich kaufe L'HUMANITÉ und PAESE SERA: sie sind neun und elf Tage alt.

Reise nach Sibirien bewilligt.

Die Studentin, die nach Gorki gereist ist, taucht wieder auf; sie hat Deutsch im Selbstunterricht erlernt, viel gelesen, ihre Fragen sind genau und klug, somit schwierig. Leider ist Sofija dabei, aber es stört die Studentin überhaupt nicht, wenn Sofija mit einer Miene der Mißbilligung dolmetscht; Sofija ist nicht dumm von Natur, nur geschult: Fragen zu Kierkegaard oder zum Bildnis-Gebot oder zu Pirandello sind in ihrem Raster nicht unterzubringen, der Name Sartre ist nicht genehm. Offenbar hört die Studentin immer wieder, daß ich Eile habe, was aber, wie sie sieht, nicht der Fall ist. Im Gegenteil; man könnte zusammen einen Tee trinken. Aber wo? Natascha (so heißt die Studentin) könnte, auf Taille gekleidet, bei Tschechow vorkommen: eine seiner russischen Seelen, die warten und verkümmern.

Gorki-Institut:
Germanisten stellen Fragen, bis man sich die Fragen selber stellt, nämlich andere, die einen Schreiber wirklich beschäftigen. Sie lassen sich aber nicht provozieren. Eine Ketzerei, die sie aufmerksam hinnehmen, wird abgefangen mit einem Zitat von Majakowskij. Aber wenn ein heutiger Genosse das sagen würde? Nachher Besichtigung des Museums: Dokumente aus dem Leben von Maxim Gorki. Elend des zaristischen Rußland; das erhellt die Revolution mehr als der Vergleich mit dem heutigen Westen; Notwendigkeit dieser Revolution, auch ihrer Grausamkeit.

Rast in einem Park: wenn man Bäumen und Wolken nicht ansieht, wo in der Welt man sich grad befindet – Erholung von einem Spuk. –

Bibliothek für ausländische Literatur. Frauen leiten die verschiedenen Abteilungen. Stichproben im Bezirk meiner Kenntnisse: Kein potjomkinsches Dorf. (So mißtrauisch wird man leider.)

Bankett in der Schweizerischen Botschaft: drei Literatur-Funktionäre und drei Männer in Ungnade, sie geben einander die Hand; die in Ungnade sind, wirken freier, gelöst. Nur Ljublinow, der in diesen Tagen vernommen hat, daß sein Theater (sie spielen Brecht) geschlossen werden soll, hat Mühe mit der Geselligkeit. Wiedersehen mit Tamara, meiner Übersetzerin. Der melancholische Aksionow; wie ich später vernehme: Liebeskummer. Mein Funktionär: In diesen Räumen fühlen wir uns immer wie zuhaus. Ich komme diesmal nicht um einen Trinkspruch herum; so danke ich denn nicht zuletzt meinem Freund, der aus der Partei ausgestoßen ist, und Funktionäre heben ihr Glas: fast gerührt, mindestens ohne Animosität. Sie mögen ihn ja, ich weiß. Auch wenn sie ein noch härteres Urteil gegen einen Genossen aussprechen oder billigen müssen, ein lebenvernichtendes, so nur, weil sie müssen. Ich frage Andrei Voznesensky, warum er nicht auf der Wolga dabei gewesen ist; er lächelt ohne Anzüglichkeit: How did you enjoy it? Ein junger Weltmann, etwas zu elegant; dann Gespräch über das End-Theater von Beckett. Nachher mit Botschafter Lindt allein. »Nehmen Sie Ihr Glas, sprechen wir lieber draußen im Garten.«

Frage an meine Betreuerin, warum Voznesensky und Jevtuschenko eigentlich in Ungnade sind. Antwort: sie sind nicht in Ungnade, sie sind nur zu oft im Ausland gewesen und müssen wieder lernen, ihre Heimat richtig zu verstehen.

Das Böse: Faschismus, Maoismus.

Meine Eindrücke von der ersten Reise (1966: Moskau, Leningrad, Odessa) bisher kaum widerlegt. Ohne Kenntnis der russischen Sprache hat die Reise wenig Sinn; ein Stummfilm mit Titeln, die uns die Funktionäre geben. Man verläßt sich schließlich nur noch auf seine Augen und weiß, daß man an der Oberfläche bleibt, verdrossen über sich selbst; der Verdruß überträgt sich auf das Land. Man richtet mehr als man wahrnimmt. Da sie alles, was erfreulich ist, sofort auf ihr System beziehen, verfällt man schweigend auf den Gegenfehler, daß man auch alles, was übel ist, sofort auf das System bezieht.

Abflug nach Sibirien. Reise allein mit meiner Betreuerin.
Fliegen ist für Einheimische sehr billig; fünf Stunden im Jet: 48 Rubel. Viel Volk in der großen Halle, Arbeiter, Bauern. Reisen mit behördlicher Bewilligung.

NOVOSIBIRSK, 27./29. 6.

Der sibirische Schriftsteller, der mich trotz Morgenfrühe am Flughafen abholt, ist schwerhörig, drum seine überlaute Stimme, wenn er, ohne mich je anzublicken, Angaben macht über West-Sibirien: Größe des Landes, Länge und Breite der Ströme, Höhe der Berge, Temperatur im Winter, Temperatur im Sommer, Bevölkerungszunahme, Bodenschätze, Länge und Breite und Tiefe und Inhalt von Stausee usw. Es ist alles sehr enorm. Breite des Ob im Norden: 45 km. Meine Antwort auf seine kurze Zwischenfrage, wie breit Flüsse in Schweiz, braucht Sofija nicht zu übersetzen: das Lächeln eines Geschlagenen. Einmal überqueren wir zwei Geleise, denen man nichts ansieht, aber das sind sie: die Geleise der Transsibirischen

Bahn. Fortsetzung des Unterrichts, der mir willkommen ist; der Akzent liegt auf der Quantität wie überall bei Pionieren. Hotelzimmer wie ein Tanz-Salon. Frühstück (ich kämpfe gegen Schlaf) mit Wodka und Ablösung der Eskorte, dann Fahrt hinaus zur Stadt der sowjetischen Forscher. Industrie-Landschaft am Ob; Eindruck, daß hier der Himmel noch weiter sei als an der Wolga. Meine neue Kollegen-Eskorte: zwei sibirische Lyriker, ein älterer und ein junger, den offensichtlich das Ehrenamtliche noch freut, beide in dunklem Anzug mit weißem Hemd und Kravatte, der Junge mit einem blonden Vogelgesicht, immer genau senkrecht, ob er sitzt oder geht, immer fröhlich und liebenswürdigwortkarg. Stausee (Länge 200 km.) in blassem Morgenblau, Ufer mit Birken oder Föhren; wie ich mir die skandinavische Landschaft vorstelle. Militär-Lastwagen. Der ältere Lyriker erkundigt sich, wie lang man Militär-Dienst leistet in meinem Land. Er ist der erste, der nach unsern Verhältnissen fragt –

Campus in Birkenwald. Wohnhäuser der Gelehrten mit Gartenzaun. Wohnblocks mit Kindergarten. Stille, wenig Autos. Zentrum mit Kino und Restaurant, Hotel, Warenhaus usw., viel niedrige Bauten. Hier keine Universität, nur Forschung. Ich sehe hauptsächlich Menschen zwischen zwanzig und dreißig. Keine Hast, etwas Klösterliches. Bis wir zwei oder drei Institute besuchen können, Bummel hinunter zum großen See: Badende, man fröstelt beim bloßen Anblick, Ballspiele am Strand, auch Mädchen, Brillenträger beim Waldlauf im blauen Trainer.
Hier keine Lenin-Bilder.
Mittagessen in einer Art von Cafeteria oder Snack-Bar; zum ersten Mal russische Kellnerinnen, die es nicht verargen, wenn man etwas bestellt. Die beiden Lyriker: kein Wort von Propaganda für das sowjetische System. Es erübrigt sich hier. In-

stitut für Genetik. Auskunft über Gen-Forschung. Englisch; sobald es einmal ohne Dolmetscher geht, sofort ein andres Vertrauen. Auskunft über ein neues Virus-Medikament; ich glaube wenigstens das Prinzip zu verstehen als Laie.

Hier keine Ost-West-Hysterie.

Abendbummel mit meiner Betreuerin in der alten Stadt, aber es gibt kaum noch alte Häuser in Holz. Opernhaus vor einem viel zu großen Platz. Bogenlampenleere. Wand mit Foto-Porträts: Arbeiter und Arbeiterinnen, die ausgezeichnet worden sind. Plakate eines Theaters: Gastspiele aus Moskau; Bilder von einer eignen Inszenierung: offenbar ein Hitler-Stück. Darsteller in Hakenkreuz-Uniform, Hitler in Person realistisch-melodramatisch. Menschen im Park. Mitternachthelle.

Institut für Geologie.
Was Sibirien an Bodenschätzen hat: Kohle, Erdöl, Erdgas, Kupfer, Silber, Gold, Diamanten usw. Problem: Transport.

Institut für Mathematik.
Wie sie die Auslese der Talente betreiben. Schüler in allen sowjetischen Republiken können sich jedes Jahr an einem Wettbewerb beteiligen, Lösung mathematischer Aufgaben, die der Lehrer aus Novosibirsk erhält; sie werden auch in den Zeitungen veröffentlicht. Dabei geht es nicht um das richtige Ergebnis, sondern vorallem um die Art, wie einer zum Ergebnis kommt oder nicht. Wer dabei Begabung verrät, kommt nach Novosibirsk, wo ihm wieder Aufgaben gestellt werden; er hat seine Lösungen in einem Auditorium zu vertreten; Diskussion mit den andern Aspiranten und mit den Wissenschaftlern. Wer sich hier bewährt, kommt an die Elite-Schule von Novosibirsk, später an die Universität; die Besten übernimmt das Forschungs-Institut.

Wodka-Unfall im Hotel:
DDR-Vertreter für Straßenbau-Maschinen holen mich an ihren Tisch; ich weiß nicht, was ich gesagt habe; Sofija bringt mich ins Zimmer, sie mag diese Leute nicht –

Moskau, 30. 6.

Abschied von Freunden.

BERZONA

Jemand berichtet von einer verbürgten Begegnung zwischen Robert Walser und Lenin an der Spiegelgasse in Zürich, 1917, dabei habe Robert Walser eine einzige Frage an Lenin gerichtet: Haben Sie auch das Glarner Birnbrot so gern? Ich zweifle im Traum nicht an der Authentizität und verteidige Robert Walser, bis ich daran erwache – ich verteidige Robert Walser noch beim Rasieren.

ZÜRCHER MANIFEST (unterzeichnet)

WIR STELLEN FEST:
In Zürich ist es zwischen Jugendlichen und der Polizei zu Kämpfen gekommen. Damit brachen auch in unserer Stadt Konflikte auf, wie sie sich gegenwärtig in Ost und West zeigen.
WIR FOLGERN:
Die Zürcher Ereignisse dürfen nicht isoliert beurteilt werden. Sie sind eine Folge unzulänglicher Gesellschaftsstrukturen. Sie als Krawalle abzutun und die Beteiligten nur als randalierende Taugenichtse und Gaffer hinzustellen, ist oberflächlich.
WIR SIND ÜBERZEUGT:
Eine Ursache der Krise ist die Unbeweglichkeit unserer Insti-

tutionen. Diese Unbeweglichkeit wendet sich gegen den Menschen. Sie verhindert die Anpassung an die sich wandelnden Bedürfnisse der Menschen und die Entfaltung schöpferischer Minderheiten.

WIR ERINNERN:
Wesentliche Umwälzungen sind immer von Minderheiten ausgegangen. So fand 1848 der Liberalismus gerade in der Jugend leidenschaftliche Anhänger. Diese Minderheit – damals Revoluzzer genannt – bewahrte die Unabhängigkeit der Schweiz und schuf unseren Bundesstaat.

WIR WARNEN:
Einen kulturellen Konflikt lösen weder Prügel und Verbote noch Besänftigung durch gönnerhafte Angebote. »Wohltätigkeit ist das Ersaufen des Rechts im Mistloch der Gnade« (Pestalozzi). Unterdrückung der Konflikte treibt die Jugend auf die Barrikaden.

WIR FORDERN:
1. Bereitstellung eines zentral gelegenen, autonom verwalteten Diskussionsforums für Jung und Alt.
2. Verzicht auf Sanktionen wie Relegation von Studenten und Schülern, Entzug von Stipendien, Ausweisung von Ausländern, Entlassungen, sofern nicht schwerwiegende Delikte vorliegen.
3. Wiederherstellung des verfassungsgemäßen Demonstrationsrechts.
   (Forderung 3 inzwischen erfüllt)
4. Fortsetzung der Gespräche mit allen Minderheiten.
5. Einladung zur Meinungsäußerung aller Konfliktparteien durch Presse, Radio und Fernsehen.
6. Unverzügliche Bildung einer wissenschaftlichen Arbeitsgruppe mit dem Auftrag, die tieferen Ursachen des Konflikts zu erforschen und praktische Vorschläge auszuarbeiten.

PROTOKOLL

Meine jüngste Tochter ist dabei gewesen, aber nicht verprügelt und nicht verhaftet worden. Sie sagt: Es war ein Plausch, alle ganz fröhlich, man saß mitten auf der Straße (Bellevue), das war der Plausch.

EINS ZWEI DREI, GLOBUS FREI! der Ruf der Jugendlichen vor dem ehemaligen Warenhaus GLOBUS, das leer steht. Ein behördlicher Anschlag: »Wer unrechtmäßig in dieses Gebäude eindringt oder dazu anstiftet, macht sich strafbar.« Ein solches Eindringen ist aber nicht geplant, hingegen eine Demonstration vor dem Gebäude, Kundgebung des Protestes, weil es mit dem geforderten und von der Behörde versprochenen JUGENDZENTRUM nicht vorangeht. Polizei auf Pikett. Was die Demonstranten nicht haben erwarten können: die Polizei sperrt das Trottoir vor dem Gebäude, wo sie sich versammeln wollen, dadurch werden die Demonstranten auf die Fahrbahn gedrängt. Verkehrsstörung. Die Polizei (Dr. R. Bertschi) verlangt Abzug in wenigen Minuten, was selbst bei gutem Willen nicht möglich ist; auch kommt der eigene Ordnungsdienst nicht gegen die stärkeren Lautsprecher der Polizei an. Es entsteht Unwillen. Einsatz der Polizei nach Plan, Einsatz von Wasserwerfern, Gegenwehr mit Pflastersteinen und Bierflaschen und Holzlatten, Einsatz von Knüppeln, Verhaftungen, Verletzte auf beiden Seiten. Verhaftete werden in den GLOBUS-Keller verbracht, wo sie, auch wenn sie keinerlei Gegenwehr leisten, nochmals mit Knüppeln zusammengeschlagen werden, Ohnmächtige bekommen Fußtritte in die Hoden. Ein Polizist findet, ein Verwundeter müßte ins Spital gebracht werden; sein Kamerad in Uniform: Der Sauhund soll verrecken. Später auf der Hauptwache werden die Verhafteten neuerdings mit Knüppeln empfangen. Strafvollzug durch Polizei.

Tod eines Kindes. Schlagzeilen und Meldungen der ersten Stunden geben den Demonstranten sofort die Schuld, daß ein sechsjähriger Knabe in einem Krankenwagen gestorben ist. Folge der Verkehrsstörung. Erst nach drei Tagen muß Stadtrat A. Holenstein die verbreitete Empörung etwas dämpfen: »Die Darstellung, die man im Fernsehen und in verschiedenen Zeitungen sehen konnte, war übrigens falsch ... Der Fahrer sagte aus, daß er durch diesen Umweg fünf bis acht Minuten langsamer gewesen sei ... Ich möchte aber noch einmal betonen, daß der Tod dieses Kindes nicht ohne weiteres den Demonstrationen zugeschrieben werden kann.«

In der ersten Sondersitzung des Stadtrates erwägt Stadtpräsident Dr. Sigmund Widmer, ob man Militär einsetzen soll.

Die Jugendlichen (Studenten, Mittelschüler, Lehrlinge) wollen eine Vollversammlung einberufen, um die Situation zu diskutieren. Sie bekommen keinen Saal dafür von der Stadt. Auch Wirte, die über Räumlichkeiten als Eigentum verfügen, verweigern sie den Geächteten. Schließlich bekommen sie das VOLKSHAUS unter der Bedingung: 10 000 Franken Garantie für allfälligen Sachschaden. Wir garantieren mit drei Schecks. Teach-in, sie hocken auf dem Boden, Diskussion bis Mitternacht, dazwischen Gitarren, dann putzen sie den Saal, gehen nachhause. Die städtischen Detektive auch. Kein Stuhlbein ist zu bezahlen.

Jugendliche (mit Bärten) berichten, daß Polizisten eine Woche vor dem Krawall zu ihnen gesagt haben: Wartet nur, am nächsten Samstag bekommt ihr's! Man hat ihren Krawall programmiert.

Ein Student namens Thomas Held, bekannt als Sprecher der FORTSCHRITTLICHEN STUDENTENSCHAFT ZÜRICH, nicht verhaftet, da er sich keines tatsächlichen oder angeblichen Hausfriedensbruchs schuldig gemacht hat, wird sofort aus seiner Lehrerstelle entlassen; eine anonyme Morddrohung nötigt ihn zurzeit, sich zu verstecken.

Beim Sammeln von Unterschriften (ZÜRCHER MANIFEST) oft die Antwort: Ich bin vollkommen einverstanden, aber das kann ich mir nicht leisten, ich bin Staatsangestellter / ich bin Assistent / ich bin Redaktor / ich bin beim Fernsehen usw.

Die Polizei erscheint jetzt in Zivil. Wenn auf der Bahnhofbrücke fünf Leute zusammenstehen, sagt ihnen ein Detektiv, was sie zu tun haben: verschwinden. Eine kleine Gruppe, die verspricht, daß sie keinerlei Widerstand leisten wird, versucht einen Marsch in einer Gegend, wo dadurch keinerlei Verkehrsstörung entsteht; sie lassen sich von Detektiven sofort ihre Transparente abnehmen.

Ein Zivilist, der auf die Hauptwache kommt, wird niedergeknüppelt; danach weist er sich als Rechtsanwalt aus, Automobilist, der seine Park-Strafe bezahlen will.

Ein Lehrling, der nicht dabei gewesen ist, hat seine langen Haare zu schneiden, wenn er die Stelle behalten will.

Verhaftete, die verhört werden, haben nicht das Recht, die Vorgänge nach ihrer Wahrnehmung darzustellen; sie haben lediglich auf die gestellten Fragen zu antworten: ob sie einer Vereinigung angehören, einem Club usw.

Eine junge Bühnenbildnerin kam von Frankfurt, wußte von nichts, als sie beim Hauptbahnhof in die Wasserwerfer geriet, lief weg, wurde von drei Polizisten niedergeknüppelt und in den GLOBUS-Keller geschleift; dort Schläge mit dem Knüppel zwischen die Beine.

Ein ausländischer Student sofort abgeschoben: ohne Untersuchung, was er wirklich getan oder nicht getan hat.

Ärzte bestätigen, daß zahlreiche Verletzungen, die sie zu behandeln haben, »sicher nicht im Handgemenge entstanden sind«, sie sind zu erklären nur aus »systematischen Prügeln«. Der Chef der Kriminalpolizei, Dr. Hubatka, bestreitet gegen Augenzeugenbericht, daß er bei Mißhandlungen daneben gestanden hat, ohne Einhalt zu gebieten.

Ein erwachsener Zivilist (aber in kurzer Hose, da er gerade von seinem Segelboot kam) mischte sich auf der Quaibrücke ein, als ein jugendlicher Demonstrant, der bereits auf dem Boden lag, mit Fußtritten in alle Körperteile behandelt wurde; er wollte die Namen der betreffenden Polizisten wissen, wurde mit Knüppeln niedergeschlagen und ebenfalls auf die Hauptwache gebracht, wo er sich später als Arzt auswies.

NEUE ZÜRCHER ZEITUNG: »Verkehrsstörungen und Sachbeschädigungen in großem Ausmaß und ein noch nicht abzuschätzender Vertrauensverlust der Zürcher gegenüber ihrer Jugend«. / »Wer da randalierte, war richtiges Schlägergesindel.« / APPELL DES STADTPRÄSIDENTEN: »Die überwältigende Mehrheit der Zürcher Bevölkerung ist empört über die von Jugendlichen hervorgerufenen Unruhen während der letzten Nacht. Auch ich bin empört . . . Wenn es nötig ist, werden die Ordnungskräfte verstärkt . . . Zum Schluß: Die Jugend wird durch Trotz und Gewalt nicht an ihr Ziel gelangen . . .« / NEUE ZÜRCHER ZEITUNG, No. 395: »Harter, aber korrekter Einsatz der Polizei.« / VATERLAND, Luzern: »Unseres Erachtens ist von der Zürcher Polizei vollständig zu Recht scharf eingegriffen worden, und jene Randalierer, die Prügel erhielten, mögen nun heulen und mit den Zähnen knirschen. . . . Man sehe sich vor! Wir kennen nun die Methoden der Gesellen, die ewig von Rechtsansprüchen reden und von Reformen, die aber im Grunde nichts anderes sind als schlimme Aufwiegler und brutale Anarchisten.« / ZÜRCHER WOCHE: »Man kann diese Gruppe nicht verbieten. Aber man kann sie ächten.« / DIE FREISINNIGE PARTEI; »– sie fordert die Behörden insbesondere zu folgenden Maßnahmen auf: . . . Gegen die Randalierer und ihre Rädelsführer ist die ganze Strenge des Gesetzes anzuwenden . . . Studenten und Mittelschüler, die von einem Gericht in Strafe verfällt werden, sind von den zürcherischen Lehranstalten wegzuweisen . . . Ausländer, die sich an den Unruhen beteiligten, sind über die Grenze abzuschieben.« / ERKLÄRUNG DES STADTRATES: »Die Behauptung, wonach Übergriffe durch einzelne Funktionäre vorgekommen seien, wird abgeklärt. Der Stadtrat tritt ohne Ansehen der Person für die rechtsstaatliche Ordnung ein.« / POLIZEI-RAPPORT: »– sind im Verlauf der Straßenschlacht in der Nacht auf den Sonntag 41 Personen verletzt worden, nämlich 15 Polizisten, 7 Feuerwehrleute und 19 Demonstranten. Mit Ausnahme eines Brandwächters und eines Polizisten haben alle Verletzten aus dem Spital entlassen werden können. Insgesamt sind 169 Personen festgenommen worden. 55 dieser Demonstranten sind noch nicht 20 Jahre alt. 19 der jugendlichen Festgenommenen befinden sich gegenwärtig noch in Haft.« / NOTSTAND: der Stadtrat von Zürich erläßt ein Demonstrationsverbot »bis auf weiteres«. Zuwiderhandlungen werden gemäß den Bestimmungen des schweizerischen Strafgesetzbuches bestraft. / NEUE ZÜRCHER ZEITUNG: »Die Herrschaft des Pöbels auf Zürichs Straßen.« Text zu Foto von einem jungen Mann: »Der kräftige Wasserstrahl läßt keine heldenhafte Haltung mehr zu.« Zu einem andern Foto: »Ein verletzter Polizist wird von seinen Kameraden vom Platz geführt.« / REGIERUNG: »Der Regierungsrat ließ sich in seiner Sitzung vom 4. 7. durch die zuständigen Direktionsvorsteher über die Situation, die als Folge der Unruhen in Zürich entstanden ist, orientieren. Staatsanwaltschaft und Bezirksanwaltschaft haben zahlreiche Strafuntersuchungen eingeleitet, um die Schuldigen dem Richter zu

überweisen. Die Fremdenpolizei ist angewiesen, Ausländer, die sich festgestelltermaßen aktiv an den Unruhen beteiligten, auszuweisen. Die Behörden der Universität und der Mittelschule werden gegen Studenten und Schüler, die sich strafbar gemacht haben, Disziplinarmaßnahmen ergreifen. Der Regierungsrat wird zusammen mit den Behörden der Stadt Zürich alle seine Mittel einsetzen, um die Aufrechterhaltung der öffentlichen Ordnung und Sicherheit der Bürger zu gewährleisten. Die Kantonspolizei ist einsatzbereit.« / NEUE ZÜRCHER ZEITUNG: »Wehret den Anfängen!« / »Positive Auswirkung des Demonstrationsverbotes.« / »Spielregel der Demokratie.« / »eine winzige Minderheit und eine überwältigende Mehrheit.« / »die Jugendlichen und ihre Hintermänner« / »ihre Drahtzieher im Ausland« / »Eine fehlgeleitete Jugend« / »Die Bewertung der Tatbestände wird den Richtern obliegen, die in voller Unabhängigkeit und unberührt vom Druck der Straße zu urteilen haben.« / »In diesem Zusammenhang verdient festgehalten zu werden, daß in den letzten Tagen von sämtlichen einschlägigen Körperschaften der Verzicht auf ein Referendum gegen die Hochschulvorlage ausgesprochen worden ist.« / »Es ist zu hoffen, daß die Justiz über die Steine- und Flaschenwerfer hinaus zu den geistigen Urhebern der Gewalttaten durchzugreifen vermag, die man mit Namen und Vornamen kennt.« / »Sympathiekundgebungen für die Stadtpolizei. Ein Mädchen brachte eine Tafel Schokolade auf die Hauptwache. Ein Landwirt aus Herrliberg anerbot sich, bei Bedarf sämtliche Landwirte der Umgebung im Kampf gegen die Demonstranten zu mobilisieren. Ein Akademiker wünschte als Passivmitglied im Turnverein der Polizei aufgenommen zu werden. Ein Männerchor aus dem Kreis 4 teilte mit, daß der ganze Verein zu Hilfe eile, wenn dies gewünscht werde. Ein Anrufer versicherte, daß er und seine Metzgerkollegen sich als Freiwillige zur Verfügung stellen würden.«
PS.
Extra-Ausgabe der NEUEN ZÜRCHER ZEITUNG vom 24. 9. 1933 mit Schlagzeile: »Der Fackelzug der vaterländischen Parteien das Opfer eines organisierten marxistischen Überfalls. Nächtliche Kämpfe in den Straßen Zürichs. Sozialdemokraten und Kommunisten provozieren und überfallen den bür-

gerlichen Fackelzug. Steinbombardements. Aufruf zur Ruhe.«
Parole der vaterländischen Kundgebung 1933: »In Zeiten der
Not gilt es unsere Stadt einem klassenkämpferischen und nur
auf das eigene Wohl bedachten sozialdemokratischen Klüngel
zu entreißen.« Sprecher in der Kundgebung: Niklaus Rappold,
FREISINN, Robert Tobler, NATIONALE FRONT, die mit Hitler
sympathisierte. »Der Kampf um ein vaterländisches Zürich.«

REMINISZENZ

1936, als ich eine Studentin aus Berlin, Jüdin, heiraten wollte
und im Stadthaus Zürich die erforderlichen Papiere abholte
(Geburtsurkunde, Heimatschein usw.), erhielt ich unverlangt
einen amtlichen Arier-Ausweis mit dem Stempel der Vaterstadt. Leider habe ich das Dokument damals auf der Stelle
zerrissen. Die Schweiz war nicht von Hitler besetzt; sie war,
was sie heute ist: unabhängig, neutral, frei usw.

NOTIZEN ZU EINEM HANDBUCH FÜR MITGLIEDER

*Der Gezeichnete sieht mehr begehrenswerte Frauen als früher.
Dabei wechselt er den Gegenstand seines Entzückens mehrmals am Tag. Er ist nicht mehr auf einen bestimmten Typ
beschränkt. Neigung zum Panerotischen. (Frühes bis spätes
Stadium.) Die Anzahl der Frauen, die ihn entzücken, verhält
sich reziprok zu seinen realen Chancen.*

*Der Vor-Gezeichnete, wenn er sich wirklich nochmals ver-
liebt: rücksichtslos gegen alles, was sich der Erfüllung widersetzt – er kann sich das Wunder nicht versagen.*

Sehnsucht nach der Begierde –

Dabei hat der Gezeichnete lange Zeiten, wo ihn Beischlaf überhaupt nicht interessiert; es erscheint ihm (wenn er trotzdem daran denkt) als ein absurder Akt.

Der Gezeichnete ertappt sich dabei, daß er sich in Filmen, wenn es zur Umarmung kommt, besonders langweilt; er findet diese Stellen immer zu lang.

Lange bevor seine Chancen gänzlich ausfallen (der Gezeichnete unterschätzt sie zuweilen, weil er lächerlich würde, wenn er sich irrt), unterläßt er Werbung auch bei günstigen Voraussetzungen . . . Er sieht, daß die Tennis-Spielerin, wenn sie ihr Haar aus der Stirne wirft oder nach einem Doppelfehler übermäßig den Kopf schüttelt, bereits für den Zuschauer spielt. Nicht zum ersten Mal schaut er eine Weile zu. Sie gefällt ihm. Einmal wirft er ihr einen Ball über das hohe Netz zurück, um dann weiter zu gehen. Im Lift weiß er schon, welchen Etage-Knopf er für sie drücken darf, spricht sie aber nicht an. Sitzt sie abends in der Bar, so setzt er sich weitab; dabei hat er gesehen, was sie liest: das Thema läge auf dem Tisch – der Gezeichnete kennt die langen Gespräche, die zu führen sind, Konversation zwecks Entdeckung gemeinsamer Interessen, er scheut diese langen Gespräche, weil ihn sein eigner Text dabei langweilen wird. (Mittleres Stadium.) Ist er verliebt, so erkennt er sich daran, daß ihm immer noch die Wahl bleibt; er reist ab.

Der Vor-Gezeichnete, wenn seine Werbung ohne Erfolg bleibt, bezieht es sofort auf sein Alter – als wäre er früher, als junger Freier, nie erfolglos gewesen.

Im Gegensatz zum Vor-Gezeichneten, der Angst hat vor der endgültigen Entlassung aus der Virilität, weiß der Gezeich-

nete, daß es diese endgültige Entlassung nicht gibt. Er wäre froh darum.

Junggesellen halten sich etwas länger.

Mitglieder, die sich von handelsüblichen Präparaten erhoffen, daß diese das Altern aufhalten, steigern vor allem ihre Angst vor dem Altern. Das Bett als Ort der Bewährung. Sie bekommen etwas von Strebern.

Der Gezeichnete erkennt sich daran, daß ihm Frauen einfallen, die er vor 30 oder noch vor 10 Jahren hätte verführen können; er bereut jetzt jede versäumte Gelegenheit – und es wären viele gewesen, so scheint es ihm; dabei vergißt der Gezeichnete, was ihn in den meisten dieser Fälle verhindert hat: sein Geschmack.

Wieso dem Gezeichneten vieles mühsam wird (ein Gang durch die Stadt, Einkäufe, Gesellschaft, Bus-Fahrten, das Warten am Flughafen usw.): seine Erscheinung löst keinerlei weibliche Reflexe aus: er ist wie nicht vorhanden ... Kommt ihm auf der Straße eine junge Frau entgegen, so tut sie nicht wie früher, als blicke sie handbreit an ihm vorbei, sie sieht den Gezeichneten wirklich nicht. Ohne Koketterie. Er kann sich umdrehen nach ihr, sie merkt es nicht; er sieht es an ihrem Gang, daß sie auch das nicht merkt. Am Kiosk wird er nur als Käufer behandelt; die Person blickt auf die Journale, die er sich genommen hat, und dann auf das Geld. Nichts weiter. Im Flugzeug wird es auch anders; das stereotype Lächeln der Hostessen beginnt ihm zu gefallen, aber nicht einmal das bleibt ihm: erkundigt er sich nach der Ankunftzeit, so werden sie mütterlich, sogar krankenschwesterlich. Gibt es sich in der

Bahn, daß der Gezeichnete im gleichen Abteil sitzt mit einer jüngern Frau, so entsteht keine Verlegenheit; früher blickten sie krampfhaft zum Fenster hinaus oder versteckten sich hinter ein Magazin, um nicht angesprochen zu werden. Neuerdings sitzen sie einfach da, tun, als wäre nur sein Gepäck hinzugekommen, was nicht stört. Bückt er sich im Bus, weil ihre Handschuhe auf den Boden gefallen sind, so ist die weibliche Person verblüfft, daß ihr jemand gegenübergesessen hat. Die Kellnerin, wenn sie seine Person endlich wahrgenommen hat, kommt an den Tisch, um den Aschenbecher zu wechseln, nebenbei nimmt sie seine Bestellung auf: blicklos; wenn sie das Bier hinstellt, blickt sie über ihn hinweg; später kassiert sie: blicklos. Der Gezeichnete fragt sich, was er außer Bier eigentlich erwartet. Sieht er nachher in der Toilette, die Hände trocknend, sich zufällig im Spiegel, so kann er's verstehen und legt seine Münze in den Teller.

Wenn eine Frau (Schauspielerin) von einem Mann (Regisseur) sagt, er sei gaga: – der Mann hat kein Gegenwort dazu. (Ziege oder Hexe ist kein Gegenwort, insofern es auch junge Ziegen und junge Hexen gibt.) Der Gaga-Begriff als Quittung dafür, daß er die Frau nur als Geschlechtswesen bestimmt hat, und als solches urteilt sie jetzt.

Der Gezeichnete unterläßt es bereits, seiner Tochter einen Kuß zu geben, oder er ironisiert den Kuß; ebenso scheut er sich gegenüber jungen Frauen, wenn der gesellige Anlaß (Geburtstag, Silvester usw.) eigentlich zu einem Kuß berechtigen würde. Er empfindet seine Lippen als Zumutung. Ergibt es sich bei solchem Anlaß, daß jüngere Frauen auch ihm wie allen andern einen arglosen Kuß geben, so erkennt der Gezeichnete sich an seiner Betroffenheit.

Fälle von Greisen-Charme – es kommt vor, daß ein jüngerer Mann dabei eifersüchtig wird, obschon er weiß, was er nicht zu befürchten hat; es genügt dem Gezeichneten schon, daß der jüngere Mann eifersüchtig wird.

Indem er entdeckt, daß er jetzt, da er Versagen zu fürchten hat, für Frauen attraktiver wird als bisher, entdeckt der Vor-Gezeichnete seinen bisherigen Irrtum: er hielt sich für einen Frauenkenner – dabei unterstellte er den Frauen immer nur die Erwartung, die er meinte erfüllen zu können, und ahnt jetzt, was sie noch alles von einem Mann erwarten, d. h. was er den Frauen schuldig geblieben ist; allein diese Ahnung macht ihn attraktiver.

Im Taxi mit einer jungen Frau hütet er sich zwar, unter irgendeinem Vorwand plötzlich seine Hand auf ihren Arm zu legen oder auf ihre Schulter. Er tut gut daran. Daß er sich hütet, heißt aber: er denkt daran. Daß er daran denkt, macht ihn unfrei. Spürt sie es, so rückt sie, obschon der Gezeichnete sich hüten wird, höflich zur Seite. Der Gezeichnete ist insofern frei, als er tatsächlich nicht verliebt ist; er findet die Person nur sehenswert. Sein Bewußtsein, daß er ein ungenügender Bettgenosse wäre, irritiert ihn, gerade weil keinerlei Anlaß zu solchen Voraussichten besteht. Gibt sie ihm einen Blick, so ist der Gezeichnete verlegen: wie ein ertappter Hochstapler. Er denkt immer schon ans Bett. Dabei genügt es ihm eigentlich, daß man im Taxi sitzt. Er weiß: seine Hand würde sie nicht elektrisieren. Auch für ihn (so stellt er fest, indem er zum Fenster hinausblickt) ist es nicht unumgänglich. (Mittleres Stadium.) Er ist froh, wenn diese Taxi-Fahrt zu Ende ist ... Noch vor kurzem hat der Gezeichnete es für unumgänglich gehalten, seine Hand auf ihre Schulter zu legen; es ist sogar vorgekommen, daß dann ihr Haar plötzlich an seiner Brust lag, wobei er die Erfahrung machte: in der Berührung zerfällt ihm die Erwartung. (Frühes Stadium.) Später hütet sich der Gezeichnete auch vor dieser Erfahrung nicht mehr.

Senilität feit nicht vor Hörigkeit.

Wenn er sich an eine bestimmte Mann-Frau-Geschichte erinnert: Wohnung, Landschaft, Wetter, Jahreszeit, eine bestimmte Speise, ihre Kleidung schon weniger, ihr Körper nur allgemein – der Gezeichnete ertappt sich, daß er sich vorallem an die Umstände erinnert, oft sehr genau: an die Holzfäller, die das Paar überrascht haben, und an die genaue Stelle im Wald. Der Rest wird Sage.

21. 8. 1968
Der Rucksack ist gepackt, der Weißwein gekühlt, alles bereit für die Wanderung. Unser Verhalten erinnert mich an einen andern Tag, der auch sofort als historischer Tag zu erkennen war: Einmarsch von Hitler in die Tschechoslowakei. Jene Nachricht erreichte einen Freund und mich in einer Badanstalt; wir waren eben dabei, die Kleider abzulegen. Eine Viertelstunde danach gingen wir trotzdem schwimmen, nicht ahnungslos, nur hilflos. Golo Mann wollte uns heute das Valle Verzasca zeigen, und es hätte wenig gefehlt, daß wir ohne Wissen auf die Wanderung gegangen wären; ich beginne den Tag nicht am Radio, ein Bekannter hat angerufen. Was wissen wir in diesem Augenblick? Wie gesagt: Sowjetischer Einmarsch in die CSSR seit heute Nacht, ein paar Einzelheiten von der Methode des Überfalls, Besetzung des Flughafens usw., Dubček von den Sowjets verhaftet und verschleppt. Von unseren

Freunden in Prag wissen wir nichts; ich komme
nicht auf die Idee, sie anzurufen. Es wäre
noch möglich gewesen.
Unsere Wanderung, lange schon geplant, scheint
das einzige zu sein, was wir unternehmen
können an diesem Tag, Wanderung mit dem kleinen Transistor unter dem Arm. Der Historiker
vom Fach versagt sich Spekulationen; er berichtet, daß er kürzlich in der CSSR gewesen
ist wegen Dokumenten zu Wallenstein. Ich sehe
das Valle Verzasca: Felsen, Bach, Flora,
Schmetterlinge, lauter unvergeßliche Neben-
sachen. Der kleine Transistor erübrigt sich;
er krächzt nur.
PS.
Beim Wiederlesen der Kafka-Tagebücher: „2. August (1914). Deutschland erklärt Rußland den
Krieg. — Nachmittag Schwimmschule."

FRAGEBOGEN

1.

Wissen Sie in der Regel, was Sie hoffen?

2.

Wie oft muß eine bestimmte Hoffnung (z. B. eine politische)
sich nicht erfüllen, damit Sie die betroffene Hoffnung auf-
geben, und gelingt Ihnen dies, ohne sich sofort eine andere
Hoffnung zu machen?

3.

Beneiden Sie manchmal Tiere, die ohne Hoffnung auszukom-
men scheinen, z. B. Fische in einem Aquarium?

4.

Wenn eine private Hoffnung sich endlich erfüllt hat: wie lange finden Sie in der Regel, es sei eine richtige Hoffnung ge-

wesen, d. h. daß deren Erfüllung so viel bedeute, wie Sie jahrzehntelang gemeint haben?

5.

Welche Hoffnung haben Sie aufgegeben?

6.

Wieviele Stunden im Tag oder wieviele Tage im Jahr genügt Ihnen die herabgesetzte Hoffnung: daß es wieder Frühling wird, daß die Kopfschmerzen verschwinden, daß etwas nie an den Tag kommt, daß Gäste aufbrechen usw.?

7.

Kann Haß eine Hoffnung erzeugen?

8.

Hoffen Sie angesichts der Weltlage:

a. auf die Vernunft?

b. auf ein Wunder?

c. daß es weitergeht wie bisher?

9.

Können Sie ohne Hoffnung denken?

10.

Können Sie einen Menschen lieben, der früher oder später, weil er Sie zu kennen meint, wenig Hoffnung auf Sie setzt?

11.

Was erfüllt Sie mit Hoffnung:

a. die Natur?

b. die Kunst?

c. die Wissenschaft?

d. die Geschichte der Menschheit?

12.

Genügen Ihnen die privaten Hoffnungen?

13.

Gesetzt den Fall, Sie unterscheiden zwischen Ihren eignen Hoffnungen und den Hoffnungen, die andere (Eltern, Lehrer, Kameraden, Liebespartner) auf Sie setzen: bedrückt es Sie mehr, wenn sich die ersteren oder wenn sich die letzteren nicht erfüllen?

14.

Was erhoffen Sie sich von Reisen?

15.

Wenn Sie jemand in einer unheilbaren Krankheit wissen: machen Sie ihm dann Hoffnungen, die Sie selber als Trug erkennen?

16.

Was erwarten Sie im umgekehrten Fall?

17.

Was bekräftigt Sie in Ihrer persönlichen Hoffnung:

a. Zuspruch?

b. die Einsicht, welchen Fehler Sie gemacht haben?

c. Alkohol?

d. Ehrungen?

e. Glück im Spiel?

f. ein Horoskop?

g. daß sich jemand in Sie verliebt?

18.

Gesetzt den Fall, Sie leben in der Großen Hoffnung (»daß der Mensch dem Menschen ein Helfer ist«) und haben Freunde, die sich aber dieser Hoffnung nicht anschließen können: verringert sich dadurch Ihre Freundschaft oder Ihre große Hoffnung?

19.

Wie verhalten Sie sich im umgekehrten Fall, d. h. wenn Sie die große Hoffnung eines Freundes nicht teilen: fühlen Sie sich jedesmal, wenn er die Enttäuschung erlebt, klüger als der Enttäuschte?

20.

Muß eine Hoffnung, damit Sie in ihrem Sinn denken und handeln, nach Ihrem menschlichen Ermessen erfüllbar sein?

21.

Keine Revolution hat je die Hoffnung derer, die sie gemacht haben, vollkommen erfüllt; leiten Sie aus dieser Tatsache ab, daß die große Hoffnung lächerlich ist, daß Revolution sich erübrigt, daß nur der Hoffnungslose sich Enttäuschungen erspart usw., und was erhoffen Sie sich von solcher Ersparnis?

22.

Hoffen Sie auf ein Jenseits?

23.

Wonach richten Sie Ihre täglichen Handlungen, Entscheidungen, Pläne, Überlegungen usw., wenn nicht nach einer genauen oder vagen Hoffnung?

24.

Sind Sie schon einen Tag lang oder eine Stunde lang tatsächlich ohne jede Hoffnung gewesen, auch ohne die Hoffnung, daß alles einmal aufhört wenigstens für Sie?

25.

Wenn Sie einen Toten sehen: welche seiner Hoffnungen kommen Ihnen belanglos vor, die unerfüllten oder die erfüllten?

In Moskau, vor sieben Wochen, hörte man von einer Botschaft, die ein Wissenschaftler an die Machthaber im Kreml adressiert hat: sie wurde nicht veröffentlicht, aber offenbar unter Intellektuellen verbreitet. Inzwischen ist die ausführliche Schrift, deren Inhalt man nur gerüchtweise kannte, in Übersetzungen erschienen (»New York Times«, »Die Zeit«): ihr Verfasser, Andrej D. Sacharow, ein sowjetischer Physiker, Mitglied der Akademie der Wissenschaften und 1958 Nobelpreisträger, ist Kommunist. Seine Botschaft verurteilt die stalinistische Periode, deren Opfer er auf mindestens zehn Millionen schätzt, und untersucht das Erbe dieser Periode, die Situation heute. Sacharow schildert den sterilen Bürokratismus, der sich für Sozialismus ausgibt und daher als ein Tabu gilt; er spricht offen vom idiotischen Dogmatismus der Funktionäre, der die Probleme der Welt-Zukunft zu lösen nicht imstande ist, also von einer tödlichen Gefahr für die kommunistischen Länder selbst und für die Welt. Seine Kritik, die Sacharow als Eingeweihter zu begründen vermag, hat den Ernst des Alarms und führt zu einer nüchternen Mahnung: daß beide Lager, Ost und West, aus ihrem erstarrten Denkschema herausfinden zu einer globalen Kooperation (was mehr ist als die bloße Koexistenz, wie sie sich heute versteht: Übereinkunft der atomaren Großmächte, die ihre Machtinteressen aushandeln auf Kosten Dritter) als der einzigen Chance für eine Zukunft der Menschheit. Sacharow verweist auf Prag; seine Hoffnung deckt sich mit der unseren: daß Sozialismus sich endlich entwickle in der Richtung seines großen Versprechens.

Ist dieser Versuch gescheitert?

Die sowjetischen Panzer in der Tschechoslowakei erinnern, so heißt es, an den 17. Juni in Berlin und an Ungarn 1956, nur ist der Vergleich verfehlt: in Prag war kein Aufstand, sondern die kommunistische Partei selbst hat den Versuch unternommen, Sozialismus zu demokratisieren, und die tschechoslowakische Regierung hat keinen Tag lang die Kontrolle verloren über diesen Versuch. Die sowjetischen Truppen verteidigen nicht, wie vorgegeben wird, den Sozialismus gegen Konterrevolution; sie verteidigen lediglich das heutige sowjetische Establishment, das Furcht hat vor einer Evolution des Sozialismus, die unabwendbar ist auf die Dauer, unabwendbar auch für die Sowjetunion; ihr militärischer Aufmarsch ist die Manifestation dieser Furcht, die aber nicht die Furcht des russischen Volkes ist, sondern die Furcht der Funktionäre vor dem eigenen Volk. Der tschechoslowakische Versuch ist nicht gescheitert, aber unterdrückt.

WELTWOCHE, Zürich, 30. 8. 1968

Hispano-Suiza verkauft Geschütze, die Hitler bestellt und nicht mehr abgeholt hat, und dazu Ausschuß-Munition nach Afrika. Die Schweiz bietet ihre guten Dienste an, Botschafter August Lindt aus Moskau. Zeitungen

melden einen gesetzwidrigen Waffenhandel
von Bührle-Oerlikon. Schlagzeilen: Der Bundesrat fordert Untersuchung. Zuerst heißt es:
10 Millionen, dann sind es 90 Millionen für
Waffen nach Nigeria, Israel, Ägypten, Südafrika. Fälschung von Unterlagen zur behördlichen Bewilligung der Waffenausfuhr;
Dr. Dietrich Bührle hat nichts davon gewußt,
Strafklage gegen zwei Vize-Direktoren. Bundesrat und Bührle, Oberst in der schweizerischen
Armee, deren Lieferant er ist, sind sich in
einem Punkt einig: ohne Waffen-Export wäre
eine schweizerische Rüstung nicht möglich.
Einige Wochen nach dem Skandal, der die
Öffentlichkeit betrübt, als wäre Derartiges
noch nie vorgekommen, bestellt der Bundesrat
bei Bührle-Oerlikon militärisches Material
im Betrag von 490 Millionen. Wo sollte er
sonst bestellen? Eine Verstaatlichung der
Waffen-Industrie kommt aber nicht in Frage;
Verstaatlichung wäre das Ende jener Freiheit,
die unsere Armee zu verteidigen hat. Plakate
fordern Hilfe für Biafra. Der Bundesrat
spendet eine Million Franken für Biafra.
Kinder auf der Straße sammeln mit Büchsen
für Biafra.

HANDBUCH FÜR MITGLIEDER
(Korrespondenz)

Dr. U. B., 53, Bern
Die bildliche Darstellung der Lebensalter-Pyramide, wie man
sie auf alten Blättern findet (»mit 10 Jahr ein Kind« usw.,
»mit 100 Jahr im Grab«), ist mit Vorsicht zu betrachten. Daß
Sie sich nach solcher Darstellung gerade auf der Höhe des Le-

bens befinden, verdanken Sie einem naiven Symmetrie-Bedürfnis des Zeichners.

A. W., 55, Luzern
Das Foto, das Sie beilegen, ist glaubhaft; daß Sie als Wellen-reiter hinter einem Motorboot zu sehen sind, kann man nur als erfreulich bezeichnen ... Es wird in unserem Handbuch nie behauptet, daß sportliche Ertüchtigung nicht empfehlens-wert sei; je gesunder er ist, umso wohler fühlt sich der Ge-zeichnete.

G. U., 76, Ascona
Tod ist in jedem Lebensalter möglich, d. h. der Gezeichnete erkennt sich nicht unbedingt an einer Zunahme der Todes-angst – in Altersheimen vermindert sie sich eher. (Spätes Stadium.)

—M. S., 43, Zürich
Sie sind nicht der erste, den es beschäftigt, daß er schon 10 Jah-re älter ist als Mozart bei seinem Tod – das hat nichts mit Se-nilität zu tun; Sie werden sehen: Senilität meldet sich an, wenn es Sie tröstet, daß ein Genie 10 Jahre älter ist als Sie.

Professor O. P., 65, Basel
Daß Sie jetzt, emeritiert, Zeit haben für Ihr Standard-Werk, sei für Sie (so schreiben Sie) auch ein Anlaß zur Freude. Es wurde in diesem Handbuch nie bestritten, daß man im Alter besonders dankbar wird für jeden Anlaß zur Freude.

O. Sch., 63, Melbourne
Unser Handbuch hat niemals unterstellt, daß Heimatliebe (Sie sind Ausland-Schweizer) ein Symptom der Senilität sei. Hier muß ein Mißverständnis vorliegen. Tatsächlich sind Pa-

triotismus wie Chauvinismus auch bei jungen Menschen fest-
zustellen; umgekehrt kennen wir Fälle, wo die natürliche
Heimatliebe gerade im Alter schwindet ... Sie leben seit 40
Jahren in Melbourne; Ihre ungebrochene Heimatliebe hat
weniger mit der Altersfrage zu tun als mit dem Umstand, daß
Sie in Melbourne leben.

H. H., 37, Stuttgart
Ihr Einwand als Pfarrer ist unwiderlegbar. (»Ich betreue selber ein Altersheim, ich leugne keineswegs die Verblödung,
aber ich betreue diese Menschen mit der Gewißheit des Glau-
bens, daß sie am Tag der Auferstehung nicht als Verblödete
vor unsern Schöpfer treten.«)

Frau Dr. A. St. (–), Konstanz
Es stimmt nicht, daß ich bei der erwähnten Stelle insbesondere
an Sie und Ihren geschätzten Mann gedacht habe; nicht jeder
Mann, der in Gesellschaft sich von seiner Frau entmündigen
läßt, ist deswegen ein Gezeichneter. Das muß in Ihrem Fall
andere Gründe haben. Soviel ich weiß, sind Sie, wenn auch
etwas älter als er, einfach ein Temperament, und ich habe nie
den Eindruck, daß Ihr geschätzter Mann sich entmündigt
fühlt; vielleicht meint er, daß Sie uns dann auf die Nerven
gehen, was aber nicht der Fall ist. Glauben Sie mir! Die erwähnte Stelle bezieht sich auf einen Industriellen aus Pitts-
burg (USA), dessen Frau sagt: Don't speak but think, honey!
und dabei hat auch sie nicht unrecht. Noch einmal: Glauben
Sie mir! Ich schätze Ihren stillen Mann sehr.

A. G., 55, Herrliberg
SENIL und SENILITÄT sind keine Schmähwörter, sondern
Bezeichnungen; nur weil der Tatbestand, den sie bezeichnen,
auch bei Ihnen noch unter Tabu steht, reagieren Sie wie auf

Schmähwörter. *Als solche werden sie auch in der Umgangssprache gebraucht aus dem genannten Grund.*

Prof. Ch. V., 47, Princeton, USA
Ihre Hinweise sind äußerst wertvoll. Ohne Zweifel wäre ein wissenschaftliches Handbuch für unsere Mitglieder zu wünschen; einschlägige Publikationen, die ich kenne, stammen vorallem von Soziologen und sind für manche Mitglieder nicht unverständlich, nur habe ich festgestellt, daß kein Mitglied sich von soziologischen Darlegungen persönlich betroffen zeigt, eher wieder von medizinischen, wobei unsere Mitglieder allerdings nur den Schluß ziehen, daß sie sich schonen müssen.

V. O., 68, Berlin/Wien
Wie Senilität sich je nach Beruf manifestiert, wäre zu untersuchen. Ich habe Sie in letzter Zeit nicht auf der Bühne gesehen. Die all-abendliche Konfrontation mit dem Publikum, so sagen Sie, erhält jung; als Beweis erwähnen Sie, daß Sie heute noch Lampenfieber haben vor jedem Auftritt. Unser Handbuch hat nirgends behauptet, daß der Gezeichnete, wenn sein Beruf ihn zu öffentlichen Auftritten nötigt, kein Lampenfieber mehr habe und keinen Grund dazu.

H. P., 23, Frankfurt
Erfahrung macht dumm ... Diese Parole, die oft von Studenten zu hören ist, hat eine gewisse Richtigkeit; sie beruht auf Erfahrung.

Frau Ch. G., 50, Kilchberg
Selbstverständlich erachte ich die Frau als gleichberechtigt. Wenn in diesem Handbuch nicht von der alternden Frau die Rede ist, so keinesfalls aus Nachlässigkeit oder Takt, sondern aus einem einzigen Grund: ich erfahre die Frau nur als ein

187

Wesen, das sich auf den Mann bezieht (nicht unbedingt auf den anwesenden, aber auf den Mann überhaupt) als Geschlechtspartner. Eine Ahnung von Versäumnis befällt daher den Mann in dem Grad, als bei der Frau nicht nur die Tarnung durch Kosmetik versagt, sondern ihr Selbstverständnis zunimmt, das sie bisher dem Mann geopfert hat. Ihr spätes Selbstverständnis beschämt ihn – mag sein, daß sie ihn für Augenblicke noch an das Mädchen erinnert, das sie einmal gewesen sein muß, aber er sieht sich jetzt gestellt von einem außergeschlechtlichen Partner, der nicht mehr auf seine Imponier-Geste eingeht oder kaum: bei gleicher Intelligenz ist sie jetzt die Überlegene. Frauen altern besser.

PS.

Auch nicht immer.

PS.

Wenn man sagt, daß die Frau früher alt werde, so meint man, daß sie früher aus der Geschlechtlichkeit entlassen ist – wogegen der Mann sich immer noch als Geschlechtswesen zu verstehen hat oder zu verstehen sucht, somit als solches altert; der Greis ist eher lächerlich als die Greisin. (Mittleres bis spätes Stadium.) Die Macht der Matrone über das Immer-noch-Männchen.

Monsignore G. C., 69, Rom

Das Motto von Michel de Montaigne finden Sie im Essai VON DER ERFAHRUNG, nicht im Essai ÜBER DAS ALTER, dessen erste Sätze sich auch geeignet hätten: »Ich kann mich nicht in die Weise finden, in der wir die Dauer unseres Lebens bestimmen. Ich sehe, daß die Weisen sie im Vergleich zur gewöhnlichen Meinung ganz erheblich verkürzen. Wie, erwiderte der jüngere Cato denen, die ihn daran hindern wollten, sich zu entleiben, bin ich denn jetzt in einem Alter, in dem man mir vorwerfen könnte, zu früh aus dem Leben zu gehen? Und *doch hatte er erst achtundvierzig Jahre«. (Montaigne wurde 59.)*

H. Z., 81, z. Z. Bad Ragaz
Sicher gibt es immer Ausnahmen.

```
Manifeste, Mauer-Texte an der Sorbonne,
Plakate, Karikaturen mit Kreide oder Kugel-
schreiber, Parolen der französischen
Studenten im Mai, Flugblätter — jetzt er-
schienen als Buch, ich kann's zu Hause in
Ruhe durchblättern und als Farbdruck genießen,
vom Tatort abgelöst, Kunst. BOURGEOIS VOUS
N'AVEZ RIEN COMPRIS. Ich lese mit verschränk-
ten Beinen: FEU LA CULTURE. Oder: L'ART C'EST
MERDE.
```

TOWARISCH

»Das ist nicht möglich«, sage ich zur Dolmetscherin, »das ist ein Witz — fragen Sie ihn, ob er es wirklich ist.« Natürlich verstehe ich ihr Zögern, meine Frage zu übersetzen; wenn er es ist, so war er einmal der mächtigste Mann der halben Welt. »Warum fragen Sie nicht?« sage ich und denke, es könnte ja möglich sein. »Ich denke«, sagt sie, »wir müssen weiter.« Immer diese Bemutterung, und dann sagt sie es vermutlich auch zu dem alten Towarisch, daß wir keine Zeit haben. Ihr kalter Respekt vor ihm widerlegt immerhin ihre Rede an mich: »Er ist ein gewöhnlicher Bauer, ich sage es Ihnen, hier sehen viele so aus.« Sicher ist nur, daß der Alte kein Benzin hat, nicht weiß, wo in der Gegend man Benzin findet ... Vor Tagen, in Moskau, habe ich einmal seinen Namen erwähnt und von

Sofija erfahren, daß Hochachtung nicht erwünscht ist, sogar ungehörig, jede Erwähnung seines Namens eine schwere Taktlosigkeit. Ich verstehe, daß die Begegnung an diesem Gartenzaun, wenn der Alte es tatsächlich ist, für meine Dolmetscherin sehr unliebsam ist, eigentlich nicht wahr. Was kann ich dafür? Wenn er es ist, so hält er sich großartig; er muß sofort gemerkt haben, daß ich ihn erkannt habe, und versteht auch Sofija, will sie nicht in Verlegenheit bringen, diese brave und beflissene Genossin von heute, die dem alten Mann zum zweiten Mal vermutlich unser Mißgeschick erzählt. »Er weiß nicht, wo es Benzin gibt, sagt er, aber es gibt Benzin«, sagt Sofija und betont: »natürlich gibt es Benzin!« als zweifle ich daran. Obschon er kein Deutsch versteht, nickt er. Er stützt sich noch immer auf seine Harke, hemdärmlig, ein Alter im Ruhestand. Einmal mehr ist es ein Jammer, daß ich nicht russisch verstehe. Ich würde ihm schwören, daß ich im Ausland nichts berichte, kein Wort; auch habe ich ja keine Kamera, nur einen leeren Kanister in der Hand. Warum Sofija jetzt lacht, keine Ahnung; ich bin aber froh. Als wir an den Gartenzaun gekommen sind und als der Alte gesehen hat, wie verschwitzt wir sind auf unserer Suche nach Benzin, hat er irgendetwas zu trinken angeboten; Sofija hat sofort abgelehnt. Warum? Jetzt lacht sie wenigstens; ich sehe nur, wie der Alte mich daraufhin anschaut. Der Fremde heißt in der russischen Sprache (soviel ich weiß) der Stumme. Wie er mich anschaut: beinahe gerührt. »Er hat gefragt, woher Sie kommen«, sagt Sofija pflichtgemäß, »ich habe ihm gesagt, Sie seien Schriftsteller.« Was sie daraufhin zum Lachen gebracht hat, erfahre ich nicht. Ich lächle aufs Geratewohl. Eine nächste Frage, die der Alte jetzt an den Stummen richtet, wird von Sofija nicht übersetzt (das macht sie öfter so) und bleibt also ohne Antwort. Ob er Englisch versteht, finde ich nicht heraus; jedenfalls geht er nicht darauf ein, als ich probeweise frage:

»Do you have many visitors?« Eine ungeschickte Frage, weiß
Gott; zum Glück versteht Sofija nicht englisch. Man hat den
Eindruck, er lebe ohne Bewachung, nicht unzufrieden mit der
Gegend und bei robuster Gesundheit, wenn auch alt. Ich überlege gerade, wann eigentlich die Kuba-Krise gewesen ist, die
Drohung mit den Raketen, während er sich offenbar noch
immer wundert, was ein westlicher Schriftsteller in dieser Gegend verloren hat. »Er habe großen Respekt vor Schriftsteller«, sagt Sofija, und damit ich nicht wieder meine, was
nicht stimmt: »unsere Bauern haben großen Respekt vor
Schriftsteller.« Sonst spricht sie erstaunlich korrekt. Als er offenbar fragt, was sie dem Fremden eben gesagt habe, gibt sie
auch dem Alten keine Antwort, sondern blickt auf ihre Uhr,
und wir blicken einander an, der Alte und ich, zwei Entmün-
digte. Ich lobe jetzt die flache Gegend, die Üppigkeit seines
Salates, eine Birke usw., um Sofija wieder zum Übersetzen
zu verleiten. Er ist übrigens kleiner als erwartet, nicht fett,
aber gedrungen, sein Rundschädel fast ohne Haar. Je über-
zeugter ich bin, daß er es tatsächlich ist (im allerersten Augenblick habe ich nur meine Sofija foppen wollen), umso verle-
gener bin ich natürlich auch. »Sagen Sie ihm, Sofija, daß ich
Gast des Sowjetischen Schriftstellerverbandes bin«, sage ich,
damit er, wenn er es wirklich ist, nicht einen Spion vermutet, »sagen Sie es ihm bitte.« Es scheint ihn nicht zu
überraschen, nicht zu enttäuschen, nicht zu freuen; ein Bauer
oder ein Eingeweihter, das bleibt undurchsichtig. »Wir müssen jetzt gehen«, sagt Sofija wieder, und der Alte, der vielleicht einmal über Krieg und Frieden entschieden hat, legt
auch keinen besondern Wert darauf, daß das Intourist-Fräu-
lein, das die Sowjetunion zu schützen hat, und der Ausländer
mit dem leeren Kanister in der Hand länger vor seinem Gartenzaun stehen. Er hat keine Tankstelle. Er hat Solschenyzin
damals zur Veröffentlichung zugelassen, Novi Mir, er hat

die Stalin-Leiche aus dem Mausoleum versetzt. Wie er vor uns steht, seine etwas klumpigen Hände auf den Griff der Harke gelegt, traut man es ihm nicht ganz zu. »Sagen Sie ihm«, sage ich, »daß wir uns leider verirrt haben in der Gegend.« Wir haben keine Erlaubnis hier zu sein und sind es trotzdem; Sofija tut mir leid. Sie hat Augen wie ein Vogel, ich weiß nicht immer, wohin sie eigentlich blickt. Manchmal übersetzt sie auch, wenn der Towarisch nichts gesagt hat. »Ob Sie zum ersten Mal in der Sowjetunion seien«, sagt Sofija, »aber ich habe es ihm schon gesagt.« Ich sage trotzdem: »Zum dritten Mal!« was nicht wahr ist. Warum sage ich das? Sofija übersetzt es auch nicht, sondern zeigt auf ihre Uhr, und ich verstehe. Als wir gekommen sind und den alten Towarisch angesprochen haben, hat man sich die Hand gegeben, ein Volk von Brüdern; jetzt ist es schwieriger. »Fragen Sie ihn doch«, sage ich, »ob er Nikita Chruschtschow ist.« Eigentlich müßte er den Namen verstanden haben trotz meiner Aussprache. Ein schwieriger Augenblick für die brave Sofija; sie tut jetzt, als habe sie ihrerseits den Namen nicht verstanden. Ich schätze sie Mitte dreißig, das würde heißen: als Sofija irgendwo zur Schule ging, hat sie diesem Mann noch mit Pfingstrosen gewinkt und ohne Zweifel. »Warum fragen Sie nicht?« sage ich leise; Sofija kann doch nichts dafür, wenn er es ist. Als der Alte mich anblickt, zögere ich ihm die Hand zu geben. »Sagen Sie ihm, wir danken ihm«, sage ich, »wir werden schon eine Tankstelle finden.« Sofija scheint jetzt verwirrt: »Möchten Sie noch etwas wissen?« fragt sie, statt zu übersetzen. Sicher weiß der Alte (ob er's nun ist oder nicht) von Maßnahmen in der Tschechoslovakei, von Vietnam, während er hier Salate pflanzt; er wirkt nicht verkalkt, und falls er Nikita Chruschtschow ist: nicht verbittert darüber, daß er kaum mit einem Staatsbegräbnis rechnen kann. »Was hat er eben gesagt?« frage ich Sofija; sie findet es aber belanglos, keiner

Übersetzung wert, Plauderei über den Gartenzaun. »Gehen wir«, sagt sie, »er kann uns nicht helfen.« Es macht sie immer nervöser, daß wir noch immer ohne Benzin sind. »Towarisch«, sagt sie zu dem Alten mit dem bäuerlichen Rundschädel ohne Haar, aber den Rest verstehe ich wieder nicht. Er lacht wie früher auf Bildern in der Weltpresse: kleinäugig. Als man sich die Hand gibt, glaube ich doch nicht, daß er's gewesen ist –

BERZONA

Das Schweizer Fernsehen, das um eine Stellungnahme zum Hochschulgesetz bittet, kommt mit Equipe und dreht honorarlos, kann aber den Beitrag nicht senden: es sei denn, daß der Herr Bundesrat, der darin kritisiert wird, darauf antworten möchte, und das möchte der Herr Bundesrat, ein Sozialdemokrat übrigens, nicht. Dafür senden sie jetzt 100 Franken...

REMINISZENZ

Einer unsrer Hauptlehrer in Architektur, Schweizer, war erklärter Anhänger des Nationalsozialismus. Corbusier erwähnte er nur als Exempel für »Kultur-Bolschewismus«. Die Schweiz gehöre natürlich zum Reich, so sagte er, und in Sachen Juden: Jesus kann nicht Jude gewesen sein, lesen Sie wieder einmal das Testament, das Neue, und Sie werden sehen, wie tief und weise das ist, und Jesus war blond, Sohn eines Zimmermanns wahrscheinlich aus dem Norden. Dieser gemütvolle Mann, Professor Friedrich Hess, war nicht untragbar; darüber entscheidet der Bundesrat auf Antrag des Hochschulrates, der vom Bundesrat bestellt wird. Ein andrer Lehrer zur gleichen Zeit, Professor

Hans Bernoulli, unterrichtete Städtebau, was bekanntlich zu soziologischen und ökonomischen Problemen führt; er vertrat damals die Freigeld-Theorie und übte einmal Kritik am Bundesrat. Dieser Mann war untragbar und wurde entlassen.

22. 12. 1968
Apollo 8 im Fernsehen: die drei Menschen auf
der Flugbahn zum Mond. Zur Zeit sind sie
ungefähr 200 000 Kilometer von der Erde entfernt. Bild: unsere Erde als greller Ball,
leider verschwommen. Einmal ein Rudel kleiner
Meteoriten, dazu Stimme von Borman, der mit
den Leuten in Houston (Texas) spricht. Kein
Grund, hier die Pfeife nicht weiter zu
rauchen. Ihre langsamen und fischhaften Bewegungen in der Schwerelosigkeit. Einer von
ihnen, anzusehen wie ein weißer Embryo,
winkt mit der Hand. Das Oben und Unten hat
keine Geltung für sie, das ist offensichtlich
und erzeugt im Zuschauer vor dem Fernsehschirm, gerade weil er Boden unter den Füßen
hat, ein leichtes Gefühl von Schwindel.
Technisch bisher alles in Ordnung. Einer
leide unter Übelkeit; sein Arzt berät ihn von
der Erde aus. Nach der Übertragung sagt man
sich: Zum ersten Mal in der Geschichte der
Menschheit usw., dann Sport vom Sonntag.

23. 12. 1968
Heute gute Erdbilder. Wie man es sich hat
vorstellen können: unsere Erde ist ein Planet.

24. 12. 1968
Sie sind auf ihrer Ellipse um den Mond.
Sehr klare Bilder vom nahen Mond; Krater im
Seitenlicht, daher mit Schatten deutlich zu
sehen, gleiten langsam über den Fernsehschirm,

es kommen immer neue, bis man sich zugibt:
eigentlich eher trostlos. Aufregung ergibt
sich nur aus der Vorstellung, man wäre dort.
Was man sieht, bestätigt wieder nur die
Vorstellung.

25. 12. 1968
Die Zündung, die sie nach der Umkreisung
wieder aus dem Schwerefeld des Mondes bringt
und in die Flugbahn zur Erde, hat stattgefunden. Nochmals Bilder vom Mond, jetzt
sozusagen schon bekannt. Alle im Haus und
auch Nachbarn schauen es sich an; es fällt
niemand viel dazu ein. Erleichterung, daß
das Unternehmen glückt, aber man weiß nicht,
was man sich davon verspricht. Prestige für
die USA. Man sagt sich wieder: Zum ersten Mal
in der Geschichte der Menschheit usw., aber
nun wissen wir's schon.

26. 12. 1968
Geselligkeit im Haus, draußen Winter, ich
sitze vor der unerledigten Post des Jahres
und beschließe Amnestie.

27. 12. 1968
Apollo 8. Heute glückliche Rückkehr zur Erde,
die drei weißen Männer wohlauf im Fernsehen.
Auf dem Flugzeugträger gehen sie auf einem
roten Teppich; indem wir sie sehen, denken wir
an Wissenschaft und Technik, an Computer,
die das Unternehmen haben gelingen lassen,
aber nicht an Helden. Der Sprecher im Fernsehen (Monte Ceneri) versucht mit Emphase,
die drei Namen für immer in unser Gedächtnis
und das Gedächtnis unsrer Kindeskinder zu
pflanzen: Borman - Anders - Lovell. Kein
Mensch ist je so weit geflogen wie diese drei
harten Männer, wir gönnen ihnen jetzt Ruhe

und Gesundheit und Beförderung. Unterschied
zwischen Borman - Anders - Lovell und beispielsweise Nansen. Das Unternehmen, das uns
in Atem gehalten hat, steht in keinem Verhältnis zur Persönlichkeit. Übrigens geben
sich die drei weißen Männer auch keineswegs
als Helden; sie zeigen sich nur froh, daß sie
endlich wieder aus der Kapsel heraus sind:
drei Techniker, die den gefährlichsten Job
in dem anonymen Abenteuer übernommen haben;
es hätte ja auch mißlingen können, und dann
verhungerten sie jetzt in einer Umlaufbahn
um die Sonne; aber da es gelungen ist, sind
nicht sie es, die den Mond umkreist haben,
sondern (wie der Sprecher richtig sagt): der
Mensch!

Der Traum des Apothekers von Locarno

Das ist eine Gemeinheit! sagt er ruhig, aber laut, sodaß er
daran erwacht und gerade noch seine Stimme von außen hört:
– Gemeinheit! und jetzt erst italienisch: Una Vergogna! è
una Vergogna!... Was er in diesem Augenblick weiß von
seinem Traum: ein Schlotterich von Bischof, der auf beiden
Beinen hinkt, vielleicht ein Komödiant, der einen Bischof
spielt, aber ein Krüppel ist, und alles in einer Turnhalle.

. . .

Zu jener Zeit ist er Landarzt, Il Dottore, als kennten sie
seinen Namen nicht; alle im Dorf sagen nur: Il Dottore,
obschon der Name jahrelang im Telefonbuch steht, am Brief-
kasten usw., Il Dottore, wogegen er natürlich ihre Namen
zu kennen hat, sogar die Vornamen ihrer Kinder.

196

Die Gemeinheit muß eine andere sein.

. . .

Nachdem er an der eignen Stimme erwacht ist und als er auf dem Bettrand sitzt, eigentlich erschöpft, aber im Finstern aufgerichtet, damit der Traum sich nicht fortsetze, und als er Licht macht, ist er nicht mehr Landarzt und eine Weile unsicher, ob er je Landarzt gewesen ist; aber kurzdarauf (es dauert jeweils nur wenige Minuten) ist alles wieder im Klaren.

. . .

Gemeinheit im Dorf, man braucht sich nicht darum zu kümmern, es geschieht sozusagen nichts, kein Mord seit Jahrzehnten. Tagsüber erscheinen sie freundlich. Gemeinheit aller gegen alle, das ist es, was sie zusammenhält, abgesehen von der Landschaft, die im Winter nur wenig Sonne bekommt. Aber man braucht sich nicht darum zu kümmern, wenn man nicht hier geboren ist. Übrigens hat das Dorf keine Turnhalle.

. . .

IL DOTTORE! Es tönt höhnisch-höflich.

. . .

Er ist ein Trinker, das weiß er jedesmal, wenn er aufwacht und vergessen hat, was nicht im Klaren ist, und soeben ist es noch klar gewesen, vollkommen klar. Eigentlich ein glücklicher Traum.

Der Schlotterich von Bischof, der gar nichts von ihm will, und die Turnhalle haben nichts zu tun mit ihm, ein Scherz sozusagen, ein Zwischenfall; dieser Schlotterich geht ihn überhaupt nichts an, ein Bischof, der auf beiden Beinen hinkt, es ist schauerlich und lächerlich, eine Störung, insofern eine Gemeinheit.

· · ·

Er ist katholisch-ungläubig.

· · ·

Am Abend davor meint er, daß sie ihn betrogen haben, die Leute vom Dorf, sie haben ihn seit Jahren betrogen, angefangen mit der Wasserrechnung. Er vertraut diesen grünen Scheinen immer aus Bequemlichkeit. Sie sind unverständlich, aber wahrscheinlich gerecht und genau, lochkartengerecht, sie tragen seinen Namen.

· · ·

Sie ist natürlich kein Mädchen mehr. Ihre Backenknochen, ihr strenges Haar wie vor zwanzig Jahren. Sie scheint fröhlich, wie er sie gar nicht kennt, und dann hat sie irgendetwas vor. Sie hat keine Angst. Sie redet, aber man ist nicht allein, eine Unordnung ringsum, wofür er sich entschuldigt: es liegen Kinder herum, viele Kinder, nicht ihre Kinder, nicht seine Kinder.

· · ·

Er hat nur zwei Mal mit ihr geschlafen.

Sie scheint zu wissen, was aus ihm geworden ist, ein Landarzt, was aber unwichtig ist. Sie ist sehr zutraulich. Es hat gar nichts mit ihm zu tun, was sie redet. Es ist irgendwo. Er kennt den Ort nicht, die fremde Wohnung. Es ist Unsinn, daß er sich für die Unordnung entschuldigt. Man berührt einander aber nicht.

. . .

Beim Erwachen hat er Kopfweh.

. . .

Das Dorf weiß genau, was er in Wirklichkeit tut, IL DOTTORE. Vielleicht reden sie hintenherum. Was eigentlich. Zum Beispiel setzt er sich dafür ein, daß die Fabrik (Gerberei) endlich eine Kläranlage bauen muß; bisher vergeblich. Es stinkt noch heute. Vielleicht lügen sie, aber er kümmert sich nicht darum. Das ist nicht die große Gemeinheit.

. . .

Als plötzlich der Schlotterich von Bischof in die Turnhalle hinkt, um sich in einen prunkvollen Sessel zu setzen, ist sie weg. Schade. Er hätte sie etwas fragen wollen, was außer ihr niemand wissen kann und was ihn etwas angeht, ihn ganz allein.

. . .

Sein Kopfweh kommt wie immer vom Grappa.

Er hat sie seit vielen Jahren nicht gesehen und nie an sie gedacht, weiß nur, daß sie in ihrer Ehe einmal ein totes Kind geboren hat. Sonst nichts. Als er sie vor Jahren zufällig an der Bahnhofstraße in Zürich getroffen hat: eine Dame, bürgerlich von Herkunft und nur noch bürgerlich.

. . .

Sie kommt zum ersten Mal in seinen Traum.

. . .

Wie meistens wenn er erwacht ist, erinnert er sich nur an die dummen Ränder des Traums; dann ist er eine Weile wie geschlagen. Später geht er an seine Tagesarbeit, IL DOTTORE, der ein Trinker geworden ist, was das Dorf ebenfalls weiß.

. . .

Wieso ein glücklicher Traum?

. . .

Tagsüber in der Apotheke, wenn er die dicke Hornbrille auf seinem schmalen Gesicht trägt, erinnert er sich an Wirklichkeiten, die der Traum benutzt hat, aber die nicht gemeint sind. Zum Beispiel die Turnhalle; als Gymnasiasten haben sie einmal Theater gespielt in einer Turnhalle, nichts weiter.

. . .

Die Wasserrechnung dürfte stimmen.

Er ist überhaupt nie Landarzt gewesen in seinem Leben; es beunruhigt ihn, daß er eine Weile nach dem Erwachen hat meinen können, früher sei er Landarzt gewesen. Es stimmt einfach nicht.

. . .

Hingegen stimmt es, daß er sich seit Jahr und Tag für eine Kläranlage einsetzt, IL DOTTORE; das weiß nicht nur das ganze Dorf, das weiß man. auch in Bellinzona – man kennt ihn und sein Ungeschick mit der italienischen Sprache. Er stammt aus Winterthur.

. . .

Die Gerberei kommt im Traum nicht vor.

. . .

UNA VERGOGNA! das sagt er erst, als er seine Stimme schon von außen hört; das Dorf spricht nur italienisch.

. . .

Später erinnert er sich an einen Spaziergang mit Leny, genauer gesagt: er erinnert sich an eine Erinnerung, die er schon erzählt hat: wie eine Frau mit einem wackligen Leiterwagen kam, und im Leiterwagen saß ein verkrüppeltes und schwachsinniges Kind, und die Studentin lachte ihn aus, als er mit ernstem Entsetzen sagte, das sei sein Gesicht oder könnte sein Gesicht sein. Was er nie erzählt: nachher im Wald hat er die Studentin verführt, zum ersten Mal, und es war lächerlich.

Tagsüber ist alles wieder selbstverständlich.

. . .

Es ist ein glücklicher Traum, bis dieser Bischof kommt, der alles verdrängt, dieser violette Schlotterich, dieser alte Komödiant mit dem Hirtenstab und das Publikum, die Touristen von Locarno, seine Kunden.

. . .

Dabei weiß er schon längst, daß bei der Gerberei nichts zu erreichen ist, obschon sie den kleinen Fluß versaut; er hat Expertisen verlangt, IL DOTTORE, man weiß es ohne Expertisen; die Kinder baden im Fluß. Was geht's ihn an. Seine Kinder baden nicht im Fluß.

. . .

Es ist ein sonniger Tag, Winter.

. . .

Es hat alles einen andern Zusammenhang oder überhaupt keinen; es ist nur klar, solange er träumt, vollkommen klar. Es stimmt nicht, was er sich nach dem Erwachen dazu denkt; alles ist anders und wahrer als alles, was er in seiner Apotheke denkt.

. . .

Als er den Schlotterich von Bischof sieht, der mit beiden Beinen hinkt, weiß er übrigens schon, daß er nur geträumt hat. Das war die Gemeinheit.

. . .

Als er nicht mehr daran denkt (er ist inzwischen mit dem Wagen nach Locarno gefahren und hat mit den Angestellten sprechen müssen, vorher das Frühstück mit der Familie, jetzt diktiert er Bestellungen), denkt er plötzlich an E., den er lang nicht mehr gesehen hat. Wahrscheinlich hat es damit angefangen: – E. sitzt auf Asphalt, also öffentlich auf dem Boden, Beine verschränkt wie ein Buddhist, klug und witzig wie immer, aber nackt, viel kleiner als ein wirklicher Mensch und leider ohne Arme. Es ist rührend, nicht entsetzlich: der bekannte Revolutionär, aber lächelnd, ein Krüppelchen.

. . .

Gegen Mittag verbröckelt alles in Sinn.

. . .

Als seine Frau ihn fragt, was denn die Gemeinheit in seinem Traum gewesen sei (sie hat seinen lauten Ausspruch gehört), sagt er: Sie sind Gauner, das ganze Dorf, sie sind einfach Gauner.

. . .

E. glaubt nicht an Reformen. Das ist immer ihr Streit gewesen. Aber wie er auf dem Asphalt sitzt ohne Arme: ohne Rechthaberei, nackt und liebenswert.

Die Mitte im Traum bleibt leer.

. . .

Sobald die Kinder einmal zur Schule müssen, werden sie das Dorf verlassen, das ist schon seit einiger Zeit fast ein Beschluß, nicht dringlich; trotzdem redet er beim Frühstück davon. Es sei kein Leben hier.

. . .

Er liebt die Studentin, die eine Dame geworden ist, im Traum zum ersten Mal; sie weiß jetzt alles. Keine Zärtlichkeiten, wie gesagt. Hingegen weiß er im Traum nicht zum ersten Mal von einer heimlichen Liebesgeschichte, die dann jedesmal, wenn er erwacht, nie gewesen ist. Was er sie fragen möchte: ob sie sich daran erinnert. Dann wäre sie's gewesen.

. . .

IL DOTTORE, so nennen sie hier alle akademischen Berufe; wenn er ein Arzt wäre, so würden sie sagen: IL MEDICO.

. . .

Langsam verrutscht alles.

. . .

Zum Beispiel fällt es ihm jetzt ein, wer in der Tat als Gauner zu bezeichnen ist: die Unfallversicherung, die seit Jahr und Tag einfach nicht zahlt. Aber davon hat er nicht geträumt.

Es bleibt die Studentin mit den Backenknochen und dem strengen Haar. Ein Mops-Gesicht eigentlich. Sie sitzt an einem langen Tisch (Grotto) in einem braunen Kleid aus Seide, eine Bürgerin, übrigens sonnengebräunt; erst später ist es eine Wohnung mit fremden Kindern auf Kommoden, Unordnung, aber bürgerlich; sie hat nichts mit alledem zu tun. Sie redet nur zu ihm. Es spielt keine Rolle, daß er verheiratet ist. Sie nimmt an, daß es seine Freunde sind, die immer ein und aus gehen und unterbrechen. Es stört sie aber nicht. Es sind wohl seine Freunde, nur kennt er sie nicht. Sie sagt, sie sei jetzt sehr stark, sehr stark.

. . .

Er meint sich an Korridore zu erinnern.

. . .

Es war eine verkrampfte Affäre damals.

. . .

Tiere im Korridor, aber ungenau.

. . .

Einige Tage zuvor erzählt er in einem Grotto, warum er gegen die Gerberei nichts mehr unternehme, groß geredet: man könne die Welt nicht ändern, er jedenfalls nicht, es sei auch nicht sein Beruf usw., er sei kein Idiot.

Meistens träumt er sexuell-anonym. (Er ist Mitte vierzig). Er ist sehr glücklich, als er sie erkennt; ihr Mops-Gesicht hat eine gewisse Ähnlichkeit mit dem Gesicht seiner dänischen Assistentin; aber es ist Leny.

. . .

Er mag die Dänin übrigens nicht.

. . .

Auch E. weiß schon alles, und es gibt gar nichts zu sagen. Ein gutes Wiedersehen, ein unverhofftes Wiedersehen. Es scheint dem E. nichts auszumachen, daß er gar keine Arme hat, fast keine Arme. Kein Unfall; nur zum ersten Mal sieht man ihn nackt. Alles ist leicht. Wie er auf dem Asphalt sitzt (sit-in) und grinst, möchte man ihn streicheln. Eigentlich grinst er kaum oder nicht. Er ist kindlich, das ist alles, er ist liebenswert.

. . .

Vielleicht spielt auch Fernsehen hinein.

. . .

Es ist nicht so, daß der andere Tag sozusagen unter dem Traum steht; er braucht nichts davon zu vergessen; es kommt gegen den Tag nicht auf (jedenfalls nicht gegen den Tag in der Apotheke) und verliert sich nur ins Privat-Lächerliche: Glück, das dem Tageslicht nicht standhält.

Warum ist er kein Landarzt.

. . .

Widerlich bleibt nur der Bischof.

. . .

Manchmal trinkt er gegen Abend (dabei sagt er sich jeden Morgen, das müsse jetzt aufhören) zuerst Wein, dann Grappa, weil er nur weiß, daß es nicht stimmt, was er denkt, was er sagt, was er tut, was er weiß.

1969

BERZONA

Einmal im Flugzeug meinte ich, daß ich das
Haus erkenne: ein graues Klötzchen in einem
Nebental. Es tat mir leid; es steht oft ohne
Bewohner. Dann bewahrt es unsere Bücher, die
zivilen Dokumente, Briefe, Notizen, das Geschirr, auch Wein. Kommt man eines Tages
wieder, so schaut es sehr sachlich. Alles noch
da. Es erzählt nichts. Vermutlich hat ab und
zu das Telefon geklingelt. Es ist nicht eingestürzt, nur eine Stunde lang unglaubwürdig:
Hier also hausen wir. Winter südlich der
Alpen: Schneewasser rinnt über Granit, der
durch die Nässe violett-schwarz wird;
dazwischen das verwelkte Farnkraut, Stämme
von Birken, Schnee auf den Höhen, darüber
Mittelmeer. Auf Wanderungen trifft man jetzt
keinen Menschen, ab und zu ein paar Ziegen;
die Bäche sind vereist, aber an der Sonne ist
es warm. Nirgends kann es jetzt schöner sein.
Ohne die Gäste, die je an unserem Granit-
Tisch gegessen oder im Haus geschlafen haben,
wäre es nicht unser Platz; es bliebe eine
Landschaft — sehr schön an einem Tag wie
heute.

LESERBRIEFE ZU ARTIKELN

»Meinen Sie vielleicht, daß der Vietkong keine Morde ver-
übt?« / »Wenn Sie die USA meinen kritisieren zu müssen,
warum wohnen Sie denn nicht endlich in einem kommunistischen Land, wenn Sie dort alles wunderbar finden?« / »Sind
Sie denn überhaupt ein Schweizer?« / »Ist der Verfasser
dieses Artikels bereit uns Neutrale in einem nächsten Aufsatz
über die wahren Verhältnisse und die Tätigkeit auf der andern Seite aufzuklären?« / »– weiß ich von Lenin nur einen
Satz, aber der stimmt: die nützlichen Idioten. So einer sind

Sie genau. Wie lang noch?« / »Das ist die sogenannte Jugend, die Ihresgleichen unterstützt, Kriminelle, Vorbestrafte, Homosexuelle, Asoziale, Tagediebe. Dafür zahlen wir Steuern.« / »Daß Sie auch noch ein Wort einlegen für die Dienstverweigerer, war ja nach allem zu erwarten.« / »Ihr ganzer Artikel ist Dreck, aber Sie verdienen einen Haufen Geld damit, und das ist Ihnen die Hauptsache.« / »Sauhund! Sie sind ein verreckter Sauhund! Mit Ihrem Schwanz soll man beim Globus die Möwen füttern! Sie ekelhafter Idiot, aber Ihre Hütte wird bald in Flammen stehen! Sauhund!« / »Warum immer nur Kritik?« / »Die amerikanischen Soldaten in Vietnam sterben nämlich auch für Sie, Herr Frisch, das vergessen Sie offenbar, als Neutrale haben wir daher überhaupt kein Recht –« / »Man kann sich des Eindrucks nicht erwehren, daß Sie ein richtiger Schuft des geistigen Lebens sind, auch wenn man sich angesichts des Guten, das Sie auch noch haben, dieses Eindrucks wirklich erwehren möchte. Soviel Zersetzendes und Verneinendes ist in einer solchen Zeit und Welt einfach unverantwortlich ... Das widerliche, perfide, unterminierende Wesen, das Sie zeigen, deutet auf einen unedlen Charakter, von dem man spüren muß: Mit ihm läßt sich nicht reden.«

HASS

Wenn ich gerade Bilanz machen müßte: – keine Person, die ich im Augenblick hasse; nur etliche, denen ich nicht begegnen möchte, da es sein könnte, daß es nochmals zum Haß kommt. Ich hasse nicht selten, aber kurzatmig. Vielleicht ist es meistens nur Zorn. Kein Fall von lebenslänglichem Haß. Vor allem meine ich sicher zu sein, daß mein Haß mich mehr geschädigt hat als sie, die ich haßte. Haß als Stichflamme, die plötzlich erhellt; aber dann verdummt er mich. Vielleicht kommt es daher, daß dem Hassenden eher an Versöhnung gelegen ist als dem Gehaßten. Wenn ich feststelle, daß jemand mich haßt, kann ich mich leichter entziehen; ich halte mich eben an andere, die mich nicht hassen. Trotz einer natürlichen Dosis von Selbsthaß bin ich vorerst irritiert, wenn ich mich von jemand (ohne daß ich ihm ein Bein gestellt hätte) gehaßt finde. Habe ich mit Sympathie gerechnet? Eigentlich nicht. Was irritiert, ist die unerwartete Intensität einer einseitigen Beziehung; der Reflex ist nicht Gegen-Haß, vielleicht Verwirrung, vor allem aber Wachheit. Ich habe das Gefühl, er fördere mich (zu einem gewissen Grad) durch Wachheit, oder ich kann den Hassenden vergessen. Umgekehrt nicht; als der Hassende halte ich mich an den Gehaßten, und es hilft mir nichts, daß er sich entzieht, im Gegenteil. Je seltener ich ihn sehe oder von ihm höre, umso gründlicher mein Haß, d. h. meine Selbstschädigung. Ferner stelle ich fest: Haß auf eine Person nötigt mich zu einem Grad von Gerechtigkeit, den ich nie erreiche, und überanstrengt mich. Meistens braucht es nicht einmal eine Versöhnung; mein Haß wird mit der Zeit zu kostspielig, das ist alles, mit der Zeit steht er in keinem Verhältnis zu der betreffenden Person, die mir eigentlich, was immer sie getan haben soll, gleichgültig geworden ist ... Anders ist es mit dem Haß, der sich nicht auf eine Person bezieht, sondern auf ein Kollektiv oder insofern auf eine Person, als sie ein Kollektiv repräsentiert. Mein einziger lebenslänglicher Haß: Haß auf bestimmte Institutionen. Da wird der Haß selbst eine Institution. Auch da schädigt der Haß vorallem mich selbst, aber ich bleibe meiner Selbstschädigung treu, weil dieser Haß sich als Gesinnung versteht und Gleichgültigkeit wie Versöhnung ausschließt –

Man ist bewegt, hilft, gibt Rat und Möbel und Geld; das Bewußtsein persönlicher Ohnmacht gegenüber der Zeitgeschichte läßt uns die Gelegenheit ergreifen, wo man etwas tun kann: man geht ans Telefon und zaubert Verbindungen, erreicht auch etwas, verspricht zwar keine

Wunder, aber man ist da — das täuscht die
Flüchtlinge immer in der ersten Zeit. Jetzt
haben sie eine Wohnung, sogar einen Job, nach
einem halben Jahr fühlen sie sich einsam; ihr
Problem bleibt nicht unser Problem.

Uraufführung TURANDOT ODER DER KONGRESS DER WEISS-
WÄSCHER, Regie: Benno Besson. Warum in Zürich? Die
Parabel stimmt weder für den westlichen noch für den
östlichen Teil so recht, gibt aber wie jede Parabel vor,
irgendeinen Nagel auf den Kopf zu treffen. Was für den Westen, den Brecht gemeint hat, nicht stimmt: Wir nämlich werden nicht zu Kongressen befohlen, um beispielsweise den
Vietnam-Krieg gutzuheißen, wir können sogar protestieren,
ohne enthauptet zu werden — nur nützt unser Protest eben
nichts, im Gegenteil, unser Protest attestiert den Machthabern
bekanntlich, daß sie tolerant sind. Wieweit stimmt sie im
Osten, diese Parabel von den Tuis, die anzutreten haben zum
ideologischen Applaus für den Einmarsch in die Tschechoslowakei? Bekanntlich hat Brecht, als er das Stück zu schreiben
begann, die Intellektuellen unter dem Faschismus gemeint;
warum hat er's nicht zu Ende geschrieben und auf der Bühne
erarbeitet? Sein China-Chicago liegt wie immer vor dem Sozialismus, der eben erst im Anmarsch ist, also unschuldig wie
der alte Bauer mit dem Kind, der, pfiffig aus gesundem Men-
schenverstand, verstanden hat, was im Büchlein steht. (Es
müßte ein rotes Büchlein sein, aber das geht jetzt nicht mehr
. . .) Das Stück läßt keinen Zweifel: Die Wahrheit kommt, die
Wahrheit siegt, Vorhang, als kämen die Intellektuellen nicht
mehr in Schwierigkeit mit der Wahrheit nach dem Vorhang.
Leider weiß der Zuschauer inzwischen zuviel. Der sprichwört-
liche Brotkorb, der, sobald du den Machthabern nicht huldigst, schwupps in die Höhe geht: wie wahr, wie wahr! —

schon ein Entzug des Passes, Ausschluß aus der Partei, Verbannung in ein Arbeitslager oder Einlieferung in eine Irrenanstalt (weil du den Machthabern nicht huldigst) wären so simpel-allegorisch nicht darzustellen. Überhaupt dieses Kinder-Theater für Intellektuelle. Wenn ich die abgeschlagenen Köpfe auf der Mauer sehe, weiß ich natürlich, welche Köpfe nicht gemeint sind; sie fallen mir trotzdem ein. Und da hilft kein Matterhorn-Plakat, wie Benno Besson es an die Wand wirft, um Mißverständnissen zu wehren. Aber Zürich hat gejubelt; das tut keine Gesellschaft, die sich entlarvt sieht. Es war schlimm, ein Theater-Ereignis. Schon durch die Zuversicht, daß es dann im Sozialismus kein Tui-Problem mehr gebe, wirkt alles antiquiert. Es ist eine Sache mit der Parabel –

ZÜRICH, Februar 1969

Brandstiftung in der Telefon-Zentrale Hottingen. Der Täter namens Hürlimann, seit Jahrzehnten angestellt bei der PTT und Kenner der Anlage, hat die Brandherde so verteilt, daß die Brandwache nicht mehr viel hat verhindern können; das Gebäude ist erhalten, aber die meisten Kontakt-Anlagen sind ausgebrannt. Schlagzeilen melden Riesenschaden; vor allem wird es mehrere Wochen dauern, bis die Telefon-Zentrale wieder funktioniert. Der Täter, der sich sofort der Polizei gestellt hat, scheint mit seiner Tat zufrieden; ein erstes psychiatrisches Gutachten schildert ihn als bisher ordentlichen Mechaniker, als älteren Familienvater, als kontaktarm. Er gesteht, daß seine Arbeit ihn anödete; ferner kränkte ihn in letzter Zeit auch das Ausbleiben einer Beförderung; es wurde ihm ein jüngerer Mechaniker vorgesetzt, so daß eine Veränderung für ihn nicht mehr in Aussicht stand. Eine Er-

wägung, ob die bestehenden Arbeitsverhältnisse
zumutbar sind oder vielleicht nicht, gehört
nicht in das psychiatrische Gutachten, das
sich mit der Feststellung begnügt: Psychopath.
Das technische Ergebnis seiner technisch-
präzisen Revolte: 30 000 Telefon-Apparate sind
taub. Unterhaltung mit Leuten in einer Wirtschaft; auch solche, die jetzt viel Ungemach
haben, zeigen sich nicht ohne Sympathie für
diesen Hürlimann.

FRAGEBOGEN

1.

Wenn Sie jemand dazu bringen, daß er den Humor verliert
(z. B. weil Sie seine Scham verletzt haben), und wenn Sie dann
feststellen, der betroffene Mensch habe keinen Humor: finden
Sie, daß Sie deswegen Humor haben, weil Sie jetzt über ihn
lachen?

2.

Wie unterscheiden sich Witz und Humor?

3.

Wenn Sie spüren, daß Ihnen jemand mit Antipathie begegnet:
was gelingt Ihnen dann eher, Witz oder Humor?

4.

Halten Sie's für Humor:

a. wenn wir über Dritte lachen?

b. wenn Sie über sich selber lachen?

c. wenn Sie jemand dazu bringen, daß er, ohne sich zu schä-
men, über sich selber lachen kann?

5.

Wenn Sie alles Lachen abziehen, das auf Kosten von Dritten
geht: finden Sie, daß Sie oft Humor haben?

6.

Woran merken Sie es zuerst, wenn Sie in einer Gesellschaft

alle Sympathie verspielt haben: verschließt man sich Ihrer ernsten Argumentation, Ihren Kenntnissen usw., oder kommt einfach die Art von Humor, die Ihnen eigen wäre, nicht mehr an, d. h. daß Sie humorlos werden?

7.

Haben Sie Humor, wenn Sie allein sind?

8.

Wenn Sie von einem Menschen sagen, er habe Humor: meinen Sie damit, daß er Sie zum Lachen bringt oder daß es Ihnen gelingt, ihn zum Lachen zu bringen?

9.

Kennen Sie Tiere mit Humor?

10.

Was gibt Ihnen unversehens das Vertrauen, daß Sie sich mit einer Frau intim verstehen könnten: ihre Physiognomie, ihre Lebensgeschichte, ihre Glaubensbekenntnisse usw. oder ein erstes Zeichen, daß man im Humor übereinstimmt, wenn auch keineswegs in Meinungsfragen?

11.

Was offenbart Affinität im Humor:

a. Gleichartigkeit des Intellekts?

b. daß zwei oder mehrere Menschen übereinstimmen in ihrer Fantasie?

c. Verwandtschaft in der Scham?

12.

Wenn Ihnen bewußt ist, daß Sie im Augenblick tatsächlich keinen Humor haben: erscheint Ihnen dann der Humor, den Sie zuweilen haben, als ein oberflächliches Verhalten?

13.

Können Sie sich eine Ehe ohne Humor vorstellen?

14.

Was versetzt Sie eher in Eifersucht: daß die Person, die Sie lieben, eine andere Person küßt, umarmt usw. oder daß es dieser andern Person gelingt, Humor zu befreien, den Sie an Ihrem Partner nicht kennen?

15.

Warum scheuen Revolutionäre den Humor?

16.

Können Sie einen Menschen oder eine Gesellschaftsschicht, die Sie aus politischen Gründen hassen, mit Humor sehen (nicht bloß mit Witz), ohne dabei den Haß zu verlieren?

17.

Gibt es einen klassenlosen Humor?

18.

Wenn Sie ein Untergebener sind: halten Sie es für Humor, wenn der Vorgesetzte über Ihre ernsten Beschwerden und Forderungen lächelt, d. h. für einen Mangel an Humor, wenn Sie nicht auch lächeln, oder lachen Sie dann, bis der Vorgesetzte seinen Humor einstellt, und womit erreichen Sie noch weniger?

19.

Kommt es vor, daß Sie sich im Humor als ein anderer entpuppen, als Sie gerne sein möchten, d. h. daß Sie der eigene Humor erschreckt?

20.

Entsteht Humor nur aus Resignation?

21.

Gesetzt den Fall, Sie haben die Gabe, jedermann zum Lachen zu bringen, und Sie gebrauchen diese Gabe in jeder Gesellschaft, sodaß Sie nachgerade als Humorist bekannt sind – was versprechen Sie sich davon:

a. Kommunikation?

b. daß Sie's mit niemand verderben?

c. daß Sie eine Infamie loswerden und nachher sagen können, es sei Humor gewesen und wenn der Betroffene keinen Humor verstehe usw.?

d. daß Sie sich selber nie langweilen?

f. daß Ihnen in einer Sache, die mit Argumenten nicht zu vertreten ist, die Lacher trotzdem rechtgeben?

22.

Was ertragen Sie nur mit Humor?

23.

Wenn Sie in der Fremde leben und erfahren müssen, daß Ihr eigentlicher Humor sich nie mitteilt: können Sie sich damit abfinden, daß es eine Verständigung nur im Ernst gibt, oder werden Sie sich dadurch selber fremd?

24.

Verändert im Alter sich der Humor?

25.

Wie meinen Sie im Humor zu sein:

a. versöhnlich?

b. frei von Ehrgeiz?

c. angstlos?

d. unabhängig von Moral?

e. sich selbst überlegen?

f. kühner als sonst?

g. frei von Selbstmitleid?

h. aufrichtiger als sonst?

i. lebensdankbar?

26.

Gesetzt den Fall, Sie glauben an einen Gott: kennen Sie ein Anzeichen dafür, daß er Humor hat?

5. 3 1969
Ganzer Tag vor dem deutschen Fernsehen. Wahl des Bundespräsidenten. Gesichter in ihrem Image-Krampf vor der Kamera: nach dem ersten Wahlgang, nach dem zweiten Wahlgang. CDU gibt sich locker-munter, wie Herren sich im Urlaub treffen, eigentlich gäbe es Dringlicheres als

dieses Urnenspiel, nur muß das heutzutage der
Demokratie zuliebe auch sein, Gedränge in den
Wandelhallen, im Gedränge nicht vergessen,
daß die Fernseh-Wähler vielleicht gerade zu-
schauen, die Umständlichkeit so eines Ver-
fahrens verdrießt sie nicht, Partie mit
sicherem Ausgang, so Gott will, und man hat
von Gott nichts Gegenteiliges gehört, der
erste Wahlgang ist wie erwartet (wenn auch
etwas knapp) überstanden, Kanzler Kiesinger
wie gewohnt, Schmunzelvater, Minister Heck und
die andern CDU-Herren zeigen ein spürbares
Entgegenkommen, wenn sie sich auf Abstimmung
einlassen. Gegen Abend endlich das Ergebnis:
also doch Heinemann. Nach der Niederlage, die
Kanzler Kiesinger als demokratisches Ergebnis
hinzunehmen sich ausdrücklich bereit erklärt,
Demokrat seit eh und je und bis ins Mark, auch
wenn die Demokratie eben immer wieder einmal
ihre Havarien hat, erklärt der erbitterte
Minister Strauß kurz und bündig: „Keine glorreiche Wahl."

Skizze eines Unglücks

Er hatte Vorfahrt, insofern keinerlei Schuld. Der Lastwagen
mit Anhänger kam von links in die Allee kurz vor Montpellier. Es war Mittag, sonnig, wenig Verkehr –

. . .

Sie trägt kurzes Haar, blond, Hosen mit einer Messing-
Schnalle auf einem breiten Gurt, dazu eine violette Pop-Bril-
le. Sie ist 35, Baslerin, witzig. Sie kennen einander bereits ein
Jahr.

Ihre Frage: Oder fahre ich jetzt? ist nicht ihr letztes Wort vor dem Unfall (wie er später vielleicht meint); das hat sie auf dieser Reise öfter gesagt.

. . .

In Avignon, allein im Badezimmer, das er abriegelt, obschon sie noch schläft, ist er entschlossen: So nicht weiter! Er will es ihr beim Frühstück sagen (ohne Streit): Kehren wir um! Es ist vernünftiger.

. . .

Sie hat ihn im Bürgerspital kennengelernt als Arzt, dem sie sozusagen ihr Leben verdankt; seinetwegen ist sie in Scheidung.

. . .

Bettnächte mit anschließender Besichtigung von Romanik oder Gotik, jeder Tag wie ein Examen: Geschichte der Päpste, nur weil man gerade in Avignon ist – sie fragt mit Vorliebe, was er nicht weiß oder nur ungefähr weiß, sodaß er unsicher wird. Warum der Papst im 14. Jahrhundert nach Avignon emigriert ist, läßt sich ja nachlesen, wenn es sie wirklich interessiert. Aber es geht nicht um die Päpste. Nachher im Bett macht sie ihn wieder sicher.

. . .

Er ist Junggeselle.

Sie findet die Reise gelungen. Das sagt sie seit Genua, wo es in Strömen geregnet hat. Später hat das Wetter sich gebessert. Sie sagt: Du schaust ja gar nicht! Vorallem die Provence begeistert sie, es kommt vor, daß sie auf der Fahrt singt.

. . .

Er hat eine Glatze, das weiß er.

. . .

Aix-en-Provence, natürlich findet er's schön, sogar sehr. Aber sie traut es ihm nicht zu, weil er anderswohin schaut als sie.

. . .

Es heißt nicht CAVILLION, sondern CAVAILLON, der berühmte Spargel-Ort. Übrigens hat sie es ihm schon gestern gesagt. Sie hat recht. Es heißt tatsächlich CAVAILLON, kurzdarauf steht es auf einem Schild: CAVAILLON. Dann schweigt er, kurzdarauf überfährt er ein rotes Stop-Licht.

. . .

Hotelzimmer mit grand-lit, wo sie nachher die Zeitung liest, LE FIGARO LITTERAIRE, wovon er, wie sie beide wissen nichts versteht. Sie ist Romanistin, Dr. phil.

. . .

In Nizza speisen sie mit Freunden, ein netter Abend, nur findet sie nachher, er habe während dieses ganzen Essens (Bouillabaisse) über Essen geredet. Das darf man einem Partner wohl sagen. Er hat sich vorgenommen, nie wieder über das Essen zu reden, und übertreibt jetzt, schweigt mit Nachdruck, wenn Marlis ihrerseits über das Essen redet, wie es vorallem in Frankreich natürlich ist.

. . .

Es ist nicht ihre erste gemeinsame Reise. Früher hatte er Humor, solange er davon zehrte, daß sie ihn als Arzt bewunderte. Ihre erste Reise, als sie genesen war, führte ins Elsaß.

. . .

Er hat noch nie einen ernsten Unfall gemacht, trotzdem wäre er froh, wenn Marlis sich anschnallen würde. Sie tut's nicht, sonst hat sie Angst, daß er noch schneller fährt. Er verspricht, daß er sich an sein Versprechen hält. Das tut er auch. Seit Cannes. Wenn er merkt, daß sie trotzdem auf die Sicherheitslinie schaut, ohne etwas zu sagen, weiß er nicht mehr, was er eben hat erzählen wollen. Er ist langweilig und weiß es.

. . .

In Avignon, nachdem er das Badezimmer verlassen hat, sagt er: Ich warte unten. Was los sei? Sie weiß es wirklich nicht. Vielleicht ist er überarbeitet.

. . .

Sie bewundert kluge Menschen, vorallem Männer, weil sie Männer für klüger hält als Frauen. Wenn sie von jemand spricht: Er ist sehr klug. Oder: Klug ist er gerade nicht. Dabei zeigt sie's niemand, wenn sie ihn nicht klug findet. Sie hält es für ein Zeichen ihrer Liebe, daß es sie kränkt, wenn er, Viktor, in Gesellschaft nicht klüger spricht als sie.

. . .

Er gedenkt nicht zu heiraten.

. . .

Jetzt fährst du 140! Darauf hat er gewartet. Schrei mich bitte nicht an! Erstens schreit er nicht, sondern sagt nur, darauf habe er gewartet. Immer ihr Blick aufs Tachometer. Zweitens fährt er, wie das Tachometer zeigt, genau 140. Das sagt sie ja. Gestern ist er 160 gefahren (Autobahn zwischen Cannes und St. Raphaël), einmal 180, wobei Marlis ihr Kopftuch verloren hat. Man hat sich geeinigt: Maximum 140. Jetzt sagt sie: Es ist mir einfach zu schnell. Dabei überholt sie jeder Volkswagen. Sie sagt: Ich habe einfach Angst. Er versucht's mit Spaß: Maximum gestern 140, Maximum heute 120, das ergibt bei Bilbao ein Maximum von 30. Bitte! Da er es selber einen blöden Spaß findet, findet er's unnötig, daß Marlis es einen blöden Spaß findet. Sie singt nicht mehr, er überholt nicht mehr, sie schweigen.

. . .

Ihr Mann, der erste, war (ist) Chemiker.

. . .

Daß sie in Marseille nicht die Schuhe gekauft hat, weil er dort ungeduldig war, nimmt sie nicht übel; sie sagt nur, daß ihre

Schuhe sie drücken, daß es in Arles, wo er sich geduldig zeigt, keine Schuhe gibt für sie.

. . .

Eigentlich würde er lieber allein frühstücken. Er weiß auch nicht, was eigentlich los ist. Er kennt keine Frau, die er zum Frühstück lieber erwarten würde als Marlis. Das weiß sie.

. . .

Wie klug ist Marlis?

. . .

Er weiß, daß es an ihm liegt.

. . .

Später meint er vielleicht, er sei schon mit der Ahnung erwacht, daß dieser Tag mit einem Unfall endet; schon unter den Platanen in Avignon habe er's geradezu gewußt.

. . .

Ihre kindliche Freude an Käufen; auch wenn sie nichts braucht, bleibt sie vor Schaufenstern stehen und unterbricht das Gespräch. Das war aber bei andern Frauen kaum anders.

. . .

Er stammt aus Chur, ein Sohn eines Eisenbahners, Akademiker cum laude, demnächst soll er Oberarzt werden.

Die berühmte Ortschaft, wo die Zigeuner zusammenkommen, heißt nicht SAINTES MARIES SUR MER, sondern SAINTES MARIES DE LA MER. Sie sagt es ihm nicht. Sie vermeidet sogar den Namen, um Viktor nicht zu korrigieren, bis er es vielleicht selber merkt.

. . .

Sie nennt ihn Vik.

. . .

Sie will nicht die Überlegene sein, das verträgt kein Mann, Viktor schon gar nicht; er ist Chirurg, also daran gewöhnt, daß die Leute ihm vertrauen müssen, und auch Marlis hat ihm damals vertraut.

. . .

Redensart von Marlis: Bist du sicher? Ob C., ein gemeinsamer Bekannter in Basel, eigentlich homosexuell sei, möchte sie wissen; kaum äußert er dazu seine Meinung, sagt Marlis: Bist du sicher?

. . .

In Avignon, wo er unter den Platanen auf sie wartet, fühlt er sich plötzlich wie früher, als er noch Humor hatte. Es kommt ihm wie ein Spuk vor. Sonne in den Platanen, Wind, wahrscheinlich Mistral. Vielleicht geht es heute besser. Er wird seinen Vorschlag, diese Reise abzubrechen, nicht machen. Im

Grunde ist es lächerlich. Er sitzt unter Platanen an einem runden Tischchen und studiert den GUIDE MICHELIN, um nachher zu wissen, wie man am besten nach Montpellier fährt.

. . .

Er ist 42.

. . .

Einmal, als Student, hat Viktor eine Woche in der Provence verbracht. Er meint die Arena von Arles zu kennen, als sie gegen Arles fahren und als Marlis aus dem GUIDE MICHELIN vorliest: Angaben betreffend Durchmesser der Arena, Zahl der Plätze, Höhe der Fassade, Baujahr usw. Sie liest es französisch. Es ist französisch geschrieben, Marlis kann nichts dafür, daß er, sobald er französisch hört, sich wie im Examen fühlt; dabei versteht er's. Wenn sie im GUIDE MICHELIN liest, schaut sie nicht auf die Sicherheitslinie. Als Student, damals, war er mit einer Hamburgerin; was davon geblieben ist: seine Erinnerung, wie sie oben auf der Kranzmauer gesessen haben, eine sehr genaue Erinnerung an diese Arena von Arles. Er schildert sie im voraus. Ein guter Abend in Arles, Viktor erzählt mehr als sonst und lebhaft. Sie mag es, wenn er so erzählt. Sie trinken (was er sonst, wenn er im Dienst ist, nicht tut). Am andern Morgen besuchen sie die Arena von Arles – er stellt fest, daß er sich an die Arena von Nîmes erinnert hat, was Marlis nicht bemerkt, aber er.

Sie ist schlank. Sie hat ein großes Gebiß und volle Lippen, die, auch wenn sie nicht lacht, ihre Zähne immer sichtbar lassen. Wer ihr sagt, sie sei schön, ist durchgefallen; anderseits tut sie nicht wenig, um schön zu sein für den Mann, der sie als klug erkennt.

. . .

Eine Stunde nach Arles gesteht er, daß er die Arena von Arles und die Arena von Nîmes verwechselt habe.

. . .

Sie weiß, daß Viktor wartet. Sie findet, man habe Zeit. Warum geht er immer voraus, sodaß er dann warten muß? Sie kann nicht schneller. Es ist immer dasselbe. Als er unter den Platanen an dem runden Tischlein sitzt, sagt er sich selbst, daß es an ihm liegt: weil er immer vorausgeht. Sie hat recht; er kann ja Avignon genießen. Das tut er. Sonne in den Platanen. Als er sieht, daß Marlis wieder vor einem Schaufenster steht und nicht loskommt, obschon sie weiß, daß Viktor wartet, beschließt er: Geduld. Sie sagt, daß es auch in Avignon, wie sie eben gesehen habe, keine Schuhe gebe für sie. Ferner: daß sie viel zu leicht angezogen sei. Ob es in Spanien wärmer wird? Das vermutet er, sagt aber nichts, um für den Fall, daß diese Reise wirklich nach Spanien führt, nichts Falsches gesagt zu haben. Hingegen sagt er: Nimmst du ein Brioche? und was er anbietet: ein Croissant. Er merkt es gerade noch, verbessert sich aber nicht, da sie seine Frage überhört hat. Er bemerkt jetzt jeden Fehler, den er macht. So meint er. Dabei merkt er beispielsweise nicht, daß sie auf Feuer für ihre Zigarette wartet. Entschuldige! sagt er und gibt Feuer. Entschuldige. Die Wiederholung ist zuviel.

In Basel lebt sie nicht mehr bei ihrem Mann, aber auch nicht bei VIK; das würde, wie man weiß, ihre Sache bei der Scheidung belasten.

. . .

Wie er plötzlich, nachdem er Feuer für ihre Zigarette gegeben hat, sie anblickt: nicht böse, nur unpersönlich, wie man einen Gegenstand anblickt. Sie fragt, ob ihm denn ihre Kette nicht gefalle. Dann ruft er: Garçon! plötzlich so entschlossen. Als seine Hand über ihre Wange streichelt, bleibt es unklar, was diese Geste soll. Leider kommt aber der Garçon nicht, der nur fünf Schritte nebenan einen andern Tisch abwischt. Die Geste seiner Hand hat sie verwirrt. Er ist entschlossen, munter und locker zu bleiben. Er sagt: Ein herrliches Wetter! Sie fragt: Hast du noch immer nicht bezahlt? Eine Frage ist kein Verweis; er klopft mit einer Münze an das Blech, bis Marlis ruft: Garçon? Jetzt kommt er. Daß sie, während er zahlt, den Garçon ausführlich befragt, wie man nach Montpellier fahre, brauchte ihn nicht zu verdrießen; Marlis kann ja nicht wissen, daß er vorher die Karte genau studiert hat. Als der Garçon endlich verschwunden ist, sagt sie: Du hast verstanden?

. . .

Wovor hat er Angst?

. . .

Einmal (nicht auf dieser Reise) hat sie im Halbscherz gesagt: Du bist nicht mehr mein Chirurg, Vik, daran mußt du dich gewöhnen.

In der Garage allein mit dem Mann, der den Wagen gewaschen hat, sagt er BENZIN (nasal) statt ESSENCE; es macht nichts aus, wenn Marlis nicht zugegen ist. Er bekommt, was er meint.

. . .

In Basel ist alles anders.

. . .

Ein einziges Mal auf der ganzen Reise, in Cannes, sagte sie: Idiot! weil er gegen ihren Hinweis in eine Einbahnstraße fährt. Warum nimmt Viktor es ernst? Dann wartet er auf die nächste Zensur.

. . .

Sie freut sich auf Spanien.

. . .

Schließlich ist sie Romanistin; wenn sie hin und wieder sein Französisch verbessert, sollte Viktor dankbar sein.

. . .

In Avignon wartet er im offenen Wagen, raucht, während sie noch etwas kaufen muß. Man hat Zeit. Ferien. Er raucht, er will sich Mühe geben. Als sie endlich kommt, empfängt er sie wie ein Kavalier, steigt aus dem Wagen und öffnet ihr die Türe, sagt: Ich habe deine Sonnenbrille gefunden! Sie lag unter dem Sitz. Marlis sagt: Siehst du! als habe er ihre Sonnenbrille verloren, die zweite auf dieser Reise. Was Marlis noch hat kaufen wollen, eine andere Nagelfeile, hat sie nicht gefunden; dafür Strandschuhe, die er lustig findet. Warum ist sie verstimmt? Sie hat immer das Gefühl, Viktor sei ungeduldig. Wie in Marseille. Sie hat einen halben Koffer voller Schuhe, und er versteht nicht, warum sie seit Marseille nur noch die Schuhe trägt, die sie drücken. Sein Vorschlag, nochmals über Marseille zu fahren, sollte nicht ironisch sein, aber das glaubt sie ihm nicht. Jetzt sind beide verstimmt.

. . .

Schade um die Bettnächte.

. . .

Daß die MANCHA nicht, wie Marlis behauptet hat, im Norden von Madrid liegt, weiß jedermann; immerhin hat er, bevor sie zum Frühstück gekommen ist, nochmals auf der Karte nachgesehen. Nicht um darauf zurückzukommen! Nur um sicher zu sein.

. . .

Man fährt im offenen Wagen, nachdem er versprochen hat, daß er keinesfalls rast. Es ist eben etwas anderes, ob man am Steuer sitzt oder daneben. Daß er dann (wie zwischen Cannes und St. Raphaël) überhaupt nicht mehr überholt, sondern hinter jedem Lastwagen bleibt, ist in der Tat lächerlich; nachher findet er sich selber unmöglich.

Er haßt seinen Namen: VIKTOR, aber mag es auch nicht, wenn sie sagt: VIK, vorallem wenn die Leute am andern Tisch es hören.

. . .

Daß Europa zu einer einheitlichen Währung kommen muß und wird, ist seine Meinung; Marlis ist nicht überzeugt, hört sich aber seine Begründungen an und sagt nichts dazu. Warum wird er gereizt? Es ist nicht die Begründung, was sie nicht überzeugt.

. . .

Sie ist vollkommen genesen.

. . .

Wenn sie schweigt, gibt er sich selbst die nächste Zensur. Warum spricht er jetzt von den Spargeln im Elsaß (also wieder vom Essen!) statt Ausschau zu halten, wo die Ausfahrt nach Montpellier ist? Sie setzt die Sonnenbrille auf, sagt: Hier kommen wir nach Lyon! und da er schweigt: Ich denke, du willst nach Montpellier. Er hängt seinen linken Arm aus dem Wagen, um sich locker zu geben. Kurzdarauf ein Wegweiser: TOUTES LES DIRECTIONS. Im Elsaß, damals auf ihrer ersten Liebesfahrt, hatte sie einfach Vertrauen. Nochmals ein Wegweiser: TOUTES LES DIRECTIONS. Noch immer kein Fehler.

Wenn er meint, er habe Humor, findet sie es meistens nicht; dann wieder kommt es vor, daß sie über eine Bemerkung von ihm auflacht, und er weiß nicht warum.

. . .

Sie knotet sich das Kopftuch, ein neues, das sie sich statt der Nagelfeile gekauft hat; Viktor bemerkt es erst, als sie fragt: Wie gefällt es dir? Plötzlich sagt er: Du hast recht! als habe sie etwas gesagt nach seiner Bemerkung, er sei ohne sie schon einmal von Bagdad nach Damaskus gefahren durch die Wüste und habe es gefunden; jetzt sagt er: Wir sind am Arsch! was Marlis verwundert, da es sonst nicht seine Ausdrucksweise ist. Er lacht, als stehe man auf dem berühmten Pont d'Avignon, der in der Mitte abbricht; tatsächlich befindet man sich nur in einem Industrie-Areal mit dem Schild: PASSAGE INTERDIT. Er schaltet in den Rückwärtsgang, sie sagt: Sei nicht nervös. Als er nach einer Serie von Fehlern (man hört sie aus dem Getriebe) die Straße gefunden hat, die jeder Idiot findet, hat Viktor noch immer nicht gesagt, ob ihr neues Kopftuch ihm gefällt.

. . .

Sie ist klug ohne Begründungen.

. . .

Wenn er jetzt seinen weißen Klinik-Mantel anziehen könnte, wäre es sofort anders; die Vorstellung, daß er im weißen Klinik-Mantel durch die Provence und nach Spanien fährt –

Warum erzählt er nichts?

. . .

Es stimmt nicht, daß er noch nie einen Unfall hatte. Marlis weiß es nur nicht, es ist lange her. Unfall mit viel Glück. Er selber hat es sozusagen vergessen. Als es ihm einfällt, blickt er Marlis von der Seite an: als habe sie ihn daran erinnert durch ihr Schweigen, nachdem er gerade einen Deuxchevaux überholt hat.

. . .

Was heißt eigentlich Plexus? Er ist Chirurg, und es wäre komisch, wenn er's nicht wüßte. Trotzdem wartet er darauf, daß sie sagt: Bist du sicher? Sie schweigt aber. Erst als Viktor meint, die Route über Aigues Mortes sei die kürzere, sagt sie: Bist du sicher?

. . .

Marlies sitzt barfuß im Wagen, da ihre Schuhe sie drücken, aber sie spricht nicht davon. Er nimmt Anteil – statt daß er irgend etwas erzählt.

. . .

Warum legt er seine Hand auf ihren Schenkel?

. . .

In Antibes hat er sie angebrüllt, erinnert sich aber nicht mehr, wie es dazu gekommen ist. Später will er sich entschuldigt haben, indem er sagte: Also gut! – bleich vor Wut, ohne zu glauben, daß er im Unrecht war: Ich bitte um Entschuldigung!

. . .

Ob die flache Landschaft, die Marlis entzückt, als Provence oder als Camargue anzusprechen sei, ist eigentlich doch gleichgültig. Wieso beharrt er auf Camargue? Vielleicht hat er ja recht.

. . .

Kein Wort bis AIGUES MORTES.

. . .

Er kommt entgegen ihrer Warnung, die er nicht einmal mit einer Miene beantwortet, tatsächlich in einen sehr knappen Parkplatz. Ohne Kratzer und sogar auf den ersten Anhieb. Wortlos. Hundert Schritt weiter sind lauter leere Parkplätze und sogar im Schatten. Nur hat auch Marlis das nicht wissen können. Sie sagt auch nichts.

. . .

Apéritif unter Platanen allein, während sie sich im Städtchen umsieht. Plötzlich fühlt er sich wie in den Ferien. Dieses Licht unter den Platanen, dieses Licht usw.

Daß sie ihm ihr Leben verdanke, hat er, Vik, nie gemeint. Es ist eine Operation gewesen, die in der Regel gelingt. Vielleicht hat sie es gemeint –

. . .

Hier könnte man bleiben. Es ist elf Uhr, zu früh zum Mittagessen. Trotzdem könnte man hier bleiben. Die alten Festungsmauern halten den Mistral ab. Wenn Marlis zurückkommt, wird er wie verwandelt sein: heiter, gelassen – es liegt an ihm, nur an ihm.

. . .

Manchmal möchte er ein Kind von ihr.

. . .

Sie weiß nicht, warum Viktor solche Geschichten macht wie in Antibes. Erst brüllt er sie an, dann schlägt er ein Restaurant vor, BONNE AUBERGE, Drei-Stern. Sie glaubt nicht an diese Sterne. Er besteht darauf. Schon wieder verstimmt, daß sein Vorschlag nicht entzückt, läßt er sie eine Stunde allein in Antibes bummeln. Was macht er? Als man sich wieder trifft, nochmals dasselbe Palaver, wo man speisen will; ihr Einwand, aber es gebe Restaurants in der Nähe, wozu Drei-Stern usw. Die Gegend, wo er hinfährt, sieht nicht nach Restaurants aus; als sie endlich fragt: Bist du sicher? fährt er wortlos weiter, zweigt ab, zweigt nochmals ab, und da steht es: BONNE AUBERGE. Der Oberkellner führt zum Tisch auf der Terrasse, den der Herr vor einer Stunde persönlich ausgesucht hat. Leider ist es jetzt auf der schönen Terrasse zu kühl, drinnen Kulisse, Bedienung in Folklore, das Essen ist mäßig, aber teuer, aber es macht nichts. Marlis ist lieb, obschon er sie vor einer Stunde angebrüllt hat; er tut ihr leid.

. . .

Mistral ist auch der Name eines Dichters – was Viktor gewußt hat. Hingegen kommt der Wind, der ebenfalls Mistral heißt, nicht vom Meer her, wie Marlis meint. Das nebenbei. Hingegen hat sie natürlich recht: LETTRES DE MON MOULIN, das ist von Alphonse Daudet, das hat er in der Schule gelesen, aber nicht von Mistral. Das nebenbei. Eigentlich hat sie nur gesagt: Mistral ist ein Dichter, das weißt du.

. . .

Er fährt einen Porsche.

. . .

Unter den Platanen von AIGUES MORTES: sein Griff in die Joppe, um sich zu versichern, daß er seinen Paß nicht verloren hat. Viktor hat seinen Paß noch nie verloren. Sein Schrecken, als sein Paß nicht in der Joppe ist; aber im gleichen Augenblick erinnert er sich: er ist im Wagen, sein Paß. Er ist sicher, erinnert sich genau, wie er den Paß in das Fach gesteckt hat; aber er wird nachsehen. Er ist nicht sicher.

. . .

Wenn er seinen Entschluß im Badezimmer, heute diese Reise abzubrechen, durchgeführt hätte, wären sie jetzt in Lyon, abends in Basel – während es hier so schön ist: Dieses Licht unter den Platanen, dieses Licht usw. Wenn sie kommt, wird er einen Vorschlag machen: Bummel ans Meer.

Hoffentlich findet sie ihre Schuhe.

. . .

Unter den Platanen von Aigues Mortes: eine Stunde vor dem
Unglück möchte er noch einen schwarzen Kaffee. Ob er zu
müde sei, um zu fahren? Er lobt das Licht unter den Platanen,
dieses Licht usw., Tauben gurren um das Denkmal des SAINT
LOUIS. Marlis möchte weiter, sie hat wirklich keinen Hunger, sie möchte nicht einmal einen Apéritif. Jetzt findet Viktor, man habe ja Zeit. Ein Alter mit drei langen französischen
Broten unter dem Arm.

. . .

Spanien war ihre Idee.

. . .

Er hält sich nicht für einen Egoisten. Er ist nur glücklich, wenn
er meint, er könne jemand glücklich machen. Gelingt das nicht,
so ist er entsetzt; er bezieht alles auf sich.

. . .

Wer die beiden von außen sieht, findet nichts daran, daß sie
LE PROVENÇAL liest, während er, seine langen Beine auf
das Trottoir gestreckt, Kaffeee trinkt und auf das Wunder
wartet – es müßte von außen kommen, von den gurrenden
Tauben . . . Er wäre bereit zu heiraten. Nur eine Frage des
Humors. Willst du hier noch lange sitzen? fragt sie. Entschuldige! sagt er: Du liest ja die Zeitung, nicht ich. Er meint's
nicht so, wie es tönt, und daß er dann ihre Handtasche trägt,
Kavalier aus Bedürfnis, ist sie gewohnt. Also kein Wunder.

Zum ersten Mal ist es Viktor, der einen Kreuzgang besichtigen möchte. Romanik. Sie mag nicht.

. . .

Sie gehen Arm in Arm.

. . .

Zum ersten Mal ist es Viktor, der überall stehen bleibt. Markt mit Früchten und Gemüse. Es ist rührend, wenn Viktor sagt: Hier gibt's Schuhe! und offenbar noch immer nicht weiß, was sie sucht.

. . .

Warum muß man nach Spanien?

. . .

Er wartet in einer Gasse, Marlis hat ihr Kopftuch vergessen, er wartet eigentlich nicht auf Marlis. Was würde er machen, wenn er allein wäre? Als er sieht, daß sie kommt, daß sie wieder vor einem Schaufenster stehen bleibt, kauft er eine HERALD TRIBUNE, um zu wissen, was in der Welt geschieht. Nach einer Weile, als er von der Zeitung aufblickt, ist Marlis verschwunden –

. . .

Touristen beim Mittagessen.

Später sagt sie: Entschuldige! Sie hat eine lustige Mütze gekauft. Nein! lacht sie: Für dich! Marlis in bester Laune. Als er den Wagen öffnet, ihre Frage: Oder fahre ich jetzt? Er fährt. Warum immer nur er? Er bittet dringlich, daß sie ihn ans Steuer läßt. Das läßt sich jetzt nicht erklären. Gefällt sie dir nicht? Sie meint die bunte Mütze. Zum ersten Mal hat er Angst vor der Straße.

. . .

Sie ist ein Kind.

. . .

Sein Paß ist im Fach.

. . .

Du siehst lustig aus! Sie hat ihm die bunte Mütze aufgesetzt, damit er nicht so ernst sei. Er wundert sich, daß Marlis sich anschnallt. Ohne Aufforderung. Er läßt die Mütze auf dem Kopf, als er schaltet, Blick zurück, um hinten nicht anzustoßen. Nur jetzt kein Fehler –

. . .

Das also ist Aigues Mortes gewesen.

. . .

Sie hat einen Sohn, der zur Schule geht; sie hat in Paris studiert; sie ist in Scheidung; sie ist eine Frau, kein Kind.

Pferde der Camargue. Manchmal sagt sie etwas, manchmal sagt er etwas. Zum Glück wenig Verkehr. Dann wieder versucht er beruflich zu denken: Wann ist ein Mensch tot? Die Frage bei Herzverpflanzungen. Er ertappt sich im Augenblick, als er sagt: Morgen muß ich Öl wechseln! statt daß er sagt, was er denkt. Er macht es sich zu einfach.

. . .

Früher, als Kind, ist sie geritten.

. . .

Fahrt hinter einem belgischen Wohnwagen, ohne zu überholen; als er endlich überholt, reicht es gerade noch, aber es war gefährlich. Sie sagt nichts.

. . .

Patienten schätzen ihn: seine Ruhe, seine Sicherheit, seine Zuversicht usw.

. . .

Jetzt trägt sie die lustige Mütze. Dir steht alles! sagt er, aber er schaut auf die Straße. Hört er überhaupt zu? Sie liest aus dem GUIDE MICHELIN vor, damit er sich auf die Höhlenmalerei von Altamira freue, damit er nicht nur an seinen Ölwechsel denkt, damit er weiß, warum sie nach Altamira fahren. Sie meint's lieb.

Er hatte immer Glück, verglichen mit andern Leuten, gesundheitlich und beruflich und überhaupt, nicht nur als Alpinist (Piz Buin) –

. . .

Sie sagt: Denkst Du schon wieder ans Essen! Er denkt überhaupt nichts, sondern schaut auf die Straße; er hat nur irgend etwas sagen wollen, was mit Montpellier zu tun hat, weil er ein Schild sieht: MONTPELLIER 12 KM. Er hätte besser nichts gesagt.

. . .

Viktor kommt mit leichten Verletzungen davon, Schnittwunden an der Schläfe, erinnert sich aber an keinen Lastwagen mit Anhänger. Sie stirbt auf dem Transport ins Hospital von Montpellier. Er erinnert sich nicht einmal an die Allee, wo es passiert ist, wo jetzt der gekippte Anhänger zwischen den Platanen liegt; beim Augenschein kommt es ihm vor, als befinde er sich zum ersten Mal in dieser Allee mit der Kreuzung, wo er verhört wird (französisch) und erfährt, daß er Vorfahrt hatte, also keine Schuld.

. . .

Später wird er Oberarzt.

. . .

Ein Jahrzehnt lang spricht er nie von dem Unglück bei Montpellier; er weiß nicht, wie es dazu gekommen ist.

Einige Bekannte wissen es ungefähr.

. . .

Er wird Chef einer Klinik, Vater von zwei Kindern, reist viel, aber nie nach Spanien.

. . .

Ein Arzt, der am Vorabend einer Operation von sich selber erzählt, ist eine Zumutung, das weiß er; trotzdem erwähnt er plötzlich seinen Unfall bei Montpellier in Frankreich: – Ich hatte Vorfahrt, wie gesagt, insofern keinerlei Schuld . . . Nachher sagt er: Wie sind wir eigentlich auf diesen Unfall gekommen? Der Patient weiß es auch nicht. Warum sagt er nicht einfach Gutnacht, das Übliche: Sie werden schlafen, sonst klingeln Sie der Nachtschwester. Aber das hat er schon vorher gesagt. Dann hat er eines der Bücher vom Nachttisch genommen, ohne mehr als den Titel zu lesen. Er legt es wieder auf den Nachttisch. Was er eigentlich hat sagen wollen: Kein Grund zur Sorge, er werde morgen dabeisein, nicht selber operieren, aber dabeisein, kein Grund zur Sorge usw.

. . .

Er hatte nie wieder einen Unfall.

. . .

Der Patient, offensichtlich enttäuscht, wagt nicht zu fragen, warum der Chef nicht selber die Operation vornimmt.

Ihre Frage: Bist du sicher?

. . .

Mehr über den Unfall berichtet er nie.

. . .

Marlis hat den Lastwagen gesehen, sie hat ihn gewarnt, er hat den Lastwagen gesehen, aber nicht gebremst; er hatte Vorfahrt. Es kann sein, daß er sogar Gas gegeben hat, um zu zeigen, daß er sicher ist. Sie hat geschrien. Die Gendarmerie von Montpellier gab ihm recht.

VULPERA-TARASP, Juni 1969

Was man so in einer Kur alles tut! — seit einer Woche täglich die NZZ (Neue Zürcher Zeitung und schweizerisches Handelsblatt, 190. Jahrgang) gelesen... Kann man sagen, daß diese Zeitung lügt?

Hotel im guten alten Stil. Nichts großkotzig. Lift zu klein, um auch noch einen Liftboy hineinzustellen; mit hölzernem Scherengitter; wenn man auf den Knopf drückt, so geht's nicht sofort los, und wenn es dann losgeht, so wackelt's; ein technisches Faktotum, man darf vermuten, daß es schon Hoheiten geliftet hat. Aber Bad und Klo sind modern. Nicht wie Hilton-Hotels für Großverdiener ohne Tradition; diese Hotellerie weiß, wie Aristokraten zu Hause leben — so wie hier: schlicht und zuverlässig und unaufdringlich bedient, eben nicht großkotzig, wenn auch von Kindsbeinen an ge-

wohnt, daß uns jemand die Wagentüre öffnet
und abends unser Pyjama aufs Bett legt mit
gefalteten Ärmeln, als bete es schon.

Was nicht am ersten Tag zu erraten ist: die
Branche. Sofort zu erraten, auch wenn über das
Wetter gesprochen wird, über Diät, über einen
Schwiegersohn in Lissabon, über Hunde, über
Verstorbene usw.: sie sind die Inhaber. Kenn-
zeichen dieses Tons: es ist selbstverständlich, daß sie wählen können, sie fordern ohne
Zögern — nichts Ungehöriges, nur Dienstleistungen, die sie angemessen bezahlen, Freundlichkeit macht sie freundlich; ihre Gewißheit,
daß sie nur gefragt werden können, was sie
wünschen. Ihr Ton des selbstverständlichen
Anrechts —

Jugendliche besudeln das Zürcher Obergericht
mit roter Farbe, vorher gelingt ihnen noch
eine Verkehrsstörung. (11. 6.) Die Presse sehr
ernst; sie mahnt die Behörde. Nur ein ent-
schlossenes Eingreifen der Polizei, sonst ist
Volkszorn (gegen die Jugendlichen) nicht auf-
zuhalten, „Bürgerwehren". Dabei kein Wort zum
Anlaß: daß jugendliche Demonstranten vom Sommer 68 heute vor Gericht stehen, wogegen die
Polizei-Täter vom Sommer 68 nicht vor Gericht
zu stellen sind; sie können nicht ermittelt
werden. Immerhin wird jetzt die Mißhandlung
von Verhafteten nicht mehr bestritten, aber
davon hat man, laut NZZ, nachgerade genug
gehört.

Wanderungen im National-Park.

Man kann nicht sagen, daß ihre Zeitung lügt;
sie verhindert nur dreimal täglich die Aufklärung. Ihr Kniff: die Inhaber als die Ver-
antwortungsbewußten. Nicht nur in Wirtschaft

und Industrie, auch in der Armee. Die Inhaber
sind von der Arbeitskraft abhängig, aber nicht
von deren Meinung; hingegen ist die Mehrheit
abhängig von der Meinung der Inhaber: Das ergibt das Verantwortungsbewußtsein der Inhaber.
Es spricht fast aus jedem NZZ-Artikel, oft
zwischen den Zeilen. Man gibt sich in der
mise-en-page so langweilig wie möglich, das
wirkt seriös. Es überträgt sich auf die Leser;
sie kommen sich seriös vor, schon wenn sie die
NZZ in der Hand halten. Ihre Mienen, wenn sie
lesen: noch seriöser. Und nachher wissen
sie's, wie unseriös jeder anderslautende Bericht wäre; daher brauchen sie ihn gar nicht.
Ab und zu ein kleiner Rufmord, humorig oder
gediegen durch Herablassung; nur wer den Fall
genauer kennt, sieht die Gemeinheit. Die besseren Schreiber halten sich streng an die Tatsachen, soweit sie die Meinung des Blattes
bestätigen, d. h. sie lassen die Tatsachen
sprechen. Vor allem aus dem Ausland. Die
schweizerische Neutralität verpflichtet zwar
nicht den Staatsbürger in seinem Denken, aber
den Staat in seinen Verlautbarungen: daher zu
einem gewissen Grad auch dieses Blatt, das die
Stimme der Schweiz ist. Die stilistische Neutralität (ein Ulbricht wird in der Berichterstattung nicht anders präsentiert als ein
Obrist in Athen, der an der Macht ist; ein
Breschnew nie als Person diffamiert; Kiesinger
oder Strauß werden ohne Einmischung zitiert;
die Probleme der italienischen KP nicht ohne
Verständnis berichtet, Nixon für einen kleinen
Truppen-Abzug aus Vietnam nicht getadelt usw.)
bewirkt immerhin, daß für den Leser gelegentlich das Wesen der Politik durchsichtig wird:
Kampf zwischen Macht-Interessen — im Ausland,
wogegen es im Inland wesentlich um die offiziöse Moral geht. („Wehret den Anfängen.")
Da lokale Tatsachen, dem Leser möglicherweise

bekannt, sich nicht ohne weiteres eignen für
den Informations-Stil, der einfach Tatsachen
sprechen läßt, muß das Urteil dann und wann
adjektivisch angesteuert werden: „unverantwortlich", „nach ausländischen Mustern",
„linksintellektuell", „Drahtzieher", „Randalierer und deren Hintermänner", „sogenannt
fortschrittlich", „wer im Hintergrund unter-
gründig die Fäden zieht", „Unfug", „Radau-
brüder und Gaffer", „Scharfmacher", „auf
Kosten der Steuerzahler", „der Verharmlosungs-
versuch des bekannten Linkssozialisten",
„destruktiv", „unschweizerisch" usw. Eine Darstellung, die der eigenen Tendenz zuwider-
läuft, ist „tendenziös". Oft auch wieder eine
belustigende Lektüre: „Es hat sich in der Tat
erwiesen, daß mit Toleranz und Langmut — entgegen ursprünglicher Erwartung — das wünsch-
bare Ziel leider nicht mehr zu erreichen ist."
Hiemit ist nicht nur das Wesen der Toleranz
definiert, sondern ich weiß, was einzig und
allein wünschbar ist. Die Kunst der feinen
Lüge besteht lediglich darin, daß die Meinung,
die dreimal täglich die Macht der Inhaber
sanktioniert, nicht eine Klassen-Meinung sei,
sondern Ethos schlechthin und somit im Interesse der Mehrheit.

National-Park: — obschon die Menschen sich an
die ausgepflockten Pfade halten, pfeifen die
Murmeltiere und verschwinden, Hirsche bleiben
auf der andern Talseite, die Gemsen in Feld-
stecher-Ferne.

Daimler-Benz verzeichnet Riooongowinn. Was
legal ist: Gratis-Aktien an die Aktionäre;
ein Hauptinhaber gewinnt 140 Millionen. Um den
Arbeitsfrieden zu erhalten, der diesen Gewinn
ermöglicht hat, wird die Belegschaft ebenfalls
am Gewinn beteiligt: 320 Mark für jeden Arbeiter einmalig.

Belletristik: Wenn es möglich ist, daß Leute,
deren gesellschaftlicher Gegner man ist, sich
unumwunden als Verehrer vorstellen.

Wie sich die Griechen den Hades vorgestellt
haben: — ein ältliches Paar aus Zollikon, das
Mühle spielt, anderswo eine Familie mit keu-
schen Töchtern, in der Nische ein dicker Finne
(liest Malraux) immer allein, andere vereint
die Langweile nach unaufdringlicher Verbeu-
gung, dann rücken sie die Sessel zusammen.
Was sie reden? Vom Nebentisch höre ich: wo
man am besten kauft. Dazu trinken sie Kaffee
wie im Leben. Später in der Bar: wo man in
Hongkong am besten speist. Aber dann weiß die
Dame einen Rabbi-Witz; Lachen wie im Leben.
Die Gattinnen erhalten sich besser, ihre Geschlechtlichkeit hat sie auch verlassen, aber
sie sprechen mehr und flinker, sitzen ohne
Buckel. Einer ohne Stock schlurft langsam
Schuh vor Schuh, man hat immer Angst: Und wenn
eine Schwelle kommt? Eine Gattin, die ihren
Lebensgefährten nach seinem Hirnschlag betreut, trägt Schmuck pfundweise wie Beute,
sagt ihm ab und zu, was er früher gewußt hat.
Das Ehepaar aus Zollikon, nachdem es einen
langsamen Walzer getanzt hat, ist jetzt schlafen gegangen. Kenner am Nebentisch: sie sammeln also Perser-Teppiche, Werte, die Werte
bleiben. Es ist zehn Uhr. Morgen ist auch Tag.
Es wird sich nichts verändern.

Wie sie vor dem Essen noch die Nachrichten
hören, Herren im dunklen Anzug, die Damen mit
Pelzumhang, die nicht zuhören: Breschnew ver-
flucht China, Husak säubert weiter, aber die
tschechischen Schriftsteller noch immer stand-
haft, sogar die tschechischen Arbeiter scheinen für die Freiheit zu sein, Pompidou bildet
sein Kabinett, Israel vergilt weiter, Fisch-

sterben im Rhein, der schweizerische Bundesrat wird prüfen, zum Schluß die allgemeine
Wetterlage — nicht alles ist erfreulich, aber
alles in allem eine Bestätigung: Lauf der
Welt. Im Prinzip verläuft sie schon richtig
für die Inhaber.

„Der Stadtrat ist nicht bereit, weitere Ausschreitungen zu dulden ... Das Recht der Bevölkerung auf freie Meinungsäußerung und auf
Durchführung von Demonstrationen bleibt un-
angetastet ... Die Polizei ist auf Grund einer
Wegleitung des Stadtrates über das einzu-
schlagende Vorgehen genau instruiert." Dazu
ag-Meldung: „Die motorisierten Wasserwerfer
sollen nicht nur mit gewöhnlichem Wasser gefüllt werden, sondern es wird ihnen eine
chemische Substanz beigemischt, die das Wasser
noch nasser macht. In einer weiteren Alarm-
stufe werden normale Armeeflammenwerfer zum
Einsatz kommen, die von den eingesetzten Poli-
zeimännern am Rücken getragen werden und mit
Wasser und flüssigem Tränengas gefüllt sind.
Wie von der Polizei zu erfahren war, wurde die
chemische Zugabe zum Wasser bereits in
Deutschland erprobt."

Ofenpaß; wo ich 1945 eine Baracke heizen mußte
für deutsche Überläufer, ihre Schnauze in der
Kapitulation. Bahnhof Schuls: die Waggons mit
Geretteten aus Theresienstadt. Überall diese
Souvenirs, auch wenn ich sie nicht erwähne.

Mehrheit (nicht erst die Mehrheit bei Wahlen,
sondern die öffentliche Meinung auch in Fragen, worüber nie abgestimmt wird), wie entsteht sie? Nicht nur der Briefträger, Angestellter beim Bund, hat eine Familie; auch der
Professor, Angestellter beim Bund, hat eine
Familie und darüber hinaus eine gesellschaft-

liche Aufgabe: Forschung, die Kredite braucht.
Soll er diese Kredite gefährden durch eine
Unterschrift oder Rede? Man kann's nicht verlangen. Duckmäuser? Der Einzelne verhält sich
zum gesellschaftlichen Klima, das er vor-
findet; es ist zumindest ein Risiko, wenn
einer der öffentlichen Meinung widerspricht.
Meistens steht es nicht dafür; die Chance, daß
ein persönlicher Einsatz mehr verursacht als
Repressionen gegen die Person, ist gering. Je
mehr Leisetreter in einem Land, um so ver-
wöhnter wird allerdings das Ohr der Macht-
Inhaber, um so kränkbarer; ein verfassungs-
mäßiges Referendum der Studenten gilt bereits
als „Zwängerei" (NZZ). Was der herrschenden
Meinung widerspricht, ist skandalös. Infolgedessen werde ich vorsichtig. Soll ich mir das
Leben denn schwerer machen? Infolgedessen gebe
ich dem Sozial-Druck nach; dabei erliegt der
einzelne leicht einer Täuschung: ich halte es
bei allen andern für Gesinnung, was bei mir
nur Vorsicht und Duckmäuserei ist, bestenfalls
Meinungslosigkeit. Die Summe aller Duckmäuser,
die sich das Leben nicht schwerer machen
wollen, ergibt endlich den Popanz der öffentlichen Meinung, die sich die Macht-Inhaber
formulieren; dazu haben sie die Mittel:
Schule, Presse, Fernsehen, Universität,
Kirche. Eben weil sie im Grunde nicht Ausdruck
eigenen Bewußtseins ist, sondern entstanden
aus Sozial-Druck, reagiert die öffentliche
Meinung gereizt auf jedes andere Bewußtsein;
die Mehrheit empfindet Bewußtsein schlechthin
als subversiv: WEHRET DEN ANFÄNGEN. Sehen die
Leisetreter sich in der Mehrheit, so brauchen
sie aber nicht mehr leisezutreten, sie werden
kollektiv-aggressiv: BÜRGERWEHREN. Begreif-
licherweise bangen sie um den Lohn ihrer
lebenslänglichen Vorsicht. Die öffentliche
Meinung als Konsensus aller, die der Sozial-

Druck korrumpiert hat, gibt sich immer moralisch; sie muß kompensieren. Das ist in jedem
System so. Die Angst vor Repressalien mausert
sich zur Gesinnung. Zwar übernimmt diese Mehrheit nicht die Macht, daran hindert sie eben
die Gesinnung, ihr Einverständnis mit den
Macht-Inhabern; sie nimmt jetzt den Macht-
Inhabern lediglich die Repressalie ab. RUHE
UND ORDNUNG, dafür tritt der Stammtisch ein;
daß ein andersdenkender Lehrer aus der Schule
fliegt, dafür müssen die Macht-Inhaber kaum
noch sorgen, das besorgt die Mehrheit, die
sich die Macht-Inhaber durch Repressalie geschaffen haben, auf demokratische Weise. Man
bezeichnet das Volk in der Schweiz gerne als
SOUVERÄN: weil ja die Mehrheit entscheide.
Wie souverän ist die Mehrheit?

Wanderung durch den National-Park.

Viel zum Lachen, wie immer, wenn Friedrich
Dürrenmatt das thematische Menü bestimmt ...
Neulich gab es Dschingis-Khan, frisch von der
Lektüre, üppig garniert mit chinesischen Dyna-
stien, Historie gespickt mit Flunkern, auf
Witz gegrillt. Heute gab es DER NACKTE AFFE,
ebenfalls köstlich zubereitet: Mensch am Spieß
der Zoologie, geröstet auf Fakten (Blutdruck
beim Coitus: 200) und gespickt mit Spekulationen aus seinem eignen Garten. Kommt man mit
thematischen Wünschen, so ist es schade; es
ist immer am köstlichsten, was der Koch sich
selber wählt. Unlängst im Spital zu Bern gab
es Proust, eingelegt in schlaflosen Essig,
dann mit frischem Gedächtnis serviert und am
Krankenbett flambiert mit Witz. Das war Vier-
Stern! So etwas kann man nicht nochmals bestellen, um auch seine Frau in den Genuß zu
bringen; heute gibt es keinen Proust, nicht
einmal kalt. Heute also Berner Platte: DER

NACKTE AFFE, verkocht mit Ulk über Ärzte,
Innereien aus Konolfingen, schmackhaft durch
Dramaturgie, dazu Kalbskopf aus der einschlägigen Literatur-Kritik, gepfeffert mit
Zitat. Dazu Veltliner. Nachher gibt er mir das
Taschenbuch, dem er seine Kenntnisse verdankt.
Ich werde mich hüten das Taschenbuch zu lesen.
Erstens ist es immer besser, was er draus
gemacht hat, und zweitens fasziniert ihn nicht
mehr, was auch der andere kennt. Neulich kam
das Gespräch auf einen Godard-Film, den er
nicht gesehen hat; er wechselte auf einen
andern Film, den er gesehen hat, und als sich
zeigte, daß wir den betreffenden Film ebenfalls kennen, unterbrach er das Gespräch:
jetzt schilderte er einen japanischen Film,
den außer ihm niemand gesehen hat. Er braucht
den Vorsprung, dann wird es großartig und gemütlich. Früher war es jahrelang die Astronomie, ich war jedesmal fasziniert von seinen
Darstellungen. Ein dickes Buch, das er mir
gab, nahm ich nach Korsika ins Zelt als einzige Lektüre für drei Wochen, und als ich ihn
das nächste Mal besuchte, wußte ich wenigstens
das Einmaleins, meinte besser gerüstet zu sein
für die Gespräche über Astronomie; er sagte:
Was interessant ist, weißt du, das ist die
Biochemie. Er braucht meine Unkenntnisse, und
an solchen fehlt es nicht. Mein Interesse an
Astronomie hat sich trotzdem erhalten, seines
natürlich auch; nur unterhalten wir uns kaum
noch darüber. Komme ich zur Super-Nova, so ist
er längst bei den Pulsaren. Einmal in Neuen-
burg gab es sich, daß Theo Otto, der Bühnen-
bildner, sich ausgiebig für Architektur inter-
essierte; Friedrich Dürrenmatt hörte zwar
lange zu, aber es machte ihn trübsinnig; er
schlug vor, daß wir Boccia spielen. Er gewann
über alle Maße. Am andern Tag, als er wieder
ein Boccia vorgeschlagen hatte, schien er

weniger Glück zu haben, und die Partie kam
nicht zu Ende, er hatte jetzt Lust auf einen
Apéritif, viel zu sagen über Dramaturgie. Er
bleibt der Gebende. Auch neulich in Bern, im
Spital, gab es einen sehr alten LATOUR-
Bordeaux; die Krankenschwester entkorkte für
den Besucher, der wie sie den Spital-Ernst
wahrte, während Friedrich Dürrenmatt lachte.
Zum Beispiel über das Versagen eines Arztes;
ohne Beschwerde, er erzählt es ganz als Ko-
mödie. Das ist mehr als Humor. Wir kennen uns
über zwanzig Jahre. Es stimmt nicht, daß er
nicht zuhören könne. Als der Wirt in Schuls
sich an unsern Tisch setzt und einiges zu melden hat (wie die Bündner etwa einen Aga Khan
ausnehmen) und dann allerdings nur noch
quatscht, ist Friedrich Dürrenmatt ein Her-
kules im Zuhören; es kommt auf den Partner an.

DANKBARKEITEN

Keine Instanz verlangt jährlich oder zweijährlich (wie die
Steuerbehörde) eine Liste der Dankbarkeiten ... Gestern auf
der Straße habe ich von fern einen Mann gesehen, dem ich viel
zu verdanken habe, sogar sehr viel. Es ist zwar lange her. Er
scheint es zu wissen, daß ich ein Gefühl der Dankbarkeit nie
loswerde; Gefühl ist es eigentlich nicht mehr, aber ein Bewußtsein. Lebenslänglich. Hingegen hatte ich das Gefühl, er habe
mich vorher schon erkannt, aber er ging weiter, tat, als habe
er mich nicht gesehen. Was soll er mit meinem Bewußtsein
von Dankbarkeit? Ich hätte ihm gerade noch nachlaufen können, tat es nicht und war betroffen, daß ich es nicht tat. Er hat
nicht allein mein Studium der Architektur ermöglicht; Scho-
penhauer, Mozart und Beethoven, Nietzsche, Psychologie, Rie-
menschneider, Oswald Spengler, Bruckner, die Khmer-Kunst

und so vieles verdanke ich diesem Mann, auch das Engadin. Seine Anzüge allerdings, Mäntel, alle noch in gutem Zustand, wenn er sie dem Freund vermachte, waren immer etwas zu groß, vorallem die Ärmel zu lang ... Gäbe es eine Instanz, die eine Liste der Dankbarkeiten binnen einer Woche verlangt, so würde ich ferner auf die Liste setzen:

a.
die Mutter
b.
die Tatsache, daß ich sehr früh einem jüdischen Menschen begegnet bin, einem sehr deutsch-jüdischen
c.
der frühe Tod des Vaters
d.
die Erfahrung der praktischen Armut
e.
daß ich nicht nach Stalingrad befohlen worden bin oder in die Reichsschrifttumskammer
f.
eine leichtsinnige Gesundheit
g.
die Begegnung mit Peter Suhrkamp
h.
die Begegnung mit Brecht
i.
daß ich Kinder habe
k.
daß ich die Germanistik aufgegeben habe

l.
alle Frauen, ja, eigentlich alle
m.
das damalige Schauspielhaus Zürich (Kurt Hirschfeld).

n.

die Freude an Speisen

o.

daß ich eine Zeit lang Architektur ausübte; Was dabei wertvoll war: die Erfahrungen mit Bauherrschaft, mit Unternehmern, mit Arbeitern

p.

die Spannung zwischen Mundart und Schriftsprache

q.

ein Rockefeller-Stipendium

r.

die Späte des Erfolgs

s.

Freundschaft mit Kollegen

t.

die wirtschaftliche Unabhängigkeit in späten Jahren, d. h. mit dem Bewußtsein, daß sie nicht die Regel ist

u.

die Nachbarn im Dorf

v.

Zeiten eines schlechten Gedächtnisses für die eignen Fehler und Versäumnisse

w.

der Partner, der mit mir lebt

x.

daß Ehrgeiz nachläßt

y.

Träume, auch die schweren

z.

allerlei Glück mit dem Auto

Die Instanz gibt es nicht, die unsere Dankbarkeiten wissen will, ihren derzeitigen Stand, ihren Verbrauch, ihre Zunahme usw. Vermutlich würde man das Formular (A bis Z) alljährlich etwas anders ausfüllen.

```
21. 7. 1969
Landung auf dem Mond (Armstrong und Aldrin).

Nachricht von einem Hund, der von Calabrien,
wo er verloren gegangen ist, in neun Wochen
nach Turin läuft, wo er seine Herrschaft
glücklich wiederfindet. Jemand vom städtischen
Jugendamt berichtet: ein 15-jähriges Mädchen,
Waise, verläßt die Ortschaft Cognac (Frank-
reich) aus Verwirrung, weil sie vom Arbeit-
geber vergewaltigt worden ist, und geht zufuß
nach Basel, wo sie noch eine Tante hat;
der Mann dieser Tante vergewaltigt sie.
Eine unbekannte Dame, die keine Ruhe läßt,
bittet um Rat: ihr Bruder soll demnächst ver-
urteilt werden, weil er einen Juwelier-Laden
geplündert hat, vielleicht auch Rauschgift
geschmuggelt, und ich sei doch gegen Ungerech-
tigkeit; ihr Bruder, im Grunde auch Künstler,
werde fünf Jahre im Gefängnis nicht ertragen.
Nina, unsere Katze, hat wieder ein Junges
geworfen; sie hat es gefressen.
```

SKIZZE EINES UNGLÜCKS (II)

In der Nacht stoßweise Wind. Kein Regenrauschen, aber es tönt so. Eine Jalousie, kaputt, schlägt Alarm. Rauschen in den trockenen Bäumen. Er ist wach. Kein Grund, das Bett zu verlassen. Die Fensterscheiben halten stand. Um zwei Gartensessel, die ohnehin kaputt sind, ist es nicht schade. Kein Wetterleuchten, nur Stöße von Wind, wahrscheinlich ist es sternenklar über dem Meer. Was kann schon geschehen? Der Wagen ist in der Garage. Keine Lampe, die baumelt; kein Erdbeben. Später fällt das elektrische Licht aus. Die Vorstellung, daß die Insel am nächsten Morgen überschwemmt sei, das Haus allein auf dem Hügel mit den Oliven. Später sitzt er barfuß im Wohnzimmer, wo er nochmals einschläft, allein im Haus, das standhält. Der Morgen ist blau und gewöhnlich. Ein Sonnenschirm ist gekippt und gebrochen, die Insel nicht überschwemmt. Er erinnert sich nicht, was er in der Nacht alles gedacht hat. Da und dort Äste auf der trockenen Erde. Er frühstückt im Pyjama, überlegt, wer die Jalousie reparieren könnte. Später sammelt er die Äste von dem trockenen Boden, bevor er sich ankleidet, barfuß. Das Telefon ist auch ausgefallen, aber das entdeckt er erst jetzt. Später kommt Post, die zeigt, daß alles weitergeht. Boden unter den Füßen. Es kommt ihm vor, als gebe es Dringlicheres. Die Idee, das Haus zu verkaufen. Er weiß nicht, womit es zu tun hat. Alles ohne Zusammenhang: seine Frau, die auf seinen Anruf wartet, der Sonnenschirm, die Briefe, der blaue und gewöhnliche Tag, seine Schuhe, die er anziehen sollte. Gegen Mittag geht er barfuß zum Strand. Erinnerung an den Wind in der Nacht und an die Allee von Montpellier, die Kreide auf dem Asphalt, die Touristen, das Dorf, kein Grund zum Schrecken. So geht er schwimmen. Kein Boden unter den Füßen, der wolkenlose Himmel über dem Meer. Einmal möchte er es wissen. Er schwimmt hinaus, solange die Kräfte reichen, und sie reichen so weit, bis man kein Land mehr sieht.

SPIEGEL, 28. 7. 1969

»Rund 2380 westdeutsche Unternehmer und Kapitaleigner hatten 1965 ein Monatseinkommen von durchschnittlich je 190 000 Mark. Im gleichen Jahr verdiente ein Drittel der Lohn- und Gehaltsempfänger höchstens 500 Mark: binnen zwölf Monaten so viel wie die Millionäre in 23 Stunden.«

INSERAT DER SCHWEIZERISCHEN VOLKSBANK

»Ist es wahr, daß immer nur die Reichen reicher werden? Das behauptet eine Theorie aus dem 19. Jahrhundert. Sie hat sich als falsch erwiesen. Denn es ist schon lang nicht mehr so, daß sich die Gesellschaft in wenige Reiche (die immer reicher werden) und in viele Arme (die immer ärmer werden) teilt. In unseren Verhältnissen kann heute fast jeder Erwerbstätige Vermögen bilden, er muß nur wollen. Und verglichen mit früheren Zeiten und Zuständen sind wir praktisch alle reich.«

AFFICHE IN EINER ANDERN BANK
»Hassen Sie Bargeld?«

FRAGEBOGEN

1.
Hassen Sie Bargeld?

2.
Warum?

3.
Haben Sie schon ohne Bargeld leben müssen?

4.
Wenn Sie einen Menschen in der Badehose treffen und nichts von seinen Lebensverhältnissen wissen: woran erkennen Sie nach einigem Gespräch (nicht über Geld) trotzallem den Reichen?

5.

Wieviel Geld möchten Sie besitzen?

6.

Gesetzt den Fall, Sie sind bedürftig und haben einen reichen Freund, der Ihnen helfen will, und er gibt Ihnen eine beträchtliche Summe (zum Beispiel damit Sie studieren können) und gelegentlich auch Anzüge von sich, die noch solid sind: was nehmen Sie unbefangener an?

7.

Haben Sie schon gestohlen:

a. Bargeld?

b. Gegenstände (ein Taschenbuch am Kiosk, Blumen aus einem fremden Garten, eine Erstausgabe, Schokolade auf einem Camping-Platz, Kugelschreiber, die umherliegen, ein Andenken an einen Toten, Handtücher im Hotel usw.)?

c. eine Idee?

8.

Solange Sie kein Vermögen und ein schwaches Einkommen haben, reden die Reichen vor Ihnen ungern über Geld und umso lebhafter über Fragen, die mit Geld nicht zu lösen sind, z. B. über Kunst: empfinden Sie dies als Takt?

9.

Was halten Sie von Erbschaft:

a. wenn Sie eine in Aussicht haben?

b. wenn nicht?

c. wenn Sie einen Säugling betrachten und dabei wissen, daß er, wie immer er sich entwickle, die Hälfte einer Fabrik besitzen wird oder eine Villa, ein Areal, das keine Inflation zu fürchten braucht, ein Ferienhaus auf Sardinien, fünf Miethäuser in der Vorstadt?

10.

Sind Sie ein Sparer? Und wenn ja:

Erklären Sie, wieso die Staatsbank bestimmt, wieviel das Geld wert ist, das Sie als Lohn erhalten und gespart haben, und zu wessen Gunsten sich Ihre Ersparnisse plötzlich verflüchtigen?

12.

Gesetzt den Fall, Sie stammen aus einfachen Verhältnissen und verfügen unversehens über ein großes Einkommen, sodaß das Geld für Sie sozusagen keine Rolle mehr spielt: fühlen Sie sich als Person unverändert? Und wenn ja: finden das Ihre bisherigen Freunde auch oder finden sie, das Geld spiele wohl eine Rolle, indem es Sie als Person deformiert?

13.

Was kostet zurzeit ein Pfund Butter?

14.

Wenn Sie in der Lage sein sollten, von Zinsen leben zu können: halten Sie sich deswegen nicht für einen Ausbeuter, weil Sie, obschon Sie von den Zinsen leben könnten, selber auch arbeiten?

15.

Fürchten Sie sich vor den Armen?

16.

Warum nicht?

17.

Gesetzt den Fall, Sie sind ein großer Mäzen, d. h. Sie verteilen an Leute, die Sie persönlich schätzen, teilweise die beträchtlichen Zinsen aus der Arbeit andrer Leute: verstehen Sie die öffentliche Hochachtung, die Sie als Mäzen genießen, und Ihre eigene Unbefangenheit dabei?

18.

Was tun Sie für Geld nicht?

19.

Timon von Athen hat eines Tages, um die Freundschaft seiner Freunde zu prüfen, nur Schüsseln voll Wasser aufgetischt; er erfuhr dabei, was er eigentlich schon wußte, und gab sich bitter vor Enttäuschung über die Menschen, denn siehe, sie kamen immer nur seines Reichtums wegen und waren keine wahren Freunde. Finden Sie seine großen Flüche über die andern berechtigt? Offenbar hatte der reiche Timon von Athen gemeint, Freundschaft kaufen zu können.

20.

Möchten Sie eine reiche Frau?

21.

Wie erklären Sie es sich, daß Sie als Reicher es gerne zeigen, wenn Sie sich etwas versagen, was Sie sich ohne weiteres leisten könnten (z. B. eine Yacht), und daß Sie sich fast kindlich freuen, wenn Sie irgend etwas besonders billig erworben haben, geradezu spottbillig, sodaß jedermann es sich hätte leisten können, und warum sind Sie zugleich erpicht auf unersetzbare Objekte, beispielsweise Ikonen, Säbel, Porzellan aus der Ming-Zeit, Kupferstiche, Werke toter Meister, historische Münzen, Autographen, Gebetsteppiche aus Tibet usw.?

22.

Was mißfällt Ihnen an einem Neureichen:

a. daß er ohne Heraldik auskommt?

b. daß er vom Geld spricht?

c. daß er nicht von Ihnen abhängig ist?

23.

Wie rechtfertigen Sie eignen Reichtum:

a. durch Gotteswillen?

b. daß Sie es einzig und allein Ihrer persönlichen Tüchtigkeit verdanken, d. h. durch die Annahme, daß andere Fähigkeiten, die sich nicht in Einkommen umsetzen, minderwertig seien?

c. durch würdiges Benehmen?

d. indem Sie sich sagen, daß nur die Reichen überhaupt eine Wirtschaft in Gang bringen können zum Gedeihen aller, d. h. durch Unternehmergeist?

e. durch Caritas?

f. durch Ihre höhere Bildung, die Sie einem ererbten Reichtum verdanken oder einer Stiftung?

g. durch asketische Lebensart?

h. durch vorbildliche Gewissenhaftigkeit in allen sittlichen Belangen, die das bürgerliche Profit-System nicht berühren, sowie durch Verinnerlichung der Gegebenheiten, Sensibilität für Kulturelles, Geschmack usw.?

i. indem Sie beträchtliche Steuern zahlen?

k. durch Gastgeberschaft?

l. indem Sie sich sagen, daß es seit Menschengedenken immer Arme und Reiche gegeben hat und also immer geben wird, d. h. daß Sie gar keine Rechtfertigung brauchen?

24.

Wenn Sie nicht aus eignem Entschluß (wie der Heilige Franziskus), sondern umständehalber nochmals arm werden: wären Sie den Reichen gegenüber, nachdem Sie als Gleichgestellter einmal ihre Denkweise kennengelernt haben, so duldsam wie früher, wehrlos durch Respekt?

25.

Haben Sie einmal eine Banknote mit dem Porträt eines großen Dichters oder eines großen Feldherrn, dessen Würde von Hand zu Hand geht, angezündet mit einem Feuerzeug und sich angesichts der Asche gefragt, wo jetzt der verbürgte Wert bleibt?

Besuch von zwei sehr jungen Mädchen, die sofort, kaum haben sie sich am Granit-Tisch gesetzt, ihre Frage stellen: Wie ist Freiheit
möglich? Die eine, Barbara, hat eben mit ihrem
Vater (Lehrer) diskutiert; die andere, Verena,
kann oder will mit ihrem Vater (Bankier) nicht
diskutieren, „sonst stecken sie mich in ein
Heim". Was beide wollen: „die absolute Unabhängigkeit, ohne dabei auf Kosten anderer zu
leben." Das Bankiers-Kind sieht nur einen Weg:
nach Amsterdam oder London, untertauchen ohne
Adresse, ohne väterliches Geld, gammeln. Das
Lehrers-Kind will sich der falschen Ordnung
auch verweigern, nicht in die Abhängigkeit vom
Geld geraten, „aber etwas Sinnvolles machen";
sie will auf der Schule bleiben, Lehrerin werden und unabhängig, indem sie sich nichts auf-
schwatzen läßt, was sie nicht braucht. Verena:
„Und das geht eben einfach nicht." Barbara:
„Du brauchst doch ein Minimum an Geld."
Verena: „Dann bist du schon drin." Barbara:
„Ich nicht, wenn ich nicht will; ich brauche
eben kein Tonband-Gerät." Verena: „Mein Tonband-Gerät, darauf kann ich sofort verzichten." Barbara: „Wovon lebst du denn als Gamm-
lerin?" Verena: „Ich hasse meinen Vater ja
nicht, aber zu Hause gehe ich kaputt, das versteht er nicht." Barbara: „Du hast ja gehört,
mein Vater ist auch dagegen, daß du einfach
gammelst." Verena: „Meiner versteht nicht einmal, wovon ich rede. Ich spinne, meint er"
usw. Diskussion bei Himbeersaft. Was ich für
den richtigen Weg halte? Beide, von Herkunft
und Temperament verschieden, sind sich einig
im Ekel vor dem Wohlstand einer Umwelt, die
zum Wohlstand nötigt. Barbara: „Nur gammeln,
das ist auch kein Ziel." Verena: „Du hast ja
gehört, was mein Vater sich unter meinem Leben

vorstellt." Barbara: „Das mußt du ja nicht machen. Nach der Schule machst du, was du richtig findest, aber du hast etwas gelernt. Beim Gammeln verkommst du nur." Verena: „Ich mache jede Arbeit, wenn ich grad Geld brauche, aber ich will einfach wenig Geld brauchen. So wenig wie möglich." Barbara: „Ich doch auch." Verena: „Ich habe ihren Vater gefragt, was gegen das Gammeln spricht, und das frage ich auch Sie, Herr Frisch", und nach meiner Antwort: „Und wenn ich in einem Sportwagen herumfahre und Kunstgeschichte lerne und heirate, das ist doch auch Parasitentum, dabei verkomme ich ja auch. Schließlich ist es mein Leben. Das sagen Sie auch. Ich glaube, in so einer Kommune lernt man sich wenigstens selber kennen."

29. 9. 1969

Wie Landgrafen, die es noch nicht fassen, daß das Gottesgnadentum auch auf deutschem Boden irgendwann einmal abgeschafft worden ist: hochherrschaftlich in der Arroganz, daß nur ihresgleichen regieren kann, dann konsterniert vor der Nachricht, daß die Stallknechte tatsächlich ins Palais wollen, nachher gekränkt, daß die versuchte Bestechung nicht gelingt (Kiesinger bietet der FDP sechs Minister-Posten statt drei, die ihr allerhöchstens zukommen, und verzichtet auf Mehrheitswahlrecht, verspricht den Überläufern schon für die nächste Bundestagswahl, daß man ihnen die nötigen Wahl-Kreise schenken werde), schließlich das verlorene Lächeln: „die Sozialdemokratie hat sich an die Macht gemogelt", „machtgeil", „Regierung ohne Programm" usw.

*Ist sein politisches Befinden von je her konservativ gewesen,
so zeigt der Gezeichnete sich befriedigt, indem ihn das Welt-
geschehen eigentlich nicht erschreckt; die täglichen Nachrichten
bestätigen sein politisches Befinden: er hat sich von Entwick-
lungen nie viel versprochen. Äußert er sich zum Weltgesche-
hen, so keineswegs trostlos; sein Alter hat eine Aura von
Weisheit. Er hat sich keine Illusionen gemacht; daher braucht
er nicht anders zu denken als vor 40 oder 50 Jahren, als er
jung war: insofern fühlt der Konservative sich länger jung als
die Revolutionäre.*

*Warum ein Greis, der sich das revolutionäre Pathos erhalten
hat, bestenfalls liebenswert erscheint, aber nicht überzeugt:
die Jüngeren rechnen nicht damit, daß ihre Sprechweise sich
einmal, gemessen an ihrer Geschichte, als Pathos entlarvt.
Man läßt in einer Versammlung, die Revolution diskutiert,
solche Apostel-Köpfe besser nicht auftreten; ihr Auftritt wirkt
erheiternd – lähmend durch die Demonstration, wie Sprechwei-
sen sich verbrauchen.*

*Eine gewisse Versuchung, liberal zu werden, ergibt sich für den
Vor-Gezeichneten daraus, daß er, im Gegensatz zu den Jungen, bereits mit dem Bewußtsein seiner Irrtümer zu leben hat
– er braucht aber dieser Versuchung nicht zu erliegen; je weniger er dieses Bewußtsein erträgt, umso eher drängt es manchen zur politischen Macht, die ihm die Unfehlbarkeit verschafft. Die großen Säuberer sind meistens Vor-Gezeichnete.*

*In zahlreichen Fällen hat das politische Befinden sich ergeben
aus der natürlichen Revolte gegen die Vater-Macht; ist der
Vater begraben, so zeigt sich erst, wieweit dieses politische*

*Befinden tatsächlich der eignen Konstitution entspricht, d. h.
wieweit es je ein politisches Befinden gewesen ist. Das Alter
siebt.*

*Wenn er sich zur Linken rechnet, ertappt der Gezeichnete sich
dabei, daß die meisten Texte (Flugblätter, Broschüren, Ma-
nifeste, Schülerzeitungen usw.) ihn langweilen trotz Partei-
Einverständnis; was ihn kein anderes Denken lehrt als jenes,
das er auswendig kennt, empfindet er als hoffnungslos.*

—*Wenn ein Junger politisch von Zukunft spricht und wenn ein
Vor-Gezeichneter politisch von Zukunft spricht: beim letzteren entsteht der Eindruck, daß ihn die Zukunft tatsächlich interessiert.*

*Es gibt überhaupt weniger politisches Temperament, als die
Demokratie es voraussetzt. Die meisten haben es für ein politisches Befinden gehalten, wenn sie sich, um gesellig zu sein,
eines politischen Vokabulars bedienen; als Gezeichnete sind
sie allenfalls von ihrem Leben enttäuscht, nicht aber politisch,
nur privat.*

*Ausgebeutete werden im Alter, obschon sie jetzt außer dem
Altersheim nichts mehr zu fürchten haben, in ihrem politischen Befinden meistens nicht fortschrittlicher, im Gegenteil;
wenn einer über die Ausbeutung, die er sein Leben lang erfahren hat, noch so flucht — trotzdem tönt es, als packe ihn bei der
Kunde, daß diese Verhältnisse jetzt verändert werden sollen,
zugleich eine Art von Neid.*

—*Was noch nicht für den Vor-Gezeichneten gilt, aber für den
Gezeichneten: indem seine Lustfähigkeit schwindet, bleibt Politik zuweilen das letzte Ressort, wo einer sich überlegen fühlt*

gerade als Gezeichneter. Es verführt ihn kaum noch eine Spontaneität; das verkalkte Hirn ist kaum zu irritieren; seine politischen Entschlüsse fallen ihm leicht nicht aus Unbesonnenheit, sondern aus Verkalkung; er funktioniert wie ein Apparat; weder ist er ins Risiko verliebt, noch fürchtet er ein Risiko; er hat schon so manchen Fehlentscheid überlebt; der Schwund an Einbildungskraft erlaubt ihm ein sachliches Erwägen ohne Entsetzen vor den Folgen, er kann das Leben von Leuten nicht so wichtig finden, nicht ausschlaggebend, er selber hat kaum noch Leben zu verlieren und eignet sich immer mehr als Staatsoberhaupt. (Gerontokratie.)

Greise als Staatsoberhäupter stehen unter dem Alter-Tabu; wissen die Untertanen aus eigner Erfahrung, was Altern mit sich bringt, so beziehen sie dieses sichere Wissen nie auf die Staatsoberhäupter.

Im Gegensatz zum Arbeiter, dessen einziges Vermögen, seine Arbeitskraft, aus physiologischen Gründen schwindet; im Gegensatz zum Intellektuellen, der die Regression umso früher wahrnimmt, je intelligenter er ist; im Gegensatz zum Künstler, der zu erkennen hat, daß jedes kreative Vermögen offenbar mit Hormonen zu tun hat, fürchtet sich der Politiker am wenigsten vor dem Altern; vermutlich liegt es im Wesen der politischen Macht, daß sie, ohne kreativ zu sein, die größte Wirkung haben kann.

1969

»Einst hat man die Völker nach ihrer Hautfarbe, der Breite ihrer Nasenwurzel, der Schädelform und dem Körperwuchs katalogisiert. Die moderne Völkerkunde interessiert sich für solche Äußerlichkeiten weniger; man hat herausgefunden,

daß sich die Völker viel genauer auf Grund der Ideen und Wertvorstellungen, die ihnen besonders wichtig sind, unterscheiden lassen. Für uns steht die Idee der Freiheit des Menschen in selbstgewählter Gemeinschaft an erster Stelle.«
(S. 15)

»Die soziale Landesverteidigung besteht in der Erhaltung gesunder sozialer Zustände, damit das Leben im freiheitlichen Staat für alle Menschen lebenswert ist und einem Gegner zur Aufhetzung unsres Volkes und zur Untergrabung unsrer politischen Ordnung keine Angriffsflächen geboten werden.«
(S. 31)

»Lange bevor es zu einer gewaltsamen Auseinandersetzung kommt, schon mitten im Frieden arbeitet der Feind unermüdlich daran, Mißtrauen und Zwietracht zu säen, unser natürliches Selbstgefühl zu zerstören und unsere innere Widerstandskraft auszuhöhlen.«
(S. 145)

»Wir haben im Frieden alles vorgekehrt, was in unsern Kräften steht. Wir dürfen der Gefahr entgegenblicken. Wir sind bereit. / Diejenigen, die uns verderben wollen, säen planmäßig Zweifel und Angst. Wir glauben ihnen nicht. / Wir erschrecken nicht vor sogenannten wissenschaftlichen Theorien, die Untergang von Völkern und Kulturen oder gar der Welt voraussagen. Niemand kann das wissen. Wir sind kritisch. / Unser Leben und Schicksal steht in der Hand Gottes. Er allein weiß um unsere Zukunft. Wer an ihn glaubt, fürchtet sich nicht.«
(S. 146)

»Die Schweiz reagiert, wie ein kräftiger und gesunder Organismus auf Infektionen reagiert.«
(S. 152)

»Der Feind arbeitet mit allen Mitteln daran, unsere innere Kraft zu brechen ... Bei allem, was wir hören, sehen oder lesen, überlegen wir gründlich, ob es stichhaltig sein kann. Wir glauben nichts, von dem wir nicht wissen, woher es kommt und wer es ausgestreut hat ... Wir lassen uns von nichts beeindrucken, das wir nur aus gewissen Zeitungen und Büchern, fremden Radios, Fernsehen und Film kennen.«
(S. 175)

»Die Schweiz kennt für Friedenszeiten die Todesstrafe nicht.

Da es in Notzeiten um die Sicherheit des Landes, der Bevölkerung und des kämpfenden Soldaten geht, kann sie in dieser Lage auf die Todesstrafe nicht verzichten... Allein hartes Durchgreifen kann das Land vor schwerer Gefährdung bewahren.«

(S. 186)

»Im Krieg sich bewähren heißt in der Hingabe an das Ganze seinen Auftrag erfüllen, auch wenn vieles anders geht, als man erwartet hat.«

(S. 191)

»Regierung und Partei des Angreifers lassen sich von folgenden Überlegungen leiten: – Als äußeren Rahmen gründen wir eine politische Partei. Sie braucht nicht groß zu sein. Sie stützt sich auf einen kleinen Kern zuverlässiger und zu allem bereiter Mitglieder. Es geht weniger darum, die Macht in demokratischen Wahlen zu erlangen. Im gegebenen Zeitpunkt wird mit Terror und einem kleinen Staatsstreich nachgeholfen. Die Partei hat den Schein der Legalität zu wahren.. In Ländern mit hohem Lebensstandard ist es nicht leicht, die Massen zu gewinnen; deshalb müssen die Unzufriedenen herausgesucht werden. Intellektuelle eignen sich gut als Lockvögel und Aushängeschilder...«

(S. 228)

»Wir achten Wissenschaftler und Künstler ohne Ansehen ihrer politischen Anschauungen. Wir wissen aber, daß totalitäre Systeme die Unterscheidung zwischen Politik und Kultur nicht machen.«

(S. 231)

»Der Feind, der jedem Glauben Hohn spricht, scheut sich nicht, Zitate der Bibel für seine Propaganda auszuschlachten.«

(S. 235)

»Der Feind will Parteigänger gewinnen.«

(S. 230)

»Es gelingt ihm nicht.«

(S. 231)

»Der Feind will uns einschläfern.«

(S. 238)

»Wir schlafen nicht.«

(S. 239)

»Der Feind will uns einschüchtern.«
(S. 240)
»Wir geben ihm keine Gelegenheit.«
(S. 241)
»Der Feind will unsere Wirtschaft schwächen.«
(S. 244)
»Wir durchschauen ihn.«
(S. 245)
»Er treibt einen Keil zwischen Volk und Behörden.«
(S. 256)
»Volk und Behörden stehen Schulter an Schulter.«
(S. 257)
»Auch in dieser Phase des Kampfes sind Zeitungen, Radio und Fernsehen unsere wichtigsten Waffen. Aber Achtung! Wenn der Gegner sie nicht einschüchtern kann, versucht er es durch Infiltration.
(S. 259)
»Ein Kleinstaat ist mit den Mitteln des revolutionären Krieges nicht angreifbar, solange er innerlich geschlossen und stark bleibt. Die Schweiz reagiert auf den Umsturz im Nachbarland ohne Nervosität, aber rasch und fest.«
(S. 263)
»Er kreist die Schweiz ein.«
(S. 266)
»Wir machen den Igel.«
(S. 267)
»Er zieht die Schlinge zu.«
(S. 268)
»Die Schweiz nimmt vom Ausland keine Befehle entgegen.«
(S. 269)
»Wir halten zusammen und bleiben stark. Wir schenken unseren Bundesräten das Vertrauen für eine ganze Amtsdauer, Regierungskrisen, wie sie das Ausland kennt, die das Vertrauen des Volkes erschüttern und die das Land einer handlungsfähigen Regierung berauben, gibt es bei uns nicht. Es gibt viel weniger Ansatzpunkte für die Unterwühlung. Wir sind ein Volk, das politisch urteilsfähig und wehrhaft ist. Jeder

hat seine Waffe und Munition zu Hause . . . Der kalte Umsturz ist unmöglich. Wir kämpfen unter allen Umständen.«
(S. 271)

»Nach der Besetzung des größten Teils unseres Landes treten irgendwo im Ausland schweizerische Persönlichkeiten zusammen und gründen die Schweizerische Widerstandsbewegung. Unter ihnen sind die überlebenden Mitglieder der Regierung, der Eidgenossenschaft, höhere Offiziere der Armee, die der Gefangenschaft entgingen, Parlamentarier, Partei- und Gewerkschaftsführer und Vertreterinnen der Frauenverbände. Sie gründen im Exil, gestützt auf den staatsrechtlichen Notstand, eine Exilregierung. Zum ersten Mal hört man den FREIHEITSSENDER SCHWEIZ.«
(S. 280)

»Kurzdarauf findet man in der Schweiz Millionen von Flugblättern. Sie sind nächtlicherweise von Raketen abgeworfen worden. Darin heißt es: Schweizerinnen und Schweizer! Wir sind noch nicht stark genug, und die internationale Lage erlaubt uns noch nicht, den Widerstandskampf aktiv zu führen. Es kann dies noch lang dauern. Die Parole heißt deshalb: Schweigen und auf die Zähne beißen.«
(S. 282)

»Keine Dummheiten machen. / In Buchgraben sind betrunkene Soldaten in die Kirche eingedrungen und haben sie geschändet. Sie johlten und gröhlten, zerschlugen Gemälde und Kulturgegenstände und schossen auf das Kruzifix. Da wurde ein Mann, der in der Nähe wohnte, von Wut gepackt. Er holte das Gewehr, das er unter dem Heustock versteckt hatte, und schoß auf die Übeltäter. Dabei wurde einer der Soldaten der Besetzungsmacht verwundet. Am Tag darauf ließ der Kommandant der Besetzungstruppe eine Ordnungskompanie der Parteimiliz in Buchgraben einmarschieren. Alle Männer wurden vor der Kirche zusammengetrieben und mit Maschinengewehren zusammengeschossen. Frauen und Kinder wurden verschleppt und das Dorf angezündet.«
(S. 286)

»Widerstandskampf ist keine Sache sentimentaler Aufwallung, sondern Bedarf nüchterner und scharfsinniger Planung.«
(S. 287)

»Schließlich wagt sich diese (Besetzungsmacht) auch an die Kirche. Die Religion wird zwar nicht ausdrücklich verboten, aber ihre Anhänger werden überall benachteiligt. In der Schule wird der Religionsunterricht untersagt. Die Ausbildung von Pfarrern und Priestern wird unterbunden, sodaß viele Gemeinden keinen Seelsorger mehr haben.«
(S. 289)

»Geistige Freiheit hochhalten. / Zwei jüngere Schriftsteller und eine Journalistin stehen in einem großaufgezogenen Schauprozeß vor den Schranken eines Gerichtes der Besetzungsmacht. Sie hatten vor der Besetzung zu den Avantgardisten gehört und europäischen Ruf genossen. Da sie die Zustände in der Schweiz oft zynisch glossiert hatten, schrieb man ihnen Sympathien zur Ideologie der jetzigen Besetzungsmacht zu. Nach der Besetzung hatte der Kulturkommissär der Besetzungsmacht versucht, die zwei Schriftsteller und die bekannte Journalistin vor den Wagen seiner Propaganda zu spannen, indem er ihnen gut bezahlte Stellen im Kulturkommissariat anbot . . . Sie blieben ihrer Aufgabe treu, auch unter der neuen Ordnung die Wahrheit zu sagen, so wie sie sie unter der alten Ordnung gesagt hatten. Sie wurden der Gefährdung der Staatssicherheit schuldig befunden und zu langjährigen Zuchthausstrafen verurteilt.«
(S. 290)

»Das Beispiel zündet. Jeder weiß nun, was er zu tun hat. Niemand fällt auf den Kulturköder der Besetzungsmacht herein. Jeder steht an seiner Stelle für die Wahrheit: Mütter, Lehrer, Pfarrer, Schriftsteller . . . Niemand paßt sich an.«
(S. 291)

»Viele Schweizerinnen und Schweizer werden erschossen oder in Konzentrationslager verschleppt. Dörfer werden zerstört. Doch diese Opfer haben einen Sinn – weil jeder Schlag gegen den Gegner uns der Freiheit näher bringt. Wer in diesem Kampf fällt, hat sein Leben für die Heimat und für die Freiheit hingegeben, wie ein Soldat an der Front. Die Widerstandsregierung hat sich verpflichtet, für seine Angehörigen zu sorgen; auf Umwegen, solange das Land besetzt ist, offen, nach der Befreiung des Landes.«
(S. 295)

»Es mag sein, daß am Tag des Vorstoßes aus dem Alpenraum der Oberbefehlshaber der schweizerischen Widerstandsarmee durch Flugblätter einen Tagesbefehl in der folgenden Art an die Bevölkerung der Schweiz erläßt: Schweizerinnen und Schweizer! Die Stunde der Freiheit ist gekommen. Die Armeen der Befreiung stoßen vom Ausland und aus dem Alpenraum vor. In wenigen Tagen sind wir bei euch . . . Begeht keine Handlungen des Hasses gegen Schweizer, die ihr für Mitarbeiter des Feindes gehalten habt. Viele von ihnen waren unsere getarnten Agenten . . .«
(S. 299)
»Wir haben das Bild des Krieges an uns vorbeiziehen lassen, damit wir uns im Geiste mit seiner Wirklichkeit vertraut machen. Nur so werden wir innerlich stark und brechen in der Gefahr nicht zusammen.«
(S. 300)

NOTGEPÄCK
(S. 304)
In Rucksäcken, in der Wohnung griffbereit:
Starke, warme, regensichere Bekleidung, Leibwäsche, Socken und Strümpfe zum Wechseln, Kopfbedeckung, Halstuch und Handtuch (Strahlenschutz), Taschentücher, hohe Schuhe, Pantoffeln, Wolldecke oder Schlafsack, Toilettenartikel, Klosettpapier, Gasmaske, Schutzbrille, Ersatzbrille für Brillenträger, Taschenlampe mit Ersatzbatterien, Nähzeug, Taschenapotheke, Schnüre, Schuhriemen, Sicherheitsnadeln, Kerzen und Zündhölzer, Kochgeschirr, Gamelle oder Campingkocher, Feldflasche, Taschenmesser und Besteck, Batterie-Radio mit Ersatzbatterien, Plastictücher.
Notvorrat für zwei Tage, staub- bzw. gasdicht verpackt:
Leichte konzentrierte Lebensmittel wie Knäckebrot, Zwieback, Suppenkonserven, Schachtelkäse, Trockenfleisch, Fleisch- und Fischkonserven, Schokolade, Zucker, Tee, Sofortkaffee, Dörrfrüchte, Milchpulver oder Kondensmilch.
Mäppchen, enthaltend:
Persönliche Ausweispapiere, AHV-Ausweis, Rationierungskarten, Versicherungspolicen, Krankenkassenbüchlein, Berufsausweise, Geld und Wertpapiere, Zivilverteidigungsbuch, Erkennungsmarken des Roten Kreuzes für Kinder.

SCHUTZRAUMVORRAT
(S. 305)
Für den Kriegsfall und bei radioaktiver Verstrahlung:
. . .
Die Lebensmittel sind im Schutzraum in Originalpackungen, Plasticbeuteln oder Büchsen strahlensicher und trocken zu lagern. Sie sind gelegentlich zu wenden und jährlich oder nach Vorschrift auf den Packungen auszuwechseln. Die Schaffung spezieller Vorratspakete ist in Prüfung. Genauere Informationen darüber erfolgen zu gegebener Zeit über Presse, Radio und Fernsehen.
VATERLANDSLIEDER
(S. 314)
»Rufst du, mein Vaterland
sieh uns mit Herz und Hand
all dir geweiht.
Heil dir, Helvetia!
Hast noch der Söhne ja
wie sie St. Jakob sah,
freudvoll zum Streit.
Da, wo der Alpenkreis
dich nicht zu schützen weiß –
Wall dir von Gott –
stehn wir, dem Felsen gleich,
nie vor Gefahren bleich,
froh noch im Todesstreich,
Schmerz uns ein Spott.«

(Aus: ZIVILVERTEIDIGUNG, herausgegeben vom Eidgenössischen Justiz- und Polizeidepartement im Auftrag des Bundesrates, Geleitwort von Bundesrat L. von Moos. Das handliche Buch in einem haltbaren Leineneinband wird kostenlos an sämtliche Haushaltungen verschickt in allen Landessprachen.)

JAPAN

Kein Geheimnis; aber wie erkläre ich es genau: – Abflug von Kopenhagen noch bei Tageslicht; Grönland unter den Wolken, man erfährt es durch den Lautsprecher; es wird einfach nicht dunkel; einmal eine Stunde lang Arktis; die Dämmerung kann Morgen oder Abend meinen, und ich weiß nicht, wo jetzt Norden ist, ob es heute oder gestern ist; Gebirge von Alaska, aber die Sonne steht nie, wo ich sie erwarte; in Anchorage zeigen die Uhren schlichterdings Mittag; dann fliegen wir weiter, aber wieder in der Zeit zurück; wieder nur Wolken viele Stunden lang; ich schreibe Dir einen Brief, bis er plötzlich da ist: der FUJI, seine weiße Spitze im blauen Himmel wie auf Plakaten; auch Japan unter Wolken; wieder einmal soll man sich anschnallen . . . Einen Monat später, als die Maschine (sie melden es nicht durch den Lautsprecher) über Vietnam fliegt, ist es Nacht und Nacht in Bombay, eine warme Nacht, immer noch Nacht in Athen, und als sie in Kloten landet, geht gerade die Sonne auf: pünktlich im Osten, wo ich herkomme. Erzähle! Das tue ich; plötzlich gewinnt die Reise ihren Sinn.

Zeitungen gelesen, nachher das Gefühl: Es geschieht eigentlich nichts. Getrost an die Arbeit; nochmals Versuche mit dem Theater ... Die TV-Nachrichten abends bestätigen, daß nichts geschehen ist: Am Suez ist wieder geschossen worden, Tote; die Vietnam-Konferenz in Genf. Das alles weiß man. Endlich der Wetterbericht, Hochdruck verschiebt sich wie üblich, Aussichten für Donnerstag und Freitag, nachher wieder das Gefühl: Es geschieht nichts, wenigstens nichts, wovon ich überhaupt keine Ahnung habe —
Lektüre:
Zehn Jahre kubanische Revolution. Daten. Es beginnt mit dem 25. 11. 1956, Einschiffung im mexikanischen Hafen Tuxpan, eine Jacht mit 82 Revolutionären überquert den Golf, unbemerkt von aller Welt. Landung am Strand von Las Coloradas in der kubanischen Provinz

Oriente am 2. 12. 1956. Sie werden bemerkt und
versprengt; am 5. 12. 1956 bleibt noch eine
Gruppe von 12 Partisanen, die Kuba befreien
wollen. Später habe ich vermutlich in der
Zeitung gelesen von Banditen, von rechtmäßiger
Regierung als Herr der Lage; drei Jahre später, 1959, vermutlich auf der ersten Seite:
Flucht von Batista. Irgendwann einmal das
erste Foto von dem bärtigen Banditen. (Ich
überlege während der Lektüre, was mich 1959
beschäftigt hat.) Ab und zu wieder Nachrichten
aus Kuba: Hinrichtungen. So prägt sich der
Name ein: Castro. Offenbar ein wilder Dikta-
tor, diesmal kommunistisch; daher der USA-
Boykott gegen Kuba, alles durch Kommentare
verständlich: Castro verstaatlicht, aber das
bewirtschaftete Land (Tabak, Zucker) gehört
meistens amerikanischen Staatsbürgern, Castro
spricht von langfristiger Entschädigung, aber
nicht von einer Garantie, daß Kuba eine Pro-
fit-Kolonie bleibt; die amerikanischen Investitionen in Gefahr, Enteignung durch Gewalt, Gefahr für die freie Welt. Ab und zu
wieder Nachrichten, die nicht überraschen, nur
bestätigen: die katastrophale Wirtschaftslage
infolge Kommunismus, Terror. Langsam weiß
man's. Nichts Neues. Nur einmal halten wir den
Atem an: Kennedy gibt der US-Navy den Schieß-
befehl, falls die sowjetischen Raketen-Trans-
porter ihren Kurs auf Kuba fortsetzen;
Chruschtschow dreht ab. Wir atmen auf. Aber
Kuba gilt als Gefahr für die Welt ... Ich
frage mich, seit wann ich eigentlich weiß, was
in Kuba geschehen ist. Nicht erst seit heute.
Aber 1956, als es in Oriente mit 12 Mann begann, konnte man keine Ahnung haben; auch kaum
in den drei Jahren des Guerilla-Kampfes. Ich
frage mich, wovon ich an einem Tag wie heute
keine Ahnung haben kann. War heute ein Datum?

Kabusch ist kein Einwandrer, nicht fremdstämmig; daran kann es nicht liegen. Was nehmen sie Kabusch übel? Wenn er gelegenheitshalber eine Kravatte trägt, so ist es nicht ausgeschlossen, daß Kabusch in einer Gesellschaft johlt, die Kunst sammelt und von Löwenjagd in Afrika erzählt; plötzlich johlt er wie ein Senn. Kabusch ist Maler. Wenn von Kabusch die Rede ist, so findet sich kaum jemand, der ihm die Stange hält. Es nützt auch nichts, wenn ich mich als seinen Freund bezeichne. Es überzeugt nicht. Wer sich über Kabusch beiläufig lustig macht, tut es in der leichten Gewißheit, daß nicht widersprochen wird; Kabusch ist bekannt. Wofür? Einmal spielt er Gitarre auf einem Waschbrett und singt Nonsense dazu; man hat sich gekrümmt vor Lachen, nein, das muß man zugeben. Warum zugeben? Manche halten Kabusch für arrogant. Ist jemand dabei, der Kabusch zum erstenmal trifft und von diesem Mann eigentlich entzückt ist, zum Beispiel von seinem Temperament, von seinem uneigennützigen Interesse nach vielen Seiten, von seiner Spontaneität usw., so erfährt er auf dem Heimweg bloß, daß sein Entzücken nicht geteilt wird; es steckt auch niemand an. Eigentlich liegt gegen Kabusch nichts vor. Man kann nur nichts dafür, daß Kabusch nicht überzeugt, Kabusch als Person. Warum malt er? Dabei war Kabusch in seinem früheren Beruf sehr erfolgreich. Warum kümmert sich Kabusch immer wieder um öffentliche Angelegenheiten? Schon sein Name genügt, daß sein Einsatz vergeblich ist. Weiß er das nicht? Manchmal hat er es satt, verzicht sich nach Paris; kein Verlaß auf Kabusch, sagen sie. Immer wenn man einen Kabusch brauchen könnte, sitzt er gerade in Paris. Kommt er ins Land zurück, so finden sie, Kabusch mache sich wichtig. Kabusch ist ein Enthusiast; wenn er eine Sache verficht, so kann er wie Savonarola aussehen, dann wieder wie ein Gärtner, manchmal wie ein Uhu mit Menschenlachen. Er lebt gerne. Er ißt mäßig und trinkt nicht, Asket mit Neigung zum Übermut. Es kommt vor, daß er sagt: Wir sind Könige, wir sind Könige! Kabusch ist naiv, dabei ein Mann um 50, ohne Ironie als Selbstschutz. Was er immer ernst nimmt: die Kunst, die neuesten Erkenntnisse der Wissenschaftler. Er war begeistert vom Pariser Mai. Im Atelier, einer großen Baracke, trägt er Stiefel wie ein Erdarbeiter, die blaue Schürze eines Handwerkers; es besuchen ihn Sammler aus Chicago. Kabusch verkauft, aber auch daran kann es nicht liegen; andere verkaufen auch. Es ist nicht Neid, was Kabusch neuerdings kaltstellt; seine Erfolge in der Welt beglänzen ihn nicht, im Gegenteil, sie machen ihn eher verdächtig. Manchmal sitzt er da und zuckt die Achsel, dann wieder holt ihn sein Humor, aber er weiß, daß Kabusch irgend etwas falsch macht –

. . .

Sein Vater war Arbeiter, stämmig und immer etwas zu groß für die Demut, die einem Zeugen Jehovas ansteht, wenn er vor die Haustüren tritt und Traktate verteilt. Als er später zu Geld kam, vermachte er seinen Glaubensgenossen einen kleinen Tempel und wurde seiner frommen Ämter enthoben wegen Mangel an Demut.

. . .

Kabusch hat jemand sein Haus zur Verfügung gestellt, einem jungen Schriftsteller, der Pech hat; zum Beispiel hat er die simple Heizung nicht bedienen können, Röhren sind eingefroren, das Klosett. Das kann es ja geben. So ist er eben ausgezogen, der Pechvogel, um nicht im Haus von Kabusch zu schlottern: ohne Meldung an Kabusch, hingegen mit einer

Hinterlassenschaft von beträchtlichen Telefon-Rechnungen. Was macht Kabusch, als er zurückkommt? Er schlottert eine Woche lang, bis die Reparaturen erledigt sind, und spricht nicht davon. Die Anekdote hingegen, die der Beschädiger sich macht, hört man mit Vergnügen; sie ist komisch. Sie paßt zu Kabusch. Auch ein andrer, dem Kabusch einmal nach Paris verholfen hat, weil es ihm dreckig ging, kann leider nicht für Kabusch eintreten; es ging ihm dreckig auch in Paris, ganz dreckig. Wer für Kabusch eintritt, überzeugt nicht. Ich habe es wieder einmal versucht. In einer Gruppe, die noch Genossen braucht, schlage ich unter anderem (so viele gibt es ja nicht am Ort) auch Kabusch vor, und der diesen Vorschlag strikte ablehnt, geradezu wild, ist der junge Beschädiger; er sagt bloß: Kabusch?! Das genügt schon; auch Leute, die Kabusch nicht persönlich kennen, finden Kabusch unmöglich und erheben sofort ihre Hand gegen diesen Antrag. Natürlich weiß Kabusch nichts von dem Vorfall, als der junge Schriftsteller, ein liebenswerter Freund auch er, kurz darauf bei Kabusch auftaucht und sich erkundigt, ob denn sein Haus nicht wieder einmal für einen Monat frei wäre –

Usw.

Was macht Kabusch falsch?

1970

Er ist kein Maler, kein Savonarola, kein Uhu mit Menschenlachen usw. Daran kann es nicht liegen. Er johlt nicht in einer besseren Gesellschaft und überhaupt nicht. Er trägt eine randlose Brille. Gitarre spielen auf einem Waschbrett, das kann er lassen. Was macht Kabusch trotzdem verkehrt? Ein belesener Mann, das muß man zugeben, und dabei nicht vorlaut; man muß ihn erst fragen, damit er spricht. Ob es denn auch stimmt, was Kabusch zu diesem oder jenem Thema weiß, bleibt allerdings fraglich, solange nicht irgend jemand dazu nickt, und das ist nicht immer der Fall; nicht immer ist jemand da, der auch einigermaßen Bescheid weiß. Dann läßt man dieses Thema. Er ist Bibliothekar. Neuerdings hat er einen Lehrauftrag an der Universität, was seine Bekannten etwas verwundert, aber man gönnt es ihm; offenbar braucht Kabusch solche Bestätigung.

. . .

Was Kabusch (wer immer er ist) sich nicht leisten kann: Stolz. Dann wirkt es bloß, als sei er beleidigt, also peinlich.

. . .

Unter besonderen Umständen vergißt er, daß er Kabusch ist; zum Beispiel hat er einmal eine Totenrede zu halten, da er den Verstorbenen gekannt hat wie kein andrer. Ein jüngerer Kollege sagt ihm nachher, seine Rede sei gar nicht peinlich gewesen, Ehrenwort, nicht im mindesten peinlich. Solcher Zuspruch erschreckt ihn am offenen Grab.

Kabusch ist sein Spitzname als Schüler. Das Gerücht, seine Mutter sei beim Zirkus gewesen, ist nicht aus der Klasse zu bringen. Seine Anfälle von Jähzorn deswegen. Meint Kabusch vielleicht, er sei etwas Besonderes, weil seine Mutter beim Zirkus gewesen ist? Er merkt lange nicht, was Kabusch heißt. Zum Beispiel sorgt er für einen Fußball, einen aus Leder, ferner sorgt er für die Erlaubnis, die Wiese benutzen zu dürfen für das Ereignis des Jahres. Will er auch noch für gutes Wetter sorgen? Als die Klasse, der er mit Stolz angehört, die Mannschaft zusammenstellt, scheint es nur Kabusch zu verwundern, daß er weder als Torhüter noch als Stürmer gefragt ist; auch die andern Posten sind schon vergeben worden, während Kabusch, übrigens der einzige mit regelrechten Fußballschuhen, die Strafraumgrenze ausgemessen und mit Sägemehl sorgsam markiert hat. Vielleicht braucht man einen Ersatzmann? Man wird sehen. Wer bestimmt eigentlich? Eigentlich niemand; es ergibt sich so. Kabusch soll sich jetzt nicht wichtig machen, weil er den Fußball geliefert hat; er kann ihn nach dem Spiel wiederhaben. Nichts weiter.

. . .

Jedermann macht in Gesellschaft einmal einen Witz auf Kosten andrer, die nicht zugegen sind; nur Kabusch kann sich das nicht leisten. Zwar wird gelacht, nur weiß er sofort, daß sein Witz ungerecht ist und erschrickt; Kabusch ist auf Gerechtigkeit angewiesen.

. . .

Ein andrer, der ungefähr die gleichen Voraussetzungen hat und sich in der gleichen Gesellschaft bewegt, schlägt einfach zurück und wird Großunternehmer, Großwerbefachmann,

Großverwaltungsrat usw. Er denkt nicht daran, sein Haus freundschaftlich beschädigen zu lassen oder sich anzuhören, daß seine Rede durchaus nicht peinlich gewesen sei, oder die Rechnung für alle zu bezahlen, bloß weil er empfindlich ist, oder zu verstummen, wenn niemand nickt, oder überhaupt etwas verkehrt zu machen; er denkt ja nicht dran und ist ein Emporkömmling auch, Sohn eines Hauswartes, Rotary-Member, eine frohe und gewinnende Persönlichkeit.

. . .

Tut Kabusch sich selber leid?

. . .

Als Lehrling protestiert er gegen Überstunden für außerfachliche Dienstleistungen. Es bekommt ihm nicht, wenn Kabusch protestiert; dann kann es geschehen, daß er stottert. Hingegen gewinnt er den Preis in einem Lehrlingswettbewerb der Stadt; das spricht für seinen Lehrmeister.

. . .

Es hat nichts mit Herkunft zu tun. Sein Vater ist kein Arbeiter gewesen, seine Mutter nicht einmal gerüchtweise beim Zirkus. Daran kann es nicht liegen. Noch Ende des 19. Jahrhunderts spielte seine Familie eine nationale Rolle. Er fährt einen Volkswagen. Warum keinen Bentley? Das nimmt man Kabusch nicht ab, dies nebenbei. Ein ungeduldiger Schauspieler ruft laut ins Atelier: Wer ist denn hier der Kamera-Mann? Dabei steht er neben der Kamera, seit einer Stunde bereit. Kabusch kommt nicht an (wie es im Jargon der Schauspieler heißt); zum Beispiel muß er die Arbeiter im Atelier dreimal bitten, wenn Kabusch etwas braucht; brüllt er, so entsteht lediglich der Eindruck, Kabusch sei seiner Sache nicht sicher. Dann macht er's lieber eigenhändig. Werden später die Aufnahmen zur Probe vorgeführt, so entschuldigt er sich: es sei natürlich erst ein Rohschnitt, die Kopie leider zu dunkel usw. Man zeigt Nachsicht: Bitte! Nachher sagt der Schauspieler: Mensch, das ist ja prima! Eines Tages erscheint er mit einer neuen Freundin, die Aufsehen erregt: eine black-beauty. Man macht ihr den Hof, als gehöre Kabusch nicht zu ihr. Man glaubt das einfach nicht. Unser Kamera-Mann soll sich nicht übernehmen. Als sich erwiesen hat, daß diese Frau trotzdem zu Kabusch gehört, behandelt man sie allmählich wie Kabusch. Er kann das nicht verhindern. Believe it or not, das hat nichts mit Rassismus zu tun.

. . .

Es gibt Kabusche in jedem Beruf. Ich beobachte einen Kellner. Die andern Kellner, die doch die gleichen Speisen aus der gleichen Küche servieren, hören von den Gästen nie eine Beschwerde; nur Kabusch eignet sich dafür. Sogar von Tischen, wo er gar nicht bedient, wird Kabusch gerufen: wegen Durchzug, es fehle noch immer der Senf usw. Er mißversteht das auch nicht; sie mögen Kabusch, das weiß er. Als er Oberkellner wird, ändert sich eigentlich nichts; immer die Flasche, die Kabusch entkorkt, riecht leider etwas nach Korken.

. . .

Es kann sich auch um eine weibliche Person handeln. Zum Beispiel glaubt man nicht, daß ihre Berufstätigkeit (Psychiatrie) etwas anderes als Ersatz sei. Was sie so sagt, ist klug. Das muß man zugeben. Wieso zugeben? Übrigens kocht sie auch ausgezeichnet, obschon sie neuerdings an Kongressen spricht. Man rühmt sie für ihre Hilfsbereitschaft, die auch ausgenutzt wird, und umgibt sie mit einer Mischung von Wohlwollen und Mitleid, das sie unsicher macht, manchmal auch steif. Was macht sie verkehrt? Sie hat Kinder. Wenn grad von Kindern die Rede ist, wird es sofort anders; man läßt sie reden, und Lisbeth kann sich entfalten, und es überzeugt, bis sie wissenschaftlich argumentiert. Nichts gegen die Argumente, aber man nimmt ihr den Jargon nicht ab, den man selber spricht, Jargon als eine Ausdrucksweise, die dem Sprechenden selber Eindruck macht. Wie gesagt, sie kocht ganz ausgezeichnet. Natürlich weiß sie in ihrem Fach mehr als die Gäste; das schon. Man hört ja auch zu. Nur ihr Mann zeigt sich dann nervös, hütet sich aber, das Thema zu wechseln. Merkt Lisbeth es nicht? Je länger sie spricht, umso weniger ist sie vorhanden, und es ist nichts zu machen; ihr Wissen, bestätigt durch zwei Diplome, steht ihr nicht. Sie kleidet sich durchaus elegant; dann immer die Frage: Wo haben Sie bloß diesen tollen Mantel her? mit der Versicherung: Das steht Ihnen aber! und mit einer Rückfrage an ihren Mann: Oder finden Sie denn nicht? als sei das von Mal zu Mal verwunderlich, ein Glücksfall, als könne die Psychiaterin keinen eignen Geschmack haben. Irgendwann im Lauf des Abends, spätestens in der Garderobe kann ihr Mann es nicht unterlassen, offensichtlich gegen ihren Wunsch beiläufig zu erwähnen, was sie, als Psychiaterin, alles leistet, zum Beispiel im Institut, ganz zu schweigen von den Konferenzen und Kongressen, ferner schreibe sie ein Buch usw. Wieso ist es ihr peinlich? Dann faltet sich ihre Stirne über dem Ansatz einer schönen Nase; es sei kein Buch, eher eine Broschüre. Es ist peinlich; die Gäste stehen bereits in ihren Mänteln und möchten sich bedanken.

Irrtum von Kabusch: er meint sich durch Leistung rechtfertigen zu müssen, zu können. Das gerade entwertet seine Leistungen von vornherein. Er geht nicht ohne Erfolge aus; nur
geben sie ihm, Kabusch, keinen Glanz.

. . .

Es ist besser, wenn er nicht trinkt wie die andern; dann vergißt er, daß er Kabusch ist, und wird mit Schrecken erwachen
am andern Tag.

. . .

Er ist Sprecher beim Fernsehen. Die Nachrichten, die er mit
seiner korrekten Aussprache versieht, sind in der Regel so
wichtig, daß man sie auch Kabusch abnimmt. Das spürt er,
ohne seinerseits das Publikum zu sehen, die Leute in den Stu-
ben und in den Wirtschaften. Was man weniger abnimmt: die
bunte Krawatte, Maßanzug, Siegelring (neuerdings verzichtet
er auf diesen Siegelring, offenbar hat man es Kabusch gesagt)
und seine Frisur, überhaupt die Person. Dabei gibt er sich alle
Mühe, nicht persönlich zu erscheinen. Es geht um Staats-
besuche, Katastrophen, Staatsstreiche, Gipfeltreffen, Verbrechen, Reisen des Papstes usw. Er vermeidet jede Miene dazu,
die Kabusch sich nicht leisten kann, ausgenommen vielleicht
eine unwillkürliche Miene der Erleichterung, wenn er zu den
Wetteraussichten kommt. Für Augenblicke verdeckt ihn dann
die Wetterkarte mit den vertrauten Landesgrenzen. Als er
zum Schluß, wieder allein im Bild und jetzt mit Blick gradaus,
wie üblich Gutenacht wünscht, sagt jemand in der Bar: Dir
auch! Alle lachen.

Es ist nicht leicht für die Kinder, Kabusch als Vater zu haben. Zumindest meint er das; seine Großmütigkeit erscheint wie Werbung, wenn nicht sogar wie eine Art von Wiedergutmachung.

. . .

Ab und zu bezeichnet er sich als Idiot.

. . .

Es kommt auch vor, daß er sich stellt, daß er es uns zeigen will: er blickt aus Wahl-Plakaten und wird Bürgermeister. Die Wähler haben Kabusch erkannt; er wird sich Mühe geben, dieser Mann, er wird sie nicht erschrecken, dieser Mann, er wird sich nichts leisten können.

. . .

Was er sich anrechnet: daß er kein Hochstapler ist. Dabei hat Kabusch diesbezüglich gar keine Chance; es wirkt schon wie Größenwahn, wenn er, Kabusch, sich etwas nicht gefallen läßt.

. . .

Der Concierge im Hotel, der Kabusch erkannt hat, nickt freundlich, fast familiär; nachdem er allen andern den Schlüssel überreicht hat, fragt er gar: Wie geht's, Herr Doktor, wie geht's? und nachdem er sich mit dem Portier noch unterhalten hat, gibt er Kabusch den Schlüssel.

Es hilft nichts, daß Kabusch, der Kamera-Mann, in Cannes eine Auszeichnung bekommt; man weiß, wie derlei zustande kommt, und es ist freundlicher, wenn man nicht davon spricht. Er selber spricht auch nicht davon und tut gut daran.

. . .

Wie ehrgeizig ist Kabusch?

. . .

Habe ich ein Argument, das eben noch einigermaßen überzeugt hat, und Kabusch kommt dazu, Kabusch bringt dasselbe Argument (mit seinen Worten), so habe ich fortan ein Argument weniger. Es überträgt sich.

. . .

Manchmal meint er, es würde genügen, daß er, Kabusch, beispielsweise um die nächste Straßenecke geht, dort eine Weile wartet, dann zurückkommt: ohne Kabusch. Wie irgendeiner. Ohne Erinnerung an alles, unbefangen. Nichts weiter. Ohne sich zu entschuldigen, daß er sie eine Weile hat warten lassen, eine Viertelstunde oder ein Vierteljahr. Darauf käme es vermutlich an: ohne sich zu entschuldigen für Kabusch.

. . .

Vielleicht meint ein andrer, es liege daran, daß sein Vater eine bekannte Persönlichkeit am Ort gewesen ist. Noch als Fünfzigjährigen fragt man ihn: Und was machen Sie? Dann sagt er's. Warum zuckt Kabusch dabei die Achsel? Eine Weile lang ist man aber besonders nett zu ihm.

Jemand erzählt gerade von einem Mann, der eines Tages alles aufgegeben hat, seine Lehrerstelle, sein Einkommen, seine Ehe. Wer von uns wagt das? Kabusch sitzt schweigsam dabei; er braucht sich nicht zu erwähnen, tut es auch nicht mit einer Miene. Es ist nie dasselbe, wenn Kabusch dasselbe tut.

. . .

Selbstmord würde man Kabusch nicht abnehmen, d. h. den Tatbestand schon; nur fände man es in seinem Fall eher peinlich.

. . .

Ein andrer versucht es mit Auswanderung. Kabusch in Canada. Obschon er gemeint hat, er mache sich keine Illusionen, kommt er ins große Geschäft. Zum Beispiel als Architekt. Sein Sommersitz mit Wäldern, mit einer eigenen Meeresbucht, mit Rindern usw. ist sagenhaft und verwundert ihn mehr als seine Gäste, die derlei gewohnt sind. Eines Tages sagt jemand: Das hätten Sie sich auch nicht träumen lassen, wie? Er erkennt seine Illusion, Kabusch werde in Canada nicht erkannt.

. . .

Hält er sich für ausweglos?

. . .

Ich beobachte es nicht an ihm, aber an den andern: neuerdings fühlen sie sich freier in seiner Gegenwart, ungenötigt, er ist nicht mehr Kabusch. Dabei hat er dieselben Marotten, dieselben Fähigkeiten; er kleidet sich auch nicht anders, und dabei nähme man es ihm sogar ab. Sie wissen nicht, was vorgefallen ist; kaum jemand klopft ihm noch auf die Schulter, oder wenn es aus Gewöhnung nochmals geschieht, so merkt man, daß er sich nicht dafür eignet – er lacht... Wir müssen uns einen andern Kabusch finden.

BERZONA

Wird das Telefon abgehört? Und wenn ja: lohnt sich das? Es ist das Beste, diese Frage am Telefon zu besprechen.

LUNCH IM WEISSEN HAUS 2. 5. 1970

Der Offizier, der wachsam im Vorraum sitzt, zeigt sich freundlich wie ein Concierge, dem unsere Pässe genügen; wir sind angemeldet. Der schwarze Taxi-Fahrer war eher mürrisch, als wir ihm unser Ziel nannten. Wir müssen warten. Der Offizier scheint sich zu langweilen, Mütze auf dem Tisch, Revolver am Gurt. Ich merke, daß ich mich nicht setzen kann; ich bin nervös, obschon an Ort und Stelle die Neugierde geringer ist, als ich sie mir eingeredet habe. Eine Sekretärin geht auf die Toilette; ein alter Neger leert die Aschenbecher im Korridor. Kein Zeichen von Alarm. Ab und zu gehen junge Männer hemdärmlig durch den Korridor, um sich ein Coca-Cola aus dem Automat zu holen; ihr small-talk dabei. Die Stimmung im Haus ist keineswegs nervös. Administration. Alltag bei der Weltmacht –

Seit vorgestern US-Einmarsch in Kambodscha, heute im Fernsehen die üblichen Bilder: Tanks von hinten, Helikopter in Schwärmen, Soldaten mit schiefen Helmen und mit schwerer

Packung, Material, Waffen, Munition, Material; sie arbeiten oder stehen etwas verloren in der Gegend, warten auf Order, wohin in den Dschungel. Laut Sprecher wissen sie noch nicht, daß sie eine Grenze überschritten haben; das sieht man der Vegetation nicht an; als sie's von dem Sprecher erfahren, zeigt sich in ihren Mienen keinerlei Regung. Erst auf die Frage, was sie dazu meinen, sagt einer ins Mikro: »This is a mistake, I'm sure.« Ein anderer: »We're going to make history, that's all I know.«

Wir warten im Korridor, der eng ist, nicht zu vergleichen mit einem Korridor bei IBM. Weder Chrom noch Leder. Man sitzt in gepolsterter Kleinbürgerlichkeit. Keine Spur von Reichskanzlei. Es könnte das Wartezimmer eines Zahnarztes sein, abgesehen von den Fotos: Nixon in Hawaii mit einem Blumenkranz um den Hals, er lacht, Nixon mit den Männern von APOLLO 13 nach der gemeisterten Havarie, er lacht und winkt; Nixon mit Gattin auf einer Treppe, er winkt und lacht; Nixon beim Verlassen seines Flugzeuges, er winkt; Nixon im Garten als Haupt einer Familie, er winkt nicht, aber lacht; dann wieder Nixon öffentlich, er schüttelt Kinderhände; Nixon bei einem Gala-Dinner mit Negern links und rechts, lauter Onkel Tom, alle in Smoking; dasselbe Gala-Dinner nochmals –

Niemand kann angeben, wie groß die BLACK PANTHER PARTY ist. »The BLACK PANTHER PARTY regards itself as a socialist organisation and believes that means of production should be in the hands of the people. They declare that men only live creatively when free from the oppression of capitalism.« Man soll nicht mehr nach Harlem gehen als Weißer; wir fahren trotzdem nach Harlem und gehen zufuß; als einzige Weiße im Apollo-Theater. Keinerlei Belästigung; auch auf der Straße keine feindseligen Blicke, wenn man als Weißer nicht gafft. Ungefähr dieselben Konsum-Güter, dazu dieselbe Sprache: aber ein anderer Kontinent. Keine Kampf-Parolen an den

Mauern. Es ist schwer zu sagen, was sich in 20 Jahren verändert hat; aber sehr viel. Im Kino: Gelächter über den weißen
Helden.

Unser Gastgeber läßt sich entschuldigen, daß er noch einige
Minuten beschäftigt ist, was wir leicht verstehen: seit vorgestern ein neuer Kriegsschauplatz. Ich wundere mich noch immer über diesen Korridor; abgesehen von den Nixon-Fotos,
die in ebenso billigen wie geschmacklosen Rahmen hängen,
brächte mich nichts auf die Idee, daß man sich in der Firma
befindet, die Milliarden umsetzt in Krieg. Erst als ich die
Toilette suche, finde ich in einem Seitengang auch ein Foto von
Nixon in Vietnam: Soldaten bei der Entgegennahme seines
väterlichen Ernstes –

Ich bin als Tourist im Land, hauptsächlich um die amerikanische Malerei zu sehen in ihrer Umwelt, Ateliers in der Lower
East Side. Unterwegs kommt man in Demonstrationen: Fahnen
des Vietcong wehen vor der Public Library, Lautsprecher, ein
dicker Helikopter kreist über dem Park, wo sie auf dem Boden
hocken oder auf Ballustraden, andere liegen unter den Bäumen, Jugend mit Guerilla-Bart und Jesus-Haar, lauter Jugend,
männlich und weiblich, Gruppen mit Gitarre, die Polizei steht
um den Park, die Jungen rufen: PEACE NOW, PEACE NOW,
die Polizei schweigt und schaut niemand an, ihre Knüppel
hängen mit einer Schlaufe an ihrer Hand, PEACE NOW,
PEACE NOW, PEACE NOW. Niemand wird bedroht, die Polizei wirkt überflüssig, die Wolkenkratzer ringsum brauchen
keinen Schutz. Einige rufen: REVOLUTION NOW, aber sie
berufen sich auf die Verfassung. Es geschieht nichts; nur die
Heilslehre, die Krieg führt, verfängt nicht mehr. Einige rufen:
ALL POWER TO THE PEOPLE, dazu das Zeichen mit den zwei
Fingern, dann rufen plötzlich fünfzehntausend: PEACE, PEACE
NOW, PEACE, PEACE, PEACE.

Henry A. Kissinger, unser Gastgeber, begrüßt uns herzlich
und bittet in sein Vorzimmer. Wir kennen ihn aus Harvard;

damals als Professor für politische Wissenschaft war er gelegentlich schon Berater von Präsident Kennedy. Heute gehört er vollamtlich zum Weißen Haus, Berater für Militär-Politik. Er ist Mitte 40, untersetzt, auf eine weltmännische Art unauffällig; Akademiker nach deutscher Tradition, auch wenn er seine Hände in die Hosentaschen steckt. Der Anruf, der ihn nochmals eine Weile aufhält, kommt von Nelson Rockefeller, und also warten wir nicht nur verständnisvoll, sondern verlegen im Bewußtsein, wie kostbar seine Zeit ist. Zwei Sekretärinnen sitzen in seinem Vorzimmer und essen gerade ihren hot-dog. Auch hier ein Foto von Nixon: der Präsident, wie er Henry A. Kissinger, seinen stehenden Berater, im Sitzen anhört, umgeben von Flaggen; Szene wie aus einem Kipphard-Stück – Henry A. Kissinger, jetzt dienstfrei, stellt uns eine Dame vor, die nicht zum Weißen Haus gehört, eine Schauspielerin; dabei scherzt er mit Bezug auf Siegfried Unseld: »my friend and leftwing-publisher«. Auch hier ein Foto von Nixon, Porträt mit Widmung an Henry A. Kissinger: »grateful for ever«, das Datum kann ich nicht lesen, da Henry A. Kissinger sich erkundigt, was ich zurzeit arbeite: Roman oder Drama? Sehr hungrig ist eigentlich niemand, aber es gibt noch andere Gründe für einen Lunch; schon das Bestellen ist ein willkommener Aufschub der Fragen, die unumgänglich sind, Fragen zur amerikanischen Invasion in Kambodscha. Wir einigen uns auf Mineral-Wasser. Nachdem der Weiß-Haus-Kellner uns verlassen hat, eröffnet Henry A. Kissinger mit einem Bericht zur persönlichen Situation: täglich Briefe mit Morddrohung. Der Mann vom Secret Service, der ihn infolgedessen beschattet, ist aber nicht zu sehen. Ist es der Kellner oder sind wir vollkommen vertrauenswürdig? Dann zum Generationen-Konflikt: es sei unsere Schuld, das Versagen der Väter und Lehrer, die jeder leeren Drohung nachgeben, resignieren, kapitulieren usw., statt zu vertreten, was sie als richtig erkennen, und Leitbilder zu geben. Henry A. Kissinger erzählt, wie er in einer Universität, zur Diskussion mit Studenten bereit, als »Kriegsverbrecher« angesprochen wird; ungefähr die Hälfte der versammelten Studenten stimmt dieser Beschuldigung zu, indem sie sich von den Sitzen erhebt und stehen bleibt; als er, Henry A. Kissinger, trotzdem zu einer akademischen Diskussion bereit ist, fällt wieder das Wort »Kriegsverbrecher«, daraufhin verläßt er den Hörsaal. Nicht wenige von den Jungen, sagt er, haben ihm brieflich für seine Haltung gedankt und sich für den Vorfall entschuldigt.

> WAR CRIMES AND INDIVIDUAL RESPONSIBILITY, ein Memorandum von Richard A. Falk behandelt das Massaker von Song-My am 16. 3. 1968, wobei mehr als 500 Zivilisten niedergemacht worden sind: »The U.S. prosecutor at Nuremberg, Robert Jackson, emphazised that war crimes are war crimes no matter which country is guilty of them.« Die Charta des Nürnberger Tribunals bezeichnet als Verbrechen nicht allein Massaker, Deportation, Folter usw., sie enthält auch einen Artikel VI: »Crimes against peace: Planning, preparation, initiation or waging of a war of aggression in violation of international treaties, agreements or assurances.«

Was die Invasion von Kambodscha betrifft, sind wir nicht nur Laien, sondern uns dessen auch bewußt; Herny A. Kissinger hat seit Jahrzehnten theoretisch auf dem Gebiet gearbeitet, das der Laie schlichthin als Krieg bezeichnet, daher seine Gelassenheit zwei Tage nach der Invasion von Kambodscha. Das Essen: familiär-ordentlich, es lenkt also nicht ab. Was sollte ich denn erzählen: bloß um Henry A. Kissinger nicht die Frage zu stellen, die Millionen amerikanischer Bürger stellen? Er ist freundlich, vielleicht froh um einen Lunch mit Laien, fragt meinen Verleger nach seinem Verlag; aber Siegfried Unseld, sonst in jeder Lebenslage bereit, sofort und gründlich über die Pläne seines Verlages zu berichten, macht es kurz, um seinerseits eine Frage zu stellen, die Henry A. Kissinger (sie duzen einander aus der Zeit des Harvard-Seminars) leicht beantwortet; die Kambodscha-Aktion werde 14 Tage dauern, dann Regenzeit. Auch der Versuch unseres Gastgebers, das Gespräch auf Ehen zu bringen, gelingt nicht. Wieder entsteht eine Pause. Wer Präsident Nixon berät, hat es schwerer als ein Verleger oder ein Schriftsteller; er kann nicht, um von seinem Beruf zu schweigen, auf ein allgemeineres und wichtigeres Thema wechseln, zum Beispiel auf Krieg. Das ist ja sein Beruf, und da hilft auch keine persönliche Bescheidenheit, kein Takt unsererseits. Henry A. Kissinger sagt, daß ihnen der Kambodscha-Entscheid natürlich keine Freude macht. Man hat das kleinere Übel zu wählen (kleiner für wen?), und offenbar habe ich nicht richtig gehört: das kleinere Übel wird höchstens sechs Wochen dauern. Henry A. Kissinger, der seine Diät hält, spricht ohne Eifer und nicht viel; es drängt ihn nicht. Der Präsident weilt heute in seinem Landhaus. Um etwas zu sagen, könnte ich berichten, wie die Amerikaner, die ich getroffen habe, darüber denken; aber Henry A. Kissinger errät es, bevor ich es sage: das sind Studenten, Professoren, Maler, Schriftsteller, Intellektuelle. Er sagt: »Cynicals have never built a cathedral.« Der Protest im Land kann die Verantwortlichen nicht verwirren; sie allein kennen die Fakten, die geheim sind. Henry A. Kissinger ist ein Intellektueller, der Verantwortung übernommen hat, wobei er sich darauf beruft, daß nicht »wir« diesen Krieg in Vietnam begonnen haben; er meint: nicht die Regierung Nixon. Ein undankbares Erbe. Was nochmals die Invasion von Kambodscha betrifft: die USA haben überhaupt kein Interesse an Kambodscha, es geht lediglich darum, eine Position für Verhandlungen zu schaffen. Er fragt, was wir zum Nachtisch wünschen. Meinungsforschung hat ergeben, daß heute 63% die Kambodscha-Invasion gutheißen, 25% sind dagegen. (Die NEW YORK TIMES ist dagegen.) Ich bestelle also Fruchtsalat und bin froh, daß ein Hemdärmliger kommt mit der leisen Meldung: »The President is calling.« Wir, eine Viertelstunde allein, löffeln unsern Nachtisch schweigsam; was unser Gastgeber uns sagen kann, hat Nixon schon im Fernsehen gesagt: –

> Keine Verletzung der Neutralität von Kambodscha, denn diese Neutralität hat der Vietcong schon verletzt. Keine Aggression gegen Kambodscha, denn im vorgesehenen Bezirk befindet sich keine Bevölkerung, nur Vietcong, dessen Stützpunkte zerstört werden. Die Regenzeit wird sechs Monate lang verhindern, daß der Vietcong diese Stützpunkte wieder erstellt. Keine Eskalation des Krieges, im Gegenteil, es handelt sich um eine Vorbereitung für den Abzug der amerikanischen Truppen; nach der Regenzeit werden die südvietnamesischen Truppen allein imstande sein usw.

Das Restaurant im Weißen Haus: traulich-gediegen wie eine Zunftstube, Gemütlichkeit in dunklem Holz, man könnte sich am Bodensee befinden. Hier kein Foto von Nixon, dafür vier Ölgemälde von alten Schiffen; drei davon in Seenot ... »The President is calling« ... Ich esse Fruchtsalat, wo Millionen amerikanischer Bürger nicht zum Wort kommen. Was ist komisch daran? Ein Gastgeber unter täglicher Morddrohung; er zeigt keine Angst, auch keine Empörung darüber. Berufs-Risiko. Vielleicht schmeichelt es ihm sogar; es erinnert etwas an Caesar. Was sie jetzt am Telefon wohl sprechen? Ich stelle mir vor: Henry A. Kissinger, die rechte Hand in der Hosentasche, stehend, während wir Fruchtsalat essen. Ich überlege, warum ich einem Mann, der unter Morddrohung steht, ungern widerspreche: als schütze es ihn, wenn ich schweige, was immer er sagt. »Intellectuels are cynical and cynicals have never built a cathedral.« So denken auch Männer in unseren Behörden; es paßt zu dieser bräunlichen Zunftstube.

Professoren von Harvard besuchen Henry A. Kissinger wenige Tage später, um ihre bisherige Zusammenarbeit zu kündigen; sie bezeichnen die Kambodscha-Invasion als unverantwortbar und die Art, wie der Entscheid gefällt worden ist, als antidemokratisch.

Natürlich möchten wir das Weiße Haus besichtigen, aber es könnte uns ja irgendeiner führen, dessen Zeit weniger kostbar ist; offenbar möchte unser Gastgeber, nachdem der Kaffee getrunken ist, kein weiteres Kambodscha-Gespräch am Tisch, und wir nehmen's als Ehre, daß Henry A. Kissinger uns jetzt die Residenz zeigt. (Zu gewissen Zeiten kann jedermann sie besichtigen.) Die Palastwache, nicht zahlreicher als Wächter in einem Museum, grüßt nicht militärisch; unser Gastgeber mit der linken oder rechten Hand in der Hosentasche grüßt kurzfamiliär, sodaß die Uniformen, gerade im Begriff sich zu erheben, sich schon wieder setzen. Das gibt auch uns eine leichte Aura des Familiären. Trotzdem wage ich nicht die gestopfte Pfeife anzuzünden, halte sie in der Hand oder im Mund, ohne zu rauchen. Wände weiß, Teppich rot. Ich bin unsicher, was ich denken soll ... Hier also haust die Macht. Sie gibt sich als ein Wesen, das Ruhe liebt, Sauberkeit, die beim Aschenbecher anfängt; ein Wesen mit Tradition; ein Wesen, das die stillen Parke liebt, die grünen Rasen und Blumen je nach Jahreszeit; wahrscheinlich liebt es keine Straßenschlachten, auch wenn die Opfer selber schuld sind, und Massaker wie in Song-My müssen ihm ein Greuel sein. Schon den gewöhnlichen Straßenverkehr mag es nicht. Überhaupt keinen Lärm, der seine Meditation stören könnte; es schätzt den Blick auf einen fernen Obelisk, das Geräusch eines Springbrunnens. Wer zum Haus der Macht gehört, ob als Militär-Berater oder als Wächter, geht ohne Hast, offensichtlich ohne Sorge, sodaß man nur mit einem Lächeln an die Rufe denken kann: REVOLUTION NOW. Lincoln und andere sind erschossen worden, zuletzt

Kennedy; was hat das erschüttert? Ihre Porträts in Öl schaffen jene Stimmung, daß man als Besucher sofort leise spricht; selbst das Porträt von L. B. Johnson, der noch nicht aus dem Jenseits auf uns blickt, gibt uns das Gefühl, daß uns Bescheidenheit ansteht. Nur Henry A. Kissinger, der weniger erläutert als die gewöhnlichen Fremdenführer, nimmt einfach die Hände nicht aus den Hosentaschen, um ohne Worte zu versichern, daß es im Haus der Macht vollkommen natürlich zugeht, zivil, human, nämlich unsteif. Er macht sogar einen Witz über die Jacqueline, das darf man. Vorallem ist die Macht, so scheint es, immer aus guter Familie, ein Wesen, das Geschmack hat; Geschmack beispielsweise an Porzellan und Stil-Möbeln. Das verleiht allem, was hier geschieht, etwas Aristokratisches. Jeder Präsident hat sein Porzellan, das später, wenn er nicht mehr im Amt ist, in Vitrinen ausgestellt wird; so achtet jeder das persönliche Porzellan seiner Vorgänger, und alle sind verbunden durch ihren Sinn für Porzellan. Wir gehen, ohne viel zu fragen, nicht eigentlich in Andacht, aber schicklich; wenn wir die Marmor-Treppe hinaufgehen, lege ich beispielsweise meine Hand nicht aufs Geländer. Die Malerei, die zur Möblierung der Macht gehört, hält sich an das vorige Jahrhundert; kein Rothko oder Roy Lichtenstein oder Stella oder Jim Dine, kein Calder usw. Bedürfnis nach Tradition, aber sie beginnt mit Lincoln und Washington; daher keine Ritterrüstungen. Nixon liebt vorallem Vögel. Es gibt keine Gobelins, die militärische Siege darstellen, oder ich habe sie nicht gesehen; man protzt hier nicht militärisch und überhaupt nicht. Die Macht gibt sich als dezentes Wesen, das niemand erschrecken möchte; kolossal ist nur die Realität, aber nicht die Villa, wo dieses Wesen wohnt und empfängt. Wieder ein Blick auf den Park; schon ein Jumbo-Jet, den man gerade hört, paßt eigentlich nicht dazu. Hier geht Historie auf Spannteppich. Nichts erinnert an Erdöl, nichts an die Computer im Pentagon, nichts an die CIA, nichts an die United Fruit Company usw. Hier steht ein großer Tisch, und ich nehme die Pfeife aus dem Mund: Hier also – ich glaub's – arbeitet der Präsident, zur Zeit Richard Nixon. Hinter dem leeren Sessel steht das Sternenbanner, zur Seite die Flaggen aller Waffengattungen. Der Arbeitstisch ist leer und aufgeräumt, aber authentisch. Der einzige Gegenstand, der glaubhaft macht, daß von diesem Platz historische Verfügungen ausgehen, und zugleich der einzige, der nicht antiquarisch ist: ein Telefon-Apparat, weiß. Und so stehen wir denn wie in Escorial, wenn man sich sagen muß: Hier also –!

Nixon vor der Presse (8. 5.) zur US-Invasion in Kambodscha: »Decisions, of course, are not made by a vote in the Security Council or in the Cabinet. They are made by the President with the advice of those, I, as Commander in Chief, I alone am responsible . . . I made the decision. I take the responsibility for it. I believe it was right decision. I believe it works out. If it doesn't then I am to blame.«

Um nicht zu fragen: Was haben im Fall einer Katastrophe, Bürgerkrieg oder Weltkrieg, die Opfer davon, daß Richard Nixon, Commander in Chief, persönlich die Verantwortung übernimmt und sich allenfalls umbringt wie Hitler? frage ich seinen Berater, welcher Art die Intelligenz des Präsidenten sei. Sie sei groß, so höre ich, größer als bei Kennedy oder Johnson. Aber welcher Art? Ich höre, daß es eine analytische Intelligenz sei; die Besichtigung geht weiter . . .

Zwei Tage später, 4. 5. 1970, werden in der Universität Ohio, Kent State, bei einer anti-war-demonstration vier Studenten erschossen von der National Guard, die aus Notwehr gehandelt habe, so heißt es, gegen Heckenschützen, was von sämtlichen Augenzeugen bestritten wird; die Fotos hingegen (LIFE) zeigen die National Guard, wie sie aus 30 Meter Entfernung, also nicht einmal von Steinwürfen bedroht, in die Menge schießt. Ohne Warnung. Sie hatten die Nerven verloren, so heißt es, weil ihr Vorrat an Tränengas zu Ende ging. Nixon sagt dazu: »The needless death should remind us all once more that when dissent turns to violence it invites tragedy«, wozu die NEW YORK TIMES bemerkt: »which of course is true, but turns the tragedy upside down by placing the blame on the victims instead of the killers.« Nixon schreibt persönliches Beileid an die Eltern.

Als nächstes besichtigen wir ein kleines Zimmer, wo der Präsident sich ausruhen kann, nicht größer als die Garderobe eines Schauspielers; eine schmale Couch, Sessel und Schrank, Waschbecken. Was hier fehlt: der Schminktisch. Ich sehe: Hier also ruht Nixon zwischen seinen Auftritten ... Langsam verliert sich meine Befangenheit; was wir sehen, hat nichts mit der Realität zu tun. Wozu besichtigen wir's eigentlich? So groß ist das Weiße Haus nicht; trotzdem das Gefühl, unser Gang sei endlos. Wände weiß, Teppich rot, es gibt den Korridoren etwas Heiteres; es ist fast schade, wenn unser Gastgeber unterbricht: Hier ist zum Beispiel gerade Bundeskanzler Willy Brandt empfangen worden. Dabei bin ich noch immer bei seinem Satz, der beim Lunch gefallen ist: Was in Kambodscha geschieht, wenn wir Vietnam verlassen, das ist nicht unser Problem! Ich nicke: Hier also mußte Willy Brandt speisen. Gegenüber einem Mitarbeiter, dem er uns vorstellt, wieder der scherzhafte Ton: »my friend and leftwing publisher«. Ich weiß jetzt, daß in diesem Haus ein offener Geist lebt. Wie die jungen Herren, die wir im Warteraum gesehen haben, ist auch dieser Mitarbeiter hemdärmlig-adrett-lässig; die ersten Nachrichten aus Kambodscha scheinen erfreulich zu sein, wie nicht anders erwartet. (Damals in Harvard, 1963, konnte Henry A. Kissinger noch offener sein, ein Intellektueller, der nicht die große Verantwortung trägt; damals redete er besorgter.) Eigentlich hätte ich eine Frage, aber es kommt nicht dazu; wir besichtigen einen Salon, wo Henry A. Kissinger und der Botschafter der UdSSR zu sitzen pflegen. Ich nicke, als bedürfe es meiner Bestätigung. Der Salon erinnert mich an das Kurhaus Tarasp: viele Fauteuils in kleinen Gruppen, alle unbequem, aber gediegen, Stil, vermutlich sind es echte Antiquitäten. Jetzt hat Henry A. Kissinger beide Hände in den Hosentaschen, um zu zeigen, daß er für die Innen-Architektur nicht verantwortlich ist. Das ist auch Nixon nicht. Die Wohnung, die der jeweilige Präsident sich nach eigenem Geschmack einrichtet, befindet sich ein Stockwerk höher; wir sehen lediglich die Staatsräume, die, wie gesagt, jeder amerikanische Bürger besichtigen kann zu gewissen Zeiten. Demokratie kennt kein Geheimnis vor den Wählern ... Hier also (jetzt nicke ich schon, bevor ich weiß, was es zu bestätigen gilt) versammelt sich das Kabinett. Ein überzeugender Saal. Um einen langen und breiten und schweren Tisch stehen Sessel aus Leder, nicht allzu prunkvoll, gerade richtig: Sessel, die zum aufrechten Sitzen verpflichten. Hier ließe sich verhandeln, ob Kambodscha überfallen werden soll oder nicht. Es sei aber, so höre ich, nicht oft der Fall, daß das Kabinett hier zusammenkommt, und dann sei es nur langweilig. Henry A. Kissinger lächelt; er wollte uns nur den Saal zeigen. Die Entscheidungen fallen nicht hier, sagt er –

Walter J. Hickel, Interior Secretary, beklagt in einem veröffentlichten Brief, daß ihn der Präsident in einem Jahr nur dreimal konsultiert hat; er schreibt: »Permit me to suggest that you consider meeting, on an individual and conversational basis, with members of your Cabinet. Perhaps through such conversations we can gain greater insight into the problems confronting us all –«

Meine Frage wäre gewesen, was Nixon mit der Macht eigentlich will. Es gibt Ziele, die man nur verwirklichen kann, indem man an die Macht gelangt. (Abschaffung der Armut im reichsten Land der Welt, Integration der Neger, Frieden ohne Ausbeutung anderer Völker usw.) Was ist das Ziel dieses Richard Nixon? – aber meine Frage erübrigt sich; es war sein Ziel, Präsident der Vereinigten Staaten zu werden, und er hat sein Ziel erreicht, indem er kein anderes hatte, Macht als Ziel der Macht, und daß Nixon durchaus den Frieden will, wenn es kein anderes Mittel gibt, um an der Macht zu bleiben, glaube ich ohne Frage –

Alles nimmt überhand: der Kehricht, die Jugend, das Haar, die Drogen, die Neger, die Unruhen, die Studenten, der Protest auf der Straße, die Angst vor Amerika. Die neuen Wolkenkratzer, aber die Gitarre nimmt überhand. Im Herbst, als sie wieder einmal nach Washington zogen, soll es eine Viertelmillion gewesen sein, die sich um das Weiße Haus versammelte, PEACE NOW, STOP THE WAR, PEACE NOW, es gab keine Toten; Präsident Nixon ließ sein Fenster schließen und schaute (wie er selber bekanntgab) Baseball im Fernsehen. Ein halbes Jahr später, 9. 5. 1970, lagern sie wieder um den Park, OUT OF CAMBODIA, diesmal nur Hunderttausend, viele glauben nicht mehr, daß sie gehört werden, aber Nixon hat eine schlaflose Nacht, laut Presse: in der Morgenfrühe begibt der Präsident sich zum Capitol, wo er mit einigen Studenten spricht und verlangt, daß sie ihn verstehen müssen, denn er trägt die Verantwortung dafür, daß die Vereinigten Staaten die führende Macht bleiben. Die Studenten sagen: Dann redete er über Sport. Laut Presse: Der Präsident frühstückte Schinken mit Ei. Gegen Krise hilft Krieg, aber was hilft gegen die Jugend, die überhand nimmt? 400 Universitäten treten in Streik wegen der erschossenen Studenten von Kent State.

Im Park, der, wie wir durchs Fenster schon mehrmals bemerkt haben, sehr schön ist, aber keine Frage beantwortet, sagt Henry A. Kissinger, er werde nicht allzu lange in seinem Amt bleiben; er habe kaum noch ein privates Leben. Das Weiße Haus jetzt von außen: wie man es von Bildern kennt. Hier im Freien zünde ich endlich meine Pfeife an, während wir gehen und nur unsere Schritte im Kies hören. Was reden? Ein sommerlicher Tag. Wer Entscheidungen fällt oder zu Entscheidungen rät, die Millionen von Menschen betreffen, kann sich nachträgliche Zweifel, ob die Entscheidung richtig ist, nicht leisten; die Entscheidung ist gefallen, das weitere abzuwarten. Man könnte jetzt durchaus einen Witz erzählen, aber es fällt mir keiner ein.

Heute früh in Jimmy's Coffee-shop: das Gespräch mit dem munteren Kellner, der mich für einen Deutschen hält und daher sagt, daß er nicht für Hitler sei, aber auch nicht gegen Hitler, »but perhaps we have to see that Hitler was a great philosopher.« Da er mein Zögern sieht, wechselt er auf McCarthy, »who was considered to be a fool«, aber heute sieht man es: hätte man damals auf McCarthy gehört, »we would not have all the trouble with Vietnam«. Er selber, der Kellner, ist eigentlich Grieche, Patriot auch dort; er findet Pattakos schon richtig, »only some communists can't stand him«. Wir sind übrigens nicht allein; der Mann, der nebenan Tabak verkauft, ist für Hitler. Warum? Hitler hatte einen großen Glauben. Nämlich? »He believed that the Germans are a superior race.« Er selber, der Tabakmann, ist Puertoricaner mit Kruselhaar, übrigens der Meinung, die Vereinigten Staaten hätten nach dem Krieg eben Europa besetzen sollen. Das erinnert mich an ein Gespräch in einem kalifornischen Motel, 1952, der Wirt versicherte: »depression is worse than war«, wobei er allerdings einen Krieg im alten Europa meinte. Warum in Europa? »because they are used to have wars over there«.

Im Park ist nichts zu besichtigen und Schweigen umso auffälliger; ich bin froh, daß Siegfried Unseld jetzt von seinem Verlag berichtet. Jede Firma hat ihre Probleme. Henry A. Kissinger, bescheiden wie meistens die außerordentliche Intelligenz, fast eitel-bescheiden, ein Fachmann, der alle Möglichkeiten mit Vernichtungswaffen durchdacht hat und das beste will, nämlich die allergeringste Vernichtung der Welt, er weiß, was in dieser Stunde nur wenige in der Welt wissen (erst die Historiker werden's einmal wissen), und hört lieber einem andern zu, wenn auch etwas geistesabwesend. Ich habe noch keinen Mann getroffen, dessen möglicher Irrtum ein entsprechendes Ausmaß annehmen könnte; ein Chirurg, der einmal pfuscht, ein Lokomotiv-Führer, ein Bundesrat sogar, der versagt, ein Polizei-Chef, der sich irrt, ein Pilot mit 160 Passagieren oder ein Herbert Marcuse, ein Verleger usw., das alles sind ja Verantwortungen, die einer übernehmen kann. Aber Berater eines Weißen Hauses? Ich verstehe immer mehr, daß Henry A. Kissinger, so oft es nur geht, seine Hände in die Hosentaschen steckt; seine Verantwortung steht in keinem Verhältnis mehr zur Person, die einen Anzug trägt wie wir. Je mörderischer der Irrtum sein kann, umso weniger kann einer dafür. Ohne daß ich ein Wort durchlasse, sagt Henry A. Kissinger, er ertrage Verantwortung lieber als Ohnmacht. Einen Nachsatz, zur andern Seite gesprochen, habe ich nicht genau gehört. Wir gehen sehr langsam. Was er machen wird nach seinem Rücktritt aus dem Weißen Haus, weiß Henry A. Kissinger noch gar nicht. Zurück zur Universität? Das dürfte, meint er, kaum möglich sein. Unser Gang über Kies wird bald zu Ende sein, und es scheint, daß es nichts mehr zu fragen gibt. Warum ist Henry A. Kissinger, vor der Wahl noch ein erklärter Gegner von Richard Nixon, trotzdem dessen Berater geworden? Schicklich hingegen ist die Frage meiner Frau: wie hat seine wissenschaftliche Theorie sich bewährt oder verändert durch Praxis? Das sei eine Frage, sagt Henry A. Kissinger, die er oft zu hören bekomme; er habe keine Zeit, um darüber nachzudenken. Ein schrecklicher Satz, aber wir befinden

uns gerade in einer Pendeltüre; ich höre nur noch: Wenn man
einmal auf dem Seil steht, gibt es kein Zurück – nach der Pendeltüre: – keine Politik ohne das Risiko einer Tragödie. Tragödie für wen?

Wieder einmal geträumt: die Lösung für ein
Stück. Erwacht vor Glück (Ei des Kolumbus,
Gott gibt's den Seinen im Schlaf!) könnte ich
die Sätze einfach hinschreiben – Lösung für
ein Stück, das es nicht gibt, das ich nie in
Arbeit genommen habe und das ich nicht einmal
von der Lösung her, die der Traum geschenkt
hat, zu erraten vermag.

Was den Zeitgenossen als erstes in den Sinn
kommt, wenn sich bei Gelegenheit herausstellt,
daß ich nicht ein deutscher Schriftsteller
bin, sondern ein schweizerischer, ist fast
immer dasselbe: THE GNOMES OF ZURICH. Sie
scheinen ziemlich verpönt zu sein, aber dazu
kann ich nichts sagen. Kurz nach unseren Bankiers, die im Bewußtsein der Zeitgenossen
unser Land repräsentieren, kommt die FONDUE,
dann lange nichts mehr, und ich warte auch
nicht darauf. Jeder verehrte Landsmann, jetzt
zur Ehrenrettung aufgeboten, täte mir leid.
Ich warte nur auf einen natürlichen Wechsel
des Themas.

Malerei und Plastik am Ort ihrer Entstehung;
plötzlich überzeugt es, daß Bilder zwölf oder
neunzehn Meter lang sind, Plastiken von einer
Kubatur, die in keine Galerie mehr zu stellen
ist. Keine Verinnerlichung der Umwelt, sondern
ein Gegenschlag. Und Paris ist nicht mehr der
Ort, wo die Krönungen stattfinden –

öffentliche Fragestunde in der Columbia-
Universität. Was wollen sie wissen? Keine
politische Frage; wenn einmal die Antwort
trotzdem ins Politische weist, so schweigen
sie tolerant-irritiert. Die Älteren fragen
aus dem Bezirk um Freud oder C.G.Jung, die
Jüngeren aus dem Bezirk um Lévi-Strauss.

Von einem Lehrer aus Queens gehört: eine
Schülerin weigert sich, die Nöte der Anna
Karenina zu verstehen, weil sie sowieso nicht
so alt werden wolle wie diese Anna Karenina,
denn in zwölf Jahren oder so gebe es in ihrer
Gegend sowieso keinen Sauerstoff mehr –

VOM SCHREIBEN IN ICH-FORM

Bemerkenswert das Verfahren von Norman Mailer in HEERE
AUS DER NACHT: er beschreibt sich als Demonstrant vor
dem Pentagon, wo er verhaftet wird, in ER-Form. Norman Mailer schreibt: Norman Mailer lachte, in diesem Augenblick zögerte er, auch Norman Mailer ließ sich jetzt von der
Menge drängen usw. Nach der Verhaftung meldet er sein Er-
staunen darüber, daß der Polizist seinen Namen nicht kennt,
er buchstabiert ihn: M.A.I.L.E.R. Das Verfahren gibt dem
Schreiber unter anderem die Freiheit, auch noch die Selbst-
gefälligkeit zu objektivieren. Das leistet die direkte ICH-
Form nicht, die, wenn sie dasselbe lieferte, einen Zug von Ma-
sochismus hätte.

. . .

Vielleicht empfiehlt sich die ICH-Form gerade bei Ich-Befan-
genheit; sie ist die strengere Kontrolle. Man könnte, um der
Kontrolle willen, in der ICH-Form schreiben, dann in die

ER-Form übertragen, um sicher zu sein, daß die letztere nicht nur eine Tarnung ist – aber dann gibt es Sätze, die nur in der ICH-Form ihre Objektivität gewinnen, wogegen sie, Wort für Wort in die arglose ER-Form übersetzt, eben feige wirken; der Schreiber überwindet sich nicht in der ER-Form, er kneift nur.

· · ·

Meine ich denn, daß mein Befinden (wie ich heute erwacht bin usw.) von öffentlichem Interesse sei? Trotzdem notiere ich es ab und zu und veröffentliche es sogar. Das Tagebuch als Übung im eignen Befinden bei vollem Bewußtsein, was dran irrelevant ist –

· · ·

Was man gemeinhin als Indiskretion bezeichnet: Mitteilungen aus dem privaten Bezirk des Schreibers, die den Leser nichts angehen. Und was die eigentliche Indiskretion ist: wenn einer mitteilt, was den Leser etwas angeht und was der Leser selbst weiß, aber seinerseits nie ausspricht –

· · ·

Daß der Leser trotzdem Autobiographie vermutet gerade dort, wo Erfahrung sich in Erfindung umsetzt, verhindert auch die ER-Form nicht.

· · ·

Unterschied zwischen dem erzählerischen ICH und dem direkten ICH eines Tagebuches: das letztere ist weniger nachzuvollziehen, gerade weil es zu vieles verschweigt von seinen Voraussetzungen, dadurch eine Zumutung: – keine Figur: nämlich zu einer Figur gehört auch, was sie verhehlt, was sie selber im Augenblick nicht interessiert, was ihr nicht bewußt ist usw.

. . .

Im Sinn der Beicht-Literatur (maximale Aufrichtigkeit gegenüber sich selbst) vermag die ER-Form mehr.

. . .

Zu Anfang ist es leichter mit der ER-Form als später, wenn die bewußten oder unbewußten Ich-Depots in mannigfaltiger ER-Form notorisch geworden sind; nicht weil der Schreiber sich als Person wichtiger nimmt, aber weil die Tarnung verbraucht ist, kann er sich später zur blanken ICH-Form genötigt sehen.

. . .

Die unverblümten ICH-Schreiber wie Henry Miller, Witold Gombrowicz u. a. machen ja keine Beicht-Literatur und sind dadurch erträglich, daß das ICH eine Rolle wird. Schreiber solcher Art wirken eher unschuldig, sie dichten am eignen Leib und leben ihre Dichtung auf Schritt und Tritt, und kaum je entsteht der peinliche Eindruck, daß sie Privat-Intimes auskramen; sie sind eben ihr literarisches Objekt, ihre Figur, daher gibt es keine Eitelkeit zu verbergen, sie gehört zur Figur mit allem andern.

Warum sind – im Gegensatz zur Arroganz, die sich jede Nacktheit leisten kann – Zeichen von Resignation immer indiskret? Zum Beispiel der alte Gide: er schreibt nicht indiskreter als der frühere Gide, aber in der Resignation wirkt er indiskreter.

. . .

Was an einem öffentlichen Tagebuch fragwürdig bleibt: die Aussparung von Namen und Personalien aus Gründen des Takts. Die Brüder Goncourt haben sich nicht gescheut: wer mit ihnen speiste, geriet durch ihr Tagebuch in die Öffentlichkeit. Warum scheue ich mich? Dadurch entsteht der Eindruck, der Tagebuchschreiber sehe nur sich selbst als Person, seine Zeitgenossen als anonyme Menge. Wenn jemand der Öffentlichkeit schon bekannt ist, erübrigt sich zwar die Scheu; nur entsteht dann der Eindruck, der Tagebuchschreiber lebe ausschließlich mit berühmten Zeitgenossen oder halte nur sie für buchenswert. Warum also nicht die Namen und Personalien aller Leute, die den Tagebuchschreiber beschäftigen? Es brauchte ja keine üble Nachrede zu sein, aber auch das Gegenteil wäre indiskret. Woher nehme ich das Recht, die andern auszuplaudern? Der Preis für diese Diskretion: die Hypertrophie der Egozentrik, oder um dieser zu entkommen: eine Hypertrophie des Politischen?

SCHAUSPIELHAUS ZÜRICH

Im vergangenen Winter wäre es beinahe wieder eine rühmliche Bühne geworden, eine politische. Sein Ruhm, allerdings schon lange verblaßt, begründete sich zur Hitler-Zeit; man weiß es noch: ein antifaschistisches Theater.

Später dann wurde auch die Bourgeoisie darauf
stolz; heute sagt sie: Unser Schauspielhaus!
Nicht zu Unrecht, wie sich jetzt zeigt. Der
Verwaltungsrat hat es sofort gemerkt, das neue
Gefälle nach links, und nachdem die bürgerliche Presse dafür gesorgt hat, daß die Kasse
zu wünschen übrigläßt, erfolgt die Kündigung
des Direktors und des Dramaturgen (Peter
Löffler, Klaus Völker) im dritten Monat ihrer
ersten Spielzeit. Der Verwaltungsrat, dem
übrigens kein einziger Theatermann angehört,
hingegen der eine und andere Bankier neben
Vertretern der städtischen Behörde, hat allerdings Pech: der neue Direktor, bereits gewählt, kann die Verdächtigung, daß er zur
Hitler-Zeit keine lautere Figur gewesen sei,
nicht entkräften. Das wußte allerdings niemand. Auch kann ein Mann, so meinen wir, seine
Gesinnung ändern. Was nichts damit zu tun hat:
die Kündigung des Vorgängers wegen Gefälle
nach links, wobei den Herren des Verwaltungsrats schon Eduard Bond als Marxist erscheint,
eine Kündigung übrigens, der auch die sozialdemokratischen Vertreter zugestimmt haben.
Unsere öffentlichen Bemühungen, vorerst diesen
Verwaltungsrat zu entmachten, der über öffentliche Gelder verfügt nach dem Kunstbedürfnis
der Bankiers, sind jetzt gescheitert: Friedrich Dürrenmatt hat sich zur Verfügung gestellt (wie ich heute aus der Tagespresse
erfahre) als Künstlerischer Berater und Mitglied dieses Verwaltungsrats.

NACHTRAG ZUR REISE

Sagt man, es sei nicht der erste Besuch in den Vereinigten Staaten, so kommt fast immer die Frage: Finden Sie's verändert?
Dabei erwarten sie alles andere als die Antwort, es habe sich

zum Guten verändert. Das finde ich aber ... Damals war ihre Frage in jedem Langstrecken-Bus: How do you like America? eine leutselig-frohe Frage, die auf Beifall wartete selbstverständlich; eigentlich wunderte sie nur, was uns am meisten imponiere. Am meisten imponierte mir damals die Wüste. Es war die Zeit von McCarthy. Ein Antikommunismus ohne Kenntnis, was Kommunismus will, in Verbindung mit einem repressiven Patriotismus (nicht viel anders als bei uns), ist nicht geschwunden; im Schwinden ist trotzallem die Arroganz der Macht, auch wenn sie sagen: Wir sind das reichste Land der Welt. Das stimmt ja. Sie sind erschreckt. Luftverschmutzung ist ja nur eine Metapher für alle andern Realitäten, die sie erschrecken. Zumindest ist man nicht mehr sicher, daß alles, was größer und größer wird, auch erfreulich sei. Kaum ein Abend, ohne daß Sorge sich ausdrückt; nicht selten die offenherzige Frage: Sind wir auf dem Weg zum Faschismus? Einiges spricht dagegen, z. B. das puritanische Erbe; die Debatten über Amerika, die sie unter sich selber führen, werden länger und enden nicht in Zuversicht, meistens nicht einmal in Gutheißung der Geschichte. Die Vernichtung der Indianer erscheint kaum noch als glorreiche Erfüllung eines göttlichen Auftrags, sondern als Genocid; das Jäger-Selbstverständnis der Vorfahren ist zwar zu erklären, aber das Ergebnis heißt heute Genocid. Es stimmt, was der Präsident sagt: die USA haben seit ihrem Bestehen, also seit 190 Jahren, nie einen Krieg verloren. Nur bleibt der Sieg aus. Was man aus Vietnam weiß, bleibt ein Schock, selbst wenn die Truppen einmal abziehen: man ist nicht mehr sicher, daß man die moralische Großmacht ist wie in Nürnberg. Es sind Dinge geschehen und geschehen täglich weiter, die man bisher nur andern zugetraut hat. What we are doing in Indochina, sagen Leute, die mit Kriegsverbrechen auch nicht auf Umwegen zu tun haben; sie vorallem sind verändert, so scheint mir, bis in den Alltag hinein. Sie wundern sich, daß wir freiwillig in diesem Land sind. Ein schreckliches Land, so nennt es mehr als einer, wenn auch sofort mit dem Nachsatz: Dabei wären wir das reichste Land der Welt. Bauarbeiter schlagen einen Umzug von Blumenkindern zusammen; auch das kann den Amerikanischen Traum nicht wiederherstellen. Was es vor zwanzig Jahren nicht gegeben hat: Skepsis, daß Amerika auf dem rechten Weg ist. Nur in der Reklame und in den offiziellen Reden, die ja auch Reklame sind, findet sich jener Ton zuversichtlicher Selbstgerechtigkeit, nicht mehr im privaten Gespräch. Amerika hat Angst. Die Macht-Inhaber unterstellen: Angst vor Rußland, Angst vor China, also Angst, die ihre Strategie rechtfertigt und die Kosten dieser Strategie. In den kleinen Bars oder in den Ateliers oder unter Wissenschaftlern oder in einem öffentlichen Park oder wo immer man ins Gespräch kommt, das sie selber anfangen, tönt es anders: Amerika hat Angst vor Amerika ... Ich meine im Ernst, es habe sich zum Guten verändert, verglichen auch mit 1956, als ich zum zweitenmal dieses große Land durchreist habe; eine System-Kritik habe ich zwar nie gehört, auch nicht bei Leuten, die gegenüber Präsident und Administration in offenem Protest stehen; aber die Angst vor sich selbst macht sie als einzelne humaner.

BERZONA

Begegnung mit einem Kollegen aus der DDR, den ich seit 1945 nicht mehr gesehen habe. Warum wird es, auch bei Freundlichkeit von beiden Seiten, ein Eiertanz? Sie sind geschult, wissen, was sie keinesfalls sagen werden, und geben sich dennoch sehr offen. Das Kind, das mit einer Eisenbahn spielt, erkennt schon an den Häusern, daß Faschisten drin wohnen. Wir sprechen über anderes. Stolz der Eltern auf ihre antiautoritäre Erziehung. Plötzlich sagt das Kind, das den Vater mit seinem Vornamen anspricht, und es ist rührend: Ich kann nicht mehr! Es ist müde und will nach Hause. Einverständnis des Vaters: In fünf Minuten. Er will noch zu Ende erzählen, sagt es mit zärtlichem Entgegenkommen: In zwei Minuten. Das Kind will sofort, nicht in zwei Minuten, sondern jetzt; es sagt: Sonst lasse ich dich verhaften! Man lacht. Kindermund.

NOTIZEN ZU EINEM HANDBUCH FÜR MITGLIEDER

Der Aberglaube, daß hohes Alter sogar ein Gewinn sein könne (»geistig«), beruft sich mit Vorliebe auf Künstler, Schriftsteller, Philosophen usw., allerdings immer nur auf die berühmten. Die Präsenz oder gar Virulenz ihres Werkes im öffentlichen Bewußtsein verführt uns dazu, die Person zu verwechseln mit ihrem Ruhm, der langsamer altert.

Angst des Künstlers vor dem Alter: daß er nicht mehr kreativ sein wird; und einen Beruf, eine Existenz, wo dies keine Rolle spielt, hat er meistens nicht gelernt.

Exposition eines Lebenswerkes in drei Sälen ... Wir gehen rascher von Bild zu Bild, je älter der Maler wird; sein Können nimmt überhand, unsere Neugierde läßt nach, auch wenn wir's nicht zugeben, wir loben nur immer rascher. Dies schon im zweiten Saal. Hier versucht er uns zu überraschen, und es gelingt ihm auch beinahe; nur hat man den Eindruck, daß er selbst kaum noch überrascht ist. Als wir durch den letzten Saal gehen, steht der Maler persönlich da; wir sind in der Tat überrascht: daß er noch lebt. Kein Greis. Er unterhält sich munter.

Schon der Vor-Gezeichnete kann sich darauf ertappen, daß ihm sein Gelingen verleidet ist; er weiß jetzt bei der Arbeit immer rascher, was nicht gelingen kann, und verirrt sich kürzer. Insofern arbeitet er effektiver (Epoche der raschen Produktivität). Aber früher, im Anfang, fühlte er sich freier; im Mißlingen war mehr Hoffnung.

Es gibt Alterswerke, die mehr sind als nur eine Verlängerung in die Perfektion (Matisse). Sie sind selten.

Wie seine Nächsten mit Igor Strawinsky umgehen, habe ich nur von andern gehört, die zugegen waren: es tönt unglaublich, und doch glaubt man es sofort. Ruhm schützt die Person nur auf Distanz.

Es gibt berühmte Greise, die alles, was ihnen früher gelungen ist, als sinnlos bezeichnen (Ezra Pound); es gibt andere, die vor sich selbst kapitulieren wie vor einem Klassiker; das letztere Verhalten ist auch schon bei Vor-Gezeichneten zu finden.

Der Vor-Gezeichnete erklärt sich seine Kunst-Krisen gerne damit, daß er mit den Jahren und auch mit dem Erfolg selbstkritischer geworden sei. Das stimmt nicht unbedingt; der Trieb irgend etwas zu erzeugen, ist schwächer geworden als sein kritischer Verstand, der sich gleichgeblieben ist und erst beim Gezeichneten ebenfalls abnimmt.

Das Bedürfnis zu lehren, Schüler zu haben, ein Institut zu leiten, Preisrichter zu werden usw. kann nicht unbedingt als Symptom der Senilität gewertet werden.

Ein Gezeichneter, der uns sein Atelier zeigt und nicht merkt, daß er alles, was er mit Begeisterung vorhat, schon vor Jahr-

zehnten gemacht hat; er vibriert vor Kopier-Sucht, die er für Schaffensdrang hält, er fühlt sich gar nicht alt, überhaupt nicht, im Gegenteil; er führt uns unentwegt sein Temperament vor, seine Vitalität, seine Freßlust usw.

Der Gezeichnete erkennt sich an Ruhmsüchtigkeit, die sich von seinem früheren Ehrgeiz unterscheidet: sie ist empfindlicher als Ehrgeiz, der noch mit unserer Erwartung rechnen darf.

Dilettanten altern unauffälliger.

Der Gezeichnete entdeckt zum Beispiel, daß er, auch wenn er lang in einer Wirtschaft sitzt, nichts mehr mit den Bierdeckeln anzufangen versucht, er türmt keine Pagode aus Bierdeckeln, die dann zusammenfällt; es lockt ihn nicht einmal, die Bierdeckel in den See hinaus fliegen zu lassen. Bierdeckel, See, es fällt ihm nichts dazu ein, was ihn lockt, und so bricht er Brot und füttert Schwäne, weil er annimmt, das locke die Schwäne. Würde man seinen Gang durch die Stadt mit einer Kreide nachzeichnen, so verliefe diese Kreide-Spur anders als früher: weniger Zickzack, der durch Verlockungen entsteht. Sogar einen Unfall (Scherben auf dem Pflaster, Polizei, Menschen, die sich drängeln, um zu gaffen) kann er beiseite lassen wie die Schaufenster. Der Gezeichnete braucht nicht müde zu sein; auch sieht er nicht wie ein Greis aus, nur drängt es ihn immer weniger, Hand anzulegen, wo keine Notwendigkeit besteht. Zum Beispiel kann er ein Calder-Mobile sehen, ohne es anzublasen oder mit seinem Finger in Bewegung zu bringen. Dabei gefällt es ihm, wenn jemand das tut. Er kennt das. Auch wenn er etwas nicht kennt, wenn er in einer fremden Wohnung einen sonderbaren Gegenstand sieht, ein Material, das er zum ersten Mal sieht, benimmt er sich wie in einem Museum: Ne touchez pas les objets. Man muß es ihm in die Hän-

de geben, damit sie es fühlen. Fühlen sie es? Der Gezeichnete wundert sich: er hat ein Stück Draht in der Hand, Kupfer-Draht, der sich ohne Zange biegen läßt, und kann ihn in der Hand halten, ohne damit zu spielen, ohne ihn so oder anders-herum zu verbiegen – er weiß, was das heißt, und erschrickt darüber.

Daß Alterswerke (Theodor Fontane) bedeutend sein können, steht außer Frage; es trösten sich damit vorallem Leute, die keine Kreativität zu verlieren haben, und man sollte es ihnen lassen.

Ein Gezeichneter, dessen Bilder heute in jedem nennenswerten Museum hängen – eines Tages meint er, daß er einen neuen Mantel brauche, getraut sich aber nicht mehr auszugehen und bittet, daß ihm eine Auswahl von neuen Mänteln nachhause gebracht werde; er probiert ein Dutzend, kann sich aber nicht entscheiden, behält drei Mäntel zur engeren Wahl und stellt fest, daß er keinen braucht; er arbeitet noch eine Woche, dann öffnet er (66) sich die Pulsader auf der Höhe seines Ruhms.

Abgesehen von der Armut, die damit verbunden ist, hat der Verkannte es mit seinem Alter leichter; er lebt unverbraucht in seinem Anspruch, ein Kommender zu sein.

Maler oder Bildhauer, denen eine Katastrophe (höhere Gewalt) Werke für immer vernichtet hat, kommen sich dadurch immer etwas jünger vor als ihre Altersgenossen –

Im allgemeinen, abgesehen von Wunderkindern, mag es stimmen, daß Kunst-Macher später vergreisen als andere Menschen; anderseits bemerken sie die Vergreisung, wenn sie sich anzeigt, früher – lange bevor die Umwelt sie bemerkt –, es kann einen Kunst-Macher schon erschrecken, was wir als Meisterschaft bezeichnen.

☛ *Indem der Tastsinn nachläßt, das Gehör nachläßt, die Sehkraft nachläßt, das Hirn weniger aufnimmt und langsamer arbeitet, die Emotionalität schwindet, die Neugierde schwindet oder sich zumindest verengt, die Reflexe sich wiederholen oder überhaupt ausfallen, die Assoziation stockt, die Fantasie verdorrt, die Begierde jeder Art nachläßt usw., kann es sein, daß der Gezeichnete es leichter hat mit seiner Kunst: es fällt ihm nur noch ein, was er meistert (Alters-Stil).*

Es gibt Kunst-Blüten der Senilität. Damit hängt es wohl zusammen, daß Gezeichnete nicht selten ihre Kunst verfluchen, die Kunst überhaupt; der Rest ist Kunst.

Der Blick des greisen Rembrandt: —

Das National-Drama der Schweiz (im Zweiten Weltkrieg) ist nicht der WILHELM TELL, dann eher DER GUTE MENSCH VON SEZUAN. Nur mag man nicht, daß dann der Böse Vetter, der die guten Taten erst ermöglicht, auch Schweizer wäre. So bleibt es denn beim WILHELM TELL.

FRAGEBOGEN

1.
Halten Sie sich für einen guten Freund?
2.
Was empfinden Sie als Verrat:

a. wenn der andere es tut?

b. wenn Sie es tun?

3.

Wie viele Freunde haben Sie zurzeit?

4.

Halten Sie die Dauer einer Freundschaft (Unverbrüchlichkeit) für ein Wertmaß der Freundschaft?

5.

Was würden Sie einem Freund nicht verzeihen:

a. Doppelzüngigkeit?

b. daß er Ihnen eine Frau ausspannt?

c. daß er Ihrer sicher ist?

d. Ironie auch Ihnen gegenüber?

e. daß er keine Kritik verträgt?

f. daß er Personen, mit denen Sie sich verfeindet haben, durchaus schätzt und gerne mit ihnen verkehrt?

g. daß Sie keinen Einfluß auf ihn haben?

6.

Möchten Sie ohne Freunde auskommen können?

7.

Halten Sie sich einen Hund als Freund?

8.

Ist es schon vorgekommen, daß sie überhaupt gar keine Freundschaft hatten, oder setzen Sie dann Ihre diesbezüglichen Ansprüche einfach herab?

9.

Kennen Sie Freundschaft mit Frauen:

a. vor Geschlechtsverkehr?

b. nach Geschlechtsverkehr?

c. ohne Geschlechtsverkehr?

10.

Was fürchten Sie mehr: das Urteil von einem Freund oder das Urteil von Feinden?

11.
Warum?

12.
Gibt es Feinde, die Sie insgeheim zu Freunden machen möchten, um sie müheloser verehren zu können?

13.
Wenn jemand in der Lage ist, Ihnen mit Geld zu helfen, oder wenn Sie in der Lage sind, jemand mit Geld zu helfen: sehen Sie darin eine Gefährdung der bisherigen Freundschaft?

14.
Halten Sie die Natur für einen Freund?

15.
Wenn Sie auf Umwegen erfahren, daß ein böser Witz über Sie ausgerechnet von einem Freund ausgegangen ist: kündigen Sie daraufhin die Freundschaft? Und wenn ja:

16.
Wieviel Aufrichtigkeit von einem Freund ertragen Sie in Gesellschaft oder schriftlich oder unter vier Augen?

17.
Gesetzt den Fall, Sie haben einen Freund, der Ihnen in intellektueller Hinsicht sehr überlegen ist: tröstet Sie seine Freundschaft darüber hinweg oder zweifeln Sie insgeheim an einer Freundschaft, die Sie sich allein durch Bewunderung, Treue, Hilfsbereitschaft usw. erwerben?

18.
Worauf sind Sie aus dem natürlichen Bedürfnis nach Freundschaft öfter hereingefallen:

a. auf Schmeichelei?
b. auf Landsmannschaft in der Fremde?
c. auf die Einsicht, daß Sie sich eine Feindschaft in diesem Fall gar nicht leisten können, z. B. weil dadurch ihre berufliche Karriere gefährdet wäre?
d. auf Ihren eignen Charme?

e. weil es Ihnen schmeichelt, wenn Sie jemand, der gerade Ansehen genießt, öffentlich als Freund bezeichnen können (mit Vornamen)?

f. auf ideologisches Einverständnis?

19.

Wie reden Sie über verlorene Freunde?

20.

Wenn es dahin kommt, daß Freundschaft zu etwas verpflichtet, was eigentlich Ihrem Gewissen widerspricht, und Sie haben es um der Freundschaft willen getan: hat sich die betreffende Freundschaft dadurch erhalten?

21.

Gibt es Freundschaft ohne Affinität im Humor?

22.

Was halten Sie ferner für unerläßlich, damit Sie eine Beziehung zwischen zwei Personen nicht bloß als Interessen-Gemeinschaft, sondern als Freundschaft empfinden:

a. Wohlgefallen am andern Gesicht

b. daß man sich unter vier Augen einmal gehenlassen kann, d. h. das Vertrauen, daß nicht alles ausgeplaudert wird

c. politisches Einverständnis grosso modo

d. daß einer den andern in den Zustand der Hoffnung versetzen kann nur schon dadurch, daß er da ist, daß er anruft, daß er schreibt

e. Nachsicht

f. Mut zum offenen Widerspruch, aber mit Fühlern dafür, wieviel Aufrichtigkeit der andere gerade noch verkraften kann, und also Geduld

g. Ausfall von Prestige-Fragen

h. daß man dem andern ebenfalls Geheimnisse zubilligt, also nicht verletzt ist, wenn etwas auskommt, wovon er nie gesprochen hat

i. Verwandtschaft in der Scham

k. wenn man sich zufällig trifft: Freude, obschon man eigentlich gar keine Zeit hat, als erster Reflex beiderseits

l. daß man für den andern hoffen kann

m. die Gewähr, daß der eine wie der andere, wenn eine üble Nachrede über den andern im Umlauf ist, zumindest Belege verlangt, bevor er zustimmt

n. Treffpunkte in der Begeisterung

o. Erinnerungen, die man gemeinsam hat und die wertloser wären, wenn man sie nicht gemeinsam hätte

p. Dankbarkeit

q. daß der eine den andern gelegentlich im Unrecht sehen kann, aber deswegen nicht richterlich wird

r. Ausfall jeder Art von Geiz

s. daß man einander nicht festlegt auf Meinungen, die einmal zur Einigkeit führten, d. h. daß keiner von beiden sich ein neues Bewußtsein versagen muß aus Rücksicht?
(Unzutreffendes streichen.)

23.
Wie groß kann dabei der Altersunterschied sein?

24.
Wenn eine langjährige Freundschaft sich verflüchtigt, z. B. weil die neue Gefährtin eines Freundes nicht zu integrieren ist: bedauern Sie dann, daß Freundschaft einmal bestanden hat?

25.
Sind Sie sich selber ein Freund?

Theater mit Puppen? Ohne Physiognomie; sie sind etwas größer als ein Mensch. Ihre lapidare Gestik wird von einer Bühnenperson (stumm, Arbeitskleidung) während der Szene eingestellt. Manchmal bleibt eine Gestik, wenn sie dem Text gar nicht mehr entspricht. Zum Beispiel der zürnende Kläger mit ausgestreck-

tem Arm, Finger gegen den Verklagten: wenn
dessen Unschuld schon erwiesen ist. Oder umgekehrt: die Gestik empörter Unschuld, nachdem der Text ihn längst überführt hat. Es
schadet auch nichts, wenn eine Puppe einmal
umfällt, eine Zeitlang liegenbleibt, bis der
Text sie wieder braucht: ihre Gestik großen
Jubels. Da die Puppen sich nicht selber bewegen und bedient werden müssen, kommt ihre
Gestik immer wieder in Verzug. Während die
Nachricht eintrifft, daß zum Jubel leider kein
Grund ist, im Gegenteil, daß der Ersehnte nie
wiederkehren wird, bleibt die Puppe mit der
Gestik großen Jubels. Die Bühnenperson arbeitet nach einer Partitur, die sie in der Hand
hält, ohne Teilnahme und ohne Hast, aber
exakt, sei es, daß sie die Gestik einer Puppe
vorbereitet, ehe der Text sie begreiflich
macht, oder daß sie erst nachträglich dazu
kommt, die vermißte Gestik einzustellen. Sie
selber, die Bühnenperson, so unauffällig wie
möglich; man vergißt sie wie einen Kellner,
wenn alles klappt. Text über Lautsprecher;
er ist so zu verfassen, daß wir ohne Mühe
erraten, welcher Puppe der jeweilige Text
unterstellt ist. Während ihr ein Text unterstellt ist, wird die betreffende Puppe nicht
bedient; die Bühnenperson wartet das Ende
eines klagenden Textes ab, bevor sie der Puppe
etwa den Kopf senkt, beide Hände vor das Gesicht legt. Es gibt auch Text-Pausen; alle
schweigen, und es wird die Gestik verschieden-
artigen Schweigens hergestellt, z. B. das
beschämte Schweigen, das fordernde Schweigen,
das gelangweilte oder das verstockte oder das
erwartungsvolle Schweigen. Vielleicht wird
dann der Text, der zu diesem Schweigen aller
geführt hat, nochmals wiederholt. Eine Puppe,
die sich laut Text plötzlich zum Anführer

macht, wird in aller Ruhe nach vorne oder auf
einen Sessel gestellt, ihre Hand zur Faust
geballt, dann ihr Arm erhoben. Sie bleibt in
dieser Gestik, obschon ihr der Text der andern
nicht beistimmt. Dabei kann es vorkommen, daß
die Puppe, sofern wir sie überhaupt noch beachten, in hohem Grad komisch wird; sie
scheint nicht zu kapieren, was inzwischen vorgefallen ist. Anderseits kann es vorkommen,
daß die Gestik einer Puppe, lange Zeit vollkommen sinnwidrig, plötzlich wieder mit dem
Text übereinstimmt. Ihre Klage-Gestik bekommt
recht, ihre Jubel-Gestik bekommt recht, und
sie allein ist jetzt auf der Höhe des Bewußtseins. Der Text ist nuanciert; die Puppen
verharren dazu in Grundmustern des Reflexes,
reduzieren die Szene auf die wenigen Wendun-
gen, die nicht verbal, sondern faktisch sind...

ALBUM

Hier ist er auf dem Album-Deckel, wie jedermann ihn kennt,
der im letzten Jahrzehnt die deutsche Presse oder die übrige
Weltpresse verfolgt hat.

. . .

Hier sein Werkverzeichnis.

. . .

Hier ist er noch jung, 1955, schnurrbärtig auf den ersten Blick.
Die Schlägermütze trägt er bei Tisch natürlich nicht, hingegen

ein himbeerrotes Hemd, Kragen offen. Abend in einer Villa am Zürichberg. Er ist hier Neffe, nicht verschüchtert von dem bürgerlichen Porzellan und Silber, nur nicht zu haben für Konversation; da macht er sich nichts draus. Bildhauer. Was er von der derzeitigen Literatur hält, ist schon seit der Suppe ziemlich klar; ein neues Stück von Friedrich Dürrenmatt, BESUCH DER ALTEN DAME, sieht er sich gar nicht an. Er schreibe selber Stücke. Man speist vor sich hin. Da ich das freundliche Haus von früheren Besuchen kenne, trage ich eine Kravatte, was sich als Nachteil erweist, als ich kapiere, zu welchem Zweck ich heute eingeladen bin; ich kann mich nur gediegen wehren gegen den Hausherrn, als er ankündigt, der Neffe werde nachher vorlesen. Noch ist man bei Käse und Früchten. Der junge Mann, bisher in einer lauernden Haltung, scheint jetzt belustigt über die Verlegenheit des Älteren. (Ich bin an diesem Abend ungefähr so alt, wie er heute ist.) Er überläßt uns weiterhin die Konversation; er stellt keine Frage. Als man sich vom Tisch erhebt und eine Treppe hinaufgeht zum schwarzen Kaffee, nimmt er sein Manuskript, wartet auf dem zierlichen Sofa schweigsam, bis alle ihren Cognac haben. Ich wiederhole meine Bitte, das Stück zuhause lesen zu dürfen. Immerhin erklärt er sich bereit, nur den ersten Akt zu lesen. Es gibt Leute, die ihr literarisches Urteil sofort formulieren können; dazu gehöre ich leider nicht, wie schon gesagt. Da seine Akte, wie ich zugeben muß, sehr knapp sind, liest er alle Akte. Ein trefflicher Vorleser; nachher fühlt er sich wohl, obschon ich wenig begriffen habe.

. . .

Das ist ein Jahr später. Hier sitzt er in meiner ländlichen Bude in Männedorf, wo ich auch keine Kravatte trage. Das neue Stück, das er zur Lektüre geschickt hat, gefällt auch mir. Mehr

will er eigentlich nicht wissen. Er kommt von Paris, wo er
seinen Roman schreibt. Vormittags hatte ich die militärische
Inspektion; Helm und Tornister und Gewehr liegen noch im
engen Korridor. Später in Paris erzählt er belustigt von dem
Schweizer, der jahrein und jahraus seinen Helm und sein Gewehr draußen im Korridor bereit habe.

. . .

Hier dreht er sich eine Zigarette, dann leckt er langsam das
bräunliche Papier. Das ist in Berlin. Auf einen einzelnen Be-
wunderer ist er nicht mehr angewiesen. Er trägt seinen Ruhm
als etwas, das vorauszusehen war.

. . .

Hier lacht er. Das bedeutet nicht Einverständnis, auch nicht
Gemütlichkeit. Meistens lacht er nicht mit, sondern gegen.

. . .

Das ist wieder in Berlin. Eine Kneipe. Es gibt Bier und dazu
einen Klaren, dann dasselbe. Dazu das Bewußtsein von geteil-
ter Stadt, Danzig im Hintergrund, auch Mecklenburg, Kolle-
gialität zwischen Wahl-Berlinern; es gibt wieder eine Literatur. Hier trägt er die Schlägermütze. Wer sich nicht in Berlin
niederläßt, ist selber schuld.

. . .

Das ist 1961, BONNE AUBERGE, Nachmittag zu zweit; hier
spricht er zum ersten Mal von Politik, aber nicht literа-
risch, sondern beinahe helvetisch: Politik nicht als Utopie,

sondern pragmatisch. Ich muß trotzdem zu einer eigenen Aufführung ins Schiller-Theater.

. . .

Hier schweigt er, Pause im Foyer.

. . .

Das ist am selben Abend, BONNE AUBERGE, der Hauptdar-
steller fragt rundheraus: Sie sind drin gewesen? Schauspieler sind natürlich: von jedermann, der drin gewesen ist, erwarten sie Beifall, zumindest Kritik als Nettigkeit. Er dreht
sich eine Zigarette, leckt dann das bräunliche Papier usw., kein
Wort über die Aufführung (Lietzau) oder das Stück. Er mag
nicht lügen.

. . .

Hier mit Kollegen, Gruppe 47.

. . .

Hier verstehe ich seinen schmalen Blick nicht. Zufällige Begegnung in Sperlonga, Italien. Es scheint zwischen uns etwas
vorgefallen zu sein; da hilft keine Einladung ins Haus, kein
Blick aufs nächtliche Meer. Hier spricht er als Richter in fremder Ehesache, aber nur kurz, denn ich werfe ihn hinaus. Er
bleibt sitzen und sagt besonnen: Lassen Sie uns wenigstens diesen Grappa austrinken.

Hier, am andern Tag, spielen wir Boule am Strand.

. . .

Das ist wieder im Schiller-Theater, Berlin, eine Hauptprobe; außer dem Regisseur (Lietzau) und ihm, dem Autor, ist niemand da, viele Kamera-Leute, aber kein einziger seiner deutschen Kollegen.

. . .

Hier sieht man unter dem Schnurrbart nur die Unterlippe, den Mund erst, wenn er lacht; er lacht weniger ausfällig als früher.

. . .

Hier tanzt er gerade.

. . .

Hier sitzt er, auch als Koch berühmt, an unserem Tisch, errät jedes Gewürz; im übrigen anerkennt er die Küche, indem er ißt und von eigenen Rezepten berichtet, insbesondere für Innereien schwärmt er; auch Hoden, zum Beispiel, habe ich noch nie gegessen.

. . .

Hier steht er wohl in Frankfurt. Die junge Linke hat ihn ausgepfiffen; er dreht sich wieder eine Zigarette, dann leckt er langsam das bräunliche Papier usw., kein Geschlagener, er hat keine Angst vor Feinden, er sucht sie auf, dazu sind sie da.

Hier eine Silvester-Nacht im Tessin; andere sind übermütiger als er. Es ist nicht seine Art, alles plötzlich auf die leichte Schulter zu nehmen.

. . .

Hier steht er am eignen Herd, schmeckt ab; man sieht es von hinten, daß er sich in seinem Körper wohlfühlt.

. . .

Das ist in Zürich, er spricht zu tschechoslowakischen Schriftstellern, Freunden aus Prag, nach dem Einmarsch der Russen; hier hört er gerade zu, Hände in den Hosentaschen, Kopf gesenkt, ein Verantwortlicher, der auf praktische Hilfe sinnt.

. . .

Hier am Kamin: nicht familiär, nur entspannt. Auch dann schmeichelt er nicht und steckt nicht zurück. Wenn man getrunken hat, kommt er auf sein Thema zurück (Entwicklungshilfe). Ich könnte mir denken, daß Jeremias Gotthelf nicht minder hartnäckig war.

. . .

Hier spricht er zur Nation im Fernsehen. Ein Schriftsteller mit persönlicher Haftung. Er spricht der Nation ins politische Gewissen, das er voraussetzt.

. . .

Hier redet er über Literatur: Alfred Döblin.

Hier schwimmt er in der kalten Maggia. Wenn er aus dem Wasser kommt, wird er von Willy Brandt sprechen; er weiß, was man eben wissen müßte, nämlich Fakten, die jeden Gegner widerlegen; ich bin zwar kein Gegner.

. . .

Hier mit Gershom Scholem. Wenn jemand nicht auf sein Thema eingeht, zeigt sich seine große Belesenheit auf vielen Gebieten.

. . .

Soll ein Schriftsteller usw.? Seine Antwort: sein Beispiel. Kann einer als Wahlkämpfer eindeutig sein, als Schriftsteller offen bleiben? Das ist zuhause; er liest vor.

. . .

Hier im Auto; er fährt nicht selber.

. . .

Hier streitet er öffentlich in einem großen Saal gegen Widersacher, gewöhnt an ihr Buh, standfest, aber behindert durch einen angeborenen Mangel an Zynismus; er debattiert beschlagen und unerschrocken, aber dann meint er immer, was er sagt.

. . .

Hier ist er nicht auf dem Bild zu sehen, aber wir sprechen von ihm, und insofern ist er da: stark genug, um Eintrachtigkeit zu verhindern, nachdem sein Name gefallen ist.

Hier schweigt er unter vier Augen undurchlässig, nicht unherzlich, aber nicht willens, die Zone öffentlicher Thematik zu verlassen; er stellt auch keine persönliche Frage unter vier Augen, bleibt geballt, bis ich eintrete in die Zone öffentlicher Thematik.

. . .

Hier fragt er, was ich arbeite.

. . .

Hier schweigt er vor sich hin, ein Mann, der als unverwundbar gilt; man weiß von einer Infamie gegen ihn, er erspart uns die private Klage. Er wird sich öffentlich wehren.

. . .

Hier freut er sich. Worüber? Wenn ein politischer Erfolg zu verzeichnen ist, sieht er anders aus; dann ist er zufrieden, sehr ernst im Bewußtsein, wie vieles noch zu tun ist. Hier freut er sich offenbar über ein Zeichen von Sympathie.

. . .

Hier ist er eher still; er fühlt sich wohl im Häuslichen. Zwar hat er uns als Besucher in der großen Stube; es gibt Pilze aus dem Grunewald. Morgen muß er nach Bonn.

. . .

Hier wird er von der Weltpresse ausgefragt: GERMANY'S GÜNTER GRASS, er antwortet nicht als Sprecher der Regierung, aber auch nicht als Privat-Schriftsteller, sondern als Staatsbürger mit besonderer Reputation. Dabei lächelt er nicht nach der Art der Diplomaten; die Frager sind ihm nicht lästig, im Gegenteil, und er kneift vor ihren Fragen nicht, seine Antworten sind nicht geheimnisvoll. Seine zähe Allergie gegen deutsche Verstiegenheit stiftet Vertrauen gegenüber Deutschland.

. . .

Hier hört er zu.

. . .

Hier schweigt er sich aus, ohne daß er sich dazu eine Zigarette dreht; nachträglich fällt mir ein: über sein Stück, das Bertolt Brecht auf die Szene schickt, habe ich mich bis heute auch ausgeschwiegen.

. . .

Sein Gesicht ist schmaler geworden, meine ich, nicht weniger kräftig als in der Villa am Zürichberg; damals war es, von vorne gesehen, zugleich weicher und aggressiver. Hier schneit es; sonst trägt er die Schlägermütze nur noch selten. Hingegen das Profil, meine ich, hat sich verschärft.

. . .

Hier habe ich einen Namen erwähnt, dem er seine Achtung verweigert; er läßt sich über den traurigen Fall nicht mehr aus. Pause. Es gibt anderes zu besprechen. Eine Zusammenkunft mit Herbert Wehner. Er wird die deutsche Seite veranlassen, ich soll die schweizerische Seite veranlassen. Dabei duzen wir uns: 60 Millionen zu 6 Millionen. Aber der Unterschied ist nicht bloß numerisch. Er repräsentiert. Was er nicht ganz versteht: die Situation des Privat-Schriftstellers.

. . .

Hier trägt er einen leichten Bart, was bedeutet, daß er sich gerade im Tessin befindet und an einem Buch arbeitet; er zeigt uns die gesammelten Schnecken auf Granit, Signet der Sozialdemokratie, ferner einen Skorpion in Grappa, den er als Hausvater gefangen und unschädlich gemacht hat. (August 1970)

. . .

Hier, glaube ich, weiß er nicht, daß jemand ihn sieht; daß er es nicht weiß, verändert ihn nicht.

. . .

Hier ein Bild, wie ich ihn nicht kenne, eines von vielen; ausreichend für einen Steckbrief: Stirn, Nase, Schnurrbart, Kinn usw., alles zu eindeutig, vorallem der Blick.

. . .

Hier seine Handschrift: barock-graziös.

. . .

Das kann irgendwo sein, ich weiß nicht, ob in einem Flughafen oder in einem Grotto, es spielt keine Rolle: er ist sich bewußt, eine öffentliche Figur zu sein wie kein anderer deutschsprachiger Schriftsteller; weder legt er Wert darauf, von Leuten erkannt zu werden, noch stört es ihn, so scheint es.

. . .

Hier spricht er über die MELENCOLIA I von Dürer.

. . .

Hier trägt er einen leichten Bart, was bedeutet, daß er sich gerade im Tessin befindet und an einem Buch arbeitet; er zeigt uns die gesammelten Schnecken auf Granit, Signet der Sozialdemokratie, ferner Skorpion in Grappa, den er als Hausvater gefangen und unschädlich gemacht hat. (August 1970)

SEPTEMBER 1970

Drei Verkehrsflugzeuge (SWISSAIR, BOAC, TWA)
werden von palästinensischen Freischärlern
gekapert und nach Amman und Kairo entführt.
Ein vierter Handstreich gegen eine EL AL-
Maschine ist nicht gelungen; die Luftpiratin
(„Leila") wurde in der Maschine überwältigt
durch bewaffnete Sicherheitsbeamte, einer erschossen, und im übrigen hatte man Glück; eine
entsicherte Handgranate, die in der Kabine
umherrollte, explodierte nicht. Die Passagiere
der andern Maschinen, insgesamt 650, sowie
die Besatzungen sitzen in der Wüste als Geiseln unter der Drohung, daß die Maschinen
mitsamt Passagieren in die Luft gesprengt werden, wenn nicht sämtliche Palästinenser, die
im Ausland wegen früherer Attentate rechts-
kräftig verurteilt sind, sofort freigelassen
werden. Ultimatum 72 Stunden.

A. Unser Verhör hat seinerzeit begonnen, als du die politischen Schriften von Leo Tolstoj wiedergelesen hast, seine bedingungslose Verurteilung jeder Gewalt. Du hast dich dieser Verurteilung damals nicht anschließen können. Die Bauern im zaristischen Rußland, so sagtest du damals, hatten kein anderes Mittel, um ihr Lebensrecht in Kraft zu setzen –

B. Das meine ich nachwievor.

A. Wie waren deine Reaktionen auf die Luft-Piraterie der palästinensischen Freischärler, die ebenfalls meinen, daß sie kein anderes Mittel haben als die Gewalt, um ihr Lebensrecht zu verteidigen?

B. Ich weiß von Landsleuten, die angesichts dieser Verletzung des Völkerrechts eine schweizerische Fallschirm-Operation bei Zerka für die einzigrichtige Maßnahme halten. Andere hingegen, die Mehrheit, würden sich begnügen, wenn Israel diese militärische Aufgabe übernähme. Ich glaube, die Empörung ist allgemein. Die Schweizer ertragen kein Unrecht gegenüber Schweizern. In Thalwil bei Zürich soll eine brave Hausfrau eine andere Hausfrau, die sie wegen ihrer Hautfarbe für eine Araberin hielt, öffentlich zu Boden geprügelt haben mit einem Schirm –

A. Ich frage nach deiner Reaktion.

B. Als ich die Nachricht hörte, wunderte ich mich, wie leicht solche Entführungen immer wieder gelingen. Offenbar braucht es nur eine Pistole, dazu zwei Personen, die nicht um ihr Leben bangen, und alles funktioniert auf anderem Kurs. Es gibt eine Art von Missetat, die insgeheim auch fasziniert – was aber Empörung nicht ausschließt . . . Als ich die Nachricht hörte, war ich froh, daß ich nicht in dieser Maschine war. Das heißt: ich empfand Mitleid mit den

Passagieren. Ferner erinnerte ich mich an die arabische Wüste bei Amman. Wir fuhren damals in einem Opel; eine Begleiterin, die versehentlich ihre Hand auf die Karosserie legte, hatte Brandwunden – so heiß kann es dort sein.

A. Der Bundesrat ist auf das Ultimatum eingegangen, das heißt, er hat sich bereit erklärt, die drei arabischen Attentäter von Zürich zu entlassen –

B. Es geht um schweizerisches Leben.

A. Was hättest du als Bundesrat getan?

B. Es hängt davon ab, wie heilig man das Recht einschätzt, das Recht als solches. Wäre es so heilig, wie es sich üblicherweise ausgibt, so wäre das Opfer von 143 Passagieren unumgänglich gewesen. Ich war enttäuscht und erleichtert.

A. Wieso enttäuscht?

B. Ich halte es für möglich, daß die Feddayin nicht vor einem Massaker zurückgeschreckt wären. Der Bundesrat mußte damit rechnen, daß sie die Maschine mitsamt den Passagieren und der Besatzung in die Luft sprengen – ich war enttäuscht, weil ich erzogen bin in dem Glauben, daß der Rechtsstaat, zumindest der schweizerische, nicht kapituliert.

A. Und wieso erleichtert?

B. Es scheint, daß es ohne Menschenopfer geht. Die Maschine ist zum Nennwert versichert. Die drei palästinensischen Attentäter in Zürich, nach unserem Recht verurteilt zu zwölf Jahren Gefängnis, werden auf freien Fuß gesetzt, sobald die Geiseln ebenfalls auf freien Fuß gesetzt werden, und können ihren Terror gegen den Luftverkehr jederzeit fortsetzen ... Man verurteilt zwar die Gewalt, aber das rechtskräftige Urteil wird nicht vollstreckt; der Rechtsstaat kapituliert vor der Gewalt, sobald seine Gewalt nicht ausreicht. Was blieb dem Bundesrat anderes übrig? Übrigens hat nicht nur der schweizerische Rechtsstaat kapituliert, sondern auch der britische und der deutsche. Es blieb nichts andres übrig. Der Rechtsstaat nämlich setzt voraus, daß es ein Völkerrecht gibt. Um aber ein Völkerrecht in Kraft zu setzen, dürfte man es selber nicht verletzen; man dürfte nicht einmal Gewinne daraus ziehen, daß andere es verletzen. Ein Land beispielsweise, das Waffen liefert, und sei's bloß um des Geschäftes willen, gehört zum jeweiligen Kriegsschauplatz. Das ist ein Schock. Der Bundesrat, der den Waffenhandel nicht zu unterbinden gedenkt, ist in einer peinlichen Lage, wenn er sich auf's Völkerrecht beruft. Wer hätte an seiner Stelle anders handeln können? Man kann nicht Geschäfte machen mit dem Krieg, ohne sich seinem Gesetz unterwerfen zu müssen, Recht hin oder her: Es ging um die Geiseln in der Wüste von Zerka, um die Rettung von Menschenleben – auf Kosten der Rechtsstaatlichkeit.

A. Im Februar dieses Jahres explodierte eine Bombe in einer SWISSAIR-Maschine nach Israel. Es ist nicht erwiesen, aber wahrscheinlich, daß es sich um ein palästinensisches Attentat handelte. Alle Passagiere, 47, sowie die Besatzung kamen ums Leben –

B. Damals hatte der Bundesrat nichts mehr zu entscheiden. Es genügte die tiefe Trauer. Das ist der Unterschied; diesmal hatten wir zu entscheiden. Sollen 143 Passagiere und dazu die Besatzung sterben für die Rechtsstaatlichkeit? Die Antwort aus Bern scheint mir klar: das bestehende Recht ist nicht heiliger als das Leben. Das wiederum meinen die Revolutionäre auch.

A. Inzwischen sind die Maschinen gesprengt worden –

B. Aber die Geiseln leben.

A. Was hast du daraus gelernt?

B. Das bestehende Recht ist offenbar kein absolutes Recht,

sonst könnte die Behörde, ob Bund oder Kanton, nicht je nach Umständen verzichten auf den Vollzug eines rechtskräftigen Urteils. Man hätte Menschen dafür zu opfern, es ginge nicht ohne Tragödie, nicht ohne das Opfer ... Ich habe gelernt: unser bestehendes Recht ist ein menschliches Recht. Diese Einsicht verdanken wir der Gewalt, auch wenn wir sie verurteilen.

A. Wie kannst du erleichtert sein?

B. Ich verstehe die Empörung. Man ist immer empört, wenn es nicht genügt, im Recht zu sein. Vermutlich meinen auch die palästinensischen Flüchtlinge, im Recht zu sein, und sie sind empört, daß es nicht genügt, im Recht zu sein.

A. Einmal angenommen, du wärest in dieser DC-8 gesessen, Flugnummer SR 100, um nach New York zu fliegen: Was kannst du für die Lebensverhältnisse der palästinensischen Flüchtlinge?

B. Geiseln sind meistens unschuldig.

A. Meinst du, daß mit der attentäterischen Gefährdung des friedlichen Luftverkehrs, wobei es auch schon Todesopfer gegeben hat, die Lebensverhältnisse der palästinensischen Bevölkerung zu verbessern sind?

B. Das wird verneint.

A. Und was meinst du?

B. Immerhin muß ich gestehen, daß mich die palästinensische Sache vorher kaum beschäftigt hat.

A. Braucht es also ein Verbrechen, damit dich eine Sache beschäftigt? – oder hältst du Dr. Habasch, der diesen Terror gegen den Luftverkehr leitet, nicht für einen Verbrecher?

B. Es kommt darauf an, wen wir sonst noch als Verbrecher bezeichnen. Ich habe die Kommentare gelesen. In der Sprachregelung unserer Presse ist Terror immer eindeutig: Erpressung durch Gewalt – von Seiten der Unterdrückten.

A. Und was hältst du für Terror?

B. Erpressung durch Gewalt.

A. Du bist für den Rechtsstaat.

B. Ich bin für den Rechtsstaat.

A. Trotzdem scheust du dich vor der Verurteilung der Gewalt. Sie erschreckt dich, und zugleich bist du erleichtert, daß unsere Behörde, wie du sagst, kapituliert hat vor der Gewalt.

B. Um den Eindruck zu löschen, daß der Rechtsstaat sich unter Umständen beugt vor der Gewalt, ist ja bereits überlegt worden, ob und wie man die verurteilten Attentäter in Zürich einfach begnadigen könnte; das soll den Glauben wieder herstellen, es sei mit Gewalt nichts zu erreichen – tatsächlich aber genügt, wie wir sehen, eine Pistole im Cockpit.

A. Daß ein Recht außer Kraft gesetzt worden sei, um die Geiseln aus der Wüste zu befreien, stimmt natürlich nicht. Das Strafrecht, nach welchem damals die Attentäter von Zürich verurteilt worden sind, ist durch die bundesrätliche Bereitschaft, Verbrecher zu tauschen gegen Geiseln, weder aufgehoben noch abgeändert. Der Bundesrat handelte im Notstand: im Notstand geht Menschenleben vor Recht.

B. Einverstanden.

A. Bejahst du die Gewalt: Ja oder Nein?

B. Es gibt eine Recht-erhaltende Gewalt, ohne die auch der Rechtsstaat nicht auskommt, und es gibt eine Recht-schaffende Gewalt; die letztere antwortet auf die erstere, aber die erstere ist immer hervorgegangen aus der letzteren.

A. Bejahst du die Pistole im Cockpit?

B. Es steht mir nicht zu, die Pistole im Cockpit zu verurteilen, weil ich ohne sie auskomme. Was ich zum Leben brauche, habe ich ohne Gewalt, das heißt, ich habe es durch die Recht-erhaltende Gewalt. Andere sind in einer anderen Lage; meine Recht-Gläubigkeit ernährt sie nicht, kleidet sie

nicht, behaust sie nicht, versetzt sie nicht in den Luxus, aus-
zukommen ohne Gewalt.

A. Willst du also sagen, daß die Anwendung von Gewalt gerechtfertigt ist, wenn es ohne Gewalt nicht geht?

B. Es kommt darauf an, was ohne Gewalt nicht geht ... Ich
befinde mich nicht in der Lage, die eine Anwendung von
Gewalt rechtfertigt.

A. Es geht aber nicht um dich.

B. Eben.

A. Du hast gestanden, daß Akte der Gewalt dich entsetzen.
Du bist aber noch immer nicht bereit, die Anwendung von
Gewalt grundsätzlich zu verurteilen –

B. Es steht mir nicht zu.

BERZONA

Überfall am Abend. Wer seid Ihr? Dabei sehe
ich's: Die Jugend. Ihrer fünf in Windjacken,
Pullovern, Blusen usw., viel Haar. Nur jetzt
nicht fragen: Was wünscht Ihr? Es sind aber,
unter der Lampe besehen, keine Guerillas, sondern Basler Schüler, die sich mehr oder weniger unbefangen ausbreiten, ohne Floskeln;
Chianti bringen sie mit, Käse ist auch noch
auf dem Tisch, aber sie haben schon gegessen.
Pause. Ihre Namen? Es sind Bürgersöhne, deren
Eltern, wie zu vermuten ist, kein Verständnis
haben, hingegen Häuser, eins in Basel, eins
im Tessin. Sie sind dieser Tatsache gegenüber
frei. Der Ältere, der soviel Haar hat wie die
andern zusammen, kein fallendes oder lockiges
Haar, sondern das schwarze Kruselhaar eines
Abessiniers, Brillenträger, lernt Kontrabaß am
Konservatorium. In einem Sinfonie-Orchester
unterzugehen auf Lebenszeit hat er nicht vor,
Musik ist Provokation. Ich entkorke und ver-

stehe. MOTHERS OF INVENTION, ich darf erwähnen, daß wir sie neulich gesehen und gehört
haben. Kommerzialisierung der Provokation,
HAIR usw., auch das hat er nicht vor. Aber was
kannst du machen, wenn das Plattengeschäft
sich auf deine Musik wirft? fragt ihn der jüngere Bruder, der Vierzehnjährige. Es ist ein-
facher als erwartet; ich bin hier zuhause,
aber von Meinungen dispensiert. Der Abessinier
wird immer progressiv bleiben. Ein anderer
gedenkt Lehrer zu werden, ist aber noch nicht
sicher, hat auch noch drei Jahre bis zur
Matur. Da alles, ausgenommen Provokation,
überhaupt keinen Sinn hat, wozu ein Beruf?
Ihre Diskussion wird immer lebhafter, offensichtlich störe ich nicht, nur der Vierzehnjährige schweigt und kratzt in seiner schwarzen Pfeife herum, die er dann wieder im Mund
hält wie ein Alter, nur zieht sie schon wieder
nicht. Ich habe Streichhölzer. Sagt meine Frau
etwas, so sprechen sie wieder Hochdeutsch,
was nicht nötig wäre; es erinnert sie an die
Schule. Kafka zum Beispiel, sagt der mittlere
Bruder, könne er einfach nicht lesen. Er ist
siebzehn, der Witzigste am Tisch. Schon der
Abessinier, der sich auf Kontrabaß versteift
hat, scheint sie zu langweilen; vielleicht
trägt er deswegen sein Haar, das mich nicht
stört, nur steht's ihm nicht. Einmal erwähnt
er sein Haar: was man deswegen von Lehrern
oder auf der Straße zu hören bekomme. Was sie
erwartet haben, als sie an der Türe klingel-
ten, weiß ich nicht, die Frage stellt sich
nicht. Sie sitzen da und sind die Gegenwart.
Was sie denken, geht sie an. Politik? Was auch
nicht mehr interessant ist: Marxismus, d. h.
daß alle Leute gleichviel verdienen. Solcher
Unsinn unterläuft, aber ich darf korrigieren.
Was hingegen interessiert: Zappa und andere,

die ich weniger kenne, ihre Musik, vorallem
die Person, die hinter solchen Platten steht,
ihre Lebensweise als Vorbild: Exzeß mit frühem
Tod. Der Vierzehnjährige muß austreten, es ist
ihm übel, wie ich vermute, von der Pfeife,
aber er besteht darauf, daß er nur den Wein
(zwei Glas) nicht verträgt. Nachdem er ge-
kotzt hat, bette ich ihn draußen in die Nacht-
luft; Gesicht von einem älteren Gelehrten,
aber mit Kinderhaut. Je länger der Abend an
dem schmalen Tisch dauert, umso weniger störe
ich; mein Beitrag: Käse und Zuhören, einmal
die Frage, wie sie es mit Haschisch halten.
Sie diskutieren ganz unter sich. Haschisch als
der Bezirk, wo ihnen kein Opa kommt mit Erfahrung, und plötzlich gilt sie denn doch, die
Erfahrung. Dabei wollen sie mich nicht be-
lehren; wozu auch. Ihre füllenhafte Intelligenz; das eben entdeckte Denken, das dem Denken (ohne Machen) alles zutraut. Unter sich
sind sie offen für jedes Argument; es geht nur
um Argumente, nicht um die heimliche Rechtfertigung schon begangener Irrtümer. Ihr Eifer
bleibt heiter. Die Irrtümer, leicht zu erkennen, sind Irrtümer der Vorfahren. Ihr Verdacht, daß ein Alter, wenn er denkt, im Grunde
immer irgend etwas verteidigt, d. h. er ist
nicht frei für Argumente. Ironie befremdet
sie. Das ist die andere Art belasteten Denkens, eine schlaue Übereinkunft unter Ver-
brauchten, oft ganz und gar unverständlich;
der Jugendliche spürt nur, daß da ein Hund
begraben ist, der ihn nichts angeht. Dann
reagiert er mit Ernsthaftigkeit. Der Vierzehnjährige (er hat unterdessen in der Küche auf-
gewaschen) entpuppt sich jetzt als Drogen-
Experte, hat ungefähr alles darüber gelesen,
kennt Statistiken auswendig. Und warum
brauchst du Hasch? Einer macht den Einwand:

Flucht in eine parasitäre Existenz. Der Witzige, jetzt durchaus ernsthaft, tritt dafür ein: lieber kurz und schön, das Recht eines jeden, sich kaputt zu machen. Er zum Beispiel will ja nicht alt werden — Entschuldigen Sie! — nicht älter als 25, und wenn alle fixen, dann ist's mit eurer Gesellschaft eben aus, na und? Der vierzehnjährige Gelehrte, der seine Pfeife aufgegeben hat und jetzt Zigaretten raucht, unterscheidet zwischen Hasch und Rauschgift, unterrichtet medizinisch, juristisch, soziologisch. Was ich gegen Mitternacht noch wissen möchte: ihre Erfahrung nach 10 Jahren, nach 30 Jahren — gerade das interessiert sie überhaupt nicht —

KATALOG

Kastanien, die aus ihrem grünen Igel springen und glänzen / Schneeflocken unter der Lupe / Steingärten japanisch / Buchdruck / Karawane mit Kamelen am gelben Horizont / Regen am Eisenbahnfenster nachts / eine Jugendstil-Vase beim Antiquar / die Fata Morgana in der Salzwüste, wenn man meint, Lachen von blauem Wasser zu sehen, überhaupt die Wüste / Turbinen / Morgenlicht durch grüne Jalousien / Handschriften / Kohlenhalden im Regen / Haar und Haut von Kindern / Baustellen / Möwen auf dem schwarzen Wattenmeer bei Ebbe / das blaue Blitzlicht von Schweißbrennern / Goya / Was man mit dem Teleskop sieht / Späne unter einer Hobelbank / Lava in der Nacht / Fotos aus dem Anfang dieses Jahrhunderts / Pferde im Jura bei Nebel / Landkarten, alte und neue / Beine einer Mulattin unterhalb ihres Mantels / Spur von Vogelfüßen auf Schnee / Wirtschaften in der Vorstadt / Granit / ein Totengesicht am Tag nach dem Tod / Disteln zwischen Marmor in Griechenland / Augen, Münder / das Innere von Muscheln /

Spiegelung eines Wolkenkratzers in der Fassade eines andern Wolkenkratzers / Perlenfischerinnen / Kaleidoskope, die man schütteln kann / Farnkraut verwelkt und verblichen / die Hände von alten Menschen, die man liebt / Kiesel in einem Bergbach / ein Maya-Relief an seinem Ort / Pilze / ein Kran in Bewegung / Wände mit Plakaten, die nicht mehr gelten / Schlangen im Wasser schwimmend mit gerecktem Kopf / Theater, einmal aus dem Schnürboden gesehen / Fische auf dem Markt, Fischernetze zum Trocknen auf dem Pflaster, Fische aller Art / Wetterleuchten / Flug der schwarzen Berg-Dohlen, wenn man auf dem Grat steht, ihr Flug über die Schlünde / ein Liebespaar in einem stillen Museum / das Fell gewöhnlicher Rinder in Griffnähe / Sonnenkringel in einem Glas voll Rotwein (Merlot) / ein Steppenbrand / das Bernstein-Licht im Zirkuszelt an einem sonnigen Nachmittag / Röntgen-Bilder, die man nicht versteht, das eigene Skelett wie in Watte oder Nebel / Brandungen, ein Frachter am Horizont / Hochöfen / ein roter Vorhang, von der nächtlichen Straße her gesehen, Schatten einer unbekannten Person darauf / Glas, Gläser, Glas jeder Art / Spinnweben gegen Sonne im Wald / Kupferstiche mit gelben Flecken auf dem Papier / viele Leute mit Schirmen, Scheinwerferglanz auf dem Asphalt / Mädchenbildnis der eigenen Mutter, in Öl gemalt von ihrem Vater / die Gewänder der Kirche, der ich nicht angehöre / das olivgrüne Leder auf einem englischen Schreibtisch / der Silser-See / Blick eines verehrten Mannes, wenn er die Brille abgenommen hat, um sie zu putzen / das Geschlinge von blinkenden Geleisen vor einem Großbahnhof in der Nacht / Katzen / Mondmilch über dem Dschungel, wenn man in der Hängematte liegt und Bier trinkt aus Büchsen und schwitzt und nicht schlafen kann und nichts denkt / Bibliotheken / ein gelber Bulldozer, der Berge versetzt / Reben beispielsweise im Wallis / Filme / ein Herrenhut, der über die Spanische Treppe hinunter rollt /

wenn man mit breitem Pinsel eine Wand anstreicht, die frische Farbe / drei Zweige vor dem Fenster, Winterhimmel über roten Backstein-Häusern in Manhattan, Rauchwirbel aus fremden Kaminen / der Nacken einer Frau, wenn sie sich kämmt / ein russischer Bauer vor den Ikonen im Kreml / März am Zürich-See, die schwarzen Äcker, Föhn-Bläue über Schattenschnee –

usw.

usw.

usw.

Freude (Bejahung) durch bloßes Schauen.

BERLIN

Seit langer Zeit zum ersten Mal am Alexander-Platz. Vorher durch die Schleuse der Verdächtigung; die grünen Uniformen erinnern mich ungerechterweise an die Hitlerzeit. Befangenheit meinerseits. Warum eigentlich? Ich gehöre einem Staat an, der diesen Staat nicht anerkennt; ich anerkenne. Gang durch die Hauptstadt mit preußischer Geschichte, Plakate mit Lenin vor der Architektur eines Wirtschaftswunders. Meine Befangenheit verliert sich auf der Fahrt durch märkisches Land, Ebene mit Wald, großer lichter Himmel. Besuch bei Peter Huchel in Potsdam (22. 9.), der, einst anerkannt als Kämpfer gegen den Faschismus, noch immer keine Ausreisebewilligung bekommt.

FRANKFURT

Buchmesse. Der Unterschied zwischen einem Pferd und einem Autor: das Pferd versteht die Sprache der Pferdehändler nicht.

Heimatgefühle im COOPERATIVO, Restaurant an
der Militärstraße; das Haus wird demnächst abgerissen ... Hier verkehrte Lenin, bis er nach
Rußland abreiste. Später speiste hier unter
italienischen Arbeitern auch Mussolini: als
Sozialist. Ein Bildnis von Mateotti, den der
faschistische Mussolini ermorden ließ, und
über der braunen Täfelung an der verrauchten
Wand ein frisches Plakat der Sozialdemokratischen Partei der Schweiz; der Text liest
sich wie eine Selbstverständlichkeit, die
allerdings noch immer nicht verwirklicht ist.
Eine juke-box zeigt an, daß wir uns in der
zweiten Hälfte des Jahrhunderts befinden,
und die jungen Männer tragen wieder Bärte.
Über der juke-box in glänzendem Rahmen das
verblichene Foto-Porträt von dem bärtigen Ur-
ahn: CARLO MARX. Arbeiter essen an den langen
Tischen mit weißem Tischtuch, bedient von
Kellnern in weißen Kitteln. Die Kost ist
italienisch. Hier wurden damals antifaschi-
stische Zeitungen redigiert, die man nach
Italien schmuggelte. Wir trinken ein Bier
unter der verrauchten Büste von Dante. Ein
familiäres Lokal, dabei ein hoher Raum, ein
Ort historischer Hoffnungen —

VERHÖR IV

A. Einmal angenommen: eine Gruppe von Leuten, die sich auf
   die Handhabung von Waffen verstehen, besetzen die Fabriken in Oerlikon und drohen mit Sprengung der Anlagen
   des Bührle-Konzerns, falls das Geschäft mit dem Krieg
   nicht verboten wird – was würdest du dazu sagen?

347

B. Leo Tolstoj verurteilt jede Anwendung von Gewalt – also auch den Krieg, den er als Verbrechen bezeichnet. Ich denke nicht, daß der Bührle-Konzern sich auf Tolstoj berufen könnte.

A. Hältst du Herrn Bührle für einen Verbrecher?

B. Ich sehe, daß diese Frage weder vom Gericht noch von der Öffentlichkeit gestellt wird; das Recht auf Geschäfte mit dem Krieg, sofern sie ohne Urkundenfälschung auskommen, steht außer Frage.

A. Du hast die Strafanträge gelesen?

B. Die Delikte, nämlich fortgesetzte Urkundenfälschung und Waffenschmuggel im Betrag von 90 Millionen, sind erwiesen. Der Bundesanwalt verlangt Gefängnisstrafen – bedingt erlassen – dazu Geldstrafen, die für keinen der betroffenen Herren ins Gewicht fallen. Das ist der Strafantrag, der einige Leute im Land entrüstet.

A. Dich nicht?

B. Gesetz ist Gesetz, wir sind ein Rechtsstaat, ich würde sogar sagen, ein Muster von Rechtsstaat: auch der mächtige Mann, Herr Dr. Dietrich Bührle, der ein deklariertes Einkommen von 3,4 Millionen und ein deklariertes Vermögen von 125 Millionen hat, kann hierzulande vor Gericht kommen.

A. Wird er ins Gefängnis kommen?

B. Herr Dr. Dietrich Bührle, Chef des Konzerns, ist Oberst im Generalstab der schweizerischen Armee.

A. Was willst du damit sagen?

B. Wie der Bundesanwalt betont, genießt der Bührle-Konzern das besondere Vertrauen unseres Bundesrates, weswegen dem Bundesrat diese fortgesetzten Urkundenfälschungen peinlich sind, obschon es sich, wie die Verteidiger betonen, lediglich um ein Kavaliersdelikt handelt, da das 90 Millionen-Geschäft keineswegs aus Gewinnsucht getätigt wurde, sondern aus Vorsorge für die schweizerische Landesverteidigung, für die schweizerische Wirtschaft usw. Wie Herr Dr. Dietrich Bührle selbst gesteht, kann er sich bei einem Umsatz von 1,7 Milliarden nicht um alles kümmern. Zwar hat er seinerzeit davon gewußt, sonst könnte er nicht, wie die Verteidigung hervorhebt, zu seinem langjährigen Mitarbeiter gesagt haben, »daß solche illegalen Geschäfte künftig nicht mehr getätigt werden dürfen«. Ich halte mich an den Satz: »Es besteht kein Anlaß, die Glaubwürdigkeit von Dr. Dietrich Bührle irgendwie in Frage zu stellen.« Ich habe lediglich sagen wollen: wenn es anders wäre, so könnte der Angeklagte nicht Oberst im Generalstab sein.

A. Und sein Vize-Direktor?

B. Ich kenne die Herren nicht, ich verlasse mich auf die Berichterstattung der bürgerlichen Presse. Herr Dr. Lebedinsky ist nicht Oberst. Wie die Verteidigung sagt, war der Gewissenskonflikt für den langjährigen Mitarbeiter ganz bedeutend, obschon es sich nur um 7 % des Umsatzes mit Kriegsmaterial handelt. »Er hat im bestgemeinten Interesse seiner Arbeitgeberschaft die zur Beurteilung stehenden Taten begangen oder gebilligt.« Dafür bezieht er trotz Entlassung weiterhin sein Jahresgehalt. Auch Herrn Dr. Gelbert muß man verstehen: »Wie die andern leitenden Persönlichkeiten der WO stand er vor dem Dilemma, ob man die behördlichen Erlasse streng beachten soll oder ob man im Interesse der Wahrung bewährter geschäftlicher Beziehungen zu retten versuche, was zu retten war«, nämlich den Profit des Bührle-Konzerns.

A. Wir sind ein Rechtsstaat –

B. Ja.

A. Es gibt ein Volksbegehren auf Verbot der Waffenausfuhr. Ich nehme an, du hast ebenfalls deine Unterschrift dazu gegeben. Wenn es zu einer Volksabstimmung kommt, so kannst du für ein Verbot des schweizerischen Waffenhandels stimmen. Das ist ein rechtsstaatliches Verfahren.

B. Ohne Zweifel.

A. Was ist also nicht in Ordnung?

B. Der Mann, der heute mit seinen langjährigen Urkundenfälschern vor dem Bundesgericht in Lausanne sitzt, ist ein großer Arbeitgeber: der Bührle-Konzern, der ja nicht nur Waffen herstellt, beschäftigt 14 000 Arbeitnehmer. Der Bührle-Konzern, wie gesagt, macht ja nicht nur Zwillingsgeschütze und Munition dazu, man darf nicht übertreiben. Geschütze und Munition verkauft er nur, um unserem Land eine eigene Waffenindustrie zu erhalten, was der Bundesrat zu schätzen weiß. Wir nötigen die andern nicht zum Krieg; wir verkaufen ihnen die Waffen nur, weil sie die Waffen sonst anderswo kaufen. Sie könnten unsere Geschütze und unsere Munition, wenn sie bezahlt sind, auch verrosten lassen. Um zu zeigen, daß die Schweiz sich in die Kriege der andern nicht einmischt, beliefern wir Israel und Ägypten zugleich. Das war übrigens immer schon so. Im Zweiten Weltkrieg, der uns nahe ging, schossen sich in Tobruk die Deutschen und die Engländer mit der gleichen Oerlikon-Kanone ab. Unser Waffenhandel, ganz abgesehen davon, daß er auch mit Entwicklungshilfe verbunden ist, bedeutet keinesfalls eine Einmischung in Nigeria oder Südafrika; es ist ein reines Geschäft im Sinn des freien Marktes. Hätte der Bundesrat, besorgt um die Glaubwürdigkeit der schweizerischen Neutralität, damals kein Waffen-Embargo verfügt, so hätte das reine Geschäft auch keiner Urkundenfälschungen bedurft. Das sagt der Verteidiger vor dem Bundesstrafgericht... Was das Volksbegehren betrifft, so muß man bedenken, daß Herr Dr. Dietrich Bührle sich nicht alles gefallen lassen wird: er könnte seinen Konzern jederzeit ins Ausland verlegen, sodaß seine

Steuern verloren gehen, seine Kunstsammlung auch. Ich verstehe, daß Herr Dr. Dietrich Bührle mit größtem Respekt behandelt wird; er durfte vor Gericht, im Gegensatz zu dem Schwindler v. Däniken, nicht fotografiert werden. Im Grunde hat man diesem Mann dankbar zu sein. Eine Verstaatlichung der Waffen-Industrie würde alles nur erschweren.

A. Wieso?

B. Dann wäre der Bundesrat verantwortlich, das Parlament. Herr Dr. Dietrich Bührle nimmt uns diese Verantwortung ab; als freier Unternehmer liefert er nach seinem Gewissen, unser Land ist am Profit beteiligt durch Steuern, aber nicht moralisch: wir sammeln für Biafra und schicken Krankenschwestern, die von Bührle-Munition getroffen werden. Caritas ist Caritas, Industrie ist Industrie –

A. Soeben wurde das Urteil gesprochen.

B. Es kann nur ein Urteil betreffend Urkundenfälschung sein. Es steht nichts anderes in Frage. Der Tatbestand erwerbsmäßiger Beihilfe zum Völkermord ist nicht verfassungswidrig. Daher sind die Herren des Bührle-Konzerns im Sinne unsrer Gesellschaft keine Verbrecher.

A. Entgegen dem Antrag des Bundesanwaltes, der nur bedingte Strafen verlangt hat, müssen ins Gefängnis: Herr Dr. Lebedinsky, Herr Dr. Gelbert, übrigens Ritter der Ehrenlegion, sowie Herr Meili, wobei das Gericht auch die Strafzeit verlängert hat. Man kann also nicht sagen: Ein mildes Urteil. Einzig der Konzern-Herr muß nicht ins Gefängnis: 8 Monate bedingt, dazu ist die Buße auf 20 000 Franken herabgesetzt, da ihm Gewinnsucht nicht nachzuweisen ist.

B. Ich verstehe sein pralles Lachen.

A. Der Tatbestand erwerbsmäßiger Beihilfe zum Völkermord, wie du's als Laie nennst, steht nicht zur Diskussion.

Daher kann dich das Urteil des Bundesgerichts nicht verwundern.

B. Nein.

A. Es verwundert dich auch nicht, daß das Bundesgericht, übrigens durch besondere Maßnahmen der Polizei geschützt, zwar den Tatbestand fortgesetzter Urkundenfälschungen verurteilt, aber in keinem einzigen Fall genau aufzuklären vermag, wie diese Urkundenfälschungen zustande gekommen sind, welche Mittelsleute sie ermöglicht haben und welche Bundesbeamten, die solche Urkunden prüfen, jahrelang nichts gemerkt haben?

B. Nein.

A. Das verwundert dich nicht?

B. Unserem Volk, das an seinen Rechtsstaat glaubt, genügen drei oder vier Schuldige, im übrigen geht es um die Wahrung bewährter Beziehungen zwischen Wirtschaft und Behörden und Vaterland.

A. Hältst du unser Volk für dumm?

B. Ich halte mich für dumm, wenn ich das pralle Lachen des Konzern-Herrn auf dem Presse-Foto betrachte. Er hat recht. Die gerichtliche Geldbuße, die er auf freiem Fuß zu bezahlen hat, ist unter Spesen zu verrechnen, übrigens eine Lappalie im Vergleich zu den Schmiergeldern, die der Konzern schon bezahlt hat – Spesen für die Rechtsstaatlichkeit, die ihn schützt vor jeder Gewalt.

ZÜRICH

Kleine Demonstration, Besammlung beim Kunsthaus (da hat Bührle einmal eine Million gestiftet), Marsch durch die Bahnhofstraße zur Börse; dann und wann Zuschauer mit einem mitleidigen Lächeln, Kopfschütteln; eine Frau sagt: Bravo! aber sie schließt sich nicht an; ein Mann sagt unentwegt: Ihr tut mir leid, Ihr tut mir leid! Die meisten, wenn sie die Transparente lesen, gehen sofort weiter; ein junger Mann sagt: Kommunisten, so geht doch nach Moskau! Etwa tausend Marschierer.

EHRENWORT

Sir, wo möchten Sie denn leben? Erstens bin ich kein Sir, zweitens sage ich: Nehmen Sie bitte diese Hand weg! Ich kenne den Mann nicht. Sir! sagt er, hält jetzt eine längere Rede, ohne die Hand von meinem Mantelkragen zu nehmen, in mehreren Sprachen durcheinander und nach einer Weile, da er mich hinreichend verwirrt hat, plötzlich in Mundart. Ein Landsmann also. Wo auf der Welt ich am liebsten leben möchte? Die Frage, so sagt er, stelle sich nämlich nur einem Sir. 97 von 100 Erdenbewohnern haben keine Wahl, wo sie leben, und ziehen daraus ihre fortpflanzende Kraft unter jeglichen Umständen. Das ist richtig; ich denke an tschechische Freunde, an griechische Flüchtlinge, an Millionen von Indern. Als ich sage, ich sei gerne, wo ich grad bin, schüttelt er mich in meinem Regenmantel herum, spricht im Gangster-Ton: Come on, man, come on! und das auf der Helmhaus-Brücke in Zürich. Wir behindern den Verkehr. Was ihn das überhaupt angehe, frage ich, ohne nochmals an seine Hand zu fassen; sonst schüttelt er mich wieder. Schon sind wir nicht mehr allein; ein paar Leute, einer mit Aktentasche, aber auch einfache Leute, die zuerst mit der Miene von Helfern stehengeblieben sind, stimmen ein, als er fragt: Warum leben Sie denn nicht in Moskau, warum nicht in Havanna usw.? Ich sei hier geboren, sage ich mit einer Kopfbewegung, hier in dieser Gegend. Es tönt linkisch. Um glaubwürdig zu sein, gebe ich den Namen des

Quartiers, beginne mich zu verteidigen: Habe ich denn gesagt, daß ich nicht gerne hier lebe? Wenigstens hat er inzwischen seine Hand von meinem Mantelkragen genommen, als genüge jetzt seine Frage: Warum nicht in Havanna, warum nicht in Peking usw.? Wir stehen jetzt, um den Verkehr nicht zu stören, am Straßenrand, während ich den Kragen meines Regenmantels ordne, ohne mich nach Helfern umzusehen; sie finden die Frage nur berechtigt, und ich weiß natürlich, welche Antwort ich der Mehrheit schulde. So viele sind es gar nicht, aber sie haben die Physiognomie der Mehrheit. Was ich jetzt rede, wird von Satz zu Satz unglaubwürdiger: Ehrenwort, ich möchte nicht anderswo leben, Ehrenwort, ich bin hier geboren und aufgewachsen und zur Schule gegangen, ferner lebe ich ja hier. Soll ich gar meinen Paß zeigen? Soll ich die Nummer meiner Altersversicherung angeben oder die ungefähre Anzahl meiner Armeediensttage ohne Auszeichnung und ohne Strafe? Da es keine Schlägerei geben wird, bleiben nur wenige. Warum schon zum drittenmal: Ehrenwort! Es dauert noch eine Weile, bis ich zugebe, daß ich mir die Frage, wo in der Welt ich leben möchte, tatsächlich schon selber gestellt habe. Das genügt, so scheint es, das genügt. Ich kann gehen.

1971

BERZONA

Schnee, viel Schnee. Die Zweige sind weiß-
flaumig wie Pfeifenputzer. Tagsüber schaufeln
wir uns frei, dann schneit es wieder in der
Nacht. Nur das Fernsehen, TELEVISIONE
SVIZZERA ITALIANA, bestätigt, daß die Welt
weitergeht mit Staatsmännerbesuchen, Raum-
fahrt, Papst, Vietnam, Musik und Sport. Kein
Grund zur Panik also. Auch kommt noch die
Post: Soziologie reihenweise.

GLÜCK

»Ich hatte Glück, Fjodor Iwanowitsch, ich wage kaum dran
zu denken. Ein unheimliches Glück. Sie sehen, ich fahre in der
ersten Klasse. Ich habe einen Paß, ich habe einen Titel, ich bin
frei. Warum ich nicht nach Sibirien gekommen bin, verstehe
ich heute noch nicht, denn es fehlte wenig, Gott weiß es, sehr
wenig«, sagt er, indem er Tabak nicht in die Nase stopft, sondern in eine Charatan-Pfeife; es summt auch kein Samowar,
aber es ist Winter und in der Eisenbahn, und nachdem die
Pfeife endlich zieht, sagt der Reisende, indem er zum Fenster
hinausschaut: »Es schneit«. Es ist aber nicht Rußland, was
man dadraußen sieht. »Ich hatte keinen Grund zur Eifersucht«,
sagt er, als wolle jemand seine Geschichte hören, »nicht den
mindesten Grund. Natascha war verheiratet, aber das wußte
ich von Anfang an. Vielleicht war ich sogar froh, daß Natascha verheiratet war. Jetzt denken Sie gewiß, das gehört sich
nicht, weil Natascha verheiratet war. Aber das ist heutzutage
anders, Fjodor Iwanowitsch. Ihr Mann war ein stiller und
sanftmütiger Mensch, sogar jünger als ich, ein gerechter und
bedrückter Mensch. Mag sein, daß Natascha ihn verkannt
hat. Ihretwegen aber hatte ich Weib und Kinder verlassen.

Das hielt ich damals nicht für moralisch, aber es machte mich doch glücklich. Ich liebte sie, Fjodor Iwanowitsch, ich liebte Natascha.« Es ist auch niemand im Abteil, der Fjodor Iwanowitsch heißen könnte oder Wassily Wassilikow oder irgendwie, und trotzdem muß er es einmal erzählen. »Sehen Sie, ich denke selten daran, um nicht zu erschrecken, eigentlich nie«, sagt er: »Ich war damals ein erwachsener Mensch, ein geachteter Mensch sozusagen, und ich glaube, Sie haben es erraten, Fjodor Iwanowitsch, ich könnte sehr wohl ein Mörder sein!« Auch der Schaffner, der einmal vorbeikommt und ins Abteil schaut, ist offenkundig kein Russe, sondern ein Kondukteur, ein junger und rosiger Bursche mit einer roten Tasche, die um sein Knie baumelt, kein unfreundlicher Mensch, aber auch er hat keine Zeit wie einst die Menschen in den russischen Eisenbahnen, die sich halbe Romane anhörten, und nachdem er das Abteil verlassen hat, sagt der Reisende: »Aber interessiert es Sie auch wirklich?« Vorher war er im Speisewagen; da blicken sie auf den Teller oder am andern vorbei, und wenn sie dann die Rechnung beglichen haben, nicken sie vielleicht, aber dann ist es zu spät, um sagen zu können: »Ich bin ein kranker Mensch ... ein schlechter Mensch ... Ein abstoßender Mensch bin ich. Ich glaube, ich bin leberleidend.« Wer will das wissen? »Gott weiß es, ich hatte das kleine Beil schon erhoben, und Natascha saß vor mir, ich wollte sie spalten wie ein Scheit. Ich wollte es natürlich nicht, aber das Beil wollte es, das kleine Beil, Fjodor Iwanowitsch, in meiner Hand.« Das sagt man nicht in einem Speisewagen, auch nicht im Abteil, nachdem ein Herr zugestiegen ist, der kaum Gutentag sagt und seine Zeitung lesen möchte. Vielleicht heißt er Hubacher oder Vogelsanger, ein einheimischer Herr, und es war ja auch nicht in Rußland, wo das Entsetzliche stattgefunden hat, sondern in Graubünden. »Kennen Sie die Gegend von Bivio?« Das läßt sich sagen, auch wenn der andere sich dann wundert und sagt:

Wieso? Es summt kein Samowar, wie gesagt, es bruzzelt nur in seiner Charatan-Pfeife. »Eine schöne Pfeife«, sagt er, »nicht wahr?« Sicher ist der Herr, der hinter seiner offenen Zeitung nicht zu sehen ist, kein schlechter Mensch; sein Mantel ist ein guter Mantel mit feinem Futter. »Ich bin ein kranker Mensch, was ich vielleicht gar nicht bin, ich bin ein lächerlicher Mensch«, sagt er draußen im Korridor: »Übrigens habe ich vorher gelogen, Fjodor Iwanowitsch. Vielleicht haben Sie es bemerkt. Nicht ihretwegen habe ich Weib und Kind verlassen. Das ist Unsinn. Sondern meinetwegen! – später habe ich ja auch Natascha verlassen – und Wassa... Sie halten mich jetzt für einen gewissenlosen Menschen, Fjodor Iwanowitsch, aber das Gegenteil ist wahr. Sie war zu gut für mich, ich meine jetzt meine erste Frau. Ich prügelte sie nie, Gott sei mein Zeuge, aber es war ein Segen für sie, daß ich sie verlassen hatte. Heute geben alle es zu. Sie waren immer zu gut für mich, und ich mußte eines Tages erkennen, daß sie litten, Sie verstehen, früher oder später. Jedesmal gab es Geschwätz, das gleiche Geschwätz. Drum bin ich viel gereist. Heute weiß ich: Das Gegenteil ist wahr. Was heißt Gewissen! Im Gegenteil, die Frauen wurden entweder glücklicher, nachdem ich sie verlassen hatte, oder zumindest nicht unglücklicher – so viele sind es übrigens nicht gewesen, Fjodor Iwanowitsch, falls Sie das meinen... Jetzt sind wir in Biel, glaube ich«, sagt er und verbessert sich: »Bienne.« Es schneit noch immer. Heutzutage halten die Züge nicht lang; die Reisenden können nicht aussteigen, um sich heißes Wasser zu holen, und im Speisewagen gibt es auch keinen Tee mehr, nur noch das Menü. »Ich hatte keinen Grund zur Eifersucht«, sagt er, um in seiner Erzählung fortzufahren, »denn es waren ihre Brüder... Ich weiß nicht, wie es in jener Nacht über mich kam. Es war in einer Ski-Hütte. Sie machte also ihren Brüdern einen Glühwein, weil es kalt war, sie redete diesen ganzen Abend nur zu ihren Brüdern und die

Brüder redeten nur zu ihr, denn ich gehörte nicht zur Familie. Ich fand es komisch, das heißt, ich versuchte es komisch zu finden, es war komisch, Fjodor Iwanowitsch, aber ich bin ein eitler Mensch. Denn ich konnte es nicht haben, daß Natascha ihren Brüdern verbundener wäre als mir. Bin ich ein habsüchtiger Mensch? Ich war nicht betrunken, denn sie machte ja den Glühwein für ihre Brüder; ich wollte nichts davon. Sie können sich denken, wie fröhlich es zuging. Ich sagte kein Wort, denn sie redeten jetzt nur französisch, Sie verstehen, das kam noch hinzu. Es ist lächerlich. Plötzlich haßte ich sie, beobachtete sie von der Seite und haßte sie vollkommen nüchtern. Oder so meinte ich wenigstens; tatsächlich liebte ich sie, aber ich haßte die Sippe in ihr. Die Sippe! – ich finde eine Sippe immer gemein, zum Umbringen ... Es kam über mich, als wir uns zum Schlafen legten, alle nebeneinander, Natascha und ihre Brüder und ich. Genau gesagt: Natascha zwischen ihren Brüdern und mir. Es war kalt. Ich hatte den ganzen langen Abend das Holzfeuer besorgt, aber den Glühwein machte sie für ihre Brüder. Sie schnarchten bereits, als die Wut mich packte, ich spürte, wie sie plötzlich meine Decke wegriß und mich packte wie von außen, die Wut, und wie sie mich aufsetzte im Dunkeln ... Sagte ich schon, daß ihr Bruder, der ältere, ein Offizier war? Er war der dümmere, aber Natascha wies ihn nie zurecht. Der jüngere aber war ein Tänzer, Choreograph oder so etwas, ein Artist also. Vorallem ihn bewunderte Natascha sehr – ich begriff zum ersten Mal, wer ich war: ihr Liebhaber ... Es ist wohl möglich, daß Natascha jetzt im Dunkeln fragte, ob mir unwohl sei, im Flüsterton, damit die Brüder weiter schnarchen konnten; ich hörte sie nicht. Ich bin auf hohe Schulen gegangen, aber ich bin und bleibe ein primitiver Mensch. Natascha traute es mir nicht zu. Und ihre Brüder, ohne mehr zu wissen als die Tatsache, daß ich Natascha liebte, trauten es mir ebenfalls nicht zu ... Es war Winter, das sagte ich schon, und es war Nacht, ich wußte nicht wohin. Hinaus in den tiefen Schnee. Ich wollte erfrieren, Sie verstehen, während sie in der Hütte schnarchten«, sagt er und hält inne, da wieder jemand durch den engen Korridor geht. »Fjodor Iwanowitsch, glauben Sie an Gott?« fragt er, ohne eine Antwort zu erwarten: »Jetzt wäre ich schon fünfzehn Jahre in Sibirien für einen blöden Mord. Vielleicht hätte ich's gelernt. Es braucht wenig, das ist alles, was ich genau weiß. Vielleicht hätte ich gelernt, Fjodor Iwanowitsch, an die Gnade zu glauben. Jetzt glaube ich bloß an Glück«, sagt er und kratzt die Charatan-Pfeife aus, während der Herr, der Vogelsanger heißen könnte oder Bärlocher oder so, seine Ledermappe nimmt und das Abteil freigibt, nicht ohne zu nicken. »Kurz und gut«, sagt er, als er sich wieder ins gepolsterte Abteil gesetzt hat, »ich wollte also erfrieren. Ich haßte mich, Fjodor Iwanowitsch, ich schämte mich. Es war nicht kalt genug, um zu erfrieren, nur unerträglich. Sternennacht. Meine steife Leiche im Schnee am andern Morgen, das war nicht nur ein lächerlicher und niederträchtiger Vorsatz, sondern auch undurchführbar, denn ich schlotterte bloß, als es im Osten über den Bergen schon dämmerte. Natascha schlief. Sie wußte nichts von meinem Vorsatz, niemand unter dem Sternenhimmel wußte von meiner Lächerlichkeit. Nur ich! . . . Jetzt sind wir in Brugg, glaube ich«, sagt er, Blick zum Fenster hinaus, »Brugg oder Baden«. Das sind keine epischen Distanzen. »Ich langweile Sie vielleicht, Fjodor Iwanowitsch, aber Sie sind der erste Mensch, dem ich meine Geschichte erzähle . . . Als ich endlich in die Hütte zurückging, dünkte ich mich vollkommen bei Sinnen, vernünftig und kalt in meinem Entschluß, lautlos meine Skier zu nehmen und in der ersten Dämmerung abzufahren ins Tal, um Natascha einen Brief zu schreiben. Auch sie war zu gut für mich. Ein Engel! . . . Ich weiß ja nicht, Fjodor Iwanowitsch, ob Sie es kennen, dieses Bewußtsein der Lächerlichkeit, dieses Bewußtsein der Niedrigkeit, das grimmiger ist als eine Sternennacht im Schnee, oder so empfand ich es wenigstens, als ich die Brüder über mir schnarchen hörte. Was hatten sie mir denn getan, der Offizier und der Artist? Ihre Schwester hatte sie mit Glühwein bedient, und ich verstehe einigermaßen französisch ... Ich nahm also das kleine Beil, um Holz zu hacken, weil ich fror in meiner Lächerlichkeit nach zwei Stunden im Schnee. Ich fror in den Knochen. Ich hatte Feuer gemacht für sie, jetzt machte ich Feuer für mich. Das kracht natürlich, so ein Kloben, wenn das Beil drin stekken bleibt und wenn man den Kloben mit Beil auf den Block haut. Das Schnarchen der Sippe ließ nach. Ich freute mich jetzt, daß ich schlotterte, denn das gab mir das Recht, die Kloben zu hauen und Scheite zu machen, Brennholz, wie unsereiner das tut, nicht ohne Selbstgefährdung. Es muß lustig ausgesehen haben, aber es war gar nicht lustig, Fjodor Iwanowitsch. Als Natascha herunter kam und fragte, was ich um Gotteswillen denn mache, sagte ich: Glühwein. Sie war schläfrig und nicht so schön wie sonst, wie am ganzen Abend zuvor, und da sie schläfrig war, wurde ich deutlicher: Glühwein für mich! Dabei schämte ich mich. Ihre Vernünftigkeit, Fjodor Iwanowitsch, ihre weibliche Vernünftigkeit! – Sie kennen Natascha ja nicht. Wir liebten uns schon drei Jahre, ich meine, sie ist die Unvernunft in Person, ein wahrer Mensch, aber jetzt ihre Vernünftigkeit um fünf Uhr morgens war aufreizend. Glühwein, schrie ich, geh weg! Natascha meinte mich zu kennen, sonst hätte sich Natascha nicht auf den Block gesetzt, als sei er dafür gemacht, Natascha in einem blauen Overall und mit offenem Haar und schlafwarm. Die Brüder, nachdem meine Hakkerei sie geweckt hatte, hörten natürlich zu; sie sagte: Qu'est-ce que tu fais? Ich sagte es noch einmal: Glühwein! so mit einer Betonung, Sie kennen das, Natascha hielt es für Ulk, ich weiß nicht, oder für eine sture Rücksichtslosigkeit gegenüber den andern, nicht nur gegenüber ihren beiden Brüdern. Ich habe vergessen zu sagen, daß auch noch andere in der Hütte waren, Töchter und Söhne und was weiß ich, eine ganze Sippe, als ich sagte: Geh weg! und das kleine Beil erhob«, sagt er, »um Brennholz zu machen, Kleinholz −«, sagt er und kratzt wieder die Pfeife aus, um zu schweigen, aber dann kann er's doch nicht: »Jetzt sind wir in Schlieren«, sagt er, Blick zum Fenster hinaus: »Fjodor Iwanowitsch, haben Sie schon einen Sessel auf die Straße hinuntergeworfen? und dann noch einen und noch einen? − ich habe mich nie gebessert, sehen Sie, das war mit Wassa, das war später, ich hatte Grund zur Eifersucht und war besoffen, ein besoffenes Schwein, es waren Sessel aus Eisen, die meine Wut packte und von der Terrasse hinunterschleuderte auf die Straße, und ich wurde kein Mörder, Fjodor Iwanowitsch. Wie erklären Sie das?« Er schweigt, bis die Pfeife wieder zieht. »Sie glauben an Gott, Fjodor Iwanowitsch, sonst würden Sie nicht über mich lächeln. Sagen Sie's ehrlich, daß ich Ihnen leidtue, Fjodor Iwanowitsch, als ein dummer und oberflächlicher Mensch. Ich tue mir nicht leid . . . Ich war nicht wahnsinnig, ich wußte in diesem Augenblick genau, daß alle meine Lächerlichkeit nichts zu tun hatte mit Natascha, die mich anblickte, und nichts mit ihren Brüdern, nur konnte ich das kleine Beil jetzt nicht mehr halten, obschon Natascha vor mir saß und mich anblickte. Ich glaube, ich konnte nicht einmal ihren Namen aussprechen, ihren so geliebten Namen, ich hörte bloß: Qu'est-ce que tu fais? Dann stak das kleine Beil in dem Block, sie stand daneben, ich hatte das Scheit noch in der Hand, das ich hatte spalten wollen − das war alles, Fjodor Iwanowitsch: Glück!« sagt er und blickt noch immer zum Fenster hinaus, wo die gelben Lichter einer Station vorüberfliehen: »Das war schon Altstetten«, sagt er gleichgültig, und es wird langsam Zeit, den Mantel herunterzuholen und was der Reisende sonst noch hat, nicht viel, ein kleines Paketchen, Parfum für seine Frau. Sein Mantel hat nie oder selten einen Aufhänger, sodaß er ihn ins Gepäcknetz zu werfen pflegt, und als er sich umsieht, wo sein Mantel sich befinde, scheint es ihn zu verwundern, daß Fjodor Iwanowitsch gegenüber sitzt, gerade unter seinem Mantel, etwas lächelnd: »Väterchen, das ist deine ganze Geschichte?« Im Korridor drängen sich schon die Leute. »Nein«, sagt der Reisende, ohne jetzt seinen Mantel herunterzuholen, ebenfalls spöttisch: »Fjodor Iwanowitsch«. Dieser ist ein kleiner Herr, noch nicht alt, aber mit offenbar vorzeitig ergrautem krausem Haar und mit auffallend blitzenden Augen; er sitzt in einem abgetragenen, doch offenbar von einem sehr guten Schneider angefertigten Mantel mit Pelz am Kragen, Persianer, und trägt die Pelzmütze auf dem Kopf; wenn er den Mantel aufgeknöpft hat, sieht man darunter eine Poddiowka und ein russisches Hemd mit bunten Stickereiborden: »Ich heiße Podsnyschew«, sagt er, als müßte man den Namen kennen, und dann: »Darf ich Ihnen meinen Tee anbieten? Er ist allerdings sehr stark.« Der Tee, den er auf der vorletzten Station aufgebrüht hat, ist wirklich wie Bier. »Podsnyschew«, wiederholt er bitter; er spricht mit einer hüstelnden Stimme: »Väterchen, warum erzählst du nicht deine ganze Geschichte, deine wirkliche Geschichte, wenn du doch siehst, daß jemand zuhört?« Man spürt jetzt in den Füßen, daß der Zug zu bremsen beginnt. »Gut«, sagt der Reisende, »ich will's Ihnen erzählen«, als habe er den Kondukteur nicht gehört, der in jedes Abteil sagt: Zürich Hauptbahnhof, alles aussteigen! – er schweigt einen Augenblick, reibt sich das Gesicht mit den Händen und fängt an: »Wenn ich erzählen soll, muß ich alles von Anfang an erzählen. Ich muß erzählen, wo ich geboren bin und wer mich erzogen hat, wer meine Freunde gewesen sind, was ich gelernt habe und alles, was zu meiner armseligen Geschichte geführt hat –«

NEW YORK, Februar

Wir haben gemietet: Wohnung einer Kinder-
Psychiaterin, die ich nicht kenne; ihre Diplome an der Wand. Ein Psychiater-Sessel: man
sitzt nicht und liegt nicht, man entspannt
sich mit Ergebnis — ich habe also verdrängt:
a) meinen Vater.
    (Gestorben 1932.)
b) Generalstreik 1918.
    (Studenten mit Couleur-Mütze als Straßen-
    bahnführer, dahinter Soldaten mit Helm und
    aufgepflanztem Bajonett, die den Streik-
    brecher beschützten.)
c) meine erste Zeitungslektüre.
    (Ich wollte herausfinden, ob der Motorrad-
    fahrer, den wir durch eine Kalberei mit
    unserem Leiterwagen zum Sturz gebracht
    hatten, dabei gestorben war.)
d) Armut.
    (Diebstahl von Fallobst.)
e) Kriegskinder aus Wien.
    (Ich spielte lieber mit ihnen, sie wußten
    andere Spiele, aber es ging nur heimlich,
    und als ich ertappt wurde, war es eine
    Schmach; ich war ein Abtrünniger.)
f) Gottesfurcht.
    (Mit Badehose in der Badewanne.)
g) Menschenfurcht.
    (Man mußte durch ein Rohr der Kanalisation
    gehen, um in den Freundesbund aufgenommen
    zu werden, barfuß im Abwasser, Gestank, in
    der Ferne das kleine Loch mit Tageslicht.)
h) Lenin.
    (Das schmale Männchen, das im Nachbarhaus
    ein und aus ging; mein Vater sagte, der
    wolle alles in dieser Welt kaputtmachen.)
und einiges mehr.

Kein Grund zur Panik. Eigentlich kann gar nichts passieren.
Der Lift hängt zwischen dem 37. und 38. Stockwerk. Alles
schon vorgekommen. Kein Zweifel, daß der elektrische Strom
jeden Augenblick wieder kommen wird. Humor der ersten
Minute, später Beschwerden über die Hausverwaltung allgemein. Jemand macht kurzes Licht mit seinem Feuerzeug, vielleicht um zu sehen, wer in der finsteren Kabine steht. Eine
Dame mit Lebensmitteltaschen auf beiden Armen hat Mühe
zu verstehen, daß es nichts nützt, wenn man auf den Alarm-
Knopf drückt. Man rät ihr vergeblich, ihre Lebensmitteltaschen auf den Boden der Kabine zu stellen; es wäre Platz genug. Kein Grund zur Hysterie; man wird in der Kabine nicht
ersticken, und die Vorstellung, daß die Kabine plötzlich in
den Schacht hinunter saust, bleibt unausgesprochen; das ist
technisch wohl nicht möglich. Einer sagt überhaupt nichts.
Vielleicht hat das ganze Viertel keinen elektrischen Strom,
was ein Trost wäre; dann kümmern sich jetzt viele, nicht bloß
der Hauswart unten in der Halle, der vielleicht noch gar
nichts bemerkt hat. Draußen ist Tag, sogar sonnig. Nach einer
Viertelstunde ist es mehr als ärgerlich, es ist zum Verzagen
langweilig. Zwei Meter nach oben oder zwei Meter nach unten, und man wäre bei einer Türe, die sich allerdings ohne
Strom auch nicht öffnen ließe; eigentlich eine verrückte Kon-
struktion. Rufen hilft auch nichts, im Gegenteil, nachher
kommt man sich verlassen vor. Sicher wird irgendwo alles
unternommen, um die Panne zu beheben; dazu verpflichtet
ist der Hauswart, die Hausverwaltung, die Behörde, die
Zivilisation. Der Scherz, schließlich werde man nicht ver-
hungern mit den Lebensmitteltaschen der Dame, kommt zu
spät; es lacht niemand. Nach einer halben Stunde versucht
ein jüngeres Paar sich zu unterhalten, so weit das unter frem-

den Zuhörern möglich ist, halblaut über Alltägliches. Dann wieder Stille; manchmal seufzt jemand, die Art von betontem Seufzer, der Vorwurf und Unwillen bekundet, nichts weiter. Der Strom, wie gesagt, muß jeden Augenblick wieder kommen. Was sich zu dem Vorkommnis sagen läßt, ist schon mehrmals gesagt. Daß der Strom-Ausfall zwei Stunden dauert, sei schon vorgekommen, sagt jemand. Zum Glück ist der Jüngling mit Hund vorher ausgestiegen; ein winselnder Hund in der finsteren Kabine hätte noch gefehlt. Der Eine, der überhaupt nichts sagt, ist vielleicht ein Fremder, der nicht genug Englisch versteht. Die Dame hat ihre Lebensmitteltaschen inzwischen auf den Boden gestellt. Ihre Sorge, daß Tiefkühlwaren tauen, findet wenig Teilnahme. Jemand anders vielleicht müßte auf die Toilette. Später, nach zwei Stunden, gibt es keine Empörung mehr, auch keine Gespräche, da der elektrische Strom jeden Augenblick kommen muß; man weiß: So hört die Welt nicht auf. Nach drei Stunden und elf Minuten (laut späteren Berichten in Presse und Fernsehen) ist der Strom wieder da: Licht im ganzen Viertel, wo es inzwischen Abend geworden ist, Licht in der Kabine, und schon genügt ein Druck auf die Taste, damit der Lift steigt wie üblich, wie üblich auch das langsame Aufgehen der Türe. Gott sei Dank! Es ist nicht einmal so, daß jetzt alle beim ersten Halt sofort hinaus stürzen; jedermann wählt wie üblich sein Stockwerk –

EMERGENCY DIAL 911. OBSERVE THE FOLLOWING RULES OF SAFETY WHILE WALKING THE STREETS:
1. Try not to walk alone at night – have someone accompany you through the streets.
2. Have a friend or relative meet you at the subway or bus station.
3. When you arrive at home, ring your bell to alert a relative or neighbor and have a key ready in your hand to open the door.

4. DO NOT enter an elevator with a stranger of any age.
5. Walk in an area that is well lighted, don't take shortcuts.
6. Know location of Police call boxes and public phone booths in your area.
7. If there are doormen in your neighborhood, know when they are on duty; they may be helpful.
8. Remain ALERT while walking, LOOK AROUND YOU.
9. If you observe any person or group that appear suspicious, do any of the following:
   a) Use a Police call box and call for assistance.
   b) Go to a public phone booth and dial 911.
   c) If no phone is available, enter any store or residence and call Police. Your neighbors are willing to help.
10. DO NOT carry large sums of money, conspicuous jewelry or other valuables; when you cannot avoid this, secrete the cash and other valuables on your person, NOT in your wallet or handbag.
11. DO NOT place your house key together with other keys. Keep them separate. If you lose identification papers together with your house keys, someone may have access to your home.
12. Carry a whistle or a cheap battery-operated alarm when possible.
13. Carry your purse close to your chest. Don't dangle it loosely at arm's length.
14. If you hear screams, day or night, try to pinpoint location and help your neighbor by calling 911 immediately.
15. DO NOT answer downstairs bell unless caller is expected and known to you.

Ptl. Charles E. Delaney
Community Relations Office
26th Precinct

NEW YORK, Februar

Es scheint zu stimmen: ein Landsmann erzählt, daß er an der 10. Straße (wo wir wohnen) um acht Uhr abends plötzlich drei Messer auf dem

Leib hatte, zwei hinten, eins vorn. Es waren
Schwarze; ihre einzige Frage: „Where is it?"
Als sie in seinem Portemonnaie nur 10 Dollar
fanden, wurden ihre Messer gefährlicher. Zum
Glück rührte er sich nicht, bis sie in seiner
Brieftasche noch 20 Dollar gefunden hatten;
dann warfen sie seine Brieftasche mit Paß
hinaus auf die Straße, damit er sie holen
mußte, während sie verschwanden. Ein Passant,
dem der Verstörte sich mitzuteilen versuchte,
zuckte die Achsel —

Seminar an der Columbia Universität, PROBLEMS
OF STYLE AND EXPRESSION, in deutscher Sprache.
Wer sind die Studenten? Ihr Schulgeld beträgt
jährlich: 2500 Dollar; ein Student kostet die
Eltern im Jahr: 5000 bis 6000 Dollar. Wer sind
ihre Eltern?

Demonstration am Times Square: gegen denselben
Krieg mit denselben Transparenten wie im letzten Frühjahr, aber der Aufmarsch ist kleiner.
Sie gehen in einem Gehege kreisum, das die
Polizei errichtet hat, ordentlich getrennt von
den ordentlichen Straßenbenützern. Wie in
einem Laufgitter, PEACE NOW. Die Polizei, zwar
zahlreich und ausgerüstet mit Helm und Knüppel
und Radio, sagt gelassen zur Majorität: KEEP
MOVING, PLEASE KEEP MOVING. Die Majorität, so
liest man, ist heute zu 70% gegen den Krieg.
Das Mittel der Demonstration ist verbraucht.

Ein alter Taxi-Fahrer erklärt, warum er nach
dieser Fahrt nachhause gehe, warum er in der
Nacht nicht mehr fahre: „too many caracters,
you know!" Aber er versteht sie, sagt er: Da
kommen sie von Vietnam zurück, jetzt wissen
sie nicht, wie leben, und dann fixen sie eben,
Heroin ist teuer, dann überfallen sie ihn und

nehmen sein ganzes Tageseinkommen. Deswegen
geht er um diese Zeit lieber nachhause. Es
gibt auch liebe Leute, sagt er: dann sagen sie
am Ende der Fahrt, sie haben kein Geld, und
dann gibt er ihnen seine Adresse, manchmal
schicken sie wirklich die drei oder vier
Dollar.

ALCOHOLICS ANONYMOUS, sie treffen sich dreimal
in der Woche. Eine jüngere und attraktive Frau
erzählt ihre Geschichte mit dem Alkohol, eine
Geheilte. Sehr unbefangen, direkt, durchaus
unpfäffisch. Einzige Bedingung für die Mitgliedschaft: der Wunsch, nicht mehr zu trinken. Es sind ungefähr 150 Männer und Frauen
verschiedenen Alters, Arme und Bessergestellte
auch, Weiße und Schwarze. Wer in der Diskussion teilnimmt, stellt sich vor: „Joe, I am
an alcoholic." Dann fragt er, wie es aber der
Sprecherin ergangen ist bei Rückfällen. Man
versteht einander. Einer ist schwerbetrunken,
sagt etwas und geht nach einer Weile, was
nicht verübelt wird; jeder weiß hier, wie
schwer es ist. Ich sehe, daß er sich sogar
noch einen Dollar pumpt. Nur wenigen ist anzusehen, daß sie Trinker sind. Im Nebenraum
lärmen Kinder bei einem Ballspiel. Es gibt
Gratis-Tee. Wer einmal die Gnade erfahren hat,
daß er nicht mehr dem Alkohol verfallen ist,
begleitet einen andern am Feierabend; ohne
Herablassung, wenn er den Süchtigen abzuhalten
versucht, denn er selber kennt den Alkohol und
den Satan, der verspricht, daß es bei einem
Gläschen bleibe, und die Ausrede, heute gebe
es irgend etwas zu feiern. Der alte Neger, den
ich um Traktate bitte, gibt vorerst die Hand
und sagt: Bobby. Ich sage: Max.

– und zum Schluß sagt er jedesmal, er sei ja dafür, durchaus
dafür; nur müßten wir Frauen es selber machen. Dann zieht
er die Decke über seine nackte Schulter, dieser Mann des neun-
zehnten Jahrhunderts. Ich könnte ihn umbringen, nur weil er
weiß, daß ich's nicht kann. Wieso eigentlich nicht? Ein
Mensch, der schnarcht, ist keiner. Jetzt hatten wir monatelang
Frieden. Der Mythos vom vaginalen Orgasmus, das gibt er zu,
um seine Ruhe zu haben. Wenn ich ihn umbringen wolle, sagt
er, müsse ich vorher noch lernen, wie der Motor unsres Wagens funktioniert, und anderen Nonsense. Ich habe ja nicht
gewußt, was ich geheiratet habe. Der weibliche Körper, sagt
er, sei eben anders, was ich auch sage, aber anders als er. Ob
ich Norman Mailer gelesen habe? Dann kämpft er nicht einmal, wenn man widerspricht, sondern sagt wieder, er sei durchaus dafür. Die Frau als Neger, das gibt er alles zu, aber was
tut er dagegen? Diese June, die ihm den Hof macht, hat gerade noch gefehlt, diese June mit ihren Wurstbeinen, die nicht
einmal merkt, daß dieser Mann sie nicht ernst nimmt. Wieso
ich ihn überhaupt ernstnehme? Das fragt er, bevor er einschläft. Ich frage mich auch. Ich lese Norman Mailer nicht. Sie
lernen es nie. Auch Lysistrata ist von einem Mann erfunden,
dieser antike Herrenwitz, daß der geschlechtliche Streik der
Frauen immer scheitern wird, weil es Weiber wie diese June
gibt, Streikbrecherinnen aus unterbelichtetem Bewußtsein.
Das Fortschrittlichste, was er zu denken vermag: daß die bisherige Emanzipation der Frau sich als Bumerang erwiesen habe, indem sie die Frau nicht befreit, im Gegenteil sie gerade in
die Kategorien männlichen Denkens einordnet. Das sagen wir
ja. Wenn er sich überhaupt zum Ernst bequemt, gibt er zu, daß
es so nicht weitergeht. Einiges hat er sich immerhin schon ab-
gewöhnt; er sagte: Deine Kinder. Dann beruft er sich beiläufig

auf Margret Mead: Die menschliche Vaterschaft als eine gesellschaft-konstituierende Erfindung (ob ich höre) Erfindung, keine Naturgegebenheit wie beispielsweise die Menstruation (ob ich höre?), gesellschaft-konstituierend und somit repressiv. Ich finde ja nicht, daß das lange Haar ihm besonders steht; vielleicht weil ich ihn kenne. Joe ist kein Löwe. Sie tun nur so progressiv, diese Künstler, und dann verrät er sich doch: Frauen seien nicht kreativ. Helen hat's ihm gesagt, besser als ich es kann; sie regt sich nicht auf, wenn er widerspricht. Mir widerspricht er schon nicht mehr, sondern ist lieb; übrigens auch nicht immer, nur wenn er das Bedürfnis hat oder meint, ich habe das Bedürfnis. Immerhin gibt er zu, daß er keine Frau sein möchte. Ich bin aber eine. Oder wenn eine Frau, so sagt er, dann schon lesbisch. Das bin ich aber nicht. Wenn er sich in mich versetzt, kommt es zum Vorschein: ich sei eben faul (gemessen an ihm), weil er's für Arbeit hält, wenn er bastelt an seinem Plexiglas; ich sei emotional, weil er sich für rational hält, sobald ich nicht einverstanden ist. Immer dasselbe. Ich sei mütterlich und identifiziere mich mit den Kindern, wenn er sie aus dem Atelier wirft; ich sei nicht dumm (immer gemessen an ihm), umso dümmer findet er es von mir, daß ich etwas nicht einsehe, was ihm recht gibt. Ich könnte ihn umbringen. Es gibt eine einzige Frau, der er sich unterwirft: LA MAMMA in Bologna. Daß junge Frauen, nicht nur June, die er selber nicht ernstnimmt, auf ihn hereinfallen, macht mich nicht eifersüchtig, es verhindert bei ihm nur jeden Lernprozess. Ich sei possessiv; dabei verlange ich gar nicht, daß er sich in mich versetzt; dann sagt er, ich habe Qualitäten (gemessen an ihm), beispielsweise findet er's eine Qualität, daß ich animalisch sei usw. und irisch. So etwas spricht er aus. Die Frau, sagt er öffentlich, sei ihrem Wesen nach konservativ. So etwas glaubt er tatsächlich noch. FREE OUR SISTERS, da macht er wieder mit, wenn sie im Gefängnis sind. Ich sei ja frei. Und wenn ich drohe, daß ich ihn verlasse? Plötzlich kommt er mit Strindberg, was für mich das Letzte ist, die Briefe ausgenommen. Helen sagt: wir müssen nicht diskutieren, wir müssen Fakten schaffen. Jetzt schnarcht er, dieser einunddreißigjährige Patriarch, einverstanden mit Norman Mailer, den ich nicht lesen werde. Man weiß seit dreitausend Jahren, wie sie denken. Sie haben nichts dazu gelernt. Joe jedenfalls nicht. Gertrude Stein findet er groß, aber er würde sie nicht aushalten, sage ich; schon mit mir hält er's kaum aus. Jetzt schnarcht er, weil er, sobald er schläft, den Mund nicht schließen kann – wie ein Baby.

NEW YORK, März

Man erwacht, geht auf die Straße und überlebt. Das macht fröhlich, fast übermütig. Es braucht nichts Besonderes vorzufallen; es genügt die Tatsache, daß man überlebt von Alltag zu Alltag. Irgendwo wird gemordet, und wir stehen in einer Galerie, begeistert oder nicht, aber gegenwärtig, und es ist nicht gelogen, wenn ich antworte: THANK YOU, I AM FINE!

Um 03.30 erwacht wegen einer Detonation. Doppelknall durch Echo. Wenige Minuten später die Polizei in der andern Straße; ich bin zu müde, um lang am Fenster zu stehen; auch sieht man ja nichts, nur an den Fassaden diesen Widerschein des blauen Kreisellichts. Im Halbschlaf meine ich: jemand hat jemand niedergeschossen. Stimmen. Dann ein Geräusch, das fast eine Stunde lang anhält: Glas, das in Scherben fällt, und Scherben, die geschaufelt werden. Schlafen gelingt nicht; wenn ich die Augen aufmache: an der Zimmerdecke noch immer das Kreisellicht von den Polizei-Wagen, bis ich

doch einschlafe ... Es war in der NEW SCHOOL
an der 11. Straße, eine kleinere Bombe, Zerstörung im Vestibül; im Foyer, wie täglich,
die Schüler (Erwachsene) an der Bücherausgabe.
Als ich den Türmann frage nach dem möglichen
Bombenzweck, zuckt er die Achsel. Nichts
Neues. Das kommt vor.

Im FILLMORE-EAST, vor einem Jahr, wurde plötzlich eine psychedelische Lichtschau unter-
brochen, ein Rocker trat an die Rampe mit der
Bitte, wir möchten unter den Sesseln nachsehen, ob irgendwo eine Bombe liege. Es sei
ein Anruf gekommen. Das Theater faßt 2884 Zuschauer. Die meisten beugten sich kurz, um
unter ihren Sessel zu gucken, wie wenn eine
Dame ihre Handtasche vermißt; andere blieben
in ihren Sesseln liegen, offensichtlich in
Trance. Nach drei Minuten setzte die Band wieder ein. Ich fragte den jungen Nachbarn mit
Jesus-Haar und lieben Augen, wieso eine Bombe
gerade hier. Antwort: „For no rational reason", und als ich noch nicht verstand: „You
know, in these days — ".

Seminar über Erzähler-Position:
a) Homer
b) Evangelisten
c) Don Quixote
d) Anna Karenina
e) heute.

Wo politisch nichts zu machen ist: Sekten
aller Art, Krischna-Kinder usw., Eklektizismus
der Heilslehren. Man kann nicht mit dem Kopf
durch die Wand; aber man kann ihn schmücken mit
dem bunten Indios-Bändel. Sie sehen malerisch
aus. Was ein revolutionärer Impuls gewesen
ist, verkommt in Verinnerlichung, Verwahr-

losung des Willens, Verwahrlosung des kriti-
schen Bewußtseins. Wäre nicht die wachsende
Kriminalität infolge Drogensucht, die Macht-
Inhaber brauchten sich nicht zu sorgen: ihre
revolutionären Kinder zerstören sich selbst.

Gestern in der Nachbarschaft (9. Straße) ein
junger Mann ermordet. Heute wieder unter Soziologen. Es gibt wenig, was sie nicht sofort
in ihre Sprache übersetzen. Der Mensch hat die
Wahl zwischen Lehren.

Wanderung nach der Tagesarbeit durch das
Dickicht der Städte, „von denen bleiben wird,
der durch sie hindurchging: der Wind —" er
fegt und wirbelt den Kehricht durch die Stra-
ßenzüge, die aussehen wie nach einer Schlacht.
Rost und Vergammelung, Häuser als Unrat. Anderswo sprießen neue Hochhäuser, nicht weit
von hier. Trotz der Öde in diesen Straßen hat
man keine Angst; ab und zu eine Limousine.
Die Angst wohnt dort, wo auf Spannteppich der
Türhüter steht mit weißen Handschuhen. Hier
keine Verkehrsampeln, man kann wirklich wandern. Ein blauer Abend; Flugzeuge ziehen ihren
braunen Schleier von Düsen-Gift über Manhattan. Hier ist nicht einmal Slum; Ruinen
am Rand der Verzinsung, es lohnt sich da der
Abbruch nicht; das Kapital verzinst sich zurzeit anderswo. Hier ist nur Boden, Eigentum an
Boden, den die Natur sich zurückholt mit Unkraut. Lagerschuppen von einst, sie sind
längst eingestürzt, teils ausgebrannt. Nicht
einmal Hunde machen sich hier noch eine Hoffnung. Eine Hochstraße; daran sieht man, daß
man in der Weltstadt ist und nicht am Ende der
Zeit. Ich weiß nicht, was es ist; alles zusammen macht mich fröhlich, wenn ich hier
wandere. Wir kommen ans glitzernde Wasser,

aber aus der Nähe ist es eine schwärzliche
Kloake, Kähne mit Bagger gegen die Verschlam-
mung; Namen erinnern noch an die Holländer,
die einmal hier gelandet sind; die Mole ist
verfault, Sonnenuntergang hinter braunem
Rauch.

Wenn es klingelt, öffne ich einfach die Türe.
Noch immer nichts gelernt. Mann mit Werksack,
den ich frage, was er wünsche; und als ich ihn
nicht verstehe, tritt er ein. WINDOWCLEANER!
Er putzt zehn Minuten lang, verlangt 9 Dollar.
Vermutlich schickt ihn die Hausverwaltung.
Nachher höre ich, daß ich Glück hatte; aber er
hat tatsächlich nur Fenster geputzt.

Man weiß von den Kriegsverbrechen durch Zeugen, die im Fernsehen (Channel 13) befragt
werden und berichten, was sie in Vietnam ver-
richtet haben unter der Order: Es werden keine
Gefangenen gemacht. FREE FIRE ZONE: es darf
alles getötet werden, inbegriffen Kinder. Belohnung für drei getötete Vietnamesen: eine
Woche Urlaub am Meer. Als Beleg dafür, daß man
Tote gemacht hat, bringt man Ohren oder Geni-
talien. Keiner der Zeugen, die ihren Namen und
ihren jetzigen Wohnort angeben, kann sich erinnern, daß jemand für Schändung an Gefangenen bestraft oder auch nur verwarnt wird.
Die öffentliche Versammlung leitet ein Colum-
bia-Professor für Rechtslehre. Wenn nicht getötet wird, so nur aus einem einzigen Grund:
zwecks Verhör, wobei jede Art von Folter vorkommt, übrigens auch sexuelle Befriedigung an
Frauen und Männern, bevor sie erschossen werden. Die Vorkommnisse, von den jungen Zeugen
als übliche Vorkommnisse geschildert, werden
datiert: 1967, 1968, 1969, 1970. Obschon sie
jetzt aus einem andern Bewußtsein sprechen

(alle sehr sachlich), bleibt ihnen, wenn sie
von Vietnamesen sprechen, der Ausdruck: THE
GOOK. Auf die Frage von Presseleuten, ob ihnen
der verbrecherische Charakter solcher Kriegführung bewußt gewesen sei, geben alle zu: man
gewöhne sich bald daran. Was geschieht, wenn
einer nicht mitmacht? Der junge Mann, jetzt
kaufmännischer Angestellter, zuckt die Achsel:
Strafversetzung, ein weiteres Halbjahr in
Vietnam. Man werde eben ein Tier. Es ist ihren
Gesichtern nichts anzusehen davon. Im allgemeinen werden die Gefangenen von vorn erschossen, aber zur Abwechslung kann man sie auch an
einen Helikopter binden und aus einer gewissen
Höhe fallen lassen. Ein alter Herr protestiert
gegen die Zeugen: Sein Sohn, sein einziger
Sohn, sei in Vietnam gefallen, er wollte den
Dienst verweigern damals, aber er, der Vater,
habe ihm gesagt, daß er für sein Land und für
die Freiheit kämpfe, und das habe er getan,
sein einziger Sohn. Dann weint er. Der Vorsitzende bittet um weitere Fragen —

WALL STREET

Lunch im sechzigsten Stock . . . Schon im Lift (Türen in Chrom
oder Messing?) lauter Herren zur täglichen Arbeit gekleidet
wie zu einem Konzert: dunkelgrau bis schwarz, kaum blau.
Trotz Gedränge im Lift (es ist gerade Mittagspause) Physiognomie der unverbrüchlichen Korrektheit. Ihre Haut ist
glatt-rosig und meistens straff, ihr Blick sehr wach, ihre Stimme nicht sanft, aber gediegen-männlich; ein gelegentliches Lachen kann kräftig ausfallen, jungenhaft im Gegensatz zu ihren
sehr gelassenen Gesten. Auch mit den Händen in den Hosentaschen sind sie Herren.

Empfang in der Lobby:
Ich habe es zum Schriftsteller gebracht, daher diese Einladung, die andern sind Herren vom diplomatischen Dienst, wir blicken gemeinsam auf die niedrigeren Wolkenkratzer von Wall Street zwischen den beiden Flüssen, sofort einig: Ein grandioser Blick. Unser Gastgeber, obschon an diesen Blick gewöhnt, läßt uns Zeit zu staunen. Leider ein dunstiger Tag; sonst sähe man auch Brooklyn usw. Wer hier zum Lunch antritt, muß schwindelfrei sein; Leute in den Straßen, wenn man hinunter schaut, bewegen sich wie Maden oder Läuse. Eigentlich muß man nicht hinunterschauen. Spannteppich, Glas, Blattpflanzen. Hier ist es still: Manhattan als Panorama hinter Glas. Lauter Herren treffen hier lauter Herren, eine intakte Welt, übrigens keine alten Herren, kein Dicker außer mir; offensichtlich haben sie wenig Zeit, dennoch keine Hast. Sie sind an das Bewußtsein gewohnt, daß ihre Zeit sehr kostbar ist. Ich bin nervöser; man wagt hier nicht zu zweifeln. Die Unterstellung, daß man irgendwie einverstanden sei, ist lautlos wie das Gehen auf Spannteppich. Nur meine Hose, Manchester ohne Bügelfalten, paßt nicht so recht; das erhöht aber die Ehre meiner Zulassung. Man geht gruppenweise zum Lunch. Chambre separé mit einem runden Tisch, Kunst an der Wand, wieder Ausblick auf Manhattan. Leider ein dunstiger Tag, aber das sagten wir einander schon; immerhin sieht man die Freiheits-Statue. Es gibt Wasser mit Eis, keinen Alkohol; die Finanz hier ist puritanisch, dabei munter. Neuigkeit vom Tag (nebenbei): die russische Zaren-Familie sei nicht umgebracht worden, sie lebe noch heute, heißt es, irgendwo in Amerika. Wenn das stimmen sollte, so handelt es sich um Vermögenswerte, die in London liegen, Millionen von alten Rubeln. Das Menu weiß ich schon nicht mehr. Vier der Gäste sind Deutsche; die Frage: Wer wird Kanzler, Barzel oder Schröder? Dabei kein unartiges Wort gegen Bundeskanzler Willy Brandt; man hält

es für möglich, daß die sozialdemokratische Regierung sich hält bis zu den Wahlen. Trotz der Ost-Politik. Es sei denn, daß sie vorher an der Wirtschaft strauchelt. Franz Joseph Strauß kommt nicht ins Gespräch, obschon er neulich hier war und von zwei Dirnen ausgeraubt wurde. Schröder liegt im Rennen vor Barzel, so höre ich und kann dem amerikanischen Gastgeber versichern, daß mich das Thema durchaus nicht langweilt; die Herren wissen viel, was man als Zeitungsleser nicht ohne weiteres weiß. Die Kunst, die THE CHASE MANHATTAN BANK sammelt, habe ich schon bemerkt. Liechtenstein, Lindner, Dine, Fontana, Glarner, Bonnard, Dali, De Koning, Sam Francis, Hartung, Segal, Albers, Calder Goya, Vasarely, Steinberg, Pomodoro, Beckmann, Nevelson usw. kenne ich aus Galerien. Was mich mehr überrascht: daß von einem USA-Imperialismus nicht die Rede sein kann. Habe ich etwas gesagt? Nach den Erfahrungen in Indochina sei eher zu befürchten, daß das amerikanische Volk wieder zum Isolationismus neigt, d. h. daß die amerikanische Hilfe in Latein-Amerika sich vermindern könnte. Was dann? Über Theater habe ich wenig zu berichten. Wenn Imperialismus, dann mache ihn die UdSSR (was ich nicht bestreite) und verliere Unsummen in den arabischen Ländern, wie der Gastgeber sagt: Zum Glück. Eigentlich ist das nicht unser Lunch-Thema. Wir haben keins. Zum WORLD TRADE CENTER im Bau, 432 Meter hoch, ist auch nicht viel zu sagen, obschon es vor dem Fenster steht; es holt 85 000 weitere Pendler herein, Leute, die ihre Lebenskraft im täglichen Verkehr verbrauchen. Wer sollte das verhindern können? Dann habe ich immer die Frage an die Fachleute: Warum ist Gold eine Deckung? Was vermag Gold, verglichen mit Öl oder Arbeitskraft usw.? Die Antwort fällt verschieden aus; einmal sagte ein schweizerischer Bankier, Gold sei ein reiner Mythos. Heute die Antwort: nichts in unserer Welt sei sicher außer Gold, das seit Men-

schengedenken seinen Wert bewahrt und bewahren wird.
Wieso? Wirtschaft ohne Gold sei nur denkbar mit einer Staats-
wirtschaft, also Diktatur; die freie Wirtschaft hingegen verlangt einen Hort, Stabilität, auch eignet sich Gold (nicht zu
vergessen) für Juwelen usw. Mein Unverständnis ist der Unterhaltung nicht förderlich. Was ich zurzeit schreibe? Daß es
unter den Hippies auch Idealisten gebe, bestätige ich ohne
Umschweife; auch daß die Schweiz keine Unruhe hat. Wir
speisen mit Pausen. Es wäre tolpatschig, Vietnam zu erwähnen. Sie wissen mehr. Keiner an diesem Tisch repräsentiert
die Macht; sie sind nur eins mit ihr, insofern klug. Befragt
nach den Erfahrungen mit »meinen« Studenten, kann ich versichern, sie sind artig, keine Kontestation. Ich nehme Kaffee.
Am andern Bogen unsres Tisches sind sie gerade bei Japan:
Eroberung des Marktes durch niedrige Preise, aber auch in
Japan werden die Löhne steigen. Sie wissen Zahlen. China?
Sie wissen Zahlen. Sie sind sicher, daß es in der Weltgeschichte
keine andern Motive gibt als Profit. Leider gibt es keine Zigarren, auch müssen die Herren wieder an die Arbeit. Ich bedanke mich redlich; es war interessanter für einen Schriftsteller, als sie meinen. Der Gastgeber läßt es sich nicht nehmen
und bringt uns noch in eigner Person zur Subway hinunter;
Marmor bis zum Schalter, dann geht man durchs Drehkreuz
– hinaus.

AUSTIN, TEXAS, Ende März

Zum ersten Mal gesehen ein Stinktier in Freiheit, das nachts im Park umherläuft; man soll
ihm aber nicht zu nahe kommen, sagt der
freundliche Gastgeber, Germanist am Rand der
Prärie, Dekan. Der Flug war lang, wie von
Zürich nach Moskau, aber dann landet man bei

der gleichen Bier-Marke. Austin ist also die
Hauptstadt von Texas; nicht Dallas, wie ich
gestern noch gemeint habe. Die klassizistische
Capitol-Kuppel, nachts von Scheinwerfern er-
hellt, bezeugt das. Wann gebaut? Hier schon
Sommer, Oleander im Verblühen. Alles ist Park.
Nicht eigentlich eine Stadt; die Vergeudung
von Fläche ergibt nichts Urbanes, nur eine
Oase des Komforts.

Unlängst, vor einem Jahr, ist ein junger
Mensch auf die Kuppel gestiegen. ein Irrer
mit Maschinenpistole, um blindlings auf den
weiten Platz hinunter zu schießen in die
Menge und Kommilitonen zu töten –

Verlegenheit in dem schönen Motel; alles ist
da, wovon der Mensch sich einreden lassen
könnte, daß er's braucht. Sie sind alle so
freundlich, die Menschen, dann auch die Einrichtungen. Nichts bequemer als leben. Draußen (so stelle ich mir vor) die Prärie; aber
hier gibt es alles und sauber, Park auch hier,
Sommernacht mit glänzenden Wagen reihenweise
und Lichtschriften. Alles sehr bekannt, nicht
vertraut, aber durchaus bekannt; ich weiß
nicht, wo ich bin. Kein Hier. Ich habe keine
Wünsche (sie haben mich nochmals gefragt),
nur eine gelassene Panik.

Lieutenant Calley wird schuldig befunden, bei
My Lay mindestens 22 vietnamesische Zivilisten
ermordet zu haben. Ohne Befehlsnotstand. Es
bleibt noch die Frage: Todesstrafe oder Gefängnis? Schon gegen den Schuldspruch erhebt
sich nationaler Protest. Einer schreibt auf
seine Limousine: I KILLED IN VIETNAM, HANG ME
TOO. Der junge und auf Fotos weiche Lieutenant
hat nicht mit Schuldspruch gerechnet, kann nur

beteuern, daß er seinem Land gedient habe, und
dem Gericht wird heute vorgeworfen, es ver-
letze die Ehre der Soldaten, 60.000 Telegramme
in diesem Sinn, nachdem die Todesstrafe nicht
verhängt worden ist. Zuerst Agnew, dann Nixon
ermahnen die Justiz.

Vortrag über Bertolt Brecht.

1.
Wenn Sie sich in der Fremde aufhalten und Landsleute treffen: befällt Sie dann Heimweh oder dann gerade nicht?
2.
Hat Heimat für Sie eine Flagge?
3.
Worauf könnten Sie eher verzichten:
a. auf Heimat?
b. auf Vaterland?
c. auf die Fremde?
4.
Was bezeichnen Sie als Heimat:
a. ein Dorf?
b. eine Stadt oder ein Quartier darin?
c. einen Sprachraum?
d. einen Erdteil?
e. eine Wohnung?
5.
Gesetzt den Fall, Sie wären in der Heimat verhaßt: könnten
Sie deswegen bestreiten, daß es Ihre Heimat ist?
6.
Was lieben Sie an Ihrer Heimat besonders:

a. die Landschaft?

b. daß Ihnen die Leute ähnlich sind in ihren Gewohnheiten, d. h. daß Sie sich den Leuten angepaßt haben und daher mit Einverständnis rechnen können?

c. das Brauchtum?

d. daß Sie dort ohne Fremdsprache auskommen?

e. Erinnerungen an die Kindheit?

7.

Haben Sie schon Auswanderung erwogen?

8.

Welche Speisen essen Sie aus Heimweh (z. B. die deutschen Urlauber auf den Kanarischen Inseln lassen sich täglich das Sauerkraut mit dem Flugzeug nachschicken) und fühlen Sie sich dadurch in der Welt geborgener?

9.

Gesetzt den Fall, Heimat kennzeichnet sich für Sie durch waldiges Gebirge mit Wasserfällen: rührt es Sie, wenn Sie in einem andern Erdteil dieselbe Art von waldigem Gebirge mit Wasserfällen treffen, oder enttäuscht es Sie?

10.

Warum gibt es keine heimatlose Rechte?

11.

Wenn Sie die Zollgrenze überschreiten und sich wieder in der Heimat wissen: kommt es vor, daß Sie sich einsamer fühlen gerade in diesem Augenblick, in dem das Heimweh sich verflüchtigt, oder bestärkt Sie beispielsweise der Anblick von vertrauten Uniformen (Eisenbahner, Polizei, Militär usw.) im Gefühl, eine Heimat zu haben?

12.

Wieviel Heimat brauchen Sie?

13.

Wenn Sie als Mann und Frau zusammenleben, ohne die gleiche Heimat zu haben: fühlen Sie sich von der Heimat des andern ausgeschlossen oder befreien Sie einander davon?

14.

Insofern Heimat der landschaftliche und gesellschaftliche Bezirk ist, wo Sie geboren und aufgewachsen sind, ist Heimat unvertauschbar: sind Sie dafür dankbar?

15.

Wem?

16.

Gibt es Landstriche, Städte, Bräuche usw., die Sie auf den heimlichen Gedanken bringen, Sie hätten sich für eine andere Heimat besser geeignet?

17.

Was macht Sie heimatlos:

a. Arbeitslosigkeit?

b. Vertreibung aus politischen Gründen?

c. Karriere in der Fremde?

d. daß Sie in zunehmendem Grad anders denken als die Menschen, die den gleichen Bezirk als Heimat bezeichnen wie Sie und ihn beherrschen?

e. ein Fahneneid, der mißbraucht wird?

18.

Haben Sie eine zweite Heimat? Und wenn ja:

19.

Können Sie sich eine dritte und vierte Heimat vorstellen oder bleibt es dann wieder bei der ersten?

20.

Kann Ideologie zu einer Heimat werden?

21.

Gibt es Orte, wo Sie das Entsetzen packt bei der Vorstellung, daß es für Sie die Heimat wäre, z. B. Harlem, und beschäftigt es Sie, was das bedeuten würde, oder danken Sie dann Gott?

22.
Empfinden Sie die Erde überhaupt als heimatlich?

23.
Auch Soldaten auf fremdem Territorium fallen bekanntlich für die Heimat: wer bestimmt, was Sie der Heimat schulden?

24.
Können Sie sich überhaupt ohne Heimat denken?

25.
Woraus schließen Sie, daß Tiere wie Gazellen, Nilpferde, Bären, Pinguine, Tiger, Schimpansen usw., die hinter Gittern oder in Gehegen aufwachsen, den Zoo nicht als Heimat empfinden?

WASHINGTON SQUARE, das erste Grün an den Bäumen, man hat es ihrem grauen Skelett nicht mehr zugetraut. Frühling, ja, du bist's ... Gestern sah ich nur Zerfall, Aussatz, lauter Gesichter mit kranker Haut, Gesichter von jungen Leuten, die Stadt eine einzige und gigantische Schwäre — es stimmt nie, was ich denke, nie länger als einige Stunden oder höchstens einen Tag lang. Heute zum Beispiel: dieser Morgen in diesem schütteren Park vor diesen zierlichen Fassaden, wo Patricia wohnt, und dieses Licht, diese Leichte der Wolkenkratzer im blauen Dunst, vorher die Liebenswürdigkeit beim Drugstore-Frühstück, heute schwänze ich, froh, daß wir hier sind. Hier sitzen und lesen auf einer öffentlichen Bank; ein Alter spaziert, bleibt stehen und spricht mich an, um seine Pfeife mit meiner zu vergleichen, dann tauschen wir Tabak. Einige jüngere Schwarze lungern an der Sonne. Lungern sie? Es ist ungewiß, ob irgendetwas los ist. Einer setzt sich neben mich, nahe wie in einem Bus, ob-

schon die Bank leer und lang ist. Zigaretten
habe ich leider nicht. Er bleibt aber, holt
eine zerknüllte Zigarette aus seiner Tasche,
wortlos. Feuer habe ich. Unter seiner schek-
kigen Joppe: ein Foto-Apparat erster Klasse
mit Tele-Objektiv. Was will er? Ein Mädchen
führt seinen Hund aus, ein Edeltier, das Mädchen von letztem Schick, blond mit violetter
Sonnenbrille. Jetzt ist er aufgestanden, der
Schwarze neben mir, schlendert rechts um den
Brunnen, so daß das Mädchen auf ihn zukommen
wird. Was will er? Aber er irrt sich; der Hund
will jetzt einen andern Weg, und die Ein-
kreisung mißlingt unauffällig. Keine Polizei.
Das Mädchen beschleunigt übrigens die Schritte
nicht, bleibt sogar stehen, wo der Hund einmal
schnuppert, und jetzt stehen die andern ebenfalls falsch im Park; sie müßten laufen, um
dem damenhaften Mädchen noch in den Weg zu
treten, bevor es durch den Torbogen entschwin-
det. Ich gehe auch; vielleicht ist mein Buch-
laden jetzt offen. Hier, in der 8. Straße,
wieder eine Halbwüchsige mit kranker Haut, die
bettelt: nicht aus Hunger. Marihuana tät's
auch. Sie blickt verschwommen: YOU KNOW, DON'T
YOU. In einem Schaufenster (unter anderem) die
Vagina-Vibratoren aus Plastik mit elektrischer
Batterie.

Abend bei einem Studentenpaar. Er, der Gedichte schreibt, arbeitet tagsüber in Brooklyn: Kampf dem Analphabetismus. Gibt es das?
Immer mehr, sagt er, heute 7%. Hauptsächlich
Puertoricaner, Staatsbürger der USA, Mutter-
sprache zu Hause spanisch; die Lehrer verstehen
aber nur englisch. Nachher können sie weder
lesen noch schreiben. NO EXIT, WALK, STOP,
BUS, NO ENTRANCE, CLOSED usw., sie wissen
natürlich aus Erfahrung, was diese Schilder

bedeuten, aber buchstäblich können sie nichts
lesen, Leute von 20 und 30 Jahren. Was bleibt
ihnen als Arbeit? Sie können gerade das
Schriftbild ihres eigenen Namens nachzeichnen.
Um ihre Intelligenz zu testen, gibt er ihnen
beispielsweise eine Kamera; das Ergebnis sei
oft erstaunlich: was sie sehen, wie sie sehen.
Aber von Jahr zu Jahr, wie gesagt, gibt es
mehr Analphabeten in Greater New York.

6. 4. 71. Dinner mit Jorge Luis Borges. Der
Dichter ist 72 und blind, monologisch; wenn
die andern am Tisch sprechen, sieht er ja
nicht, wer jetzt zu ihm spricht, und so ist es
ihm wohler, wenn er wieder selber spricht.
Dann und wann fragt er höflich, wer jemand
sei, sein offenes Auge ins Leere gerichtet.
Sein großes Wissen. Grandseigneur. Er trägt
seinen Ruhm wie einen Ruhm von Geburt, unbe-
flissen und selbstverständlich. Die Tischnach-
barin zeigt ihm, welches Glas mit Wasser gefüllt ist, welches mit Wein; dann macht er's
mit dem Gedächtnis. Als es auskommt, daß ich
Schweizer bin, weiß er sogar Mundartliches:
„Das isch truurig." Überhaupt ein manischer
Linguist. Er hat Gottfried Keller im Original
gelesen. Er schätzt (indem er mich anzublicken
meint) mein Land: Gstaad, Wengen, Grindelwald,
was alles ich nicht kenne. Aber eigentlich
spricht er ausschließlich über Literatur in
einem sehr guten Englisch.

SCHOOL OF THE ARTS

Die schwarzen Studenten fühlen sich in der Klasse unverstan-
den und ungerecht kritisiert von den weißen Lehrern und
Schülern. Zusammenkunft in einem überheizten Saal. Schon

vor der Aussprache trennen sich die Schwarzen demonstrativ von den Weißen. Der Leiter der Schule, Frank MacShane, muß bitten, die Sessel näher zu rücken, damit sich ein Kreis bildet. Es sind nur 6 schwarze Studenten da; sie entschuldigen die Säumigen mit dem Vorwurf, man habe eine unmögliche Zeit gewählt. Ein anderes Datum, das allen schwarzen Klägern passen würde, ist nicht auszumachen. Was ist vorgefallen? Sie kichern, die schwarzen Studenten, und geben einander Blicke der Einigkeit, daß schon die Frage lächerlich ist. Die Lehrerin, eine gebürtige Jüdin aus Wien, könne ihre literarischen Arbeiten nicht beurteilen, weil sie keine Schwarze ist. Ich habe früher eine Klasse besucht: die eingereichten Texte waren konventionell, nicht ungeschickt, die literarische Kritik äußerst zurückhaltend. Wortführer der schwarzen Studenten ist vorerst ein schwarzer Lehrer, Schriftsteller ohne Erfolg; seine These: Alle Kunst ist Propaganda, alle Propaganda ist Kunst. Was die Weißen nicht verstehen können. Eine gescheite und (wie ich von der Lehrerin höre) sehr begabte schwarze Schülerin gibt jetzt Beispiele: ihre Arbeit wurde gelobt – sie lacht: gelobt! – wogegen die Arbeiten ihrer Rassengenossen oft kritisiert werden. Was ist literarische Qualität? Ein weißer Begriff. Der Einwand, daß es objektiv-literarische Kriterien gebe, löst wie jeder Einwand nur ein dünnes Kichern aus, Kichern mit kaltem Blick an den Partnern vorbei. Auch wenn sie sprechen, blicken sie die Weißen nicht an. Shakespeare ist ein Rassist, ein Weißer, untauglich für sie. Die Bemerkung eines weißen Schülers, schließlich gehe es doch um Sprache, nicht um das Inhaltliche, bringt Sturm. Als die Lehrerin wenigstens um Vertrauen in ihren guten Willen bittet, ist das Gelächter offen. Jetzt wird die Aussprache unverblümt, aber unverblümt nur von der Seite der schwarzen Studenten. Jeder Weiße kann sagen, was er will; er ist ein Nachfahre der Sklavenhalter. Immer wieder: Ein Weißer kann einen Schwarzen nicht kritisieren, denn wir stammen aus einem Erdteil, wo der weiße Mann nie gelebt hat. Was sie in der Klasse also tun soll, fragt die Lehrerin; Antwort: »We don't have to solve your problem!« mit einem Gelächter, das eher behaglich tönt. Vom Leiter der Schule aufgefordert, vielleicht auch ein Wort zu sagen, versuche ich zu sagen, wie Brecht sich Literatur im Klassenkampf vorgestellt hat. Sie wissen von Brecht, daß er ein Weißer ist. Auch die Zustimmung, daß l'art pour l'art immer die Kunst der herrschenden Klasse ist, bringt es nicht zustande, daß sie den Sprechenden je anblicken. Sie sind keine Linken; sie sagen: Auch ein schwarzer Millionär ist einer von uns. Einige sagen übrigens gar nichts; Statisten der Arroganz. Wie weiter? Wie sie nach langem Hin und Her zugeben, hat die Lehrerin nie gesagt, es gebe keine schwarze Literatur; trotzdem bleibt der Tatbestand, daß sie sich gedemütigt fühlen. Kritik an ihren Texten sei nur zum Schein literarisch, im Grund aber rassistisch. Forderung nach schwarzen Lehrern. Nur gibt es sie zurzeit nicht. Dann wieder Hohn über die weißen Kollegen, deren Problem nur die Literatur selbst ist: »your short stories about nothing«. Die Rechtfertigung des jungen Weißen, daß auch er (sofern die schwarzen Kollegen ihn ausreden lassen) – daß auch er einen Konflikt darzustellen versucht habe, nur nicht gerade den Rassen-Konflikt, erzeugt ein kollektives Ausatmen stummen Hohnes: Das ist es ja! Jetzt dreht es sich nur noch im Kreis. Die bedrängte Lehrerin verteidigt sich unerheblich, erstens: daß sie sich keiner demütigenden Bemerkung bewußt sei; zweitens: daß sie einen weißen Studenten mit den gleichen Worten auf den gleichen Kunstfehler aufmerksam gemacht habe; drittens: daß sie das Mädchen, das gescheite, sehr gelobt habe. Das Mädchen: Haben die Weißen darüber zu befinden, was uns verletzt, was nicht? Auch das Lob, das sie bekommen hat, ist rassistisch: man ging nämlich nicht auf die Erfahrung der Schwarzen ein, sondern lobte bloß literarisch. Und dann macht sie die Handbewegung der Lehrerin nach: eine weiße Handbewegung. Ihre Rassengenossen lachen wie die Kinder. Warum sie trotzdem diese Schule besuchen, erfahre ich nicht. Übrigens sprechen sie selber von Paranoia; da arbeitet jemand, ein Schwarzer, an seinem ersten Roman, und dann geschieht etwas auf der Straße (YOU KNOW), tagelang kann er nicht weiterarbeiten an seinem Roman, wie gelähmt . . . Zum Schluß verbröckelt die Zusammenkunft; die Weißen stehen ratlos; das scheint den schwarzen Studenten für heute zu genügen.

P. S.

Wochen später Party bei Frank MacShane; der schwarze Lehrer ist auch dabei, ein handgroßes Afrika-Emblem auf der Brust. Was er von jenem Treffen denke? Seine Schadenfreude, daß ich den Weißen wenig nützlich war –

23. 4. 71
Junge Männer mit und ohne Bart, Vietnam-Veteranen, warfen ihre Medaillen auf die Treppe des Capitols in Washington; jeder einzelne meldet seine Dienstzeit, seinen Namen, dann reißt er sich die Auszeichnung vom Hals und spricht einen Fluch oder nichts.

24. 4. 71
Aufmarsch der Kriegsgegner in Washington; man schätzt 300.000. Hauptsächlich Leute zwischen zwanzig und dreißig. Zwischen den Reden ein Song von Pete Seeger: THE LAST TRAIN TO NUREMBURG. Massentreffen ohne Schlägerei, ohne Zerstörungen. Die Reden sind einhellig Protest gegen den schmutzigen Krieg, gegen die Verarmung der Armen durch den Krieg, gegen Ungerechtigkeit. Attacken gegen Nixon und Agnew und FBI-Hoover, aber Glaube an die amerika-

nische Demokratie, ALL POWER TO THE PEOPLE,
Hoffnung ohne politische Doktrin; der Tenor
bleibt moralisch, und die Menge harrt aus,
brüllt nicht, manchmal hebt sie wieder die
Hände mit dem Friedenszeichen, dazwischen ver-
einzelte Fäuste, PEACE NOW, Forderungen werden
freundlich beklatscht. Es sprechen die Witwe
von Martin Luther King, sein Nachfolger, die
Mutter von Angela Davis, ein weißer Senator,
Studenten. Die Gesichter aus der Menge, die
das Fernsehen zeigt, sind brav und ordentlich,
naiv. Keine revolutionäre Menge, nein, das ist
es nicht; es tönt eher wie in einer Sekte:
BROTHERS AND SISTERS, ernst angesichts von
Kriegsverbrechen und Luftverschmutzung, alles
in allem rührend. Ohne radikale Kritik am
System. Präsident Nixon weilt in seinem Landhaus weit weg; kein Vertreter der Administration stellt sich einer Gruppe von Kriegs-
krüppeln aus allen Teilen des großen Landes.

STATIK

Eines Morgens, kurz nach acht Uhr, meldet er sich an irgendeinem Schalter. Ein Gendarm unten beim Eingang hat ihn
nicht beraten können. Als er, lange schon mit dem Hut in der
Hand, endlich an die Reihe kommt und sich in den Schalter
beugt, um zu wiederholen, daß er Anzeige erstatten müsse gegen sich selbst, blickt der Beamte ihn gar nicht an, sondern
heftet Papiere zusammen, Rapporte. Er möge im Vorzimmer
warten wie andere auch, die auf einem verbotenen Platz ge-
parkt haben und mit den üblichen Ausreden kommen. Er setzt
sich aber nicht auf die gelbe Bank, da er ja keine Vorladung
hat, keine Hoffnung, je aufgerufen zu werden. Um sein Gesicht nicht zu zeigen, blickt er zum Fenster hinaus, Hut in der
Hand. Er schreit nicht.

Es kommt schubweise. Oft dauert es nur eine Stunde, nachher begreift er sein Entsetzen nicht – der Beamte hätte gelacht oder auch nicht; man hätte nicht verstanden, was denn dabei ist, daß er eine verheiratete Schwester in Schottland hat, ferner einen Sohn, dem er regelmäßig Geld schickt.

. . .

Er trinkt keinen Alkohol.

. . .

Seine Studenten bemerken zu jener Zeit überhaupt nichts. Es belustigt sie seine kalligraphische Gewissenhaftigkeit mit der Kreide, wenn er die Tafel vollschreibt, immer den Schwamm in der andern Hand, um einen allfälligen Fehler sofort tilgen zu können. Er hat wenig Haar, von hinten eine Glatze mit kleinen verschwitzten Locken. Wenn er sich wieder zur Klasse wendet, putzt er sich jedesmal die Hände verlegen mit gesenktem Blick.

. . .

Später setzt er sich auf die gelbe Bank wie vorher die andern auch. Vermutlich ist das Stockwerk nur teilweise zuständig für seinen Fall. Unten beim Eingang hängen in vergitterten Kasten die üblichen Steckbriefe mit Fotos von der jeweiligen Mordwaffe (Messer), Belohnung 5000 Franken, später 10 000 Franken; je länger sie einen nicht finden, umso teurer wird man. Er blickt auf seine Uhr: es ist Samstag. Er fragt sich, ob in Anbetracht der Tatsache, daß das Kommissariat offensichtlich überlastet ist, seine Selbstanzeige gerade heute stattfinden muß –

Seine Frau hält es noch für Vergeßlichkeit, für Zerstreutheit. Da es den ganzen Tag geregnet hat, müßte er doch bemerkt haben, wann und wo er ohne Hut in den Regen hinaus getreten ist – dann hat er keine Ahnung, einen nassen Kopf, aber keine Ahnung.

. . .

Sein Fach: Statik für Architekten. In der Praxis werden die statischen Berechnungen ohnehin einem Ingenieur-Büro überlassen, und es genügt, daß der Architekt sozusagen ein Gefühl für Statik hat. Er zeigt immer Lichtbilder: Risse im Beton.

. . .

Sein Spitzname: Der Riß.

. . .

Der Besuch beim Kommissariat wiederholt sich nicht; hingegen sagt er zu seiner Frau einige Wochen darauf, er müsse sein Amt niederlegen. Er ist 53.

. . .

Er hat niemand umgebracht, nicht einmal im Straßenverkehr. Bei einem Bau-Unfall, der einem Arbeiter das Leben gekostet hat, war er Augenzeuge, aber nicht der verantwortliche Ingenieur, der übrigens freigesprochen worden ist. Er selber, damals Praktikant, war nur zufällig zur Stelle, weil er Meßgeräte hatte mitbringen müssen – trotzdem hat er jetzt Angst, es könnte ihm plötzlich einfallen, daß er jemand umgebracht hat.

Nicht daß er an Gericht glaubt –

. . .

Architektur in Ehren, aber Schub ist Schub. Was man nie ver-
gessen darf: jede Last, die wir in unsrer Rechnung vergessen,
rächt sich, siehe Lichtbild: Risse über dem Auflager, Schub,
Torsion im Pfeiler, Einsturz. Dann sagt er jedesmal: Sehen
Sie! In der Pause bleibt er im Auditorium, schreibt und zeich-
net auf Vorrat. Wenn er sich, um Hilfe zu leisten, neben die
Studenten auf die Bank setzt, riecht er immer nach altem
Schweiß.

. . .

Das erste, was seine Nächsten bemerken, ist ein Tick – er sagt
bei jeder Gelegenheit: Das weiß ich nicht! auch wenn er gar
nicht befragt wird, ob er schon wisse und was er denn dazu
meine. Man achtet kaum darauf oder nimmt es wie eine andere Floskel; wie wenn jemand immer sagen muß: Ach so, ach
so. Oder: Genau. Es ist aber keine Floskel; es ist ihm vollkommen bewußt, wenn er sagt: Das weiß ich nicht! Meistens
fällt sein Unwissen gar nicht ins Gewicht. Wozu muß er wissen, wo die größte Meerestiefe sich befindet? Natürlich ist es
kaum möglich, jedes Unwissen sofort anzumelden; die andern
reden schon in der Annahme weiter, man wisse ja, und erst
nach einer Weile, wenn das Thema erschöpft ist, kann er zu-
sammenfassen: Das habe ich nicht gewußt! Wie gewissenhaft
er zuhört und wie wenig es eine Floskel ist, wäre daran zu
erkennen, daß er zum gleichen Punkt nie zweimal sagt: Das
weiß ich nicht! Einmal genügt; dann ist sein diesbezügliches
Unwissen registriert, und er vergißt nichts, wovon er nichts
weiß.

Er lehnt es ab, Dekan zu werden.

. . .

Sein Gedächtnis läßt nicht nach, im Gegenteil, sein Gedächtnis richtet sich gegen ihn – er erinnert sich plötzlich, daß er eigentlich seiner Schwester in Schottland noch immer ihren Anteil an der Erbschaft schuldet. Eine komplizierte Geschichte, aber was ihm einfällt: 80 000 Franken. Plus Zinsen. Oder es fällt ihm ein: ein Fremdwort, das er im Augenblick nicht braucht; es fällt ihm nur ein, daß er jedesmal nicht weiß, was es heißt.

. . .

Meistens hängt dann der verlorene Hut in seinem Vorzimmer. Einmal wundert sich ein Student, der dem Professor den Mantel hält und dann auf den Hut verweist: der Professor behauptet, es sei nicht sein Hut. Er geht ohne.

. . .

Die Studenten mögen ihn.

. . .

Nicht nur liegen auf seinem Tisch die gelben Bleistifte alle gespitzt nebeneinander, alles ist so. Er fürchtet sich vor Unordnung. Er gehört zu den Menschen, die immer schmutzige Fingernägel haben und nichts dagegen machen können.

. . .

Im Kommissariat, als nach einer Stunde ein jüngerer Gendarm ihn fragt, was er wünsche, bleibt er sitzen auf der gelben

Bank: wie jemand, der nicht weiß, wieso er an diesem Ort erwacht –

. . .

Nur sein Gesicht ist eingestürzt.

. . .

Seine Frau, die ihn seit 19 Jahren verehrt, leidet weniger unter seinem Unwissen als unter seinem Tick, daß er's jedesmal meint melden zu müssen. Manchmal legt sie schon vorher ihre Hand auf seinen Arm, um ihn wenigstens vor Leuten abzuhalten von seinem Satz: Das weiß ich nicht! Sie tut es ohne Erfolg; vielmehr erschrickt er schon über ihre freundliche Hand, als habe sie ihn aufmerksam machen wollen: Das weißt du nicht! und er bestätigt: Das weiß ich nicht!

. . .

Es sind Lappalien, die ihm einfallen vorallem gegen Morgen, wenn es draußen noch finster ist. Dann geht er barfuß in die Küche, um irgendetwas zu verspeisen, Käse, Kompott, notfalls kalte Spaghetti. Es hilft wenig, wenn Vorkommnisse, die sein Gedächtnis plötzlich freigibt, als komisch zu bezeichnen sind. Er erschrickt trotzdem. Oft kommt es dadurch, daß er erschrickt, zu ganzen Serien . . . Daß er dem Friedhofamt auf die Mitteilung, das Grab seiner Mutter werde demnächst aufgehoben, nicht geantwortet hat, ist ein Versäumnis, das ihm nicht zum ersten Mal einfällt; statt sich aber hinzusetzen und sofort zu schreiben, daß er selbstverständlich für eine Urne aufkomme, erinnert er sich, daß er damals, 1940, eigentlich richtig gehandelt hat, einem Major gegenüber sogar mutig.

Sein Gedächtnis gibt plötzlich (während er barfuß in der Küche steht) den ganzen Wortwechsel heraus, und was er diesem Major gesagt hat: lauter Schwachsinn. Manchmal fällt ihm auch nur ein Gefühl ein, das man in seinem Lebensalter nicht mehr hat, oder ein Geruch.

. . .

Eines Tages stellt er sein Rücktrittsgesuch –

. . .

Es fällt ihm ein: ein gestohlener Fußball. Es fällt ihm ein: das sogenannte Doktor-Spiel im Keller, Homosexualität, die Angst hinterher, und wie dann der Detektiv in den Keller kommt, da er's der Mutter gesagt hat, sein Verrat an dem jungen Gärtner. Es fällt ihm ein: daß er von dem jungen Gärtner ein Taschengeld bezogen hat. Es fällt ihm ein: daß er im Gymnasium durchgefallen ist.

. . .

Später hört sein Tick wieder auf – er senkt nur sofort den Kopf, wenn er etwas nicht weiß, und hört zu. Vögel haben zuweilen diese schiefe Haltung des Kopfes, dann hat man keine Ahnung, wohin sie blicken. Er sagt fast nie: Das weiß ich nicht! sondern schweigt nur mit dieser schiefen Haltung des Kopfes –

. . .

Aber von alledem kann er nicht reden, oder wenn er zu reden versucht, so ist es sofort mißverständlich; man kann ihm sofort belegen, daß er ein ordentlicher Professor ist, kein Schwindler, ein Vater zumindest guten Willens, kein Antisemit, als Kollege geschätzt für seine bescheidene Art. Auch ist er (um Gotteswillen) kein Mörder usw. Er widerspricht dann nicht und nickt auch nicht, sondern blickt vor sich hin. Sie meinen es moralisch. Er ist trotzdem bestürzt –

. . .

Sein Rücktrittsgesuch wird nicht angenommen, da er es nicht hat begründen können; er ist gesund; der Hochschulrat bewilligt ihm eine Sekretärin.

. . .

Er begreift nur, daß es unaufhaltsam ist.

. . .

Seine verheiratete Schwester aus Schottland hat er am Flughafen nicht erkannt und kehrt unverrichteter Dinge zurück; sie sitzt in seiner Wohnung, als habe sie immer da gesessen, nur eben älter. Dann aber geht es ordentlich, sogar herzlich, ohne Riß.

. . .

STATIK FÜR ARCHITEKTEN, ein Handbuch, das seinen jahrzehntelangen Unterricht zusammenfaßt, wird kurz nach Erscheinen in drei Sprachen übersetzt, darunter Japanisch.

Eigentlich geht überhaupt alles in Ordnung –

. . .

Seine Frau findet es verrückt, als er ihr eröffnet, er habe seinen
Prozeß damals zu Recht verloren . . . Das ist lang her, ein
Fall, worüber jedermann nur den Kopf schütteln kann. Ein
Skandal. Er hatte gegen eine Firma geklagt; man hatte eine
statische Expertise, die er, damals noch nicht Professor, auf
Bestellung geliefert hatte, zwar zum Teil honoriert, aber bei
der Ausführung (Industrie-Bau mit großen Hallen) aus Spar-
gründen nicht beachtet. Er klagte aus Verantwortungsbewußtsein. Die Firma hatte aber, wie sich herausstellte, Steuersitz
im Fürstentum Liechtenstein, Gerichtsort war Vaduz. Er
mußte einen zweiten Anwalt nehmen, einen aus Liechtenstein,
der, wie sich vorerst nicht herausstellte, die Firma in Steuer-
angelegenheit beriet. Das alles hatte er nicht gewußt. Als dann
die Hallen bereits standen und ein sogenannter Vergleich vorgeschlagen wurde, Auszahlung des restlichen Honorars bei
Rückzug der Klage, war nicht nur sein Honorar bereits für
Justiz-Spesen verbraucht, sondern auch seine Karriere zu
bedenken; die Firma nämlich, um den Vergleich zu erzwin-
gen, hatte sich inzwischen andere Expertisen verschafft, während er seine Habilitation einreichte. Der SCHWEIZERISCHE
INGENIEUR- UND ARCHITEKTEN VEREIN, der für solche Fälle
ein Schiedsgericht hat, warnte ihn, auch noch Klage zu erheben gegen Kollegen wegen ihrer Expertisen, zumal diese
Kollegen bei der Wahl eines Professors zwar keine direkte
Stimme haben, aber natürlich einen kollegialen Einfluß.
War es nun (nach seinen Begriffen damals) feige, daß er gewisse Kollegen schonte, um seine Professur nicht zu gefährden, so lehnte er umso entschiedener jeden Vergleich mit der
Firma ab, koste es, was es wolle, nämlich jenen Teil der Erb-

schaft, den er seiner Schwester schuldig blieb . . . Jetzt kommt er beim Frühstück plötzlich mit der Erkenntnis, daß er den Prozeß damals zu Recht verloren habe. Tatsächlich stehen die fraglichen Hallen noch heute. Das aber ist nicht seine Begründung. Er hat keine.

. . .

Dann wieder Wochen ohne Schub –

. . .

Die Lichtbilder für den Unterricht ordnet er jedesmal eigenhändig in die Kassette, hält jedes einzelne vorher gegen das Fensterlicht, als könnte sich eines einschleichen, das ihn zum Gespött macht. Es wurde schon einmal gelacht; es war dunkel im Auditorium, und so konnte er für das Gelächter keinen Grund sehen. Das Lichtbild (Einsturz eines Hangars mit Dreigelenkbogen, ein Beispiel dafür, was ein nicht kalkulierter Wind vermag) hat er für immer aus der Kassette genommen.

. . .

Seine Schwester ist durch Heirat vermögend; als er die Geschichte mit der Erbschaft erwähnt, legt sie lediglich Wert darauf, daß ihr Mann, ein Bankier, nie davon erfährt. Im übrigen meidet er alle Erinnerungen familiärer Art. Zum Glück ist das Grab der Mutter noch nicht aufgehoben. Übrigens bleibt sie, die Schwester aus Schottland, nur zwei Tage (im Hotel) und begreift in dieser kurzen Zeit nicht genau, warum der Bruder ihr leidtut – er hat eine Professur, eine sehr liebe Frau, einen Sohn, der gerade Leutnant wird, eine staatliche Pension usw.

Dann kommt dieser Kongreß in Brüssel, das er von früher kennt. Als das Hotel, das er ebenfalls kennt, schon bestellt ist, das Ticket usw., gesteht er plötzlich: er sei nie in Brüssel gewesen – seine Frau hat Briefe von ihm aus Brüssel, sogar Fotos, die sie ihm zeigen kann; er glaubt es sich trotzdem nicht.

. . .

Es ist jetzt nur noch die Frage, wann sie es merken, daß er nichts von Statik versteht, eine Frage der Zeit. In 9 Jahren wird er pensioniert. Sein Sohn scheint es schon zu wissen.

. . .

Wie er im Kommissariat auf der gelben Bank sitzt mit dem Hut in der Hand, weiß er nicht, was in der Nacht sein Gedächtnis freigegeben hat – er nimmt an, daß sie es wissen, hofft es fast.

. . .

Dann wieder kommt es vor, daß er denselben Hut auf den Kopf setzt. Ohne Zögern. Wenn er nachhause kommt, hat er einfach seinen Hut wieder. Das Klischee vom vergeßlichen Professor ärgert ihn; tatsächlich vergißt er immer weniger.

. . .

Einmal mitten auf der Straße nimmt er seinen Hut vom Kopf, bleibt stehen und schaut sich um, ob jemand ihn sehe, dann hängt er den Hut auf die eiserne Spitze eines Gartenzauns und geht weiter.

Manchmal wundert es ihn jetzt, wie hoch sein Kopf sich über seinen eigenen Füßen befindet, die da gehen auf dem Asphalt.

. . .

Als er krank wird, ist er froh.

. . .

Nach der Genesung sieht man ihn am Arm seiner Frau. Er nickt verschüchtert, wenn man ihn grüßt, erinnert sich aber an seine ehemaligen Schüler, die es weit gebracht haben, sogar an ihre Namen. Er sei genesen, sagt er höflich mit schiefer Haltung des Kopfes. Er trägt noch immer dieselbe Art von Hut, Filz, das Band verschwitzt. Sein Amt hat er nicht wieder angetreten. Seine Frau, die ihn über die Straße steuert, tut ebenfalls, als sei nichts geschehen. Die sichtbare Tatsache, daß die Bauten seiner Schüler (Siedlungen, Hallen für Kongresse, Krankenhäuser, Büro-Türme aus Stahl und Glas) allesamt nicht einstürzen, ändert nichts an seiner Selbsterkenntnis: – er verstehe nichts von Statik, habe nie verstanden, was er gelehrt habe –

> Ausflug aufs Land, UPSTATE NEW YORK, und wie immer bei solchen Ausflügen: Wo ist man jetzt eigentlich? Landschaft der Indianer, aber nur Schlangen soll es noch geben. Paradies ohne Leute. Ein Schild an Bäumen: Verbrechen auf diesem Eigentum werden von der Polizei geahndet. Haus aus Holz, weiß auf grünem Rasen in einem Park, der ringsum übergeht in Wildnis, ein großer Teich vermutlich mit Fischen und wieder das Schild: Verbrechen auf diesem Eigentum usw. Nach einer friedlichen Weile

sehen wir tatsächlich einen Fisch, sogar zwei.
Der Besitzer reist in Europa. Oder in Ägypten?
Das Schild meint nicht uns; wir haben den
Schlüssel zum Haus, Erlaubnis, all diese Natur
zu benützen. Einiges blüht gerade. Unser Be-
gleiter, ein jüngerer Professor der Sozio-
logie, war schon öfter als Gast hier, findet
auch einen Büchsenöffner. Wenn man vor dem
Haus sitzt: einmal ein Hase, sehr schöne
Vögel, ein weißes Pferd grast allein in der
Gegend. Alles Eigentum, soweit man sieht. Zwei
Stunden von Manhattan. Nacht mit Pfiffen einer
Eisenbahn, aber keine Schritte: keine Diebe.
Am andern Morgen sind alle Hügel noch da, auch
der Teich, die Vögel usw.

FRAGEBOGEN

1.

Können Sie sich erinnern, seit welchem Lebensjahr es Ihnen
selbstverständlich ist, daß Ihnen etwas gehört, beziehungsweise nicht gehört?

2.

Wem gehört Ihres Erachtens beispielsweise die Luft?

3.

Was empfinden Sie als Eigentum:

a. was Sie gekauft haben?

b. was Sie erben?

c. was Sie gemacht haben?

4.

Auch wenn Sie den betreffenden Gegenstand (Kugelschreiber,
Schirm, Armbanduhr usw.) ohne weiteres ersetzen können:
empört Sie der Diebstahl als solcher?

5.

Warum?

6.

Empfinden Sie das Geld schon als Eigentum oder müssen Sie sich dafür irgendetwas kaufen, um sich als Eigentümer zu empfinden, und wie erklären Sie es sich, daß Sie sich umso deutlicher als Eigentümer empfinden, je mehr Sie meinen, daß man Sie um etwas beneidet?

7.

Wissen Sie, was Sie brauchen?

8.

Gesetzt den Fall, Sie haben ein Grundstück gekauft: wielange dauert es, bis Sie die Bäume auf diesem Grundstück als Eigentum empfinden, d. h., daß das Recht, diese Bäume fällen zu lassen, Sie beglückt oder Ihnen zumindest selbstverständlich vorkommt?

9.

Erleben Sie einen Hund als Eigentum?

10.

Mögen Sie Einzäunungen?

11.

Wenn Sie auf der Straße stehenbleiben, um einem Bettler etwas auszuhändigen: warum machen Sie's immer so flink und so unauffällig wie möglich?

12.

Wie stellen Sie sich Armut vor?

13.

Wer hat Sie den Unterschied gelehrt zwischen Eigentum, das sich verbraucht, und Eigentum, das sich vermehrt, oder hat Sie das niemand gelehrt?

14.

Sammeln Sie auch Kunst?

15.

Kennen Sie ein freies Land, wo die Reichen nicht in der Minderheit sind, und wie erklären Sie es sich, daß die Mehrheit in solchen Ländern glaubt, sie sei an der Macht?

16.

Warum schenken Sie gerne?

17.

Wieviel Eigentum an Grund und Boden brauchen Sie, um keine Angst zu haben vor der Zukunft? (Angabe in Quadratmetern.) Oder finden Sie, daß die Angst eher zunimmt mit der Größe des Grundeigentums?

18.

Wogegen sind Sie nicht versichert?

19.

Wenn es nur noch das Eigentum gäbe an Dingen, die Sie verbrauchen, aber kein Eigentum, das Macht gibt über andere: möchten Sie unter solchen Umständen noch leben?

20.

Wieviele Arbeitskräfte gehören Ihnen?

21.

Wieso?

22.

Leiden Sie manchmal unter der Verantwortung des Eigentümers, die Sie nicht den andern überlassen können, ohne Ihr Eigentum zu gefährden, oder ist es die Verantwortung, die Sie glücklich macht?

23.

Was gefällt Ihnen am Neuen Testament?

24.

Da zwar ein Recht auf Eigentum besteht, aber erst in Kraft tritt, wenn Eigentum vorhanden ist: könnten Sie es irgendwie verstehen, wenn die Mehrheit Ihrer Landsleute, um ihr Recht in Kraft zu setzen, Sie eines Tages enteignen würde?

25.

Und warum nicht?

Ohne Fernsehen im Hotel befände man sich in
einem Idyll mit gotischer Architektur. Gang
durch Buchläden; alles zu haben: Georg Lukács
zum Beispiel, Germaine Greer (THE FEMALE
EUNUCH), Beckett, Solschenizyn, Borges, James
Baldwin, Freud, Hermann Hesse, Fanon usw. Es
ist ein Land der Denkfreiheit ... Im Fernsehen: wieder eine Antikrieg-Demonstration in
Washington. Keine Gewalttätigkeiten; nur blok-
kieren sie, die Andersdenkenden, den Zugang
zum Kongreß und zum Justiz-Palast, worauf die
Ordnungskräfte (Polizei, Nationalgarde, Fallschirmtruppen) weiter verhaften: „without
making specific individual charges of wrong-
doing". Eine Hochzeitsgesellschaft, zum Beispiel, kommt auch in das Massenlager, sie
feiern da ihre Hochzeit. Seit vier Tagen insgesamt 12.700 Verhaftungen.

This morning, immediately after the Swiss National Bank gave
up its attempt to maintain the standard exchange of 4.2950
francs to the dollar, Swissair announced that it would not
longer sell tickets for dollars ... The central banks of Swit-
zerland, the Netherlands, Belgium and Austria followed suit.
They had been deluged with so many dollars that they could
no longer absorb them under present conditions. In accep-
ting the surplus dollars up to today, the Europeans, in effect,
had been helping the United States finance the war in Vietnam and helping American companies buy European industries.
THE NEW YORK TIMES, 5. 5. 71

BROWNSVILLE

Leute wohnen hinter Pappe, die die eingestürzte Hauswand
ersetzt, ringsum Trümmer, Schutt, Tümpel usw., Gewimmel

von schwarzen Kindern auf dem Schutt oder in einem Fenster mit Fliegengitter. Man kennt es von Foto-Büchern. Was heißt Slum? Da sind bürgerliche Fassaden (Brownstone) wie in einer Menschenstadt, einmal sogar eine Allee; da und dort eine öffentliche Schule, Spielplätze mit Gerät beispielsweise für Korbball; am Horizont sieht man Manhattan. Ehedem ein Bezirk jüdischen Mittelstands; Orthodoxe aus dem Osten, die ausgezogen sind, aber es gehören ihnen noch die Häuser, die Läden, der Boden, der durch die Armut der Schwarzen entwertet ist. Der Entwertung folgt der Zerfall. Es gibt Ruinen, die keinen Eigentümer mehr haben, so wertlos sind sie. Die Synagogen sind vermietet für andere Zwecke. Nur die Schwarzen, die ein Einkommen finden, können die Häuser instand halten; das sind wenige. Geblieben ist das JEWISH BROOKLYN HOSPITAL für 90 000 verwahrloste Einwohner, COMPREHENSIVE APPROACH TO CHILD HEALTH, eine gute Sache, ein tapferes Unternehmen – man kann nur nicken; ich weiß nicht, wo ich alldies schon gesehen habe, jeweils geführt von einer weißen Ärztin oder einem Arzt, denen ich in Hochachtung folge – 4000 Kinder werden hier betreut; eins ist gerade im Spielzeugzimmer zu sehen, ein Junge mit Kruselhaar und den großen Augen, der zu der blonden Ärztin, wie ich sehe, Zutrauen hat. Im Korridor lerne ich etwas Sozial-Pathologie: Bevölkerung ohne Identität, Alkoholismus, Elend weniger durch Hunger als durch Verwilderung, Arbeitslosigkeit, da keine Ausbildungsmöglichkeiten bestehen, Zerfall der Familie, Analphabetismus usw., und was man hier zu behandeln sich bemüht: die mentalen Schäden der Armut. Ich merke mir: FEDERAL PROGRAM, begründet mit Bundesgeldern, dann sollen die einzelnen Staaten es weiterführen; aber New York hat dafür keine Mittel; Ungewißheit, ob das Unternehmen im nächsten Jahr fortgeführt werden kann ... Es fehlt in der Gegend nicht an Kirchen: ALL ARE WELCOME, ohne Kirchen-Architektur; meistens erkennt man sie nur an einem Kreuz. Auch gibt es Ansätze zu Wohnungsbau, der scheinbar die Lage der hoffnungslosen Klasse verbessert. Die Straßen sind breit, aber voller Löcher, und wenn es geregnet hat, so sind es Tümpel; der Asphalt schwindet, aber man ist nicht auf dem Land, es gibt Verkehrsampeln. Stadt mit Unkraut. Wenn sie, wie neulich, die Wut packt, legen sie Feuer nicht an die Häuser in den fernen Herrschaftsvierteln, sondern an die Häuser hier; da und dort steht wieder eine verkohlte Ruine. Es kann Taktik sein; es kommt aber auch vor, daß Kinder ein bewohntes Haus anzünden. Was heißt Obdachlosigkeit. Familien in einem Zimmer. Wie es darin aussieht, kennt man ebenfalls aus Foto-Büchern. Unsere Begleiterin nennt Zahlen; die Ämter wissen sie. Ein sommerlicher und heißer Tag; wir verlassen aber den Volkswagen nur, wo die Begleiterin, die seit Jahren hier arbeitet, jemand kennt. WINSTONS CHICKEN BAR; was man bekommt ist ordentlich. Ein Bier kostet im Ghetto mehr als anderswo. Die Kunden haben ja keine Wahl. Was die Menschen den ganzen Tag machen, ist nicht ersichtlich; keine Fabriken, keine Büros, keine Produktion. Was nichts mehr taugt, bleibt am Straßenrand oder in Höfen, Autos mit offener Motorhaube, ausgeweidet und verrostet, Wracks ohne Pneu, Glas, Polster usw., das Metall verfault leider nicht. Man befindet sich nicht außerhalb der Industrie-Gesellschaft, nicht in Afrika; man wundert sich nicht, wenn die blanken Jumbo-Jets über diese Gegend fliegen. Auch hier eine Avenue mit Schaufenstern; man ist nicht in einem andern Land: die Marken sind die bekannten Marken. Es gibt sogar Banken, kleiner als drüben, aber auch in Marmor, SAVINGS BANK. Kinder haben einen Hydranten öffnen können und freuen sich an der Überschwemmung – am Horizont wieder die Silhouette von Manhattan . . . Früher sind sie gekommen, um eine Arbeit zu suchen, Schwarze aus dem Süden; jetzt kommen sie, um von Unterschlupf zu Unterschlupf zu verwahrlosen, frei, ungelernt und arbeitslos. Brownsville ist nicht Harlem; die Nachbarn hier kennen einander nicht. Alle sind Flüchtlinge, wenn auch auf Lebenszeit. Hier gibt es kein Heraus. Es gibt nicht einmal den Traum davon. Rassentrennung durch Elend. Was nicht im Säuglingsalter stirbt, lebt weiter und vermehrt sich, ohne zu wissen, warum es so ist, wie es ist, und Millionen leben von der Wohlfahrt, die zur Fütterung reicht. Der Staat zahlt die Mieten in verrotzten Wohlfahrt-Hotels, die privates Eigentum sind; daran ist nicht zu rütteln: Profit muß sein, sonst geschieht gar nichts in der Welt –

Das alles weiß man.

Einmal zwei weiße Polizisten, die nicht einzugreifen haben; sie gehen so für sich hin, übrigens hier die einzigen Weißen, die zu sehen sind, ausgenommen die weißen Doktoren im Hospital, die ich bewundere; ich frage nach Zahlen: wieviel Tuberkulose, wieviel Selbstmord (wenig), wieviel Alkoholiker, wieviel geistesgestörte Kinder. Es wird ja etwas getan, nein, so ist es nicht, daß gar nichts getan wird; es fehlt nur das Geld, es fehlen ausgebildete Lehrer, es fehlt die Aufklärung; übrigens sind die schweren Krawalle seltener, seit Drogen im Umlauf sind, die Verbrechen zahlreicher. Dann gibt es wesentliche Unterschiede: zwischen puertoricanischen Kindern und schwarzen Kindern, die letzteren können ihre Aggression nicht sprachlich loswerden, nur körperlich.

Sonst noch Fragen?

Besuch bei einer puertoricanischen Familie in einem Turmhaus. Das ist nicht mehr Brownsville, sondern Manhattan. Drei Zimmer mit Küche und Bad, Ausblick in einen Hof. Mutter mit sechs Kindern; vier Töchter in zwei Betten. Ein Sohn hat Hirnschaden, möchte gerne lesen, wird es aber nie lernen können. Der andere Sohn geht zur Schule und arbeitet.

Was? Das sagt er nicht genau. Hingegen will er wissen, worüber ich Romane schreibe. Wir werden mit Bier bewirtet. Ein portugiesischer Sankt Martin auf dem Eisschrank, ein blonder Jesus über dem Sofa mit geplatztem Polster. Der Vater ist abgehauen nach Puertorico, und die Familie lebt von Wohlfahrt. Eine Tochter, fünfzehnjährig, ist gekämmt wie für einen Ball und schön; sie hat aber nichts vor; ihr kindliches make-up für einen Traum. Der Sohn will etwas lernen, sagt er, irgendeinen Beruf. Unter sich sprechen sie spanisch. Sie sind Amerikaner; aber zuhause, in Puertorico, gebe es keine Hoffnung.

Wir werden siegen, denn die Vereinigten Staaten haben nie einen Krieg verloren. Wehe den Friedensrufern, die nicht mehr an Gott glauben und an den Auftrag, den Gott der amerikanischen Nation erteilt hat!, sagt ein Pfarrer mit Doppelkinn und mit der Bibel in der Hand: Schon Jesus hat gesagt. Sobald der junge Mann, Vietnam-Veteran, sachlich diskutieren will, liest er aus der Bibel, z. B. die Parabel vom guten Samariter: gleichgesetzt der US-Army in Vietnam, in Kambodscha, in Laos oder wo immer; sie helfen den Wehrlosen dort, die von Räubern überfallen werden. Was ist denn das für eine Jugend, die langhaarig vor dem Capitol herumlungert? Und jetzt das Mao-Büchlein aus der Tasche; hier steht's, was Kommunismus ist: sie wollen siegen, um die Welt zu zerstören durch Materialismus. Mao („this guy") sagt es ganz offen: sie wollen die USA schwächen. Vergeblich legt jetzt der jüngere Mann einiges dar, historische Fakten betreffend Indochina, die man wissen kann. Was aber sagt Jesus? Zum Beispiel: Wer zum Schwert greift, wird fallen durch das Schwert. Das ist gleichfalls be-

kannt, aber es bedarf der Auslegung: Zum
Schwert gegriffen hat der Kommunismus, und es
ist Gottes offenbarter Wille, daß die USA, als
das stärkste Land der Welt, sein Gericht voll-
strecken muß. Das sagt kein eifernder Predi-
ger, nur ein gelassener Pfarrer im Fernsehen,
daran gewöhnt, daß seine Gemeinde ihm bei-
pflichtet. Zum Fall des Lieutenant Calley:
Auch Frauen und Kinder und Greise sind unsere
Feinde (was der junge Vietnam-Veteran zugibt,
aber auch begründet mit der Erfahrung, die das
vietnamesische Volk mit den Weißen gemacht
hat), und Feinde muß man töten, sagt der Pfarrer, also hat Calley richtig gehandelt, brav
und gottesfürchtig, und die Feiglinge im Land,
die nach Frieden rufen, helfen nur dem Anti-
christ, denn es gibt nur Frieden durch Waffen,
Frieden durch Sieg der US-Army, denn die Freiheit hat uns Gott geschenkt, und eines Tages
wird auch Cuba wieder frei sein, wenn wir an
Gott glauben wie unsere Väter, die deswegen
nie einen Krieg verloren haben. Der Pfarrer
läßt sich von einem bärtigen Intellektuellen,
der die Ausrottung der indianischen Bevölkerung erwähnt, nicht irre machen; das waren
Siege, Gottes Wille. Ein dritter Mann am
Tisch, ehemals Botschafter in Asien, versucht's mit Spaß: ob Gott seine Gnade nur auf
ein einziges Volk ausschütte? dann mit der
Frage: soll man also Cuba und Chile überfallen? Der Pfarrer ist bescheiden, er will dem
Präsidenten nicht dreinreden; als Christ kann
er nur hoffen, daß Gott einen unbeugsamen Präsidenten wählt, und betreffend die Gnade-Ver-
teilung auf Völker, Spaß beiseite: jedenfalls
kann Gott nichts übrig haben für die Sowjetunion. Denn Gott ist für Freiheit und Anstand
und Moral. Wie heißt es in der Bibel? Es gibt
nur eins, was den Pfarrer jeweils zu unter-

brechen vermag, die nächste Fernseh-Reklame:
THE BEER THAT MADE MILWAUKEE FAMOUS. Also die
Bibel sagt, und die Pflicht eines jeden Ameri-
kaners ist offenbar: Kommunisten müssen getötet werden, die amerikanischen Gefangenen
erlöst, die Bombenangriffe auf Nord-Vietnam
fortgesetzt und verstärkt. Ein Hinweis darauf,
daß Kriegsgefangene immer erst bei einem Frie-
densvertrag oder gegen Austausch freigelassen
werden, ist für den Pfarrer leicht zu widerlegen: es gibt keinen Vertrag mit Kommunisten,
solange sie die amerikanischen Gefangenen
(„American lives") nicht freigeben. Übrigens
wird der Wortwechsel nie unerbittlich; der
Diplomat und der Pfarrer, obschon nicht einverstanden, finden sich immer wieder in einem
jovial-loyalen Lachen. Nur der junge Bärtige
bleibt humorlos, kommt mit Zahlen oder mit der
Genfer Konvention. Auch der Moderator hat Sinn
für neutralen Scherz; schließlich haben die
Millionen von Fernsehern, wenn sie schon alle
sieben Minuten wieder Reklame sehen müssen,
ein Recht auf Unterhaltung. Daß es in Vietnam
bekanntlich Zonen gibt, wo die amerikanische
Armee ihrerseits keine Gefangenen macht, sondern alle tötet, findet der Pfarrer militärisch gerechtfertigt, denn das amerikanische
Volk geht in einen Krieg, um ihn zu gewinnen,
sonst gibt es auf der Welt, „die Gott uns
geschenkt hat", weder Frieden noch Freiheit
noch Anstand noch Moral ... Nach einer Stunde
stelle ich ab.

THE NEW YORK TIMES

Mrs. George C. Barclay is a silver-haired, 67-year-old Manhattan housewife who wants to die with dignity. So she recently signed the Euthanasia Educational Fund's »living will«,

in which she requested that, if she becomes ill and there is no reasonable expectation for her recovery, she be allowed to die and not be kept alive by »artificial means« or »heroic measures«.

Her husband, a retired banker, and their three children know of the will, and have told Mrs. Barclay they agree with her decision and wil try to see that it is carried out.

Mrs. Sydney Appel, 54, is a Brooklyn housewife who also signed the document. But her four children are vehemently opposed to the will, because they don't believe such a death could be handled in »a responsible manner«.

»What about the woman whose children felt she was an inconvenience?« asked Mrs. Appel's son, Douglas, 17. »If she had already signed the will, it would be no great difficulty for the children to do away with her.«

To the people who are active in this country's two major euthanasia groups (the Euthanasia Educational Fund and the Euthanasia Society of America), euthanasia generally means one thing: The right to die with dignity. Indignity, to them, means deterioration, dependence and hopeless pain. But to many other people, euthanasia (derived from the Greek for »good death«) means »mercy killing«.

Proponents of euthanasia predict that family discussions such as those that occurred in the Barclay and Appel families are going to become quite common in the next few years as the subject of death, and whether the patient has the right to decide how and when he wants to die, is brought out into the open.

There are indications that this is on the verge of happening now. A »right to die with dignity« bill was recently introduced in the Florida Legislature, stating that a patient suffering from an incurable, fatal and severely painful illness should have the right to ask that his life be painlessly terminated. The bill is now in committee.

Courses on death have been filled to capacity this year at both New York University and Union Theological Seminary. The technical advances in the medical arts (new life-sustaining drugs, organ transplants, artificial kidneys, auxiliary hearts, defibrillators, pacemakers and respirators) have resulted in dialogues among young medical students, who do not always agree with these artificial means of keeping dying patients alive.

Making own decisions

And the recent liberalization of abortion laws in several states has added fuel to the arguments of those who believe that people should have the right to make their own decisions regarding life and death.

»All of my friends like to talk abouth death nowadays«, said Mrs. Henry J. Mali, 67, of Manhattan, president of the Euthanasia Educational Fund. »It's even a subject of conversation at cocktail parties. People seem charmed to find somebody else who wants to talk about it.«

Almost 20 000 persons have requested the »living wills« in the 18 months that they have been available, according to Mrs. Elizabeth T. Halsey, executive secretary of the Euthanasia Educational Fund, at 250 West, 57th Street. She said that she received 50 requests a day for the wills, which are not legally binding, and recently ordered 10 000 more.

How does one die with dignity? One of the lines in the »living will« says: »I ask that drugs be mercifully administered to me for terminal suffering even if they hasten the moment of death.«

At present, doctors who carried out this wish could legally be charged with murder. This is perhaps the major reason why people consider euthanasia abhorrent – or because it is often used interchangeably with the term, »mercy killing«, which in turn is usually associated with the killing of babies who are born with mental or physical defects. (To many others, euthanasia is equated with Hitler's program of killlling mentally and physically handicapped persons.)

»It is a common misunderstanding that we advocate mercy killing«, said Jerome Nathanson, chairman of the board of leaders of the New York Society for Ethical Culture, and a strong proponent of euthanasia. »But actually, mercy killing is the complete antithesis of what we seek.«

»The question is not one of killing people«, he added, »It is the question of letting one die.«

Mr. Nathanson, whose wife died of cancer in 1968, said he believed that the new honesty and openness among American youth might help change public attitudes about euthanasia.

»Sexual relations are one's private affair«, he said, »and one's attitudes on death should be a private affair.«

Mr. Nathanson said he knew of a doctor who, if a patient is suffering from a terminal illness, leaves three pills on the bedside table and tells the patient, »Take one every four hours. If you take them all at once, they will kill you.«

»I don't know why all doctors can't be that way«, he said, »and leave the decision up to the patient.«

Many doctors make a distinction between »active euthanasia«, where a drug or other treatment is administered to hasten death, and »passive euthanasia«, in which therapy is withheld and death is hastened by omission of treatment.

Most religious groups condemn active euthanasia, especially the Roman Catholic Church. Last October, Pope Paul VI said in a statement to Roman Catholic physicians that euthanasia, without the patient's consent, was murder; and with his consent, suicide. »What is morally a crime cannot, under any pretext, become legal«, he added.

But the Pope also seemed to espouse the religious community's more lenient attitude towards passive euthanasia when he said that while doctors have the duty to fight against death with all the resources of science, they are not obliged to use all the survival techniques developed by science. Prolonging life in the terminal stage of incurable disease could be »useless torture«, he said.

A statement by Pope Pius XII is included in the literature distributed by the Euthanasia Educational Fund. It says: »The removal of pain and consciousness by means of drugs when medical reasons suggest it, is permitted by religion and morality to both doctor and patient; even if the use of drugs will shorten life.«

The Euthanasia Educational Fund is a nonprofit, educational organization that finances studies and seminars on euthanasia for physicians, clergymen, social workers, nurses and lawyers. Contributions to the fund are tax deductible, while contributions to the Euthanasia Society of America, an action organization seeking political change, are not. Both groups have offices in the same room at the West 57th Street address, and claim 1200 joint members. Last year, the membership was 600.

The Rev. Donald W. McKinney, pastor of the First Unitarian Church of Brooklyn and vice president of the Euthanasia Educational Fund, said he believed that the fact that the »living will« was not legally binding was »rather irrelevant«.

»Its great value«, he said, »is that a tremendous burden of guilt is lifted from the family and children when a person signs the will. And it is also a great deal of help to doctors.«

He said that more and more clergymen had to wrestle with the moral question posed by euthanasia: Whether it can be reconciled with the commandment, »Thou shalt not kill.«

»The primary commandment is reverence for life«, he said. »It is not a question of killing, but a question of honoring life, a question of dignity.«

»The process of dying is changing today«, he went on. »With all the new medical advances we have, we have to determine if life is really being served by prolonging the act of dying.«

The fact that there is no clear definition of death that is acceptable to everyone is one reason why many doctors are opposed to euthanasia. Some doctors consider death to occur when the brain dies; others, when the heart stops functioning. Sidney D. Rosoff, legal advisor for both euthanasia groups, said: »A patient is dead when a doctor says he is.« But even this definition has not always held up in court cases.

»I tend to be basically moved toward it (euthanasia)«, said Dr. Barry Wood, a Manhattan internist who is also a ordained Episcopal priest, »but I become more conservative as I see the possibilities. One possibility is to declare certain people unfit – and this has happened in the past.«

Dr. Fred Rosner, director of hematology at the Queen's Hospital Center and a leading critic of euthanasia, said: »If euthanasia were legalized, the next logical step would be the legalization of genocide and the killing of social misfits.« »And who can make the fine distinction between prolonging life and prolonging the act of dying?« he added.

Another argument

Other opponents of euthanasia frequently argue that a dying patient should be kept alive as long as possible because a cure for his illness could be just around the corner.

»There is a paucity of overnight miracles«, Mr. Nathanson rebutted, »Physicians generally know what's going on in the field.«

»And what if a person can't stand the pain for five years? If I say, ›I can't stand it‹, and the doctor says, ›Look, your suffering may help other people«, that's the worst ethical indignity that can be done to a person.«

The Hippocratic oath that all physicians take when they graduate from medical school is used as an argument by both proponents and opponents of euthanasia. The oath states that it is a physician's duty to relieve suffering, but it also says he must preserve and protect life.

In Great Britain, which has an active Euthanasia Society, there have been two recent controversal proposals by doctors that an age limit should be set at which doctors should stop »resuscitating the dying«. Dr. Kenneth A. O. Vickery suggested the age of 80; another said that anyone over 65 should not be resuscitated if his heart stopped.

Dr. Vickery, who said he thought geriatric patients were overloading hospital and welfare services in Britain, recalled the frequently quoted lines of Arthur Hugh Clough, the 19th-century English poet, who wrote:

> Thou shalt not kill; but need'st
> not strive
> officiously to keep alive.

This country's two euthanasia groups are opposed to age limits. »The people in Britain are thinking of society«, the Rev. McKinney said, »we're thinking of the individual. We believe that even people in their twenties and thirties should have euthanasia, if they need it.

Mrs. Appel, whose children are opposed to her desire for euthanasia, said she came to her decision after watching her senile, 87-year-old mother die a painful death after suffering a broken hip.

»I made up my mind I didn't want my children to see me that way«, the darkhaired woman said. »I don't want to leave them with the mental image of deterioration.«

Mrs. Appel's son's argument that families might let a patient die for ulterior motives is another frequently used argument against euthanasia. Some family members, the opponent reason, may wish to relieve their own suffering rather than the patient's; or else the heirs may have their eyes on the patient's estate.

Most people who have signed the »living will« have chosen doctors who are sympathetic to their wishes. Mrs. Barclay said she picked her doctor because she knew he was a contributor to the Euthanasia Society of America. Mrs. Mali, who is the wife of a retired textile executive, said her physician was a man who had promised he would let her die »peaceably, rather than having my arms stuck full of tubes«.

»Now, that I'm old, the next celebration is death«, Mrs. Mali said in her East Side town house. »And what I'm most interested in is how my death can be made an honorable estate, like matrimony.«

By Judy Klemesrud
Copyright by NEW YORK TIMES 1971

Notiz zum Handbuch

Was allenfalls für die Alten spricht: da sich die Rücksichtnahme nicht mehr lohnt, bedarf es nicht des Zornes, der Unbesonnenheit des Zornes, damit der Alte sagt, wie etwas sich verhält — manchmal verhält es sich tatsächlich so, und natürlich wissen die andern es auch; nur nehmen sie noch Rücksicht auf sich selbst. Der Alte ist deswegen noch kein Seher, nur gelassen-furchtlos. Was die antiken Seher, meistens blind, zu sagen hatten, war auch selten mehr als das Offenbare, was zu sehen aber die andern sich nicht leisten können — aus Rücksicht auf sich selbst und zu ihrem Schaden.

So sehen sie also aus, die kleinen Verbrecher,
die Diebe vom heutigen Tag, die Einbrecher und
die Drogen-Krämer und die Wegelagerer und die
Räuber im Lift usw., das Volk, das die Polizei
täglich einfängt — sie warten auf der langen
Bank rechts im Saal. Das nächtliche Schnell-
gericht (NIGHT COURT) ist öffentlich. Sternenbanner hinter dem Richter, darüber in Marmor:
IN GOD WE TRUST ... Fast ohne Ausnahme sind es
Schwarze oder Puertoricaner, teils in bunten
Blusen, teils grau und abgerissen, auch weibliche Delinquenten. Etliche scheinen dieses
Verfahren schon zu kennen. Routine beiderseits. Vier Kläger und Anwälte, alle jung und
jüdisch, machen kein Aufhebens. Leider bleibt
es fast eine Pantomime, man hört kaum, wer
jetzt gerade spricht; das Gemurmel der Routine. Nur der Spruch nach fünf oder sieben
Minuten ist für das Publikum zu hören: 1000
Dollar, 500 Dollar, Kautionen vermutlich, dann
wieder ein Urteil: 5 Tage Gefängnis, 3 Tage
Gefängnis. Ein Schläger-Typ, hemdärmlig und
verfettet, hält die Rapporte in der Hand; ab
und zu sagt er: Ruhe! Es geht ordentlich zu,
alltäglich, ohne Zeremonie. Der Sekretär ist
ein Afrikaner mit Backenbart, mit weißem Hemd
und Kravatte, mit Brille in Pop-Format;
irgendwie sieht er historisch aus und sitzt
reglos wie ein Denkmal, seine Stirne glänzt
wie Bronze, aber ab und zu gähnt er. Nur der
Richter trägt Talar. Es sieht wie eine Probe
auf der Bühne aus, alles noch ungenau, vorallem
der Auftritt der Sünder, es wird dazwischen
geredet, ein Hin und Her; aber die Urteile
gelten. Dann schauen sie zurück ins Publikum:
Ist Familie da, die zahlt? Das kommt vor.
Jemand winkt mit einer Hand voll Noten; manchmal auch nur ein Achselzucken, wenn's nicht
reicht, oder es ist überhaupt niemand im Saal:

dann geht's durch die Türe, dahinter viele
Polizisten in blauem Hemd, und einen Augenblick lang sieht man Gitter, die aufgehen und
zugehen. Wie die Verschläge für Geflügel. Einzig ein Weißer wird renitent, als der Hemd-
ärmlige mit Kokarde ihn am Arm faßt, um ihm
den Weg zu weisen, den er kennt. Wenn die
lange Bank sich leert, läßt man die Nächsten
herein. Viele Junge. Das Verfahren sieht wie
Stellenvermittlung aus. Keine Aufregung. Der
nächtliche Richter blättert in den Rapporten,
die ihm zugeschoben werden, ohne Blick auf
den Delinquenten. Der Anwalt fragt unterdessen
den Delinquenten nicht unfreundlich, meldet
etwas dem Richter, der nur selten eine Frage
stellt; er kennt ja die Antworten. Nur ein
schwarzer Schüler behauptet vernehmlich und
hartnäckig, aber ruhig, er sei unschuldig. Es
scheint aber nicht zu stimmen. Leider; denn
die Gefängnisse sind überfüllt, man weiß es:
zurzeit vier Personen in einer Einzelzelle.
Es ist Mitternacht. In den meisten Fällen
handelt es sich um Drogen, zurzeit die beste
Verdienstmöglichkeit für ungelerntes Volk. Ein
Alter, schwarz wie die ersten Sklaven, scheint
den Anwalt nicht zu verstehen; seinen Hut in
der Hand, als fühle er sich durch den Staats-
akt geehrt, blickt er bald zum Anwalt, bald
zum Kläger, bald zum Richter, gläubig wie in
einer Klinik; der Befund: 3 Tage Gefängnis,
und er nickt wie ein Patient. Es ist keine
Farce; das Verfahren hält sich ans Gesetz.
Neben mir schläft das Kind einer schwarzen
Matrone, die immer noch auf ihren Sohn wartet.
Ein Freispruch kommt auch vor; ein Mädchen,
das etwas verkrüppelt ist, schlampig, aber es
darf gehen. Es scheint, daß sie aber kein Geld
hat für die Subway, und im Gerichtssaal darf
man nicht betteln. Wie kommt sie etwa nach

Brownsville? Gegen ein Uhr nachts, als wir
aufbrechen, geht das Gericht weiter; da liegt
noch ein Berg von blauen Rapporten —
PS.
Was ich nicht gewußt habe, was aber Uwe Johnson, der Glaubwürdige, in Berzona mitteilt:
außerhalb jenes Gebäudes (Gericht und Gefängnis unter einem Dach!) befinden sich Stellen,
wo das Kautions-Geld zu leihen ist zu Wucher-
zinsen und kurzfristig. Heute 500 Dollar auf
den Tisch, dann mußt du nicht ins Gefängnis
und beschaffst bis Samstag die 600 Dollar.
Wie? Dagegen greift der Sternenbanner-Staat
(IN GOD WE TRUST) nicht ein, das ist FREE
ENTERPRISE, eine Selbstverständlichkeit:
Grundlage der westlichen Freiheit.

»Sie haben das Recht sich zu verteidigen. Eine Anklage liegt
nicht vor, aber vielleicht wollen Sie sich trotzdem verteidigen.
Zum Beispiel haben Sie in einer Gesellschaft gelebt, die Sie als
verrucht bezeichnen, Sie haben Veränderungen gefordert usw.,
das geht aus Ihren zahlreichen Worten hervor, nicht aus Ihren Handlungen. Oder finden Sie, daß Sie nach Ihrem aus-
drücklichen Bekenntnis gehandelt haben? Laut Dossier liegt
nichts vor. Ihr Bekenntnis als solches steht nicht unter Anklage, ebensowenig der Lebenslauf als solcher. Im Sinn der
Gesellschaft, die Sie anklagen, haben Sie keine nennenswerte
Straftat begangen; laut Dossier haben Sie kaum anders gelebt
als andere Nutznießer, die diese Gesellschaft in Ordnung finden.«

. . .

»Berufen Sie sich auf Resignation?«

»Die Geschworenen, die Sie hier sehen, haben Sie selber wählen können. Es gäbe andere. Aber Sie haben gewählt: einen alten Schulfreund, dem Sie viel zu verdanken meinen, Tolstoj und Kafka und Brecht und andere Schreiber, Ihre leiblichen Kinder, ferner Nachbarn, die allerlei Alltägliches wissen, einige Kumpane, auch Kollegen, Frauen, einen Juden, einen Arbeiter, einen Neger, kurzum Leute aus allen Schichten, einige Philosophen, soweit Sie diese verstanden zu haben meinen, einen verstorbenen Lehrer, ferner einen Hippie, der nicht gekommen ist.«

. . .

»Sie haben, obschon Sie von einer verruchten Gesellschaft sprechen, nie Macht ausgeübt oder auch nur versucht, Macht auszuüben. Vielleicht wäre es in bescheidenem Rahmen möglich gewesen. Warum haben Sie nie versucht, Macht auszuüben?«

. . .

»Eine Anklage, wie gesagt, liegt nicht vor, wenn Sie sich nicht selber anklagen. Sie haben sich also damit begnügt, vergleichsweise schuldlos zu sein?«

. . .

»Sie schweigen.«

Donald Barthelme sagt: Ihr (Europäer) seid
glücklichere Menschen. Wieso? Marianne macht
ihre erfolgreichen Speck-Zwiebel-Kalb-
Rosmarin-Spieße, ich richte das Feuer, wenn
auch mit unbekannten Hölzern. Was ist anders
als im Tessin? Der Bach nebenan rauscht nicht
anders; Vorsicht vor Schlangen empfiehlt sich
auch im Tessin ... Neulich tauchte Jürg Feder-
spiel auf, später kam Jörg Steiner auf Besuch;
was im Vaterland geschieht, ist bald gemeldet;
man hat sich mehr zu sagen in der Fremde...
Dann und wann verwundert es mich wieder, wie
leicht es einem fällt, alle schon nach einer
Stunde nur noch beim Vornamen zu nennen:
Donald, Mark, Elisa, Joe, Frank, Lynn,
Harrison, Tedd, Patricia, Stanley, Steven usw.
Ich könnte nicht sagen, wen ich dabei duze,
wen nicht. Ein Landsmann, schon seit Jahren
hier ansässig, schaltet mit dem Vornamen (jede
andere Anrede käme ihm komisch vor, steif,
unnatürlich) sogleich auf Du; es tönt wie eine
falsche Übersetzung. So meinen sie es wohl
nicht, wenn sie sagen: Max, do you know. Es
entspricht einer Redeweise, die wir auch
kennen: Jürgen, wissen Sie. Die amerikanische
Freundschaftlichkeit ist nicht oberflächlicher, wie immer wieder behauptet wird; ihr
Ausdruck dafür ist ambivalenter als das Du in
unsrer Sprache, das sich leichter abnutzt in
seiner voreiligen Verbindlichkeit ... Es kommt
vor, daß man sich auf der Straße trifft, also
unter Millionen, wie in einem Dorf; aber es
ist kein Dorf: jedermann weiß, daß die andern
auch ohne ihn auskommen, und dies ohne Ge-
kränktheit. Das macht beide Teile herzlich.
Sie sind hilfsbereiter als in den kleinen
Städten, und man wird es selber auch; aus

Dankbarkeit wechselseitig. Trifft man sich
nach Wochen zufällig in einem Party-Gedränge,
so begrüßt man sich wie beim Durchstich eines
Tunnels: HOW WONDERFUL TO SEE YOU! und es ist
wahr.

Ende des Seminars.

Bar am Hudson nachmittags. Hafenarbeiter beim
Billard, Bier, das man aus der Büchse trinkt.
Schon beim zweiten oder dritten Besuch, ohne
daß man bisher ein Wort gesprochen hat, grüßen
sie —

FRAGEBOGEN

1.
Haben Sie Angst vor dem Tod und seit welchem Lebensjahr?
2.
Was tun Sie dagegen?
3.
Haben Sie keine Angst vor dem Tod (weil Sie materialistisch
denken, weil Sie nicht materialistisch denken), aber Angst vor
dem Sterben?
4.
Möchten Sie unsterblich sein?
5.
Haben Sie schon einmal gemeint, daß Sie sterben, und was ist
Ihnen dabei eingefallen:
a. was Sie hinterlassen?
b. die Weltlage?
c. eine Landschaft?
d. daß alles eitel war?

e. was ohne Sie nie zustandekommen wird?

f. die Unordnung in den Schubladen? drawers

6.

Wovor haben Sie mehr Angst: daß Sie auf dem Totenbett jemand beschimpfen könnten, der es nicht verdient, oder daß Sie allen verzeihen, die es nicht verdienen?

7.

Wenn wieder ein Bekannter gestorben ist: überrascht es Sie, wie selbstverständlich es Ihnen ist, daß die andern sterben? Und wenn nicht: haben Sie dann das Gefühl, daß er Ihnen etwas voraushat, oder fühlen Sie sich überlegen?

8.

Möchten Sie wissen, wie Sterben ist?

9.

Wenn Sie sich unter bestimmten Umständen schon einmal den Tod gewünscht haben und wenn es nicht dazu gekommen ist: finden Sie dann, daß Sie sich geirrt haben, d. h. schätzen Sie infolgedessen die Umstände anders ein?

10.

Wem gönnen Sie manchmal Ihren eignen Tod?

11.

Wenn Sie gerade keine Angst haben vor dem Sterben: weil Ihnen dieses Leben gerade lästig ist oder weil Sie gerade den Augenblick genießen?

12.

Was stört Sie an Begräbnissen?

13.

Wenn Sie jemand bemitleidet oder gehaßt haben und zur Kenntnis nehmen, daß er verstorben ist: was machen Sie mit Ihrem bisherigen Haß auf seine Person beziehungsweise mit Ihrem Mitleid?

14.

Haben Sie Freunde unter den Toten?

15.

Wenn Sie einen toten Menschen sehen: haben Sie dann den Eindruck, daß Sie diesen Menschen gekannt haben?

16.

Haben Sie schon Tote geküßt?

17.

Wenn Sie nicht allgemein an Tod denken, sondern an Ihren persönlichen Tod: sind Sie jeweils erschüttert, d. h. tun Sie sich selbst leid oder denken Sie an Personen, die Ihnen nach Ihrem Hinschied leidtun?

18.

Möchten Sie lieber mit Bewußtsein sterben oder überrascht werden von einem fallenden Ziegel, von einem Herzschlag, von einer Explosion usw.?

19.

Wissen Sie, wo Sie begraben sein möchten?

20.

Wenn der Atem aussetzt und der Arzt es bestätigt: sind Sie sicher, daß man in diesem Augenblick keine Träume mehr hat?

21.

Welche Qualen ziehen Sie dem Tod vor?

22.

Wenn Sie an ein Reich der Toten (Hades) glauben: beruhigt Sie die Vorstellung, daß wir uns alle wiedersehen auf Ewigkeit, oder haben Sie deshalb Angst vor dem Tod?

23.

Können Sie sich ein leichtes Sterben denken?

24.

Wenn Sie jemand lieben: warum möchten Sie nicht der überlebende Teil sein, sondern das Leid dem andern überlassen?

25.

Wieso weinen die Sterbenden nie?

NEW YORK, Mai

Bäume grünen in den Höfen, Bäume wie richtige
Bäume, man schaut hinunter auf ihr grünes Laub
nicht ohne Rührung: diese Tapferkeit des
Chlorophylls!

Anruf von einem Landsmann, der hier lebt und
den ich, da er ein verwirrtes Englisch
spricht, zur heimischen Mundart einlade. Daraufhin fragt er noch verwirrter: „But who are
you?" Er spricht im Auftrag eines Freundes aus
Gockhausen (Schweiz) und glaubt nicht, daß ich
am Apparat bin, und möchte mit meiner Frau
sprechen, die aber ausgegangen ist. Er wiederholt: „Who are you?" Trotz Mundart glaubt er's
noch immer nicht, möchte lieber meine Frau
fragen, ob die Todesnachricht, heute von der
UPI gekabelt, wirklich nicht stimmt. Der Ausspruch von Mark Twain in gleicher Lage
(– Nachricht stark übertrieben) ist ihm nicht
bekannt. Eigentlich haben wir schon eine Weile
miteinander geredet, als er nochmals fragt:
„But who are you?" Übrigens wohnte Mark Twain
in der gleichen Straße gegenüber.

Eine schwarze Haushilfe bei Freunden lernt
jetzt Lesen und Schreiben, nimmt vier Unter-
richtsstunden in der Woche, bittet um ein
Buch, das ich geschrieben habe; ihr erstes
Buch. Sie ist 65. Unsere Haushilfe, ebenfalls
schwarz, kommt nicht mehr; ich hörte sie laut
lachen, dann reden, sie stand im Zimmer und
rauchte eine Zigarette in einem beinahe zahn-
losen Mund und blickte hinaus durch die Wand;
sie hört Stimmen. Die neue Hilfe, eine
Schwarze aus Westindien, putzt sehr gründlich,
aber ungern, wie sie freundlich sagt; sie kom-
poniert Lieder und singt sie, sucht einen

Agenten, um ins Plattengeschäft zu kommen; sie will uns ihre Musik einmal vorführen auf Tonband. Nur Musik habe Sinn in der Welt. Sie ist schätzungsweise 50, wohnhaft in Brooklyn.

Ein Toter auf der Straße (Bowery) am Nachmittag; Polizei schon zur Stelle, zwei Mann, das genügt, wir fahren weiter wie alle.

RIP VAN WINKLE

Es geht ihm aber immer so, wenn er nach einiger Zeit wieder zuhause ist. Dann verwundert ihn alles, was an seinem gewohnten Ort steht.

. . .

Die Schlucht, wo die zechende und kegelnde Herrengesellschaft den verirrten Rip van Winkle jahrelang zu ihrem Kegelknecht und Mundschenk gemacht hat, könnte im heutigen Morningside Park sein oder noch weiter draußen, wo das Rockefeller-Kloster steht. Das Märchen sagt nur: Manhattan.

. . .

Erwacht auf den schwarzen Felsen von Manhattan, die Flinte neben sich, reibt er sich das Gesicht, erschreckt, aber klar im Kopf, obschon sein Atem nach Branntwein riecht. Vermutlich ist es ein fernes Gewitter gewesen, was er im Schlaf gehört hat. Es sind nicht Kegel. Hingegen der Branntwein ist nicht geträumt. Das Gewitter hat sich verzogen. Abend über dem Hudson. Es können nicht Jahre gewesen sein; sein Hund, zum Beispiel, ist noch immer jung.

. . .

Er hat ein Weib und hat es auch im Traum nicht vergessen, hat es den Herren in niederländischer Tracht jahrelang gesagt; nur kam er ja im Traum nicht los.

. . .

Der Pfad (heute Broadway) ist ein langer Pfad; unterwegs wird es Nacht, unterwegs die Angst, daß niemand mehr dort sei, der ihn kennt. Wie das denn wäre.

. . .

Diese kegelnde Herrengesellschaft!

. . .

Als er zurückkommt ins Dorf (New Amsterdam) und sich im Morgengrauen umsieht: nichts verändert. Die Hühner sind auch noch da. Vollzählig. Sie schlafen nur, die Zeitgenossen. Schiffe im Hafen; eines ist inzwischen ausgefahren, ein andres liegt jetzt vor Anker. Was sonst? Die Zeit ist stehengeblieben. Sein Weib glaubt ihm kein Wort, sagt, es sei Mittwoch. Natürlich hat sie sich Sorgen gemacht; es hätte ihm ja wirklich etwas zustoßen können da draußen.

Niemand glaubt sein Märchen –

. . .

Sein Haus mit den kleinen Fenstern, die steile Treppe, das gewohnte Geschirr usw., er sieht sich nicht um, weiß schon, daß alles an seinem Ort ist. Edamer oder Heringe aus dem Faß oder Wurst, gleichgültig was, er frißt, Blick zum Fenster hinaus. Alles ist so, wie es ist: Hier also ist er zuhaus.

. . .

Nicht einmal Todesfälle im Dorf.

. . .

So ist es nicht, daß sie den alten Rip nicht mehr kennen. Sein Gehilfe sagt, ein Kunde habe schon zweimal Krach geschlagen. Nichts Neues. Man kennt ihn als Säufer; schon öfter haben sie ihm zeigen müssen, wo Rip van Winkle zuhause ist. Jetzt ist er aber nüchtern.

. . .

Warum erzählt er solche Märchen?

. . .

Zwar macht er weiter: Fässer, wie er's gelernt hat. Am Feierabend spielt er Karten, spricht holländisch und trinkt, am Sonntag geht er nach Coney Island, um Hasen zu schießen, oder auf die schwarzen Felsen von Manhattan. Sein Leben. Er wundert sich, wenn sie ihn grüßen, als wäre nichts geschehen. Alle andern, sein braves Weib und die Nachbarn, die Kunden, die Kumpane, die über sein berühmtes Märchen lachen, glauben es, daß das sein Leben ist –

SS. FRANCE, 8. 6. 1971

Europa in Sicht, das Schiff folgt jetzt einem
Lotsen, man steht auf Deck, die Koffer sind
gepackt, wir fahren aber noch immer, man hat
auch keinerlei Eile, man ist froh, zu sehen,
daß es immer noch fährt –

Die Säule

Der Große Brockhaus nimmt sich ihrer nicht an. Ab und zu
ein Gast, der sie anfaßt, um mit der Hand festzustellen: Granit, ja, Granit. Eine grobe und rührende Säule. Manche fragen
auf den ersten Blick: War die schon immer da? Unser Dorf hat
keine Chronik, nur Inschriften an der verlassenen Kapelle und
an einigen Häusern: 1682, 1664 usw. Wahrscheinlich ein
Steinmetz von Beruf, tätig außerhalb seines heimatlichen Tals,
das keine Aufgaben hatte für ihn, hat die Säule gehauen für
sich selbst. Er hat nichts erfunden, kein Carlo Madermo, der
auch aus dieser Gegend stammte. Eigentlich ist nichts zu sagen,
nachdem man sie mit der Hand berührt hat und mit Kenntnis: Toskanisch! Am Sockel übrigens ist etwas abgesprengt,
nicht schlimm. Sie wird uns überdauern. Ein grauer und sprö-
der Stein aus der Gegend. Der Große Brockhaus meldet zuverlässig: Die dorische Säule, die ionische Säule, die korinthi-
sche Säule, wie in der Schule gelernt und später gesehen in
Sunion, Korinth, Olympia, Athen, Delphi, Paestum, Selinunt,
Baalbek usw.; aber die Säule, die unsere kleine Loggia hält,
erinnert mich nie an Reisen. Wenn wir den schwarzen Kaffee
trinken, teilt sie für uns das Tal. In ihrer unteren Hälfte ist sie
etwas bauchig, überhaupt nicht glücklich in den Proportionen.
Man sitzt in Korbsesseln, Nacht mit Wetterleuchten, davor

die Säule, von der man nur weiß: Einer hat sie gehauen, denn da steht sie und trägt. In den Sommern, so nehme ich an, hat er bei fremden Herrschaften gehauen oder an Kirchen im Süden, wo er einen Meister hatte; im Winter mußte er nachhause und hatte Zeit, viel Zeit für Granit. Warum er nachhause mußte, weiß ich nicht; wahrscheinlich hatte er hier die Familie. Granit ist nicht Marmor; die Form, die er im Gedächtnis hatte, bleibt schwächer als der körnige Stein. Und dann vorallem: sie steht allein. Alles andere an dem Haus ist gewöhnlich und recht; das bäurische Gebälk, die Fensterbänke aus dem gleichen Granit, der große Kamin usw. sind nicht verwandt mit ihr. Eine Säule wie ein Gast. Sie ist nicht ganz mannshoch, steht aber auf einer Brüstung; man kann, wenn man steht und mit jemand redet, die Hand an ihr Kapitell legen und tut es auch ab und zu, denn sie ist nicht feierlich. Es kommt vor, daß ich die Pfeife dran ausklopfe. Wir kennen natürlich ihre große Familie, inbegriffen die glatten Bastarde an den Banken in aller Welt. Sie aber kennt ihre Herkunft nicht. Manche bemerken sie auch gar nicht, so scheint es, und dann stelle ich die Säule nicht vor. Später dann, wenn unser Gespräch einmal stockt, wieder die Frage: War diese lustige Säule schon immer hier? Immer nicht; einmal hat einer sie gehauen. Ich könnte mir denken, daß er stolz darauf war. Nur der Kranz unter dem Kapitell liegt klassisch, aber auch er ist zufällig-prall wie eine Wurst. Wenn man die Zeitungen vom Tage gelesen hat und zur Seite legt, eine Weile müßig in dem Bewußtsein unsrer Ohnmacht, steht sie unerschüttert, nicht stolz, aber brav. Faßt man sie an: körnig, die steinerne Wärme des vergangenen Tages. Gegen die Blässe des Abendhimmels zeigt sie ihre Entschuldigung: Verwitterung durch Jahrhunderte, ihr verwaschenes Profil schwarz gegen die präzis-lichte Dämmerung, die gerade den ersten Stern zuläßt.